中国社会科学院创新工程学术出版资助项目

旅游绿皮书
**GREEN BOOK** OF
CHINA'S TOURISM No.15

# 2016~2017年中国旅游发展分析与预测

CHINA'S TOURISM DEVELOPMENT: ANALYSIS AND FORECAST
(2016-2017)

顾　　问／何德旭
学术顾问／张广瑞　刘德谦
主　　编／宋　瑞
副 主 编／金　准　李为人　吴金梅
中国社会科学院旅游研究中心

社会科学文献出版社
SOCIAL SCIENCES ACADEMIC PRESS (CHINA)

**图书在版编目（CIP）数据**

2016－2017 年中国旅游发展分析与预测／宋瑞主编
. －－北京：社会科学文献出版社，2017.2
（旅游绿皮书）
ISBN 978－7－5201－0209－4

Ⅰ.①2… Ⅱ.①宋… Ⅲ.①旅游业发展－研究报告
－中国－2016－2017 Ⅳ.①F592.3

中国版本图书馆 CIP 数据核字（2016）第 313286 号

旅游绿皮书
2016～2017 年中国旅游发展分析与预测

主　　编／宋　瑞
副 主 编／金　准　李为人　吴金梅

出 版 人／谢寿光
项目统筹／邓泳红
责任编辑／郑庆寰　姚　敏

出　　版／社会科学文献出版社·皮书出版分社（010）59367127
　　　　　地址：北京市北三环中路甲 29 号院华龙大厦　邮编：100029
　　　　　网址：www. ssap. com. cn
发　　行／市场营销中心（010）59367081　59367018
印　　装／北京季蜂印刷有限公司

规　　格／开　本：787mm×1092mm　1/16
　　　　　印　张：20.25　字　数：307 千字
版　　次／2017 年 2 月第 1 版　2017 年 2 月第 1 次印刷
书　　号／ISBN 978－7－5201－0209－4
定　　价／89.00 元

皮书序列号／PSN G－2002－018－1/1

# 本书编撰人员名单

## 总报告一

撰稿人　中国社会科学院旅游研究中心

执笔人　宋　瑞　金　准

## 总报告二

撰稿人　中国社会科学院旅游研究中心

执笔人　廖　斌　曾博伟　张金山　宋子千　赵　鑫

　　　　付　磊　秦　宇　高天明　戴　斌　张凌云

## 专题报告撰稿人（以专题报告出现先后为序）

宋　瑞　吴必虎　徐小波　王　莹　全君彦　魏小安

曾博伟　刘　锋　赵　鑫　朱莉蓉　付　磊　任朝旺

邢慧斌　吴文智　张　琰　沈　涵　张君杰　孙小荣

秦　宇　张红霞　张晓楠　李为人　李创新　杨劲松

蒋依依　戈双剑　刘聪聪　李　康　邹　涛　唐继宗

黄福才　杨　晶

## 总　纂

宋　瑞　李为人

## 编辑部

曾　莉

# 主要编撰者简介

**宋 瑞** 产业经济学博士，中国社会科学院旅游研究中心主任，中国社会科学院财经战略研究院研究员，长期从事旅游可持续发展、旅游政策、休闲基础理论与公共政策等方面的研究。

**金 准** 管理学博士，中国社会科学院旅游研究中心秘书长，中国社会科学院财经战略研究院副研究员，长期从事旅游与休闲相关研究工作，主要关注旅游政策、城市旅游等问题。

**李为人** 管理学博士，中国社会科学院旅游研究中心教育培训部部长，中国社会科学院研究生院税务硕士教育中心执行副主任，近年来主要研究税收理论与政策、税收管理、中国国内旅游等问题。

**吴金梅** 管理学博士，研究员，中国社会科学院旅游研究中心副主任，中国社会科学院研究生院MBA特邀导师，长期从事旅游产业发展、旅游投资、旅游房地产等领域的研究与实践。

# 摘 要

《2016～2017年中国旅游发展分析与预测》（"旅游绿皮书" No.15）是中国社会科学院旅游研究中心组织编撰的年度报告，由两篇总报告和20余篇专题报告组成。全书围绕2016年中国旅游发展状况进行了系统分析，并剖析热点问题，预测未来趋势。

2016年，我国全面深化改革进入施工高峰期，经济新常态特征进一步显现，旅游、文化、体育等相关产业发展受到重视，各种区域发展战略将旅游置于重要位置；旅游管理部门积极推进旅游供给侧结构性改革、全域旅游、"旅游＋"、旅游市场治理、旅游外交等相关工作；旅游投资呈现"两涨一缩"态势，即旅游投资总规模和实体投资继续增长，以互联网为代表的新兴投资相对收缩；中国旅游企业通过"走出去"和将世界资源"引进来"方式加速全球化布局；旅游兼并收购成为热点，并形成了五种不同的发展方向；国内旅游需求增长旺盛，出境旅游增速减缓，入境旅游稳步回升。展望未来，面对经济新常态，要提升我国旅游业发展质量和效率，有赖于制度、模式、科技、政策、资本等领域的集成创新。

2016年，我国旅游发展高潮迭起，热点频出。根据中国社会科学院旅游研究中心的梳理和提炼，该年度中国旅游十大热点为：重大活动彰显中国国际影响；旅游市场监管手段不断创新；边境跨境两区建设逐步开展；导游自由执业试点尚待推进；旅游业"营改增"推进仍待完善；自驾车露营地领域新政频出；非标准化住宿行业发展迅猛；旅游行业并购整合任重道远；港中旅与国旅实施战略重组；上海迪士尼带动主题公园热。

从2016年开始，"旅游绿皮书"将围绕"创新"这一话题，结合相关课题研究和学术沙龙，对多彩纷呈的旅游创新实践进行及时梳理和科学引导。2016 年的具体主题为"创新激发旅游新动能",有十余篇专题报告分别就国内外旅游发展创新体系及我国近年来在制度创新、区域发展、城市管理、景区经营、旅游消费金融、共享型住宿业、房车营地等新兴业态和市场营销等方面创新实例进行系统梳理和展望。此外,专题报告还包括中国社会科学院旅游研究中心团队完成的中国旅游消费价格指数(TPI)研究、自驾车旅游发展报告等。作为"旅游绿皮书"的传统优势板块,国内旅游、入境旅游、出境旅游、港澳台旅游等报告则为读者了解相关市场发展提供了翔实的数据和系统分析。

# 序

时光荏苒，不觉间新年将至。伴随 2017 年愈来愈近的步伐，第十五本"旅游绿皮书"应势而出。

在这个空前变化的时代，旅游从未如此广泛影响到经济、社会、文化、政治、生态等诸多领域，从未如此深入渗透于政府决策、商业实践、百姓生活、媒体舆情的方方面面。各种新的旅行方式、商业模式、政策工具、学术命题，借由旅游这一载体而碰撞、交融、并进，共同绘就一幅生机勃勃的新图景。

作为中国旅游的观察者、亲历者和推动者，面对如火如荼的旅游发展实践，我们心怀喜悦，也倍感压力。如何在一份延续十六年的系列出版物中实现守成与创新之间的平衡？如何通过研究者的思考，在政策制定、行业实践、旅游体验、学术研究等各个层面推动中国旅游朝着更好的方向发展？该以怎样的学术努力和研究成果回应甚或引领这个充满变化的旅游时代？这些都是"旅游绿皮书"编者不得不深思的问题。

本年度"旅游绿皮书"的主旨，大体可归为"创新"和"价值"两个方面。

就"创新"而言，不管是响应、落实国家层面的五大发展理念，还是旅游业增长模式从投入驱动向创新驱动的转型，抑或是企业要在激烈的市场竞争中获得持续优势，创新都是旅游业必须面对的重大命题。对制度、管理、行业、市场等各个层面的创新实践加以提炼、予以引导，也是研究者的责任所在。因此，在顺利完成"世界与中国"系列专题研究的前提下，从2016 年开始我们将主题锁定为"创新"，结合相关课题研究和学术沙龙，对多彩纷呈的旅游创新实践加以梳理和引导。

就"价值"而言，作为国内最早从事旅游专业研究的学术机构之一，中国社会科学院旅游研究中心自 1999 年成立以来始终致力于"以学术服务社会"，"旅游绿皮书"便是重要方式之一。在阅读碎片化和信息过度化的时代，在各种商业报告层出不穷的当下，在工匠精神稀缺匮乏的社会，我们期望透过这样一份连续、独立的出版物，为读者、行业、社会提供特有的、不可替代的公共价值。尽力使本书中的数据、信息、观点、判断、思想对决策者、管理者、从业者、研究者、关注者有所裨益，这是我们不懈努力的目标，也是 2016 年格外突出的特点。

2017 年即将来临，我们愿与所有关注中国旅游发展的人士一起，为这个不断创新的时代和行业创造出属于自己的价值。

宋 瑞

2016 年 11 月 26 日 破晓时分

# 目 录

**行业与市场创新**

## Ⅲ　三大市场

## Ⅳ　港澳台旅游

# Ⅴ 中心成果

皮书数据库阅读**使用指南**

# 总 报 告

General Reports

**G.1**

# 2016~2017年中国旅游发展分析与展望

中国社会科学院旅游研究中心\*

摘　要：　2016年，我国全面深化改革进入施工高峰期，经济新常态特征进一步显现，旅游、文化、体育等相关产业发展受到重视，各种区域发展战略中将旅游置于重要位置；旅游管理部门积极推进旅游供给侧结构性改革、全域旅游、"旅游+"、旅游市场治理、旅游外交等相关工作。旅游投资呈现"两涨一缩"态势，即旅游投资总规模和实体投资继续增长，以互联网为代表的新兴投资相对收缩。中国旅游企业通过"走出去"和将世界资源"引进来"的方式加速全球化布局。旅游

---

\*　执笔人宋瑞、金准。宋瑞，中国社会科学院旅游研究中心主任、中国社会科学院财经战略研究院研究员，研究重点为旅游政策、旅游可持续发展、休闲基础理论与公共政策；金准，中国社会科学院旅游研究中心秘书长、中国社会科学院财经战略研究院副研究员，研究重点为城市旅游、旅游产业。感谢北京第二外国语学院旅游管理学院硕士研究生刘耀芳、中国矿业大学胥英伟协助搜集部分资料。

兼并收购成为热点，并形成了五种不同的发展方向。国内旅游需求增势显著，出境旅游增速减缓，入境旅游稳步回升。展望未来，要提升我国旅游业发展质量和效率，有赖于制度、模式、科技、政策、资本等领域的集成创新。

**关键词：** 中国旅游 供给侧结构性改革 创新驱动

# 一 2016年中国旅游发展环境

## （一）国际环境

### 1. 全球经济形势不容乐观

2016年，全球经济复苏乏力，部分发达国家经济状况有所改善但各国之间发展颇不均衡；新兴经济体增速放缓；英国"脱欧"等变化给欧洲乃至世界经济带来较大不确定性；美国大选前后全球股市和汇率市场波动显著；各种突发性事件给全球经济和社会发展蒙上阴影。

国际货币基金组织（IMF）在2016年10月发布的《全球经济展望》（*World Economic Outlook*）中预测，2016年全球经济增速为3.1%。具体到不同经济体而言，发达经济体增速为1.6%，低于2015年（2.1%），其中欧元区经济增长1.7%，英国受"脱欧"影响，增速从2015年的2.2%放缓到1.8%；日本为0.5%；美国为1.6%。发展中国家和新兴经济体增速为4.2%；金砖五国中，印度是世界主要经济体中增长最快的国家（7.6%），中国为6.6%，南非为0.1%，俄罗斯为 - 0.8%，巴西为 - 3.3%。正如该组织首席经济学家兼经济顾问莫里斯·奥布斯特费尔德所言，"全球迫切需要采取综合、一致和协调的政策方法来重振经济"[①]。

---

① "World Economic and Financial Surveys", *World Economic Outlook*, October 2016, http：//www. imf. org/external/pubs/ft/weo/2016/02/pdf/text. pdf.

**2. 全球贸易增速显著放缓**

2008 年金融危机以来，尤其是近两三年内，全球贸易增速显著放缓。2008 年之前的 10 年内，全球贸易年均增长率为 6%，远高于全球 GDP 增速。根据世界贸易组织的最新预测，2016 年全球贸易仅增长 1.7%，连续五年低于世界经济增速，也明显低于其 4 月份时预测的 2.8% 的增长率。该组织对 2017 年的全球贸易增长预期也从 3.6% 下调至 1.8%～3.1%[①]。纵观全球，各种贸易保护主义抬头，劳动力/人口流入流出和资本流入流出减少，全球化出现了分化趋势，甚至在部分地区有逆转迹象。

**3. 全球旅游保持稳健增长**

世界旅游城市联合会委托中国社会科学院旅游研究中心所做的《世界旅游经济趋势报告（2017）》显示，2016 年全球旅游总人次和旅游总收入保持相对较高增速，成为全球经济复苏的重要动力。2016 年全球旅游总人次首次突破百亿，达 105 亿人次，较上年增长 4.8%，为全球人口规模的 1.4 倍；全球旅游总收入达 5.17 万亿美元，较上年增长 3.6%，相当于全球 GDP 的 7.0%；全球旅游总人次和旅游总收入显著高于全球 GDP 增速。2016 年全球旅游经济增量对世界 GDP 增长的贡献率为 5.49%，其中旅游经济增长对发达经济体 GDP 增长的贡献率更高，达到 9.10%，对新兴经济体 GDP 增长的贡献率为 4.24%。

受各主要经济体旅游需求快速增长、跨国旅游基础设施不断完善、国际油价下降带来旅行成本降低、各国签证便利化程度持续提高等因素的共同推动，2016 年全球旅游保持稳健增长，成为全球经济复苏的重要动力。世界旅游组织（UNWTO）发布的最新世界旅游晴雨表显示，2016 年 1～9 月，全球国际旅游人次比 2015 年同期增长 4%。就各个地区而言，亚太地区处于领先地位，国际过夜旅游人次增长了 9%，有 4 个国家保持两位数增长（韩国、越南、日本和斯里兰卡增长率分别为 34%、36%、24% 和 15%）；欧洲国际游客人数增长了 2%（北欧、中欧和东欧分别增长了 6%、5%、

---

① https：//www.wto.org/english/news_ e/news16_ e/rese_ 08jul16_ e.htm.

5%，而西欧下降了1%）；美洲增长了4%（南美洲和中美洲分别为7%、6%，加勒比和北美洲为4%）；非洲增长8%，中东则减少了6%①。

### （二）国内环境

#### 1. 全面深化改革进入施工高峰期

2016年是"十三五"开局之年，也是落实党的十八届三中全会所确定的全面深化改革的关键之年，各项改革进入施工高峰期。

2016年，围绕国有企业改革、创新驱动发展体制机制、政府职能转变、财税体制改革、金融体制改革、新型城镇化和农业农村等体制创新、构建对外开放新体制、生态文明体制改革、社会保障与收入分配等改革、改革试点和改革督察评估等十大领域，各种改革举措不断推出。在积极财政政策和稳健货币政策推动下，适度扩大总需求、供给侧结构性改革、"三去一降一补"五大重点任务取得初步成效。

#### 2. 经济新常态特征进一步显现

2016年，我国国民经济总体保持平稳运行、稳中有进、稳中提质的发展态势，转型升级深入推进，新动能加快成长，新常态特征进一步显现。2016年前三季度GDP连续保持6.7%的增速；1～10月，规模以上工业增加值同比增长6.0%；全国固定资产投资（不含农户）同比增长8.3%，其中，国有控股投资增长20.5%，民间投资增长2.9%，第三产业投资增长11.5%；社会消费品零售总额同比增长10.3%，全国网上零售额同比增长25.7%；居民消费价格同比上涨2.0%，工业生产者出厂价格同比下降2.5%；进出口总额同比下降1.9%，其中出口下降2.0%，进口下降1.8%。

#### 3. 相关产业和重点区域受到重视

2016年，文化、体育、林业、农业、汽车租赁、民用航空、医药、贸易等相关产业的发展受到重视；在以新型城镇化、城市群发展、新一轮东北

---

① UNWTO "World Tourism Barometer," November 2016, http：//www.e－unwto.org/loi/wtobaro metereng.

老工业基地振兴、平潭国际旅游岛建设等为代表的区域发展战略中，旅游被置于重要位置（见表1）。

表1　2016年1～11月国务院发布的与旅游相关的重要文件

| 文号 | 名称 |
| --- | --- |
| 国办发〔2016〕85号 | 《国务院办公厅关于进一步扩大旅游文化体育健康养老教育培训等领域消费的意见》 |
| 国办发〔2016〕83号 | 《国务院办公厅关于完善集体林权制度的意见》 |
| 国办发〔2016〕77号 | 《国务院办公厅关于加快发展健身休闲产业的指导意见》 |
| 国发〔2016〕58号 | 《国务院关于印发全国农业现代化规划（2016～2020年）的通知》 |
| 国办发〔2016〕68号 | 《国务院关于同意建立国务院中医药工作部际联席会议制度的批复》 |
| 国函〔2016〕146号 | 《国务院办公厅关于印发消费品标准和质量提升规划（2016～2020年）的通知》 |
| 国办函〔2016〕73号 | 《国务院办公厅关于同意建立消费者权益保护工作部际联席会议制度的函》 |
| 国办发〔2016〕58号 | 《国务院办公厅关于深化改革推进出租汽车行业健康发展的指导意见》 |
| 国发〔2016〕37号 | 《国务院关于印发全民健身计划（2016～2020年）的通知》 |
| 国办发〔2016〕39号 | 《国务院办公厅关于加快培育和发展住房租赁市场的若干意见》 |
| 国办发〔2016〕38号 | 《国务院办公厅关于促进通用航空业发展的指导意见》 |
| 国办发〔2016〕36号 | 《国务院办公厅转发文化部等部门关于推动文化文物单位文化创意产品开发若干意见的通知》 |
| 国办发〔2016〕31号 | 《国务院办公厅关于健全生态保护补偿机制的意见》 |
| 国办发〔2016〕11号 | 《国务院办公厅关于促进医药产业健康发展的指导意见》 |
| 国发〔2016〕17号 | 《国务院关于进一步加强文物工作的指导意见》 |
| 国函〔2016〕40号 | 《国务院关于同意开展服务贸易创新发展试点的批复》 |
| 国发〔2016〕15号 | 《国务院关于印发中医药发展战略规划纲要（2016～2030年）的通知》 |
| 国办发〔2016〕5号 | 《国务院办公厅关于加强旅游市场综合监管的通知》 |
| 国办函〔2016〕8号 | 《国务院办公厅关于同意建立服务业发展部际联席会议制度的函》 |

| 文号 | 名称 |
| --- | --- |
| 国函〔2016〕177号 | 《国务院关于东北振兴"十三五"规划的批复》 |
| 国发〔2016〕62号 | 《国务院关于深入推进实施新一轮东北振兴战略加快推动东北地区经济企稳向好若干重要举措的意见》 |
| 国函〔2016〕120号 | 《国务院关于川陕革命老区振兴发展规划的批复》 |
| 国函〔2016〕143号 | 《国务院关于平潭国际旅游岛建设方案的批复》 |
| 国函〔2016〕142号 | 《国务院关于同意设立贵州内陆开放型经济试验区的批复》 |
| 国函〔2016〕96号 | 《国务院关于同意设立江西赣江新区的批复》 |
| 国函〔2016〕87号 | 《国务院关于长江三角洲城市群发展规划的批复》 |
| 国函〔2016〕68号 | 《国务院关于成渝城市群发展规划的批复》 |
| 国发〔2016〕18号 | 《国务院关于深化泛珠三角区域合作的指导意见》 |
| 国发〔2016〕8号 | 《国务院关于深入推进新型城镇化建设的若干意见》 |

#### 4. 国内消费环境不断完善

为改善居民消费环境，国家发展和改革委员会出台"十大扩消费行动"，涉及居民住房改善、农村消费升级、汽车消费促进、旅游休闲升级等重点领域。国务院办公厅下发《关于印发消费品标准和质量提升规划（2016~2020年）的通知》，重点推动家用电器消费类、文教体育休闲用品等领域的发展。自2016年1月1日起，我国对进出口关税进行部分调整，扩大日用消费品降税范围。2016年11月，国务院办公厅下发《关于进一步扩大旅游文化体育健康养老教育培训等领域消费的意见》，提出"扩大新兴消费、稳定传统消费、挖掘潜在消费"的35条具体举措。

# 二 2016年中国旅游发展形势

2016年，在政府、行业、市场、社会的共同推动下，我国旅游业保持快速、稳步增长。

## （一）旅游管理部门

2016年，我国旅游管理部门积极推进旅游供给侧结构性改革、全域旅游、"旅游＋"、旅游市场治理、旅游外交等相关工作。

**1. 以旅游供给侧结构性改革为主线**

推进供给侧结构性改革，是我国经济新常态下社会经济发展的主线。对于"供给侧结构性改革"背景下的旅游发展，我们在2015～2016年的"旅游绿皮书"中做了详细论述。其核心是回答两个问题：旅游如何参与国民经济的"供给侧结构性改革"；旅游业如何推动自身的"供给侧结构性改革"。就后者而言，我们提出：要通过"产业升级"解决旅游产业结构、产品结构与旅游需求结构不匹配的问题；要通过"提质增效"解决旅游业主要依靠增加要素投入实现经济增长的问题；要通过"补齐短板"解决公共产品供给不足的问题。纵观2016年全国旅游发展的总体态势，尤其是旅游主管部门的工作思路，基本是围绕这一线索展开的：以全域旅游为契机，转变旅游发展模式；以"旅游＋"推动旅游产业形态和产品形式的多样化；以旅游市场治理整顿和管理体制创新优化旅游发展环境和公共产品供给；以"厕所革命"等推动旅游公共设施的完善。而在省域层面，贵州省人民政府出台了《关于推进旅游业供给侧结构性改革的实施意见》进行系统部署。

**2. 大力推动全域旅游**

国家旅游局在2016年全国旅游工作会议上，提出将从景点旅游走向"全域旅游"作为新时期旅游发展新战略，通过优先纳入中央和地方预算内投资支持对象、优先支持旅游基础设施建设、优先纳入旅游投资优选项目名录、优先纳入国家旅游改革创新试点示范领域、优先支持A级景区等国家重点旅游品牌创建等八项措施加以全面推进。此后，国家旅游局公布了262个市县为首批国家全域旅游示范区创建单位，并在全国范围内掀起了讨论和实践的热潮。国家旅游局希望通过实施全域旅游实现如下目标：（1）从单一景点景区建设管理向综合目的地统筹发展转变；（2）从门票经济向产业经济转变；（3）从导游必须由旅行社委派的封闭式管理体制向导游自由有序流动的开放式管理转变；（4）从粗放低效旅游向精细高效旅游转变；（5）从封闭的旅游自循环向开放的融合发展方式转变；（6）从旅游企业单打独享到社会共建共享转变；（7）从景点景区内部的"民团式"治安管理、社会管理向全域旅游依法治理转变；（8）从部门行为向党政统筹推进转变；（9）从仅是景点景区接待国际游客和狭窄的国际合作，向全域接待国际游客及全方位、多层次国际交流合作转变。在省域层面，江苏、贵州、海南等省份分别出台了促进旅游供给侧结构性改革的相关意见。

### 3. "旅游+"战略全面实施

正如2015~2016年的"旅游绿皮书"所指出的，旅游活动内容、资源要素、产品形态、商业形态、产业边界、影响领域在不断扩展。旅游已渗透到社会、经济、文化、外交、生态等各个领域，渗透到工业、农业、教育、交通、养老、健康、流通等各个行业。在推进旅游供给侧结构性改革中，深化资源共享、推动产业融合是一个重要方向。2016年，国家旅游局继续积极推动产业融合发展，先后评选出10个中国旅游休闲示范城市、10个中国绿色旅游示范基地、10个中国人文旅游示范基地、5个中国蓝色旅游示范基地、5个中国康养旅游示范基地，公布首批10个"中国研学旅游目的地"城市和20家"全国研学旅游示范基地"，并提出在全国创建1000个国家工业旅游示范点、100个工业旅游基地、10个工业旅游城市。如加上2015年公布的68个全国休闲农业与乡村旅游示范县、153个全国休闲农业与乡村旅游示范点，其范围不可谓不广泛。在省域层面，贵州省提出以"旅游+农业"促进农旅一体化、以"旅游+工业"促进相关产业提质增效、以"旅游+文化"提升旅游产品内涵、以"旅游+水利"促进旅游地区水资源保护和水生态修复、以"旅游+航空"打造旅游精品航线、以"旅游+城镇化"促进产城景融合发展、以"旅游+大健康"培育康养旅游基地、以"旅游+扶贫"促进增收致富和精准扶贫、以"旅游+大数据"促进智慧旅游和现代监管、以"旅游+生态文明建设"发展生态旅游、绿色产业，其布局不可谓不系统。不管是全国层面还是省域层面，或是各个全域旅游示范区，要把全域旅游和"旅游+"从战略目标变为发展现实，仍有很长的路要走。

### 4. 加大旅游市场的整治和制度建设

和谐有序的旅游市场秩序，是旅游目的地吸引力和竞争力的重要保障。长期以来，旅游市场秩序混乱是困扰中国旅游发展的顽疾，诸如从非法"一日游"到名目繁多的价格欺诈、虚假广告、欺客宰客、强迫消费等。对此，近年来国家旅游局积极作为，打出了一系列组合拳。旅游市场秩序综合水平指数（TOI）、旅游企业诚信"黑名单"及"红榜"记录系统、游客"不文明旅游记录系统"、"全国旅游投诉举报和案件办理管理系统"、"万名社会监督员"制度及部分5A级景区被摘牌、取消数家旅行社相关资质等举措陆续推出。

在开展整治性活动的同时，有关部门也加强了制度化建设。2016年初，国务院办公厅下发《关于加强旅游市场综合监管的通知》，围绕建立"权责明确、执法有力、行为规范、保障有效的旅游市场综合监管机制"这一核心任务，从依法落实旅游市场监管责任、创新旅游市场综合监管机制、提高旅游市场综合监管水平、提高旅游市场综合监管保障能力等四个方面提出了17项任务。国家旅游局积极推动"1＋3＋N"旅游管理体制创新，其中"1"是建立综合协调性强的旅游管理机构，"3"是设置旅游警察、工商旅游分局和旅游巡回法庭等专门人员和机构，"N"是建立与各部门职能相互包容衔接的各种旅游发展制度。除全国性的努力外，各地也积极行动。例如山东省青岛市由商务、公安、交通、旅游、工商、文化执法等部门联合行动，开展餐饮、住宿、交通、旅游、购物、文化娱乐等六大消费领域专项整治活动，并设立100万元专项资金，建立消费市场全社会有奖举报制度。安徽省黄山市出台《黄山市旅游管理相对集中行政处罚权暂行办法》，对涉及旅游、交通、文物等78项行政处置权进行梳理和完善。

**5. 积极推动旅游外交**

2016年，一系列世界级旅游盛会相继在中国召开。首个由中国倡议、中国组织的世界旅游大会——首届世界旅游发展大会5月在北京举办，来自107个国家和15个国际组织的代表出席会议并发布《北京宣言》；同月，第七届二十国（G20）集团旅游部长会议首次在北京举行，中国（郑州）国际旅游城市市长论坛在郑州举办，并发布《国际旅游城市发展郑州共识》。7月，首届中俄蒙三国旅游部长会议在内蒙古举办，共同发表《首届中俄蒙三国旅游部长会议联合宣言》。9月，国际山地旅游暨户外运动大会在贵州举办，成立国际山地旅游联盟，并发布《国际山地旅游减贫宣言》；同月，国际海岛旅游大会在浙江开幕，并发布《国际海岛旅游发展舟山群岛共识（2016）》；首届丝绸之路（敦煌）国际文化博览会高峰会议分论坛在甘肃举办，世界旅游城市联合会第五届香山峰会在重庆举办。此外，2016年中印旅游年、中韩旅游年、中美旅游年等相继启动。这些重要活动的举办昭示着中国旅游国际影响力的不断提升，也意味着中国在全球旅游发展中将发挥更重要作用，肩负更重大的责任。

### （二）行业发展

#### 1. 旅游投资呈"两涨一缩"格局

2016年，我国旅游业迎来"两涨一缩"的新投资格局。"两涨"，是旅游投资总规模和实体投资的继续增长，"一缩"是以互联网为代表的新兴投资的相对回缩。

从投资总规模和实体投资来看，增势较为明显。据国家旅游局公布的数据，2016年上半年我国旅游投资达到4211.5亿元，较上年同期增长约30.5%，在建旅游项目9944个，2016年全年将有望达到1.3万余个。从投资的构成看，旅游项目的实体投资处于持续增长状态。具体来看：（1）旅游实体项目投资增速较快，1~6月全国旅游百亿元大项目实际完成投资794.6亿元，比上年同期增长34.4%；（2）民间资本持续活跃，上半年民营企业实际完成投资2412.8亿元，同比增长27.1%；（3）旅游实体项目转型升级态势明显，度假旅游投资比重占41.3%，观光旅游投资占比从54.3%下降到39.6%；（4）乡村旅游投资成为亮点，实际完成投资1221.3亿元，较上年同期增长62.3%。

从互联网投资来看，受始于2015年下半年的互联网"资本寒冬"的影响，以互联网为代表的新兴投资相对回缩。按照亿欧网统计，2015年下半年有110家互联网旅游融资企业，2016年上半年回落到67家，仅为最高峰的一半，且2016年的融资企业大多为初创企业，融资金额大多在2000万元以下，坚持到B轮以上的融资企业很少。资本的回缩令很多创业团队陷入困境，"淘在路上"等宣布倒闭，是为标志性事件。

"两涨一缩"格局下，旅游投资呈现"一面是等待，一面有泡沫"状态：创业企业在等待，试图扛过"寒冬"，而火热的实体项目投资背后，泡沫也在积累甚至泛起。

**2. 相关企业加快全球化布局**

2016年，中国旅游业加速全球化布局。一方面，中国企业不断走出去，利用中国出境游的爆发式增长在全球进行布局；另一方面，相关机构和企业努力将世界资源引进来。

在向世界扩张方面，海航、安邦、锦江、人寿、开元等企业加速在海外布局，并逐步将并购对象聚焦在全球性的旅游集团上。2016年，海航收购了美国卡尔森酒店集团100%的股权以及后者持有的瑞德酒店集团51.30%的多数股权，后又宣布旗下海航旅游以总计65亿美元的价格收购黑石集团所持的希尔顿酒店集团25%的股份，并将获得希尔顿董事会的两个席位；安邦以65亿美元从美国私募基金巨头黑石集团手中购入了奢侈酒店，经营包括华盛顿州四季酒店在内的16家奢侈酒店；上海锦江国际酒店集团增持法国雅高酒店集团的股票，持有6.03%的股份，拥有5.27%的投票权，锦江国际成为雅高集团第一大股东；中国人寿保险股份有限公司投资收购喜达屋位于美国的精选服务酒店，总价值20亿美元。

在整合国际资源及对国内业务进行重整和再造方面，最典型的是复星集团。目前，复星通过引入其在国际上整合的Club Med、太阳马戏团、亚特兰蒂斯、Thomas Cook等品牌资源，在国内启动了一系列开发项目。

上述企业依托国际资源，不管是其国内旅游还是国际旅游，都呈现从传统的观光向休闲、度假、医疗、游学、商务等多维度扩展的趋势。中国的国内游和出境游，都在通过国际资源的导入而迅速转型。

**3. 并购、整合和创业成为热点**

2016年，中国旅游业并购、整合和创业事件频发。传统的常规化发展到了一定阶段，不同规模的企业都在寻找新的增长点，并形成五种不同的探索方向。

第一，大型旅游集团通过扩大规模寻找增长。2016 年 7 月，中国国旅集团有限公司整体并入中国港中旅集团公司，重组后的中国旅游集团公司涉及旅行社、酒店、景区、免税店、地产和邮轮等诸多业务，资产总额近 1500 亿元，销售额超过 1000 亿元、利润总额近 60 亿元，成为中国旅游业的龙头企业[①]。锦江通过收购法国卢浮酒店、广州铂涛酒店和深圳维也纳酒店，客房数从 2014 年初的 10 万间一举蹿升至 2016 年 9 月的 55 万间，在全球酒店排名从 20 名开外跃升至前 5 位；首旅酒店 2015 年以 110 亿元合并如家集团，以 36 万间总客房量稳坐全国第二大酒店集团交椅；携程通过整合去哪儿网控制了线上产业生态，并随之进军线下产业。巨头们通过企业间的业务板块重整和并购扩大规模，确立新的增长模式。

第二，其他行业巨头从构筑谱系中寻找增长。近年来，其他行业巨头频频介入我国旅游产业。他们凭借广泛的产业资源和巨大的投资能力，将旅游业务整合到其整体布局中，形成跨业发展的格局。其中的代表包括以地产为本的万达集团、复星集团，以航空为本的海航集团，以互联网为本的阿里巴巴集团、美团及大众点评等。万达集团依托四处布局的万达文旅城进行扩张。据万达官方数据，从 2012 年到 2021 年，万达集团在文旅方面的投资将近 6000 亿元。在上海迪士尼周边 800 公里范围内，万达已在青岛、合肥、无锡、南昌、武汉、济南等城市进行了主题乐园的布局。复星集团主要依托收购海外优质旅游资产形成旅游业布局，掌握了一批高端国际品牌资源，迅速在业内形成影响力。海航集团依托"机 + 酒"的大量收购，在不到两年的时间里，海内外收购交易总值超过 330 亿美元，其中约有一半是海外收购。

第三，独角兽企业通过发现模式寻求增长。2016 年旅游业的一个重要现象是旅游独角兽企业的崛起。独角兽（Unicorns）通常指估值达到 10 亿美元及以上的私营企业。据 CBInsights 统计，全球有 142 家与旅游相关的独角兽企业，其中中国有 4 家，包括滴滴出行、大众点评网、神州专车和途家，其中大众点评网和途家均为深度涉旅的企业。独角兽企业主要通过发现

---

① 资料来源：劲旅网。

模式寻求增长。例如，途家寻找了一条共享经济发展之路，通过自身体系建设、收购蚂蚁短租以及将携程旅行网和去哪儿网的公寓民宿频道入口和整体业务及团队并入途家，途家房源总库存达 44 万套，其中自营房源 1.4 万套，C 端订单用户数量达数百万个。2016 年全年交易额可占整体市场规模的30% 以上，已经能对中国酒店行业产生重大影响。

第四，传统企业从转型中寻找增长。在新的资本力量的推动下，传统企业更需要从转型中寻找生机。酒店业近年将关注点放在中端酒店上，经济型酒店升级，传统星级酒店应对中端市场，维也纳、全季、星程、和颐、亚朵等品牌均发展迅速，形成酒店业转型的发力点。旅行社数量近年来进入负增长阶段，但相关企业的转型已经开始并不断加速。一方面，旅行社业正在细分市场深耕，并进入自驾游和自助游领域，如众信旅游推出了体育旅游品牌"众信体育"、教育旅游品牌"众信游学"、高端旅游品牌"奇迹旅行"，并于 2016 年发布了"奇迹旅行"，推出"极地系列、摄影系列、南美系列、体验系列、臻品系列、健康系列"六大系列产品，组建定制旅游事业部，争取自驾游和自由行客户。老牌旅游企业康辉也在启动转型。2016 年 11月，康辉旅游集团在北京举行品牌升级发布会，公布了其"全面拓展旅游模式、锻造全渠道旅游综合运营商、变革转型、积极拥抱互联网等战略方向，实施旅游＋互联网，将百亿业务线聚拢到线上"的新战略。另一方面，受大资本推动，旅行社正成为生态圈中的一环并加速向上游的景区资源战略布局。港中旅、中青旅等均控制了一批景区资源；此外，按照国资委《关于国有控股混合所有制企业开展员工持股试点的意见》，岭南控股、桂林旅游等均在着手进行混改，体制的转型必将带来企业的转型。

第五，小微企业从利基市场寻找增长。旅游行业是"大众创业、万众创新"的重要领域，众多小微初创企业均着力于通过利基市场寻求增长点，高度细分的项目层出不穷。据国家旅游局统计，旅游创业创新拉动直接就业人数约为 339.45 万，占全国旅游直接就业的 12.13%；直接和间接旅游就业人数合计约为 952.3 万，占全国旅游综合就业的 12.04%。其中，民宿、分享经济、营地等成为创业的重要领域。当前，我国民宿客栈总数 42658

家，从业者近 90 万人，基于分享经济模式的非标准住宿业态创造的就业总数约为 6400 人，营地更成为 2016 年炙手可热的投资领域。

**4. 旅游行业 PPP 刚刚起步**

2016 年政府大力引导的 PPP，也包含了大量的旅游项目。根据财政部发布的全国 PPP 综合信息平台项目库数据，截至 2016 年 10 月 31 日，入库项目 10685 个，入库项目金额 127320 亿元，其中，旅游业项目数达到 604 个，列在市政工程、交通运输、城镇综合开发之后，排名第四。其中绝大部分项目投资金额较大。从落地性来看，604 个项目中，处于执行阶段的只有 29 个，其他均还处在采购或识别阶段。可见，对于 PPP，旅游行业虽有投入，但更多的是在观望。

在旅游 PPP 项目大潮中，国资巨头企业是参与的主力[1]。2016 年，湖南省政府与中铁集团签约，设立 1000 亿元旅游基础设施投资基金，展开全域旅游 PPP 投资合作；华侨城计划通过 PPP 模式推出"100 个美丽乡村"计划，该计划启动以来，华侨城签约的投资金额已超 4000 亿元；此外，华侨城还宣布在深圳龙岗区投资 500 亿元打造甘坑文创小镇，与成都金牛区政府等合作，拟投资超千亿元打造三大文旅名镇；与云南城投集团出资组建公司，投资 200 亿元整合省内外 10 余个优质旅游资源；与三亚市政府签订 300 亿~500 亿元投资计划；在深圳大鹏新区投资 300 亿元建设大鹏半岛全域旅游示范城；与深圳光明新区签约投资 500 亿元，打造"光明小镇"。此外，东方园林等一部分民营企业也已积极投身该领域。

## （三）市场需求

当前，我国人均 GDP 超过 6000 美元，城镇化率超过 50%，服务业占 GDP 比重超过工业。随着这三组与旅游需求发展密切相关的数据同步跨越前一阶段的临界点，国民旅游价值观念和旅游需求方式发生巨大转变。我国旅游需求处在大发展阶段，并为旅游业带来巨大的需求红利，特别是中产阶

---

[1] 资料来源：新旅界网。

级旅游需求的增长，形成了很大的供给缺口和市场机遇。

**1. 国内旅游需求旺盛**

2016年，我国国内旅游市场规模稳步扩大，继续领跑宏观经济。根据国家旅游局数据中心的调查，2016年上半年，我国国内旅游人数为22.36亿人次，比上年同期增长10.47%。其中，城镇居民为15.17亿人次，增长13.55%；农村居民为7.19亿人次，增长4.51%。国内旅游收入为1.88万亿元，增长13.72%。其中城镇居民花费1.48万亿元，增长15.13%；农村居民花费0.40万亿元，增长8.84%。据估算，2016年下半年我国国内旅游人数将达到21.6亿人次，国内旅游收入将达到1.9万亿元。2016年全年，我国国内旅游人数将近44亿人次，国内旅游收入将近3.8万亿元。

**2. 出境旅游增速减缓**

经历了数年高速增长之后，我国出境旅游自2015年开始减速。2015年，我国出境旅游人数达到1.17亿人次，与2014年相比，增长8.96%。这是近年来出境旅游人数增长首次低于10%。2016年出境人数增长速度很可能依然在10%以下。

相比世界其他客源地，我国的出境潜力不容低估，发展动力强劲。总体来看，我国出境旅游将长期处于"初级阶段"，主要表现在：出境人数占人口总数的比例依然偏低；促进出境游客与目的地居民之间相互理解和认识还有很长的路要走；出境市场的进化很快，但是大部分市场运作依然简单粗糙，不精细、低频次、低毛利和长链条等难以控制的情况普遍存在；标品竞争已进入红海，而非标品商业模式还有待验证，与之相关的产业供给还有很多问题需要解决。

**3. 入境旅游稳步回升**

我国入境旅游市场经历三年持续下降后于2015年首度回升。2016年，这一趋势得到进一步巩固。2016年1~6月我国共接待入境游客6787.39万人次，同比增长3.84%。主要入境客源市场均出现显著增长：香港赴内地游客同比增长2.19%；澳门赴内地游客同比增长3.49%；台湾赴大陆游客同比增长5.78%；外国来华游客同比增长9.0%。其中，部分外国客源市场出现比较显著的增长：俄罗斯旅华游客数量同比增长35.14%，韩国旅华游客数量同比增长8.43%，美国旅华游客数量同比增长8.39%，越南旅华游客数量同比增长7.18%。

就当前我国入境旅游市场的发展趋势来看：一方面，依然无法避免主要客源市场经济增长乏力、国际游客出境旅游趋于保守、各旅游目的地竞争加剧、国际地缘政治的消极影响强化、入境游客在华消费意愿下降、我国入境旅游宣传推广体系有待进一步完善、我国旅游目的地品牌建设仍处在初级阶段等诸多负面因素的影响；另一方面，入境旅游系统工程的理念日益深入人心，国际旅游多元化需求逐步得到满足，特色旅游形象和主打旅游产品层出不穷、旅游公共服务和市场监管日趋优化，加之在人民币贬值、空气质量逐步改善、外围目的地恐怖袭击频发等现实因素的推动下，入境旅游由前几年的衰退周期换挡至近年来的复苏周期的基础将进一步稳固。在这一系列现实因素的积极推动下，预计2016年我国入境旅游市场有望持续回暖，实现约4%的稳步增长，旅游外汇收入有望实现约5%的稳步增长。

## 三　2017年及未来我国旅游发展展望

### （一）发展环境

当前，中国正处于转型升级的关键阶段，内外环境都发生了很大变化，中国经济迈入了增长放缓转而寻求稳定增长的新常态。要实现稳定增长的目标，中国必须保持相对较高的生产率水平。在此过程中，要特别强调通过制度变革、结构优化和要素升级为经济增长提供根本动力。因此，释放改革红利、推进结构调整、强化创新驱动将是未来一段时期中国经济发展的主要任务。

展望2017年，中国经济将保持中高速增长，增长质量将进一步提高。在经济改革方面，财税、户籍制度和土地改革将继续推进，促使中国向消费驱动型经济转型；个人所得税改革可能将进一步推进，以改善收入分配；国有企业改革将在推进混合所有制试点、建立国企市场化的退出机制、放开"竞争类行业"民企准入等方面有所进展，混合所有制试点将在一些重点行业取得进展；居民消费和投资将继续增长，经济增长结构和政策组合将有利于个人消费的增长。

### （二）发展方向

当前和未来一段时期，在各大行业发展相对放缓的背景下，旅游业的快速增长成为我国经济发展的亮点。旅游人次、收入、投资均达到前所未有的规模，业态空前丰富，竞争空前激烈，创新边界空前扩张。值得注意的是，这些增长仍然依靠传统的驱动方式。

按照经济学的理论，经济增长的源泉来自三个方面：劳动力和资本的投入，以及全要素生产率的提升。以此发现当前我国旅游业的增长主要来自劳动力和资本的投入，效率的提升对产业的驱动依然不足。因此，未来迫切需要解决好如下三个问题。

#### 1. 如何为旅游业长期可持续发展提供所需的劳动力

从2003年到2014年，我国旅游业的就业人数增长了202.39%，按照《国务院关于促进旅游业改革发展的若干意见》，到2020年，境内旅游总消费额达到5.5万亿元，按此前的收入与就业增长比，到2020年旅游业将吸引1.16亿的就业人口，2014～2020年旅游就业的年均增量将达747.2万人。但现实情况是，我国旅游业此前拥有的近乎无限的劳动力供给正在消失，旅游业人力成本正加速攀升，旅游业的用人短缺问题将很快凸显。

按照蔡昉等人的研究，2010年我国15～59岁劳动年龄人口的总量到达峰值，为9.4亿人，此后就出现了负增长，而且该年龄组人口减少的速度越来越快，预测到2020年大体上降至9.1亿人。相应地，劳动年龄人口占总人口的比例也从70.1%下降到66.0%。旅游业是用人大户，从旅游就业人口占全国就业人口的比例看，旅游业就业数占国内就业总数的比例很大，并且攀升很快。2003年，旅游业就业数占全国就业总数的5.2%，到2014年已经增加到10.2%，按现在的比例和速度，到2020年预计增长到14%，年均增量 398.3 万人，细化到 2014~2020 年这一段，年均增量将达到 747.2 万人，2014 年旅游就业人口占劳动人口的比例在 7.8%，到 2020 年，旅游就业人口占全国劳动人口的比例将增长到 11.7%。在此情况下，旅游业用人成本正在加速攀升，近年我国旅游业人均职工工资年均增长率一直在 10% 左右，企业的人力成本负担正在加重，中国旅游业此前拥有的近乎无限的劳动力供给正在消失。

在此背景下，如何满足旅游业长期可持续发展的人力需求，成为旅游业长期可持续发展的重要问题。劳力节约型的旅游业，将是中国旅游业未来发展的必然选择，减少旅游业中的单位劳力投入，加大单位劳力的效率，以及加大旅游业的科技含量、智慧含量，是中国旅游业未来几年转型的重要方向，依托互联网、云计算、大数据、机器人、虚拟现实的现代旅游业将成为旅游业持续增长的关键。

**2. 如何引导有效投资**

近年来，旅游投资不断加码，投资规模不断刷新历史纪录，投资形态也在不断变化。更大规模、更具复合性的旅游投资逐渐成为主流。金融工具的引入，也让旅游投资更具现代性。旅游投资形成了三个合围：首先是不同投资商的合围，进入旅游行业的投资商，其背景已经涵盖了传统旅游、互联网、商业、地产、制造业、能源、家电等多个方面，不同背景的投资商在按其对旅游业的不同理解来投资旅游；其次是不同模式的合围，地产模式、商业模式和互联网模式最终在旅游业内汇聚，相互融合；最后是不同投资概念的合围，如 PPP、特色小镇、全域旅游的出现，国家政策的主力引导政策，往往迅速转化为旅游概念，并聚集大量的投资。

但同时，判断投资的有效性始终缺乏可用的工具，投资缺乏市场面的指引，难以面向有效的终端需求，又只能放在市场中通过一定的时间进行检验。在大量单体旅游项目的投资规模达到几十亿元甚至百亿元级别时，就累积了大量的投资风险。重复性投资、超前性投资和泡沫性投资增多（不排除有圈地型投资、烧钱型投资），进一步加剧了旅游业的竞争，包括一定程度上的同质竞争、低价竞争和垄断竞争，压低了行业平均效益和效率。

总体来看，资本投入尽管仍有较大的增长空间，但投资的效率有待观察，而且过于依靠资本一侧的持续投入，其对旅游业的边际驱动能力也将逐步下降。如何围绕市场合理引导投资，构筑灵活机动的市场信号，发挥市场的调节作用，引导供给，压缩泡沫，防范风险，提高效率，都是摆在业界面前的重要问题。

**3. 如何通过集成创新使旅游增长回归到效率提升的主轴**

当前，各大行业发展相对放缓，旅游业的快速增长成为我国经济发展的亮点。旅游业的人次、收入、投资，都达到前所未有的规模，业态空前丰富，竞争空前激烈，要素组织空前活跃，创新边界空前扩张。但是值得注意的是，这种高速增长的背后仍然是相对传统的驱动方式。当前我国旅游业的增长，主要来自劳动力和资本的投入，效率的提升对产业的驱动仍是较少的。在人力供给逐渐紧缩，资本投资缺乏有效机制的情况下，提升旅游产业的运行效率变得尤为重要。

2005～2012年，中国旅游业年均全要素生产率的增长率为0.2%，和美国相比，年全要素生产率增长幅度相差14个百分点，规模效率是中国旅游业的短板。尽管近年来中国旅游业投资并购不断，但旅游产业市场集中度仍然不高，旅游企业整体竞争力不强，旅游产业整体获利能力不高，旅游业仍存在"小弱散差"的问题。面对经济新常态，各类要素价格的持续上升，旅游企业将面临更大经营压力。

从旅游业发展的宏观机制来看，围绕工业的价格和资源配置产业的运行机制仍在深入影响中国旅游业，旅游业发展在资源、用地、能源、资本等多方面仍然面临高成本问题。在国家启动全面改革的背景下，如何乘势而上，借力改革壮大旅游市场主体，优化旅游产业结构，提升旅游企业竞争力，决定了中国旅游业往何处去。中国旅游业必须依托改革，建立新的旅游市场体系、旅游产业宏观调控体系和综合创新体系，围绕市场建立资源配置机制，转变增长方式，依靠模式、科技、政策、资本等方面的集成创新来实现效率型增长。

# G.2
# 2016年中国旅游发展十大热点

中国社会科学院旅游研究中心*

摘　要：　2016年中国旅游发展十大热点为：重大活动彰显中国国际影响；旅游市场监管手段不断创新；边境跨境两区建设逐步开展；导游自由执业试点尚待推进；旅游业"营改增"推进仍待完善；自驾车露营地领域新政频出；非标准化住宿行业发展迅猛；旅游行业并购整合任重道远；港中旅与国旅实施战略重组；上海迪士尼带动主题公园热。

关键词：　中国旅游　十大热点　2016

2016年，中国旅游业的发展高潮迭起，创新不断，热点频出。中国旅游在政策、管理、产业、市场、对外交往上涌现了诸多重要事件，全社会对旅游的关注度空前高涨。为准确把握和全面解读这些事件，中国社会科学院旅游研究中心于2016年9～11月组织特约研究员推荐并通过专家遴选的方式，确定了2016年中国旅游发展的十大热点事件。

年度热点问题的遴选，主要是基于该事件或系列事件中所涉及问题的复杂性、社会对这些事件的广泛关注以及此类事件对未来旅游发展的重要影响，因此并不追求入选事件之间在逻辑体系上的关联性、在正负影响上的平衡性，同时也不刻意回避某些热点问题之间的交叉性。

---

* 执笔人均为中国社会科学院旅游研究中心特约研究员，依次为：廖斌、曾博伟、张金山、宋子千、赵鑫、付磊、秦宇、高天明、戴斌、张凌云。策划：宋瑞、吴金梅、金准；总纂：吴金梅；审核：李明德、宋瑞。

## 热点一：重大活动彰显中国国际影响

### （一）热点事件

2016 年，一系列世界级旅游盛会相继落户中国。5 月，首届世界旅游发展大会在京举办，来自 107 个国家和 15 个国际组织的代表出席会议并发布《北京宣言》，这是首个由中国倡议、中国组织的世界旅游大会；同月，第七届二十国（G20）集团旅游部长会议首次在北京举行，中国（郑州）国际旅游城市市长论坛在郑州举办，并发布《国际旅游城市发展郑州共识》。6 月，"T 20"世界旅游名镇联盟峰会在吉林举行。7 月，首届中俄蒙三国旅游部长会议在内蒙古举办，共同发表《首届中俄蒙三国旅游部长会议联合宣言》。9 月，国际山地旅游暨户外运动大会在贵州举办，成立国际山地旅游联盟，并发布《国际山地旅游减贫宣言》；同月，国际海岛旅游大会在浙江开幕，并发布《国际海岛旅游发展舟山群岛共识（2016）》；首届丝绸之路（敦煌）国际文化博览会高峰会议分论坛在甘肃举办，世界旅游城市联合会第五届香山峰会在重庆举办；等等。2016 年中印旅游年、中韩旅游年、中美旅游年等相继启动，国际旅游合作不断推进。

### （二）事件点评

一系列国际盛会的举办，开启了中国旅游对外开放的新通道，搭建了新平台，向世界发出中国声音、中国主张，展示"美丽中国"旅游形象，宣传中国旅游资源，分享中国旅游发展经验，从而标志中国旅游业迈入对外开放新阶段。中国旅游正全方位融入世界，日渐参与国际旅游议题的设置、国际旅游规则的制定、国际旅游发展方向的把控，从早期被动融入世界迈向主动影响世界、引领世界的新阶段，在世界旅游范围内的话语权、影响力逐步提升。中国旅游的发展经验、政策和创新日渐成为国际旅游发展的新模式，受到世界广泛关注。我国各类国际旅游活动层次和规模不断提升，旅游外交功能日益凸显，逐渐成为中国外交领域新内容和新热点。

## （三）重要启示

本质上，旅游是人与人最直接、最自然的交流方式，旅游合作是国际交往中分歧最少、见效最快、利益共赢的领域，有助于推动文化、经济、产业、资金、品牌、信息等领域的互动交流，是加强与世界联系的重要合作领域，也是未来我国对外开放合作的重要窗口。围绕国家双向对外开放的新战略，服务国家整体外交大局，中国旅游业抓住"一带一路"战略契机，搭建交流平台，新建立多边与双边、境内与境外、引进与输出、市场与产业、平台与组织等宽渠道、多形式、广领域、新平台的旅游合作机制。未来，需要进一步主动参与国际性旅游议题的设置、旅游规范和标准的制定，搭建各国旅游合作发展新平台，促成国际旅游新共识，提升中国旅游国际影响力和话语权。

（执笔：廖斌，北京联合大学旅游学院讲师，中国社会科学院旅游研究中心特约研究员）

# 热点二：旅游市场监管手段不断创新

## （一）热点事件

2016年2月4日，国务院办公厅发布《关于加强旅游市场综合监管的通知》（国办发〔2016〕5号），提出要加快建立权责明确、执法有力、行为规范、保障有效的旅游市场综合监管机制，进一步解决扰乱旅游市场秩序、侵害旅游者权益等突出问题。2015年10月10日，全国首支旅游警察队伍——三亚市公安局旅游警察支队正式挂牌成立。随后，国家旅游局在全国积极推广旅游警察、旅游巡回法庭、工商旅游分局等市场监管模式，并在全域旅游示范区创建要求中，将设立这三种监管机构作为"1+3+N"管理体制创新的重要内容。截至2016年9月，全国有11个设区市、19个县建立了旅游警察队伍，5个设区市和9个县成立了工商旅游分局，5个设区市和44个县成立了旅游巡回法庭。2016年9月25日，12301全国旅游投诉举报平台正式上线，实现了旅游投诉受理和处理模式的网络信息化。

## （二）事件点评

旅游市场秩序混乱是中国旅游业发展的"老毛病"，也是游客反应最为强烈的方面。随着旅游国际化程度的加深，游客出境旅游变得更为便利，这就意味着游客可以"用脚投票"来选择在国内还是国外旅游。如不能有效解决旅游市场秩序问题，将会使中国的旅游目的地的竞争力大为削弱，同时也会造成大量旅游消费释放在国外其他地方。

2016年以来，国家旅游局加大了旅游市场秩序治理的力度，同时，也鼓励各地探索新型有效的旅游市场秩序治理的方式，并及时将一些成熟的经验在全国大力推广。通过一系列创新举措，"不合理低价游""强迫购物行为"等突出问题得到初步遏制。全国旅游投诉举报和案件办理系统显示，2016年上半年旅游投诉举报总量较2015年下半年下降12.42%，媒体曝光及负面评价指数较2015年下半年下降了13.52%。全国旅游市场秩序呈现向好趋势。

## （三）重要启示

过去，旅游市场秩序主要依靠旅游部门的执法，但是旅游部门执法权限很少，因此对大量权限以外的违法行为很难处理；与此同时，在治理的具体方式上多采取"运动式"的办法，也很难持久。现在旅游部门改变了过去"单打一"的治理思路。一方面，充分调动公安、工商、司法部门的力量来打击旅游市场违法行为，使得旅游市场秩序的治理变得有法可依，同时也能够常态化、持续化；另一方面，旅游部门强化了在市场秩序治理中的统筹协调的职能，特别是以旅游投诉为抓手，进一步形成了以游客为导向的旅游治理体系。"思路一变天地宽"，相信只要解放思想，勇于改革，就能够找到更多治理旅游市场秩序"顽疾"的好办法。

（执笔：曾博伟，北京联合大学旅游学院中国旅游经济与政策研究中心主任，中国社会科学院旅游研究中心特约研究员）

## 热点三：边境跨境两区建设逐步开展

### （一）热点事件

2015 年 12 月，《国务院关于支持沿边重点地区开发开放若干政策措施的意见》（国发〔2015〕72 号）中明确提出研究发展跨境旅游合作区和探索建设边境旅游试验区的两大政策构想，目的在于进一步提升旅游的对外开放水平，促进边境旅游繁荣发展。根据国发〔2015〕72 号的要求，国家旅游主管部门迅速开展相关工作。2016 年中旬，向沿边省（区）先后下发了《关于申报设立边境旅游试验区的通知》和《关于加快推动跨境旅游合作区工作的通知》。国家旅游局等八部门共同负责推动满洲里、绥芬河、二连浩特、黑河、延边、丹东、西双版纳、瑞丽、东兴、崇左、阿勒泰等有条件的地区研究设立跨境旅游合作区。根据两个通知的要求，相关边境地区已经开始制订边境旅游试验区和跨境旅游合作区的建设方案，跨境旅游合作区和边境旅游试验区探索与实践正在逐步展开。

### （二）事件点评

党的十八届三中全会决定提出要加快边境开放步伐，允许边境的重点口岸、边境城市、经济合作区在人员往来、加工物流、旅游等方面实行特殊方式和政策。要在沿边地区实行特殊的旅游方式和政策，关键在于构建能够使双边以及相关国家人员或游客往来便利化的政策措施，以积极推动在沿边地区旅游服务贸易的自由化。《关于申报设立边境旅游试验区的通知》提出，边境旅游试验区是国家层面确定的唯一以改革为指向的旅游业发展重点区域，旨在通过强化政策集成和制度创新，推进全域旅游发展，实现边境地区旅游目的地竞争力的提升。而跨境旅游合作区则旨在通过与对方国家签订合作协议的方式，在我方与对方的指定边境地区努力实现出入境游客签证或通关便利化、游客车辆自由通行等方面的目标。这一方面将促进边境地区旅游业的发展，另一方面也为沿边地区旅游的开发开放奠定基础。

（三）重要启示

当前我国对外开放已经全面步入以自由贸易区和"一带一路"战略为主的新阶段。对外开放的领域也不断由货物贸易自由化向服务贸易自由化转型升级。跨境旅游是一种独特的服务贸易形式，入境旅游相当于货物和服务的就地出口，出境旅游相当于货物和服务的进口。在边境地区的旅游发展以及与周边国家的人员往来方面实施特殊的方式和政策，对于提高旅游服务贸易自由化水平具有重大意义，也是自由贸易区和"一带一路"战略的重要组成部分。随着相关方案的制订完成以及最终获得国务院的批复，我们期待跨境旅游合作区和边境旅游试验区能够不断创新，揭开我国旅游对外开放新篇章。

（执笔：张金山，北京联合大学旅游学院副教授，中国社会科学院旅游研究中心特约研究员）

# 热点四：导游自由执业试点尚待推进

（一）热点事件

2016年5月，国家旅游局发布《关于开展导游自由执业试点工作的通知》，决定正式启动在江浙沪三省市和广东省的线上导游自由执业试点工作，以及在吉林长白山、湖南长沙和张家界、广西桂林、海南三亚、四川成都的线上、线下导游自由执业试点工作。2016年8月，国家旅游局发布《关于深化导游体制改革　加强导游队伍建设的意见》，对导游自由执业的相关体制改革做出进一步明确。相关文件出台后，携程、同程、途牛、驴妈妈等在线旅行社积极响应。同程迅速搭建了网络点评系统平台和导游网络预约平台，建立了基于网络点评数据的导游薪酬体系。2016 年国庆节期间，携程旅游上线国内首个导游自由执业网络预订平台并成功接单。全国游客都可以通过携程 App，直接在上面挑选合适的导游，实现与导游聊天、在线预订、在线支付、导游结算等功能。

### （二）事件点评

根据《导游自由执业试点管理办决（试行）》，导游自由执业包括线上导游自由执业和线下导游自由执业两种方式。线上导游自由执业是指导游向通过网络平台预约其服务的消费者提供单项讲解或向导服务，并通过第三方支付平台收取导游服务费的执业方式；线下导游自由执业是指导游向通过旅游集散中心、旅游咨询中心、A 级景区游客服务中心等机构预约其服务的消费者提供单项讲解或向导服务，并通过第三方支付平台收取导游服务费的执业方式。从试点情况来看，在线上企业积极响应的同时，各试点地区运行情况一般，总体尚处于工作推进初期。导游自由执业还需要相应的政策配套以及标准、培训和预约平台、监管平台等软硬件建设配套。导游自由执业不仅增加了导游的选择，而且也意味着新的商机的出现以及需要新的监管方式，企业和政府都需要时间去探索。

### （三）重要启示

导游自由执业是导游体制改革迈出的重要一步。它突破了《旅游法》第四十条"导游和领队为旅游者提供服务必须接受旅行社委派，不得私自承揽导游和领队业务"的规定，使导游执业渠道由单一旅行社委派转型为旅行社、互联网平台以及其他旅行服务机构等多元选择，符合旅游市场大众化、多样化、自助化的趋势。导游自由执业给旅游行业发展带来了诸多新动向，形成旅行服务新业态，使得游客"网约导游"成为可能，有利于在导游和游客之间建立更加直接的联系；同时也给导游队伍建设带来了很大触动，自主选择导游平台加上导游资格证终身有效、取消导游年审制度等措施的推出，有望让更多的人进入导游队伍；更重要的是，导游自由执业有利于打破旅行社和导游目前的利益链条，促进强迫购物、"零负团费"等旅游市场痼疾的解决。不过，目前的导游自由执业并不是说人人可以成为导游，"自由执业"的导游仍然必须持有导游证。随着大众旅游的深化发展，游客对导游的需求不断变化、更加多样，单一的导游资格考试很难成为导游服务质量的保证，也许可以考虑对导游执业进一步放宽，降低导游资格证的要求甚至取消导游资格证。

（执笔：宋子千，中国旅游研究院政策研究所所长，中国社会科学院旅游研究中心特约研究员）

## 热点五：旅游业"营改增"推进仍待完善

### （一）热点事件

2012年，国务院批准在上海试点"营改增"方案，随后逐渐铺开，扩大试点城市并逐步推广到全国试行，并将广播影视作品的制作、铁路运输和邮政服务业等陆续纳入范围。目前中国经济处于"三期叠加"、推进结构性改革的转型期，减税是一项重大措施。2016年政府工作报告中指出，要确保所有行业税负只减不增。"营改增"的全面铺开作为财税体制改革的重中之重，前期试点成效显著。随着改革的逐步推进和深化，国务院常务会议决定，自2016年5月1日起，金融业、生活性服务业、建筑业、房地产业等其他行业纳入"营改增"范围。旅游业属于生活性服务业，也将被纳入"营改增"的范围。

### （二）事件点评

旅游业是一个综合性行业，涵盖餐饮、住宿、交通、游览、购物、娱乐等多个领域。旅游业"营改增"在财税体制方面倒逼形成完整的增值税链条。增值税的征收是针对商品生产、流通等环节的增量部分，不仅避免了重复征税的问题，而且可以防止抵扣链中断。同时，就旅游产业发展而言，能够在经营方式、管理水平、服务质量等方面产生倒逼效果，从而使减税红利惠及每一个旅游消费者。

## （三）重要启示

"营改增"的根本目的是减轻相关企业及从业者的税负，而"营改增"在旅游业的推进效果似乎并非如此。其主要原因是旅游业作为劳动密集型行业，劳动成本不能作为进项抵扣，对于旅游业一般纳税人和小规模纳税人而言，实行"营改增"后实际税率甚至会出现不同程度的上升。此外，增值税抵扣在实施中仍然存在不少问题。例如，处于旅游业下游的许多经营者不能取得增值税发票，再加上旅游业本身涉及行业多且费用零散，导致在实务操作上存在一定难度。因此，旅游业形成完整的增值税抵扣链条仍需时日。相关部门应给予指导或支持，保证旅游业"营改增"的平稳推进，避免成本转嫁给旅游消费者。从长期来看，旅游业实行"营改增"最终会从制度根源上解决税负不公平、重复征税等问题，而且会倒逼相关行业按照"营改增"的制度规范进行抵扣，利于行业长期发展。

（执笔：赵鑫，中国社会科学院研究生院博士生，中国社会科学院旅游研究中心特约研究员）

## 热点六：自驾车露营地领域新政频出

### （一）热点事件

2016年自驾车露营地领域相关新政频出。3月初，政府工作报告中提出要"落实带薪休假制度，加强旅游交通、景区景点、自驾车营地等设施建设，规范旅游市场秩序，迎接正在兴起的大众旅游时代"；2016年9月22日，国家旅游局等六部门联合发文《关于加快推进2016年自驾车房车营地建设的通知》,此后国家旅游局会同公安部、交通运输部、国土资源部、住房和城乡建设部、国家工商总局等部门编制了《2016年全国自驾车房车营地建设项目表》;2016年11月8日,国家旅游局联合多个部门共同发布《关于促进自驾车旅居车旅游发展的若干意见》,确定了到2020年建成2000个自驾车露营地的发展目标,提出了一系列促进自驾车旅居车旅游发展的政策措施。

### (二)事件点评

这些政策的出台有两个特点,一是国务院非常重视,二是都在调研基础上形成。从内容上看,主要是解决自驾车房车营地的合法性问题。作为一个新的业态,一个跨界的业态,无论是工商部门,还是土地部门,包括旅游部门,都没有现成的规范标准可以对应,属于一个"灰色"业态。因此,两份文件分别对自驾车房车营地的用地、建设、注册登记、开业这些基础事宜加以明确。一个业态身份合法了,才能进入实质性大发展阶段。从其内容来看,已经提出了"原则上"的解决方案,例如"原则上,开展旅游经营的各类营地纳入景区序列登记管理。"这是一个非常重要的导向信息,即可以把营地归类到旅游景区。这与之前把营地用地按照旅馆业用地来供给的导向明显不同。自驾车房车营地,到底是酒店,还是景区,或是作为一种专门的业态类型,这是个根本问题。

### (三)重要启示

从相关数据看,美国、欧洲的营地数以万计。以万为数量级的业态,肯定是一个专门的业态。而在中国,真正开业运营的营地可能还没过百。中国营地建设尚处于探索过程之中,不可能照搬国外的模式。在初始阶段,到底"住"是主体,还是"游"是主体,或者露营生活本身就是主体,还很难看清楚。从业界对政策的反馈看,将营地归类为景区,显然比归类为酒店要好。大多数人将营地作为自驾游中的一个环节。实际上,露营和自驾游之间并不能画等号。从行业发展角度看,将营地确立为一个单独的业态是长远之计。

（执笔：付磊，北京同和时代旅游规划设计院院长，中国社会科学院旅游研究中心特约研究员）

# 热点七：非标准化住宿行业发展迅猛

## （一）热点事件

近年来，国内掀起了一股以民宿、公寓为主的非标住宿投资浪潮。据不完全统计，目前以民宿、公寓、客栈等非星级、非经济型住宿产品服务为主要业务的平台已经超过20家。其中，途家网已经完成D轮及D+轮的3亿美元融资，小猪短租完成了C轮6000万美元的融资，木鸟短租、朋友家等也已获得融资，并开始大规模扩张。2016年初，途家网已经在全球形成了43万个可用房源的网络；去呼呼在全国形成了25万多间客房数的规模；小猪短租运营的客房数也超过7万间。这些公司出租的客房数已远远超过很多在饭店业耕耘多年的传统住宿业企业运营的客房数。

## （二）事件点评

非标住宿产品的出现，从消费者方面看，满足了消费者更加多元化的住宿需求；从房东方面看，较好实现了空置资源的价值利用；再加上资本支持下各类非标住宿平台的推波助澜，这一市场已经成为住宿业市场中令人瞩目的一个细分市场。2015年11月，国务院办公厅发布《关于加快发展生活性服务业促进消费结构升级的指导意见》，其中指出，"积极发展绿色饭店、主题饭店、客栈民宿、短租公寓、长租公寓等满足广大人民群众消费需求的细分业态"。这一指导意见被认为将更大地促进非标住宿行业的发展。

## （三）重要启示

目前，这一细分市场中被诟病较多的是是否符合规范和品质、是否有保证。一方面，目前国内非标住宿市场配套的治安、消防、税务、工商和卫生等法律体系还是空白，行业管理方面也不具备星级饭店和经济型饭店等其他细分市场的规范性。法律环境和行业管理的形成，可以通过各种地方性政策、标准的实施，逐渐得到完善。另一方面，品质的改善，则是一个长期的过程。要提高品质，需要从"非标"与"标准"的辩证思考上下功夫。不管何种形式的非标住宿供应，其本质特征都是房源分布分散、单点房源量较少、产品个性化。尽管西方发达国家的非标住宿也存在同样特征，但是因为这些发达国家的整体发展水平较高、地区差异和城乡差异较小、房东的服务意识较高，不同位置房源的品质虽有差异但不至于有很大偏差。现阶段中国环境的特殊性——地域广、差异大、不均衡——使得"非标"模式下产品的硬件标准和服务水平差异较大，再加上市场分工水平较低、专业化配套服务不发达、信息不对称、信任缺失等问题，一些平台标榜的"独一无二"的住宿体验可能会以牺牲消费者的安全、舒适为代价，通过尽可能多的信息披露和某种程度的标准化将有助于解决这一问题。非标住宿平台应采取适度标准化等制度性措施，在为顾客提供独特体验、实惠价格的同时不断提高品质。

（执笔：秦宇，北京第二外国语学院教授，中国社会科学院旅游研究中心特约研究员）

# 热点八：旅游行业并购整合任重道远

## （一）热点事件

目前旅游业的投资规模不断扩大，越来越多的战略投资者、产业基金、金融机构和风险投资者进入旅游领域。不断成长的中国旅游企业的全球化布局步伐加快，在大资本涌入、大企业运作的态势下，中国旅游业生态正在改变。2016 年，资本继续在中国旅游业国内国外两个市场上进行并购重组。例如海航旅游集团，继 2016 年 4 月 28 日宣布收购美国卡尔森酒店集团 100% 的股权之后，又于 10 月 24 日宣布收购美国希尔顿集团 25% 的股权；

港中旅集团也与中国国旅集团重组建立中国旅游集团公司。与此同时，上海锦江、携程网等因并购重组后整合难度过大纷纷放慢了并购重组步伐，并开始探讨如何实现"1+1＞2"的协同效应。

## （二）事件点评

上海锦江在2015年收购了法国卢浮、广州铂涛和深圳维也纳等酒店集团之后，稳坐中国酒店业头把交椅，2016年前三个季度的营业收入同比增长83.55%（上年同期是89.96%），而净利润只增长了9.02%（上年同期是36.79%）；携程网在2015年收购了艺龙和去哪儿之后，稳坐中国OTA头把交椅，2016年上半年营业收入同比增长了75%，而净利润亏损5.21亿元（上年同期净利润是1.43亿元）。究其原因，一方面是企业的全面整合需要磨合期，另一方面是并购重组企业未能及时有效地整合市场客户资源、智力人力资源以及有形无形资产、管理服务平台等子系统，未能完全实现优势互补、资源共享、系统互动和"1+1＞2"的协同效应。

## （三）重要启示

大规模社会资本进入旅游业，创新了旅游资源、产品和产业形态，旅游资源资本化、金融化、证券化不断加强，旅游成为资本市场热点。在未来的一段时间内，旅游企业的兼并重组仍将持续不断。并购重组是一把双刃剑，用得好，可以把企业不断做大做强；用得不好，则可能把企业拖入负债率不断攀升和经营效益不断递减的深渊。通过并购重组来进行规模或范围扩张是相对容易的，而通过并购重组来整合国内外、业内外和上下游的各种资源并实现"1+1＞2"的协同效应却不容易，需要企业运营管理的行家里手进行深耕细作。如果仅从股权结构、公司称谓或财务报表等形式上进行表面整合，而不能在经营管理、服务操作、产品创新等内容上进行深度整合，显然是难以取得成效的。

（执笔：高天明，中国社会科学院旅游研究中心特约研究员）

## 热点九：港中旅与国旅实施战略重组

### （一）热点事件

2016年7月8日，国务院国资委出具《关于中国港中旅集团公司与中国国旅集团有限公司重组的通知》，批准港中旅集团与国旅集团实施重组，国旅集团无偿划转并入港中旅集团并成为其下属全资子公司，重组后港中旅集团更名为中国旅游集团公司。8月3日，中国港中旅集团和中国国旅集团在北京召开重组大会，中国旅游集团正式挂牌成立。按照国务院国资委的部署，新成立的中国旅游集团将被打造为"中国第一、亚洲前茅、世界一流"的旅游集团，通过整合资源、深化改革、协同发展，完善产业链条，增强国际竞争力，推动旅游产业转型升级。

### （二）事件点评

据中国旅游研究院发布的中国旅游集团20强名单，港中旅集团和国旅集团一直位居前列，是旅游集团第一方阵中的中坚力量。此次两大旅游集团合并重组，是国务院加快推进国有企业改革，通过强强组合，减少内部竞争，加强国有资本在竞争性领域中的战略影响力的重要体现；同时是国家加强对旅游业发展的战略引导，积极适应大众旅游发展需求，加快推进供给侧改革，通过培育有国际影响力、有原始研发能力、引领市场需求的大型国有旅游集团，引导中国旅游产业发展的重要体现。

国有企业是中国旅游经济的主体，在推动我国旅游经济发展中肩负着重大历史使命。国有旅游企业间的合并重组，有助于优化企业资产、合并同类资源、整合上下游产业链条，从而提升企业整体竞争力。港中旅集团的酒店、景区、地产、金融、物流，与国旅集团的免税、旅游综合项目形成互补，两者整合可以增强关联产业间的协同效应，形成产业要素全覆盖、全产业链发展，全面提升集团在旅游市场上的综合竞争力。两大集团旗下的旅行社等重复性业务，通过同类整合降低管理成本，将进一步提高品牌竞争力。当前，我国已进入大众旅游时代，超过40亿的国内旅游人次和1.2亿的出境旅游人次，为大型旅游集团的成长与发展提供了良好的消费基础。同时，快速增长的国内、出境旅游消费需求，也急需具有国际影响力的大旅游集团的出现。两大国字号的旅游集团的合并重组，既是国企改革的必然要求，同时也是大众旅游市场需求推动的必然结果。

（三）重要启示

这一重组对优化当前旅游企业竞争格局，推动我国旅游产业转型升级产生积极影响。中国旅游集团成立后，势必在整合内部资源的基础上，加速海外布局和国际化发展战略，提高中国旅游企业在国际旅游市场上的话语权，加速我国旅游企业"走出去"的步伐。对地方国有旅游集团整合也将产生示范效应，有望推动各地国有旅游企业加速改革，形成一批资产规模大、市场影响力大的地方性骨干企业。中国旅游集团成立后，将和地方国有旅游集团形成梯队，在与民营企业、外资企业和股份制企业的竞争合作中重塑旅游产业格局，有效推动旅游经济的转型升级。

（执笔：戴斌，中国旅游研究院院长，中国社会科学院旅游研究中心特约研究员）

# 热点十：上海迪士尼带动主题公园热

（一）热点事件

2016年6月，投资55亿美元（约合340亿元人民币）的上海迪士尼乐园开门迎客。自2011年4月上海迪士尼破土动工以来，各大本土主题乐园集团纷纷积极应对，加快投资布局。华强集团相继在沈阳、株洲、青岛、郑州、厦门、天津等城市投资建设了方特欢乐世界和梦幻王国；华侨城在天津兴建了欢乐谷；海昌集团在武汉、烟台分别修建了极地世界海洋馆和渔人码头；宋城集团在三亚、丽江、九寨沟、泰山开发了千古情演艺类主题景区；长隆在珠海横琴投资建设了海洋王国；万达集团兴建了多个主题乐园，如青岛万达茂电影主题公园、西双版纳万达乐园和南昌万达乐园等。除这些大型主题乐园集团外，长三角的一些主题乐园也加快更新改造和扩建升级的步伐，如常州恐龙园、苏州乐园等。此外，韩国、日本和中国香港等主题乐园投资商也加紧抢占长三角市场，如南京的乐天世界、浙江安吉凯蒂猫（Hello Kitty）主题乐园、浙江安吉乐翻天嬉水王国等。

（二）事件点评

总体而言，对于迪士尼落户上海，本土主题乐园更多将其视作机会。这种自信来自经验判断：香港迪士尼乐园建成后，入园人数并没有超过香港海洋公园，相邻的深圳华侨城集团的主题乐园也没有感受到预期的竞争压力。而万达集团隔空叫板迪士尼，再一次引发了业内人士对迪士尼与我国本土主题乐园竞争话题的关注。从优势上来看，迪士尼乐园是在拥有一批家喻户晓的卡通形象的知识产权（IP）基础上开发的主题乐园，有深厚的文化创意基因；媒体网络、主题乐园和度假区、影视娱乐、消费品和互动工作室五大业务板块互为依托；既往的经营已经形成了良好的市场认知，积累了客户群体。与之相比，尽管我国华侨城集团（列全球第4位）、长隆集团（列全球第7位）、华强方特集团（列全球第8位）、宋城集团（列全球第10位）都呈现了强劲的增长态势，但这四大集团主题乐园接待的游客总人数加在一起也只有迪士尼的70%左右，实力和规模上还存在较大差距。

（三）重要启示

迪士尼落户上海加快了我国本土主题乐园的升级换代，也为本土主题乐园提供了模仿、学习和赶超的样本。尽管我们还缺乏像迪士尼那样强大的文化创意能力（包括迪士尼的本地化）和完善的产业集群，但由于主题乐园市场需求潜力巨大，而迪士尼的门票价格和综合消费较高，在细分市场上我国本土主题乐园仍有较大的发展空间。例如长隆在水上乐园这个细分市场上，接待人数规模上已经超过了迪士尼。此外，中国文化博大精深，历史悠久，地域辽阔，有待挖掘开发的题材丰富多样，远非迪士尼一家所能包揽。宋城集团在各地开发的千古情系列主题乐园所获得的市场追捧，也表明了迪士尼时代我国本土主题乐园的希望所在和发展方向。

（执笔：张凌云，北京旅游学院副院长，中国社会科学院旅游研究中心特约研究员）

# 年度主题
## 创新激发旅游新动能

Innovation Stimulates the New Power of Tourism

**G.3**

## 创新驱动旅游发展：
## 国内外观察与思考

宋 瑞[*]

**摘　要：** 创新是近年来全球旅游业的热点话题，各国政府尤其是发达
国家政府高度重视旅游业的创新发展，欧盟委员会、联合国
世界旅游组织等国际机构积极加以推动，相关研究不断走向
深入。经历了三十余年的快速发展之后，我国旅游业正处于
从开放驱动、市场驱动和要素驱动型向创新驱动型转变的关
键时期。在此背景下，高度重视创新对旅游业发展的重要性、
发挥政府在推动创新方面的积极作用、建立完善的旅游创新

\* 宋瑞，中国社会科学院旅游研究中心主任，中国社会科学院财经战略研究院研究员，长期从
事旅游政策、旅游可持续发展以及休闲基础理论与公共政策等方面的研究。

体系显得极为必要。

关键词： 旅游　创新　政策

# 一　创新是全球旅游热点话题

## （一）各国政府高度重视旅游创新

创新是推动人类进步的重要力量。对创新之谜的关注，对创新之路的探索，是各国政府、国际机构和学术界的共同兴趣，旅游业亦不例外。伴随着全球旅游竞争的加剧、新技术革命的推进、旅游产业模式的迭代、目的地生命周期的演化，创新成为全球旅游业关注的热点话题。尤其是传统上在全球旅游格局中占据主导地位，市场份额、服务标准、商业模式等均处于世界领先地位的发达国家，面对新兴市场经济体的快速崛起，普遍感受到竞争的压力和创新的必要。早在21世纪初，创新便被各国政府和旅游部门提上议事日程。

以经济合作与发展组织（OECD）国家为例，21世纪初，各国纷纷意识到自身旅游发展所面临的问题以及旅游业劳动生产率低于平均水平的现状，于是开始关注旅游业的创新过程和创新体系，并试图通过支持创新提升旅游业的质量和效益。正如瑞士经济事务部部长埃里克·德格在OECD一份名为《创新与旅游增长》的报告中所指出的，"尽管有的经济学家会质疑政府鼓励创新的必要性和正当性，但我们必须认识到，对于旅游业这样一个综合性、关联性、外部性很强的产业来说，政府在促进创新方面具有不可替代的重要作用"。瑞士政府高度重视旅游业创新，专门设立了"促进旅游业的创新和合作"项目以提升本国旅游业的国际竞争力。芬兰于2003年设立了旅游企业中心（CET），具体通过萨翁林纳创新中心组织活动；2006年芬兰贸易和工业局（2008年改为就业和经济部）制定了旅游发展战略，高度重视国家层面的创新政策对旅游业的影响。瑞典创新局（VINNOVA）的创新政策覆盖旅游业，并专门设置了一个旅游项目——"动态创新体系促进区域增长"。挪威政府在2007年出台的旅游发展战略中，将激发创新作为旅游政策的首要目标，强调要建立创新网络，鼓励国际企业聚集性发展。丹麦在其官方旅游政策中提出，旅游政策的主要目标之一就是通过战略性开发项目提高旅游行业的创新程度，尤其是在面临衰退的沿海地区。冰岛政府在首份全国性旅游政策文件中提出，要积极引导旅游领域的创新和产品开发，重点解决季节性问题，评估创新对增长的作用，建立标准，并将营销、文化旅游、活动多样性和创新最佳范例等作为重点领域。德国联邦经济与劳动部旅游部门负责人强调，旅游业需要创新，尤其是在提高流动性、新技术应用、建立创新网络、利用旅游政策整合相关政策等方面更要创新。"9·11"之后，美国旅游业经历了"失去的十年"。为了提高美国旅游业的国际竞争力，2012年奥巴马签署总统令，成立旅游和竞争力特别小组，制定《全国旅行和旅游发展战略》，由商务部、内政部牵头，国务院、财政部等十余个部门参加，在国家目的地推广、旅行与旅游便利化、提供世界一流的顾客服务和游客体验、政府部门间协调等方面采取创新举措。

　　如何通过国家政策推动旅游创新，世界旅游大国西班牙颇具代表性。20世纪60年代，西班牙经历了大规模的旅游开发，一定程度上造成建设过度、接待超载、吸引力下降等问题。到了80年代，政府意识到本国旅游业进一步发展将面临诸多危机，必须从强调数量和扩大规模转向突出创新和提高质量。于是，政府通过全国、区域和地方三个层面的政策来鼓励和推动旅游创新（见表1）。正如西班牙政府在相关文件中所指出的，"创新是一个贯穿旅游发展始终的命题，尽管有时不一定明确地表达在字面之上"。

表1　西班牙旅游政策演变：走向创新驱动

| 时间 | 1950~1980 | 1981~1990 | 1991~1995 | 1996~1999 | 2000~2006 | 2007~2012 |
|---|---|---|---|---|---|---|
| 导向 | 旅游增长 | 应对危机 | 竞争力/可持续性 | 质量 | 质量 | 知识和创新 |

续表

| 时间 | 1950~1980 | 1981~1990 | 1991~1995 | 1996~1999 | 2000~2006 | 2007~2012 |
|------|-----------|-----------|-----------|-----------|-----------|-----------|
| 重点 | 数量最大化；供给和需求快速增长；中央层面没有旅游政策 | 反思自身弱点，制定政策提高旅游设施和产品供给的多样性 | 将创新作为生存的重要方式；在经济、社会和环境标准方面适应全球需求的变化 | 需求驱动创新；采取积极的创新政策 | 定位于创新；建立西班牙旅游质量体系和认证体系；实施全面质量管理 | 把创新作为一种生存方式 |
| 工具 | 西班牙宪法 | 西班牙旅游白皮书 | FUTURES1项目 | FUTURES1项目 | PICTE项目 | 全国旅游规划2020 |
| 特征 | 地方性旅游政策比较分散，需加以协调 | 为后续旅游政策建立框架；加强中央和地区合作 | 设立专门的旅游创新项目 | 政府重点支持技术、创新和研发 | 支持创新型项目和工具 | 着眼于未来 |

资料来源：根据 Isabel Rodríguez Sánchez, *The Role of Innovation in the Spanish Tourism Policy* 整理。

### （二）国际组织积极推动旅游创新

除各国政府外，一些国际组织也高度重视旅游创新。

OECD 自 2000 年至今一直关注旅游创新，多次发布相关报告，分析各成员旅游创新政策和创新进展。OECD 旅游委员会在 2003 年专门召开"旅游的创新与增长"会议，邀请各国政府部门、业界和学界代表进行深入讨论。该委员会还在 2011 年与北欧创新局合作，开展了名为"旅游和体验产业中的商业模式创新"的联合研究。该项目对 30 个企业（18 个来自北欧国家，12 个来自其他 OECD 国家）的商业模式创新进行了深入调查和案例分析。

旅游业是欧盟第三大社会经济活动。尽管欧盟协议中没有统一的旅游法律，但欧盟委员会通过协调各成员国、向相关项目提供资金支持等方式鼓励旅游创新。2010 年欧盟委员会提出，要将欧洲建设成为世界第一目的地，并确立新的政治框架加以推进。为此，明确了四个优先领域：提升欧盟旅游竞争力；促进可持续、负责任、高质量旅游的发展；提升欧洲作为可持续和高品质旅游目的地的形象；最大限度发挥欧盟财政政策对旅游的支持作用。其中，将鼓励创新作为提升竞争力的重要手段，涉及技术创新、提高人员技能、消除创新障碍、提供资金支持等方面。2016 年欧盟资助一项名为"旅游企业家的创新之路：从英国和西班牙政策实施得出的证据"的项目，该项目为期三年，耗资 1834 万欧元，具体由萨瑞大学承担。

联合国世界旅游组织（UNWTO）从 2003 年开始设立尤利斯创新奖，奖励在以下四个方面对创新性旅游发展做出贡献的人士或机构。（1）公共政策和治理创新：由公共部门或者公私合作机构管理，在政策、程序和治理等方面具有高度创新性的项目，该项目建立了一个涵盖不同利益相关者、具有包容性的旅游治理模式。（2）企业创新：企业所提供的产品和服务在新技术、环境保护应用、企业社会责任等方面做出创新性贡献。（3）非政府组织创新：非政府组织运营的项目，其创新性体现在合作关系、治理、公民意识等方面。（4）研究和技术创新：具有启发性和应用性的研究项目或者技术创新。2003 年至今，尤利斯创新奖共颁发 13 届，共有 80 多个机构获奖。

此外，世界旅行与旅游理事会（WTTC）也长期设立"明日旅游奖"，鼓励在可持续发展方面的创新实践。

### （三）相关研究日趋深入

经济学家熊彼特所开创的创新研究是以制造业为起点的。直至 20 世纪 80 年代，服务创新才受到关注，而旅游创新的兴起则始于 90 年代。从服务创新研究与传统创新研究的关系上看，研究者形成了三种流派：（1）同一派，认为服务创新与制造业创新相差无二；（2）划分派，认为服务创新完全不同于制造业的创新，前者是动态的、独立的、有自身特色的（如无形性、互动性等），需要新的理论和方法；（3）合成派，认为服务和制造业并非采用完全不同的创新方法，无须将二者截然分开，制造业创新研究可结合到服务业之中。

相比其他领域而言，学界在将相关理论、概念、方法应用于旅游创新研究方面起步较晚，且主要集中于对现象的调查和从不同角度进行的实证研究。可喜的是，旅游创新研究在过去十多年中不断走向广泛和深入。学者们对旅游业创新总体状况、旅游创新特性、旅游业创新面临的制约、旅游中小企业创新、旅游企业创新绩效、用户驱动下的旅游创新、旅游价值链与创新、目的地创新体系等问题进行了研究。与创新研究的整体框架相类似，旅游创新研究大体包括三个层次的问题。（1）微观层面，主要关注创新活动如何在企业内部得以组织、实施，也包括企业之间的互动关系。微观层面的旅游创新是整个旅游创新的基础，相关研究占旅游创新研究的七成左右。（2）中观层面，主要关注区域和产业层面的创新，侧重于旅游产业创新聚集、目的地创新体系等。（3）宏观层面，主要关注旅游创新与社会经济之间的关系，例如创新与旅游发展的关系、国家旅游创新体系、旅游创新环境与创新政策等。

总体来看，经过多年努力，旅游创新研究者在如下问题上达成一定共识。（1）旅游业是用户驱动型创新。生产和消费的同时性决定了旅游行业的产品创新和过程创新难以区分，顾客作为"合作生产者"会积极参与创新过程。（2）旅游业以渐进式创新、建构式创新为主。多数研究者认为，旅游创新多是在原有基础上进行的局部改进，颠覆性破坏、激进式创新较少，不大会出现类似制造业那样的离散式跳跃发展。（3）旅游业以非技术创新为主。相对于技术创新而言，非技术形式的创新（如制度创新、组织创新、结构创新、营销创新等）在旅游业中更为普遍，少有内生于旅游业内部的技术创新。因此不能用传统上衡量制造业的专利、研发（R&D）等指标来判定旅游业的创新。（4）旅游业创新谱系较宽。旅游创新的新颖度范围较广，创新谱系较宽，从根本性的重大变化到渐进性的小变化都包含在内。（5）旅游创新成果易于模仿，且很多不受专利保护，旅游创新中普遍存在搭便车现象，因此创新风险相对较高。（6）不同的创新方式具有内在关联性。（7）人力资本在旅游创新中具有重要作用。（8）国家、区域和地方层面的旅游创新政策具有重要作用，尽管对相关政策实际效果评估还不充分，对创新政策的具体内容也缺乏共识。（9）国家、区域、地方各层面的旅游创新体系都应将所有利益相关者尤其是当地社区纳入其中。

## 二 创新是中国旅游必然选择

### （一）创新关乎发展全局

当前，全球范围内为创新所投入的资源数量之多史无前例。除各国发展的普遍规律之外，从我国社会经济发展的现实出发，创新也成为一个关乎全局的重大命题。近年来，我国经济步入新常态，经济发展的速度、动力、结构和环境发生显著变化：经济增长从高速转向中高速；依靠低要素成本驱动的经济发展方式难以为继；经济增长从投资和出口主导转向消费、投资、出口共同拉动；以高杠杆和泡沫化为特征的各类风险值得警惕。面对新的发展形势，中央提出"创新、协调、绿色、开放、共享"五大理念，并将创新置于首位。

目前，供给侧结构性改革、"双创"、《中国制造2025》等进入深化实施阶段，《国家创新驱动发展战略纲要》也已出台，各级政府、各行各业、各类企业积极努力，试图在制度、技术、管理、商业模式、产品和服务供给等各个方面有所创新。世界经济论坛中国理事会2016年发布的《中国创新生态系统》报告显示，尽管中国的这些创新政策取得了一定成效，但与其他发达国家和地区相比，仍有不足和提升空间。未来，中国需要从"海绵式创新"——吸收其他国家的知识、技术和最佳实践，并将其本土化——向自主创新转变。

康奈尔大学约翰逊商学院与世界知识产权组织等机构联合发布的《2016全球创新指数（GII）报告》①，建立了一个包含80多个指标的评价体系，对世界各经济体的创新能力进行排名（见图1）。中国位列全球第25位，也是前25位中唯一一个非高收入经济体（见表2、图2）。无论是绝对值还是相对值，中国在多个关键指标上的进步都最为显著。尤其值得一提的

---

① 该报告于2003年首次发布。

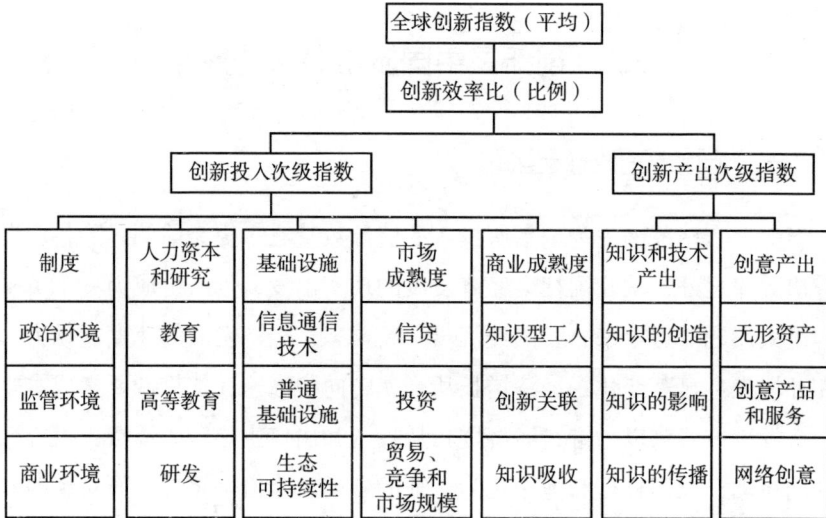

**图1 全球创新指数（GII）评价体系**

资料来源：《2016 全球创新指数（GII）报告》。

**表2 2016 全球创新指数（GII）前25位**

| 国家/经济体 | 得分（0~100） | 排名 | 收入 | 排名 | 地区 | 排名 | 效率比 | 排名 | 中位数：0.65 |
|---|---|---|---|---|---|---|---|---|---|
| 瑞士 | 66.28 | 1 | 高 | 1 | 欧洲 | 1 | 0.94 | 5 | |
| 瑞典 | 63.57 | 2 | 高 | 2 | 欧洲 | 2 | 0.86 | 10 | |
| 英国 | 61.93 | 3 | 高 | 3 | 欧洲 | 3 | 0.83 | 14 | |
| 美国 | 61.40 | 4 | 高 | 4 | 北美 | 1 | 0.79 | 25 | |
| 芬兰 | 59.90 | 5 | 高 | 5 | 欧洲 | 4 | 0.75 | 32 | |
| 新加坡 | 59.16 | 6 | 高 | 6 | 东南亚、东亚和大洋洲 | 1 | 0.62 | 78 | |
| 爱尔兰 | 59.03 | 7 | 高 | 7 | 欧洲 | 5 | 0.89 | 8 | |
| 丹麦 | 58.45 | 8 | 高 | 8 | 欧洲 | 6 | 0.74 | 34 | |
| 荷兰 | 58.29 | 9 | 高 | 9 | 欧洲 | 7 | 0.82 | 20 | |
| 德国 | 57.94 | 10 | 高 | 10 | 欧洲 | 8 | 0.87 | 9 | |
| 韩国 | 57.15 | 11 | 高 | 11 | 东南亚、东亚和大洋洲 | 2 | 0.80 | 24 | |
| 卢森堡 | 57.11 | 12 | 高 | 12 | 欧洲 | 9 | 1.02 | 1 | |
| 冰岛 | 55.99 | 13 | 高 | 13 | 欧洲 | 10 | 0.98 | 3 | |
| 中国香港 | 55.69 | 14 | 高 | 14 | 东南亚、东亚和大洋洲 | 3 | 0.61 | 83 | |
| 加拿大 | 54.71 | 15 | 高 | 15 | 北美 | 2 | 0.67 | 57 | |

续表

| 国家/经济体 | 得分（0~100） | 排名 | 收入 | 排名 | 地区 | 排名 | 效率比 | 排名 | 中位数：0.65 |
|---|---|---|---|---|---|---|---|---|---|
| 日本 | 54.52 | 16 | 高 | 16 | 东南亚、东亚和大洋洲 | 4 | 0.65 | 65 | |
| 新西兰 | 54.23 | 17 | 高 | 17 | 东南亚、东亚和大洋洲 | 5 | 0.73 | 40 | |
| 法国 | 54.04 | 18 | 高 | 18 | 欧洲 | 11 | 0.73 | 44 | |
| 澳大利亚 | 53.07 | 19 | 高 | 19 | 东南亚、东亚和大洋洲 | 6 | 0.64 | 73 | |
| 奥地利 | 52.65 | 20 | 高 | 20 | 欧洲 | 12 | 0.73 | 43 | |
| 以色列 | 52.28 | 21 | 高 | 21 | 北非西亚 | 1 | 0.81 | 23 | |
| 挪威 | 52.01 | 22 | 高 | 22 | 欧洲 | 13 | 0.68 | 55 | |
| 比利时 | 51.97 | 23 | 高 | 23 | 欧洲 | 14 | 0.78 | 27 | |
| 爱沙尼亚 | 51.73 | 24 | 高 | 24 | 欧洲 | 15 | 0.91 | 6 | |
| 中国 | 50.57 | 25 | 中高 | 1 | 东南亚、东亚和大洋洲 | 7 | 0.90 | 7 | |

资料来源：《2016 全球创新指数（GII）报告》。

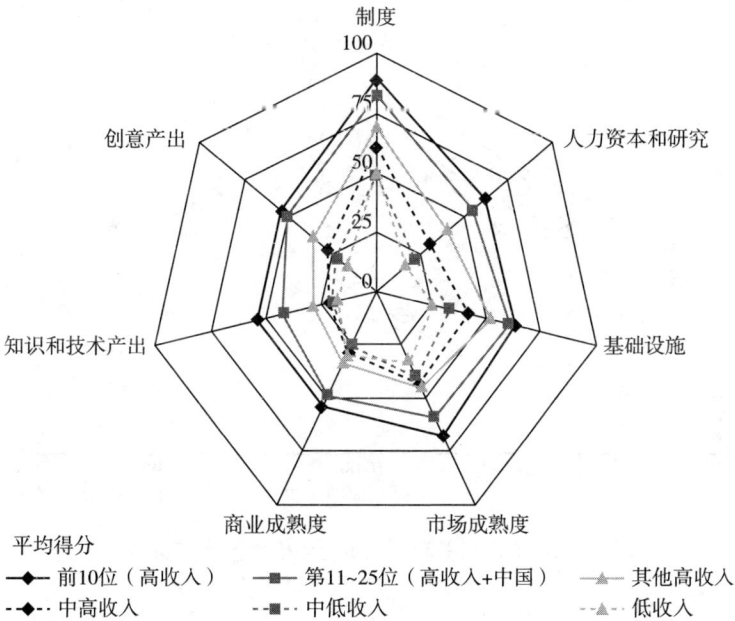

图 2　弥合创新差距

注：图中所显示的是六组经济体的平均得分：（1）前 10 位组，为高收入经济体；（2）第 11~25 位组，为高收入经济体以及中国；（3）其他高收入经济体；（4）中高收入经济体（除中国之外）；（5）中低收入经济体；（6）低收入经济体。

资料来源：《2016 全球创新指数（GII）报告》。

是，在创新质量方面，中国排在全球第 17 位。总体来看，中国的创新效率相对较高（见图 3）。

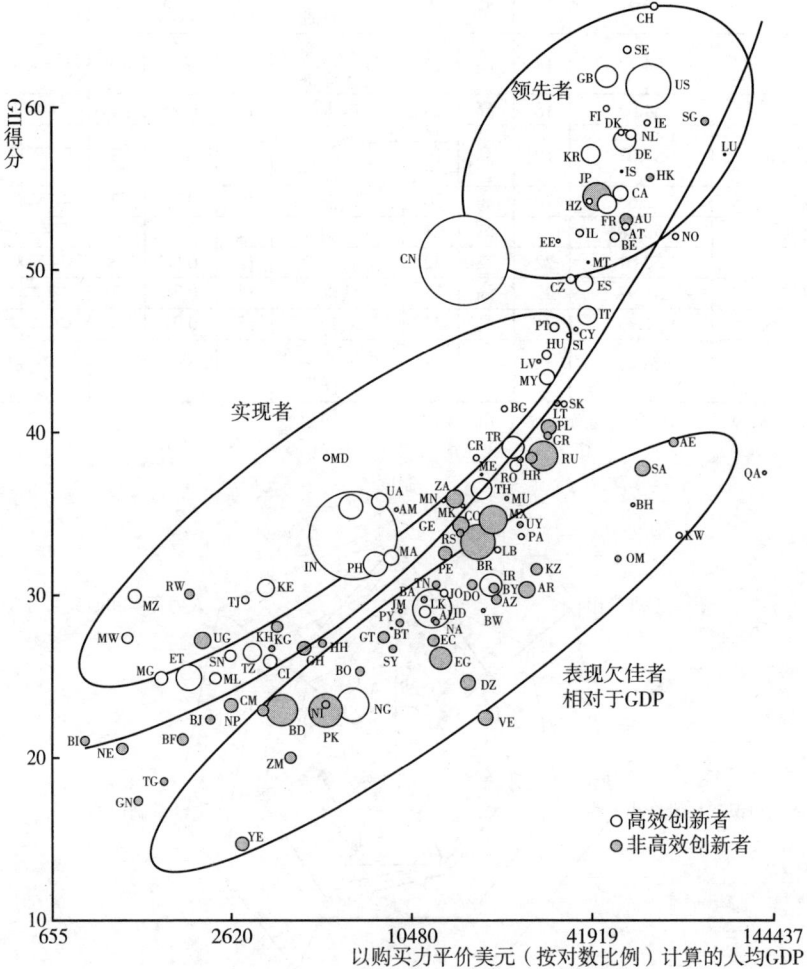

**图 3　GII 得分和以购买力平价美元计算的**
**人均 GDP（气泡大小代表人口规模）**

注："高效创新者"是创新效率比≥0.66 的国家/经济体；"非高效创新者"的创新效率比<0.66；趋势线是带截距的三次多项式（$R^2 = 0.661$）；CN 为中国。

当然，就五大理念中的"创新"而言，其内涵与外延远比该报告所涉及的创新范围要更加丰富和广泛。根据中共中央、国务院 2016 年 5 月下发的《国家创新驱动发展战略纲要》，未来要按照"坚持双轮驱动、构建一个体系、推动六大转变"进行布局，构建新的发展动力系统。所谓"双轮驱动"就是科技创新和体制机制创新两个轮子相互协调、持续发力，通过科技、经济和政府治理等三方面体制机制改革，最大限度释放创新活力。所谓"一个体系"就是建设国家创新体系，建设各类创新主体协同互动和创新要素顺畅流动、高效配置的生态系统。所谓"六大转变"就是发展方式从以规模扩张为主导的粗放式增长向以质量效益为主导的可持续发展转变；发展要素从传统要素主导发展向创新要素主导发展转变；产业分工从价值链中低端向价值链中高端转变；创新能力从"跟踪、并行、领跑"并存、"跟踪"为主向"并行""领跑"为主转变；资源配置从以研发环节为主向产业链、创新链、资金链统筹配置转变；创新群体从以科技人员的小众为主向小众与大众创新创业互动转变。显然，这将是一个长期而复杂的系统工程。

## （二）旅游创新迫在眉睫

从纵向发展来看，过去 30 多年，中国旅游发展成就举世瞩目：旅游人次、收入等增速显著高于国民经济增长速度，普遍高于其他主要服务性消费的增长速度，显著高于全球旅游的平均增速，也显著高于世界各旅游发达国家的增速。这些"高于"的背后，其核心驱动力大体经历了两个阶段的变化，并即将步入第三个阶段。

第一阶段是以开放为核心驱动。这里的"开放"主要体现在两个方面。一是向境外游客开放目的地，让港澳台民众了解中国内地的发展，向外国游客揭开神秘中国的面纱，这种开放不仅实现了入境旅游市场的自身发展，也促进了旅游供给体系的快速建立。二是向各类资本开放旅游产业，从 1984年第一家外资饭店到 1998 年第一家外商投资旅行社，旅游成为吸引 FDI 的重要领域；在"五个一起上"战略的推动下，其他各类资本也纷纷进入各个细分行业，不断丰富、壮大中国旅游的产业供给。这种对内对外的"开放红利"使中国成为重要的旅游目的地国家，跻身世界旅游舞台。第二阶段是以消费为核心驱动。从 1995 年的双休日到 1998 年的长假期制度以及后来的 115 天公共假日，从 20 世纪 80 年代的港澳游到 90 年代初的"新马泰"，从 1997 年的公民自费出国旅游再到 2015 年出境旅游突破 1.2 亿人次，中国人旺盛的旅游消费不仅推动了国内旅游的发展，也成为改变国际旅游格局的重要力量。这种对内和对外的"消费红利"使中国以重要目的地国和重要客源国的双重身份成为世界旅游舞台的主角。如果说"开放红利"和"消费红利"为中国旅游奠定了数量和规模的基础，那么在当前和未来一段时期，中国旅游发展的驱动就必须转到"创新"上来，转变到提升效率、质量、品质上来。这里所说的创新，不仅包括了企业层面的产品/服务创新、管理创新、流程创新、技术创新、营销创新，也包括行业层面的竞争创新、结构创新，还包括政府层面的制度创新、政策创新、治理创新以及上述所有创新的组合、集成与协同。

从横向比较来看，现代旅游业在我国起步较晚，尽管规模有较快、较大增长，但效率相对并不高，而且未有显著提升。以全要素生产率（TEF）来衡量，2005~2012 年，中国旅游业全要素生产率年均增长仅为 0.2%，与美国相比，年全要素生产率增幅相差 14 个百分点[①]。进一步分解来看，中国旅游业的技术进步和美国不相上下，说明中国旅游业在新科技的采用或新产品的发明方面已有所进步，二者的差距是在技术效率方面。分析原因可见：一方面，中国旅游业在管理、制度、政策方面的革新带来效率提升，纯技术效率保持年均 0.4% 的增长；另一方面，规模效率不足，拖累了整体技术效率的发挥，说明中国旅游业在组织和管理大企业的能力及知识方面仍有缺陷（见表 3）。

表 3　2005~2012 年中美旅游业全要素生产率比较

| 国家或地区 | 技术效率 | 技术进步 | 纯技术效率 | 规模效率 | 全要素生产率变动 |
|---|---|---|---|---|---|
| 中国 | 0.989 | 1.013 | 1.004 | 0.985 | 1.002 |
| 美国 | 1.127 | 1.013 | 1.122 | 1.004 | 1.142 |

资料来源：金准、孙盼盼，《世界与中国：旅游的转折与变革》，宋瑞主编《2015~2016 年中国旅游发展分析与预测》，社会科学文献出版社，2016。

---

[①] 金准、孙盼盼：《世界与中国：旅游的转折与变革》，宋瑞主编《2015~2016 年中国旅游发展分析与预测》，社会科学文献出版社，2016。

# 三　形成创新驱动旅游发展的新格局

## （一）高度重视旅游创新

创新是引领发展的第一动力。面对有限的资源和无限的需求，如何通过创新持续增加要素有效供给，并形成高效组合，不断提高生产力水平，始终是人类面对的难题和努力的方向。不管是国家的整体经济发展格局，还是旅游业自身的发展方式，都面临着向创新驱动转换的任务。尽管土地、资本等传统要素依然在增长中具有不可替代的作用，但知识积累、技术进步和劳动力素质提升必将成为推动经济增长的重要方式。对于我国旅游业而言，不仅需要通过创新来提高传统生产要素的效率，更重要的是，要不断创造新的生产要素，形成新的要素组合，要通过技术、制度、管理、商业模式等方面的创新，引导创新要素和传统要素形成新组合，为旅游持续发展提供不竭的内生动力。

## （二）发挥政府引导作用

世界多国经验证明，制度和政策决定着整个国家创新体系中人、财、物力的投入、流向、使用效率和创新效果。即使是强调自由竞争的市场化程度很高的国家，也高度重视政府在推动创新方面的积极作用，纷纷出台相关政策，设立孵化机制，建立创新网络，培养创新人才，支持创新联盟。对于当下的中国旅游业来说，至少有如下几方面工作可做：研究制定中国旅游创新发展战略；建立国家级旅游创新平台和高层次创新决策咨询机制；对全国旅游业创新现状、企业创新面临的问题、激励创新的相关政策进行系统研究；研究中国旅游业创新最佳范例；鼓励企业主导构建创新联盟；等等。

## （三）重视旅游创新研究

旅游创新研究在我国还处于起步阶段，仅有少数学者（如宋海岩、宋慧琳、秦宇、李彬等）对此有较多涉猎。系统的旅游创新研究体系尚未建立。如前所述，旅游创新研究包含微观、中观和宏观三个层面。从国外旅游创新研究进展和我国现实出发，未来要关注如下几方面的问题。（1）微观层面：创新环境（市场需求、行业竞争、科技发展等）对旅游企业创新提出哪些要求；不同性质和细分行业的旅游企业的创新动力、机制、模式、方式何在；如何评估企业的创新程度和创新效果；与国外旅游企业相比，中国旅游企业创新需关注哪些特殊问题；替代性分销渠道、移动终端、社会媒体、定位服务、游客赋权等趋势如何影响旅游企业的创新过程等。（2）中观层面：旅游产业组织与市场结构创新；创新在产业内部和产业之间的扩散与协同机制；目的地创新体系等。（3）宏观层面：旅游业创新与国家旅游竞争力的关系；旅游创新对旅游增长和经济增长的贡献度；国家旅游创新系统的形成等。（4）对上述三个层次的研究进行有机整合，并在对中国旅游创新的探究中提出基于西方但异于西方的理论体系和研究方法。

## 参考文献

Hjalager, A. M. （1997）, "Innovation Patterns in Sustainable Tourism—An Analytical Typology," *Tourism Management*, 18 (1): 35 – 41.

Hjalager, A. M. & Sara Nordin （2011）, "User – driven Innovation in Tourism—A Review of Methodologies," *Journal of Quality Assurance in Hospitality & Tourism*, 12: 4, 289 – 315.

Hjalager, A. M. （2010）, "A Review of Innovation Research in Tourism," *Tourism Management*, 31 (1): 1 – 12.

Mike Peters & Birgit Pikkemaat （2006）, "Innovation in Tourism," *Journal of Quality Assurance in Hospitality & Tourism*, 6: 1 – 6.

Pilar Tejada & Pilar Moreno （2013）, "Patterns of Innovation in Tourism 'Small and Medium – size Enterprises'," *The Service Industries Journal*, 33: 7 – 8, 749 – 758.

OECD, "Innovation and Growth in Tourism," 2006.

苏米特拉·杜塔、布吕诺·朗万、萨沙·温施樊尚编著《2016 年全球创新指数：全球创新，致胜之道》。

# G.4
# 以制度创新与变革推动中国旅游发展

吴必虎　徐小波*

摘　要： 中国正面临消化和疏导"剩余经济"的新阶段，以旅游业为
龙头的服务业将在社会经济发展中发挥更大作用。鉴于历史
因素，中国经济产业结构及其所催生的社会生活方式在向后
工业化转轨中仍存在多方面的不适，突出表现为旅游休闲产
品的供给结构失调、区域发展失衡、开发形式失当。破解这
些不适的关键是正视旅游资源与产品的社会与人文属性，推
动政府埋态转型和制度变革。其中，土地制度、规划制度、
文物管理制度对深化旅游供给侧改革具有基础意义。权能改
革、景区分类和旅游活化则是当前阶段应当推进的先导工作。

关键词： 旅游休闲　社会生活　制度创新　供给困境　改革措施

当前，中国正面临重大转型，不仅涉及经济转型，还涉及社会转型。转
型是中国社会由传统形态向现代形态演进的必然选择，也是中国发展对接世
界潮流的必然选择。在当前背景下，特别是鼓励服务经济发展的背景下，制
度层面的创新与变革成为我国旅游转型发展的关键环节。

---

* 吴必虎，博士，教授，博士生导师，北京大学旅游研究与规划中心主任、国际旅游研究院院
士、国际旅游学会秘书长，主要从事旅游学、规划学研究；徐小波，博士，讲师，主要从事
旅游规划、旅游地理研究。

# 一 旅游：社会经济转型的现实选择

## （一）经济转型成效显著，正从"短缺经济"进入"剩余经济"阶段

新中国成立后，鉴于底子薄、基础弱、起步晚的历史现实，大量经济资源向第二产业集中，工业尤其是重工业一度成为国民经济的重要支柱。改革开放以来，轻工业迅速起步，刺激了生活消费理念的复苏和传播。同时，市场规模和生产成本的比较优势使中国成为全球投资的热土，以高端制造业为典型的现代工业引领中国经济经历了持续的高速发展和深度转型，并推动交通基础设施、城市公共设施、房地产等配套、关联产业出现爆发式增长。总之，工业长期作为国民经济发展的主动力，成为中国经济发展的指示器。与此同时，农业作为保障国计民生的传统产业，被赋予缓解"三农问题"、支撑经济增长等基础性使命，发展态势稳中有进，发展政策相对谨慎。在这种"抓工业、保农业"的历史背景下，服务业发展相对滞后，且多为自发性增长，整体水平不高。以旅游业为例，虽被定位为"战略性支柱产业"，但"小弱散差"的行业状况整体未有明确改观，一些领军型企业（集团）的净利润率也仅在10%上下浮动。

## （二）产业结构面临调整，需要旅游从"幕后"走向"前台"

21世纪以来，全球经济的结构性矛盾逐步凸显，给我国产业体系造成巨大压力，突出表现为工业经济的产能过剩以及服务业体系的疲弱。2013年我国服务业占GDP比重首次超过工业，并在2015年占GDP的比重超过50.5%，跃居最大的产业部门。同时，全国城乡人口结构也发生根本扭转，城市人口在2011年首度超越农村人口。综合看来，建立在农业社会基础之上的"乡土中国"事实上已经迈入"城镇中国""现代中国"的新阶段，以城镇为核心节点的现代社会成为经济发展的主体。随着全球工业化浪潮的

消退和后工业社会的崛起——中国正逐渐涉入这一时代洪流，服务业已取代工业而成为大多数城市，尤其是大都市的核心功能产业。可以说，城市将从甚至已经从"生产的中心"转向"生活的中心"。工业化过程中已经积累的过剩产能及其对国民经济的贡献效应，将逐步向以各级城镇为枢纽的服务业转移。而旅游作为服务业的中坚力量，无疑将在产业结构转型和重构中发挥更突出的作用。

## 二 我国旅游发展的主要困境

### （一）产品困境

总体上看，目前我国旅游产品与社会需求不相匹配，主要体现在三方面。

首先是产品结构不合理。简单说就是以观光为主、景区为王、行政管理为中心。一般而言，发展过程会经历"S形"增长或呈现"逻辑斯蒂模型"式的增长态势，使发展体系的组成要素得以相互协调。而我国经济发展比较迅速，加之效益分配、产业互动不均衡，导致旅游供给侧开发形成较强的"内卷化"倾向，即"量化"扩张优胜于"质量"提升，表现为以观光产品为主的供给结构长期占据主导地位。同时，对景区的过度依赖也是阻碍中国旅游业提升发展的重要原因。我国旅游业发展初期，受制于市场规模、开发水平等制约，选择性地建设少数专用于或主要用于旅游接待活动的功能区是合理的，从而形成了第一批旅游景区。时至今日，旅游的市场需求无论在内容、形式还是属性方面都发生了重大变化。旅游已成为一种普遍的、日常的生活方式，不再局限于专项的、特殊的精英活动。旅游的品质有赖于多种公私要素的整合供给，这就大大超越了产品组合、主题线路等早期供给范畴。现实社会中，依托景区特别是资源型景区的发展思维仍有相当程度沿袭。这种基于经济考量的发展理念，注重的是供给的功利价值，而镶嵌于、贯穿于休闲旅游活动中的某些服务性、配套性供给环节却往往得不到足够重视，阻滞了旅游供给品质的提升进程。此外，旅游系统具有广延性，但目前旅游要素分散在多个行业和部门，管理协调难度较大。在旅游发展中存在的（部门）责权不明、（市场与政府）界限不清、代理寻租等现象，往往导致管理部门"不敢放""不愿放"，盛行于国外的旅游行业自治组织（NGO、NPO）难以真正发挥作用。

其次是区域发展不平衡，具体表现为需求规模和业态发育的地域不均衡。据世界银行统计，2010 年我国人均收入就已超过 4000 美元，进入中等偏上收入国家，2015 年该指标为 7880 美元，达到中等发达国家的标准。从全球发展经验来看，我国早已进入大众旅游时期，并处于转型时期。2016 年国庆节黄金周，全国出游人次接近 6 亿，相当于美、日、法、德四国总人口，形成人类历史上从未有过的"人口集中大流动"景观。我国旅游市场规模之大，意味着旅游已成为一项社会热点问题和政府公共服务的重要内容，但与此相对的是人均收入的地区不平衡，使得我国出现出游力和接待力空间错位的复杂现象。综合人均可支配收入和人口基数，全国出游力呈东－中－西渐次递减的总体规则，与经济发展水平的区域格局基本一致。经济水平是决定旅游产业水平的基础因素，我国旅游需求层次、业态发育同样具有东－中－西递减的总体格局。一般而言，游憩出行在空间层面优先指向高等级、高品质产品或节点，在需求层次呈现客源质量与产品质量相互耦合的基本规律。对应于现实，东部优质客源往往只到访西部地区级别、品质较高的少数旅游节点，而西部客源到访东部地区的意愿则比较强。这种出游力、供给力分布格局将持续放大东、中、西部之间的旅游发展"剪刀差"。

最后是供给方式不协调，集中表现为休闲公共产品的供给短缺、旅游景区和潜在资源的低效利用。在本质上，休闲和旅游没有明确区别，都是人的内在游憩需求的不同外显形式。休闲更具日常性、零散性，而旅游活动则是在旅行中的休闲。政府在公共服务和预算框架中应将城乡居民的日常休闲需求置于更突出地位，建构相对系统、完善的"休闲基础设施"。从这个意义上讲，"全域旅游"理念值得倡导。需要说明的是，全域旅游不应局限在狭义的旅游范畴。正如前文指出，旅游和休闲不应相互割裂、相互斥离。旅游是从"客人"（访客）的角度对游憩活动的称谓，而对应于"主人"（居民）角度的称谓是休闲。当前，城乡居民的休闲服务职能分散在文体、环境、住建、国土、旅游等多个部门，"对外的"旅游职能、"对内的"休闲职能"两张皮"现象较为普遍。全域旅游的可贵之处就在于提倡把整个地域当作统一的休闲区来规划建设，营造"主客共享"的游憩设施体系。另外，不少已经建成的旅游设施和要素却处于低效利用状态。例如，截至2015年底，全国有7000多处A级景区，除1500多处4A级、5A级高星级景区外，绝大多数是3A级及以下的中、低级景区。实际上，为数众多的中、低级景区通常没有足够的到访率，处于较大程度的空置状态。对于中、低级景区等使用率不高的公共游憩资源而言，应变革运作和管理模式，降低或取消不合理的硬性收费，让其回归社会生活，更有效实现其社会服务功能。

（二）理念困境

产品困境的深层次原因是理念困境。与西方不同，我国是由政府部门管控绝大多数的公共游憩资源特别是高等级资源，其对旅游市场的调控、管制能力也更强。在这种情况下，政府的发展理念对休闲旅游具有非常关键的影响。由于短缺经济和集权体制的长期浸濡，"好逸"在传统道德观念层面被赋予潜在的消极色彩，"生产"则牢牢占据发展的中心位置，这无论是在经济产业结构还是在国民时间分配结构上都有深刻体现，休闲旅游及其设施建设不被优先扶持。而在以经济建设为中心的背景下，由于旅游对各地国民经济的贡献不如工业甚至农业，政府发展旅游的动力远不及工业和农业。一个典型的佐证就是国民经济统计体系中关于工业和农业的统计指标设置比较详尽，而旅游业等统计指标设置就相对简单、零散。在较长时间内，包括旅游业在内的服务业指标不被当作社会经济"晴雨表"的核心内容，不能代表地方经济发展的主要成效。以上历史原因，使得各级政府对旅游业的重视度不够。而随着城乡居民收入的快速提高，旅游等方面的消费出现井喷式增长，旅游业被政府部门视为新兴的经济增长点。其中，旅游业发展在很大程度上得益于市场驱动，而政府部门在旅游产业方面的主动性、引导性不足，甚至表现出一定的被动性。另外，政府部门对旅游产业价值的关注优先于其社会意义。在工业增长趋缓形势下，旅游业被当作拉动经济发展的"第三工业"。与之相应，政府部门越来越注重旅游发展的产业化水平，不断加快旅游规划建设和资源投入，但在旅游配套设施以及城市公共休闲场所建设方面则相对迟缓。

农业和工业主要对应于人的生存和生产问题，服务业则是要提升人的生活质量。人和人之间存在共同需求，但更多的是差异，不仅包括需求方面的差异，还包括实现需求的能力差异。从这个意义上来看，某些旅游供给要素不能被产业化，因其不符合产业化的两项前提：规模化、标准化。旅游需求及其实现方式存在多元性，很多小众需求、零散需求达不到最低供给门槛，也就是供给成本高于现实赢利。对这些日常需求，产业化方式难以应对。政府部门一方面要转变思路，认清产业不是"万能的"、政府不是"无限的"、社会不是"统一的"；另一方面要加大旅游基础设施的公共性投入，进一步清理旅游发展的不合理限制，激励民间力量、社会力量积极参与休闲旅游供给体系的多元化建设，充分整合公私两种机制，建立大产业、中产业、小产业、微产业、非产业等一系列供给形式。总之，政府部门要善于让渡由其托管的某些公共资源，抛砖引玉、以小博大，借助广泛的、生动的社会力量而不局限于单一的、生硬的行政力量，以求扩展公共资源的使用效益。

## 三 制度创新：破解旅游供给侧困境

制度创新的关键着眼点是要扩展需求和供给之间的"接口"。党的十八届三中全会提出要发挥市场在资源配置中的决定性作用。广义上说，政府管理是一种社会管理，文化、经济、生态等都是社会的不同维度或侧面，政府部门对社会诉求的把握和响应是反映性的。政府首先应认可社会发展的"自组织"原动力，而其核心任务是监督、管控社会自组织朝积极方向演进，即政府通过"他组织"来统摄社会"自组织"演化。在这种动态交互中，政府管理社会的内容和方式应随社会发展而不断进行优化、改良。制度作为政府运作、管理的核心规范和依据，对调节政府－社会关系具有关键作用。就旅游而言，仅从经济上予以支持和引导远远不够，还要从政策上保障旅游供给要素能落到"地"上，实实在在拓展旅游发展的"盘子"，其中，土地制度、规划制度、文物管理制度是要害所在。

### （一）土地制度

土地管理制度规定，各省（区、市）必须保证区域内的基本农田占耕地面积80%以上，受永久保护，不能用作其他用途，目的是保障粮食自给能力。该规定体现了典型的农业社会管理思维。一方面，我国城镇化格局与耕地分布存在明确矛盾。东部地区城镇化水平高、速度快，而耕地不能流转加剧了土地资源稀缺度，人口向非农部门转移。实际上，东部居民对耕地的生产投入和经济依赖持续下降。另一方面，我国粮食产业已出现"四高"特征——高产量、高价格、高仓储、高进口，粮食安全形势完全不同于过去的短缺经济时期，而农业科技进步也不断提升传统农作物亩产、扩展耕种形式（如室内农场、立体农场、海水田）、更新食品结构（如肉、奶摄入量增加）。耕地保护是否有必要实行"一刀切"，能不能在全国层面进行差异化统筹值得讨论。

### （二）规划制度

当前，规划制度的内在取向仍是工业城市或"生产型城市"的价值判断。真正意义的城市规划产生于工业革命后，被当作一种解决经济、社会发展问题和政府管理的工具和手段。另外，现代性的本质是工业主义，这种工业主义不是针对狭义的工业，而是代表一种以工业生产为典型的制度化、格式化、逐利化、标准化的生产方式。尽管城市规划范式几经更易，但核心判断都是基于"现代理性",城市被理解、被规划为现代生产的中心地和辐射源。今天各地城市越来越相似,即所谓"千城一面",而传统城市的地方特色和不规整性快速消失。甚至,在同一城市内部,老城与新城形成鲜明对比,"残旧破败"的老城区被"横平竖直"的新城区包围。而潜伏在这种现象之下的,是城市规划的价值取向。很多城市规划把人居环境当作一种"标准化产品",其核心就是现代主义。我们不否认现代主义带给社会生活很多便利和更高的效率,但人毕竟不是机械,不是一种"理性的客体"。实际上,传统性同样是人尤其是"围困"在现代性高度发达的城市里的人的内在需求。既然这种需求具有普遍性,城市规划就应该做出响应。西方国家已经反思城市规划的现代性弊病,注重后现代性的反哺,其中有一类"新城市主义"倾向(其实称作"新传统主义"更贴切),倡议把传统要素重新带回城市,形成一种"以旧为新"的潮流。现代化让中国经历较长时期的高速发展,以至于现在很多理念包括规划理念都具有现代主义"潜意识",使现代主义范式成为一种"熟视无睹""信以为真"的惯例。但问题是,中国的产业结构和经济模式已经开始转型,旅游等服务经济在城乡生活中的作用在不断突出。在这种现实趋势下,城乡规划"大一统"甚至还要"全覆盖",就不符合社会转型的时代需要。事实上,某些以旅游为主导产业的小城镇,也包括各类城市中以旅游为核心功能的某些地段(片区),就应该突破城市规划的通俗范式,让休闲和旅游规划承担"总体规划"功能,以统筹城乡建设开发。

## (三)文物管理制度

新中国成立初期,百废待兴,以《文物保护法》为核心的文物管理制度立足"抢救第一、保护为主"方针,具有积极的历史意义。时至今日,文化遗产享用已成为重要的社会消费内容。为此,应适当突出文物利用的地位,更新文物保护理念和评价标准,改革文物管理体制,逐步由行政型管理转向经营型管理。国家文物局局长励小捷认为文物保护在认识上存在偏差,在实践中存在利用不够和不当的现象。我国文物保护已经取得阶段性成果,重心应转移到如何更好实现文物的社会价值上来，包括《文物保护法》在内的文物管理制度应做出相应调整，主要是放宽文物的利用方式。《文物保护法》规定，利用不能改变文物现状，但没有对此给出明确的界定依据。一方面，一些部门出于风险规避等原因，将各类文物束之高阁以"不改变现状"，文物的价值得不到体现。另一方面，不少价值较高的遗产，例如故宫、长城都在向社会开放，取得显著的社会效应，在使用中也探索建立起对遗产本体的长效保护机制。因此，笼统限定文物资源的使用方式是不合理的。现代遗产保护理论指出，遗产保护的实质是保护遗产的价值，而不是其外在形式。如果把各类遗产都"藏起来"、隔离于社会生活之外，那么保护的初衷和目的又是什么？此外，《文物保护法》还规定，全国重点文物保护单位只能用于三种用途：第一是文物保管所，不对外开放；第二是博物馆，免费开放；第三是游览场所，可以收费。现实中，第三种才是使用率最高的。尽管文物保护的经费渠道还有待扩展，但过度倚重收费制度来"保护"文物资源，与遗产资源的公共属性存在冲突。实际上，随着文物或遗产型场所（景区）的访客量增长，不少遗产场所的准入费已经超过其日常运营管理的成本。

## 四　关于旅游发展制度创新与变革的几点建议

中国旅游业发展到今天，主要矛盾已转变为庞大的需求和局促的供给之间的矛盾。政府部门应认识到，休闲旅游供给不是简单的"量"的问题，而要把一些过剩的"量"转移到另一些稀缺的"量"上去，从结构、层次、内容等角度提升休闲旅游发展的"质"。为此，以下三方面举措具有重要意义。

### （一）权能改革

旅游的供给基础是资源，尤其是由政府部门管控的公共资源。实际上，我国法律只将公共资源的"管理权"赋予政府，而其所有权、使用权、获益权等权能都归属于人民。在计划经济时代，市场发育不足，人民对公共休闲和旅游资源的使用需求有限，政府提供的设施基本能满足社会需要。现在，形势发生了重大转变，政府不能再"大包大揽"，而应让市场发挥更大的主动性作用，让人民借助市场机制更精准地参与公共资源利用方案的制订与实施。具体来说，地方政府受国家委托管理辖区内的公共资源，同时要逐步将部分条件和需求相对成熟的资源开发转移给市场。市场和政府各有所长、各有所短，通过公共资源的权能改革，使不同主体参与到各自所擅长的环节，有助于提升公共资源的现实发展绩效。

### （二）景区分类

景区发展过程中遭遇的种种困境，一个重要原因是没有建立科学的分类体系和评价标准。"十指有长短"，景区条件各不相同，如参照相同的评价标准，比如说接待量或经济收入，肯定是不合理的。其后果是，景区被动朝某个偏误目标去组织自身的开发管理，而不能充分展现最合宜的发展特色。以风景名胜区为例，建议中国将其分为城市游憩型风景区和自然保护型风景区两大类，实施差异化管理。如西湖、鼋头渚之类的城市游憩型风景区，在管理模式上就应该明确区分于自然保护区，其业态开发、用地指标、建筑形态等都可以更加灵活。相对而言，美国国家公园分类体系就比较成熟，除了接近于我国自然保护区的国家公园外，还有国家游憩区、国家河道、国家公路、国家森林等。其中，国家游憩区其实就是休闲度假区。而在我国，由住建部托管的风景名胜区通常只允许用于游赏（观光产品已大量过剩），休闲度假开发受到严格限制，这反映出管理理念的滞后。

### （三）旅游活化

活化理念最早出现在遗产再利用领域，宗旨是要使遗产不再成为"死传统"，摆脱被封存、被冻结的消极、颓败状态。简单说，活化是让曾经"生活化"而又遭遇"去生活化"的遗产要素"再生活化"。当前，活化理念主要应用于各类遗产及其依托地域，重心逐渐由物质遗产转向非物质遗产和遗产地的复兴。需要指出的是，活化所适用的遗产资源应采取广义理解，囊括各种具有社会象征和公共价值的有形和无形要素，诸如公共空间的社会文化内涵、传统建筑形式、历史文化地段、城市总体形象乃至长期保有的主题形象品牌。中国有很多休闲旅游资源和场所都适合，且都需要活化。西安大明宫就是一个典型的成功案例。按照《文物保护法》规定，大明宫遗址不得重建，但遗址不辅以合理的开发就没有足够的现实使用功能，也必然困于颓败状态。大明宫遗址公园在保存遗址现状的前提下，借助科学、合理的技术和规划手段，让访客在各类参与式体验中感受大明宫的历史盛况和遗产价值，社会效益比"圈地封存"大得多。总之，公有资源尤其是遗产资源要通过活化回归社会生活，在利用中寻求保护才是对遗产价值的现实尊重，那种"封存－维修－封存"的做法使得遗产被动脱离社会生活。

新中国成立以来特别是改革开放后，我国社会经济建设所取得的卓越成果是制度优越性的深刻体现。在新时期，制度变革依然是引领中国社会经济再攀高峰、再造辉煌的关键法门。当前改革步入深水期、经济转型转入攻坚期，以旅游为引领的服务业已被赋予更大使命，在社会经济发展中具有更突出的作用。长期以来，以生产型经济建设为重心的历史背景造成我国旅游供给侧发展整体滞后，不能满足快速膨胀的社会需求。这种滞后不仅表现在产品与要素等物质形态上，还涉及更深层的理念和制度因素。无论就实际规模还是增长潜力而言，旅游都已初步展露推动中国社会经济转型发展的现实能力。在此形势下，引导理念转型、激发制度活力成为旅游业适应新时期社会经济发展潮流的实质性举措。

**参考文献**

吴必虎、俞曦：《旅游规划原理》，中国旅游出版社，2010。

保继刚、楚义芳：《旅游地理学》，高等教育出版社，2012。

孙施文：《城市规划哲学》，中国建筑工业出版社，1997。

陈志刚：《现代性批判及其对话》，社会科学文献出版社，2012。

Beatley T. ：《消失的故土》，王骏、张冠增译，同济大学出版社，2012。

徐嵩龄：《中国经济制度转型期文物事业管理体制改革问题——以陕西发展文物旅游业为案例的政策研究》，《数量经济技术经济研究》2001 年第 12 期。

佚名、励小捷：《加强合理利用，让文物活起来》，《中国文化报》2014 年 7 月 23 日。

吴必虎：《基于乡村旅游的传统村落保护与活化》，《社会科学家》2016 年第 2 期。

# G.5
# 区域旅游发展的探索创新：
# 以浙江特色小镇创建为例

王 莹 全君彦*

摘 要： 浙江特色小镇的创建将旅游作为四大功能之一，并将建成3A
级以上景区作为创建验收的重要指标，为浙江旅游发展打开
巨大空间，也在区域旅游发展的制度创新方面进行了有益的
探索。特别是在厘清政府、企业、市场关系，建立旅游发展
协调机制，突破旅游发展中的政策制约因素，培育新型旅游
业态，实现多规合一等方面提供了实践经验。

关键词： 制度创新 浙江特色小镇 旅游

　　长期以来，以探索创新为特点的旅游综合改革均围绕机构职能、区域、
规划、建设、资源、管理、政策和营销等方面进行探索。随着各地旅游综合
改革陆续步入"深水区"，如何把握旅游产业发展规律、解决制约旅游发展
的突出矛盾、寻找行之有效的创新模式成为首要问题。近几年来兴起的特色
小镇建设是各地立足本土，发挥优势特长的重要途径，其中浙江作为先行
者，已经取得阶段性成果。浙江特色小镇创建工作敢于创新、勇于改革，通
过将旅游作为小镇四大功能之一、以创建3A级以上景区作为小镇建设的基
本要求等开创性探索，有力地推进了旅游综合改革，在促进旅游产业要素集

---

　　* 王莹，浙江工商大学旅游与城乡规划学院教授，硕士生导师，研究方向是区域旅游开发与规
划、旅游景区经营管理；全君彦，浙江工商大学旅游与城乡规划学院硕士研究生。

聚、推动全域旅游发展、带动传统文化保护与开发利用、加快供给侧改革等方面取得了显著成效。

# 一 浙江特色小镇的含义与特征

## （一）浙江特色小镇的含义

浙江特色小镇是改革创新的产物，也是承接和推进制度性创新的平台，是综合改革试验区。浙江特色小镇不是行政区划单元上的"镇"，也不同于产业园区和传统意义的风景区，其是以创新、协调、绿色、开放、共享为发展理念，具有明确产业定位、文化内涵、旅游和一定社区功能的发展空间平台。浙江特色小镇首次明确提出必须植入旅游功能，充分肯定旅游在改善产业发展环境与居民居住环境中的积极作用。

浙江特色小镇概念在 2014 年 10 月云计算产业生态小镇——云栖小镇举行的首场阿里云开发者大会上被首次提及。2015 年 1 月，在浙江省十二届人大三次会议通过的《政府工作报告》中，"特色小镇"被作为关键词提出。2015 年 4 月，浙江省政府出台《浙江省人民政府关于加快特色小镇规划建设的指导意见》浙政发〔2015〕8 号（以下简称《指导意见》），对特色小镇的规划建设从总体要求、创建程序、政策措施、组织领导四个方面提出了明确要求，并力争通过 3 年的努力，重点培育和规划建设 100 个左右特色小镇。2015 年 6 月，浙江省政府公布第一批省级特色小镇创建名单，全省 10 个设区市的 37 个小镇列入首批创建名单[1]。2016 年 1 月，公布第二批省级特色小镇创建名单和培育名单，全省共 42 个小镇列入第二批创建名单、51 个特色小镇列入省级特色小镇培育名单[2]，且除县（市、区）参与创建之外，还包括省属国有企业和中国美院、浙江音乐学院等高等院校。

---

[1] 《关于公布第一批省级特色小镇创建名单的通知》，浙特镇办〔2015〕2 号。
[2] 《关于公布省级特色小镇第二批创建名单和培育名单的通知》，浙特镇办〔2016〕2 号。

从旅游角度可将浙江特色小镇划分为旅游产业定位和非旅游产业定位两大类。旅游产业定位的特色小镇目前达17个，在各类产业中数量位居第一，分别为列入第一批的有嘉善巧克力甜蜜小镇、武义温泉小镇、龙游红木小镇、常山赏石小镇、开化根缘小镇、仙居神仙氧吧小镇、莲都古堰画乡小镇、景宁畲乡小镇和列入第二批的建德航空小镇、杭州湾新区滨海欢乐假期小镇、文成森林氧吧小镇、安吉天使小镇、柯桥酷玩小镇、永康赫灵方岩小镇、朱家尖禅意小镇、天台天台山和合小镇、杭州湾花田小镇（见表1）。

**表1 浙江特色小镇基本情况一览**

| 设区市/创建单位 | 第一批（个） | 第二批（个） | 旅游产业定位小镇（个） |
|---|---|---|---|
| 杭州市 | 9 | 9 | 1 |
| 宁波市 | 3 | 4 | 1 |
| 温州市 | 2 | 3 | 1 |
| 湖州市 | 3 | 3 | 1 |
| 嘉兴市 | 5 | 4 | 1 |
| 绍兴市 | 2 | 3 | 1 |
| 金华市 | 3 | 3 | 2 |
| 衢州市 | 3 | 2 | 3 |
| 舟山市 | 0 | 3 | 1 |
| 台州市 | 3 | 2 | 2 |
| 丽水市 | 4 | 4 | 2 |
| 省农发集团和上虞区 | 0 | 1 | 1 |
| 中国美院、浙江音乐学院和西湖区 | 0 | 1 | 0 |
| 合　计 | 37 | 42 | 17 |

## （二）浙江特色小镇创建的特征

浙江特色小镇创建工作充分体现了浙江省特色，展现浙江信息经济、块状经济、山水资源、历史人文等独特优势，推进力度强劲、成效显著，显示出巨大的活力。

第一，聚焦特色产业。有"城"无"市"、缺少产业支撑是长期以来我国新型城镇化建设中面临的问题，浙江特色小镇创建则明确强调要以产业发展为基础，且产业定位要瞄准信息经济、环保、健康、旅游、时尚、金融、高端装备制造等七大支撑浙江省未来发展的产业和体现浙江特色的茶叶、丝绸、黄酒、中药、青瓷、木雕、根雕、石雕、文房等历史经典产业。各创建小镇要突出自身独特性，产业发展做到"特而强"，成为行业中的领头羊；要与实体经济紧密结合，聚焦前沿技术、新兴业态、高端装备和先进制造，精挑细选项目，引进创新能力强的领军型团队、成长型企业；明确3年内完成固定资产投资 50 亿元以上（商品住宅项目和商业综合体除外），信息经济、金融、旅游和历史经典产业特色小镇的总投资额可放宽到不低于 30 亿元，且特色产业投资占比不低于 70%①。

第二，强化功能叠加。深挖、延伸和融合产业、文化、旅游和社区 4 大功能，使之真正产生叠加效应。把文化基因植入产业、旅游及社区发展的全过程，通过挖掘和培育历史文化、农耕文化、山水文化及创新文化，形成小镇特有的区域文化符号。把旅游功能嵌入产业、文化和社区之中，引导浙江其他特色产业在聚焦产业发展的同时，开发文化创意旅游、工业旅游、健康旅游等，拓展产业链，传播企业文化，增加附加值；让浙江传统文化既得到保护，又得到传播与开发利用，促进历史经典产业发展；增加社区的休闲性、娱乐性，改善社区的生产、生活环境，提升品质，吸引优秀企业与高端人才进驻。

第三，追求空间形态。规划空间集中连片，面积控制在 3 平方公里左右，建设面积控制在约 1 平方公里，且不能超出规划面积的 50%。以"一镇一风格"多维度展示小镇特色，追求独特的建筑风格和艺术风格，同时保证生态优先，坚守生态良好的底线，在保留原汁原味的自然风貌基础上，建设有江南特色和人文底蕴的美丽小镇，让绿色、舒适、惬意成为小镇的常态。以所有特色小镇要建设成为 3A 级以上景区、旅游产业定位特色小镇要按 5A 级景区标准建设的要求，来指导小镇基础设施和服务设施建设，完善社区服务功能，促进社区文化、产业文化和企业文化的提炼与挖掘，并通过景观化的设计加以展示。

第四，创新制度供给。浙江特色小镇建设采用被称为最为严厉的"创

---

① 《浙江省人民政府关于加快特色小镇规划建设的指导意见》，浙政发〔2015〕8 号。

建制"，即分批建立创建对象，创建过程实行优胜劣汰，建成后验收命名，并配套创新激励、考核和监管制度。将浙江特色小镇定位于综合改革试验区，凡是国家的改革试点，特色小镇优先上报；凡是国家和省里先行先试的改革试点，特色小镇优先实施；凡是符合法律要求的改革，允许特色小镇先行突破。应用期权激励方法，将激励与考核相结合，对如期完成年度规划目标任务的特色小镇，省里按实际使用建设用地指标的50%给予配套奖励，对3年内未达到规划目标任务的，加倍倒扣奖励指标；创建期间及验收命名后，规划空间范围内的新增财政收入上交省财政部分，前3年全额返还、后2年返还一半给当地财政①。建立全省统一的特色小镇数据平台，分季度通报和年度考核，根据年度考核情况进行降格、退出或升级。

## 二 浙江特色小镇创建带来的旅游综合效应

继风景名胜区、主题公园、旅游综合体之后，浙江通过特色小镇创建，有效地将旅游产业要素引向全新的空间，撬动浙江旅游产业的转型升级，推动浙江旅游供给侧改革。数据显示，17个旅游产业定位特色小镇预计总投资994.55亿元，其中2015年完成实际投资170.17亿元，已落地项目110个；2016年新增投资35.24亿元，新增项目74个，全年预计完成投资209.01亿元，同比增长22.8%；2015年，浙江首批37个省级特色小镇实现税收收入53.09亿元，全年旅游接待人数2768.61万人次，平均每个特色小镇74.83万人次②。

### （一）加速要素集聚，带动周边旅游发展

浙江特色小镇空间尺度较小，创建时间短，对现行体制触碰较少，比较便于操作，因此能在短时间内快速集聚旅游要素，延长旅游产业链，形成丰富的旅游供给，增加旅游产业的辐射能力，带动周边旅游发展。特别

---

① 《浙江省人民政府关于加快特色小镇规划建设的指导意见》，浙政发〔2015〕8号。
② 杨勇权、靳畅：《"把浙江作为一个大景区来打造"——特色小镇建设破题浙江旅游供给侧改革》，《中国旅游报》2016年4月25日，第1版。

是浙江特色小镇的地理位置相对独立，大都位于城乡接合部，对于促进周边乡村旅游发展具有十分重要的作用。嘉善巧克力甜蜜小镇就是以歌斐颂巧克力工厂为创意源头和支柱性项目，把旅游作为一根红线和产业的融合剂，围绕"甜蜜"主题，整合了"巧克力、温泉、水乡、花海、农庄、婚庆"等元素，催生出云澜湾、云庐休闲园、碧云花海婚纱摄影基地等新项目，带动周边三产的发展；同时，借打造巧克力甜蜜小镇的契机，进一步整合了嘉善北面的西塘古镇、县城、北部生态观光带等，促进北部区域旅游整体发展。

### （二）依托产业平台，保护与弘扬传统文化

浙江茶叶、丝绸、黄酒、中药、青瓷、木雕、根雕、石雕、文房等历史经典产业具有深厚的历史文化内涵，同时也是众多非物质文化遗产的载体。在经济全球化背景下，历史经典产业受到较大的冲击，创新发展成为唯一出路。特色小镇的创建，为历史经典产业提供了良好的发展平台，通过将物质产品的历史文化内涵融入创意、文化、旅游等产业之中，放大历史经典产业效应，弘扬优秀传统文化。如龙泉市青瓷小镇的创建，赋予了青瓷文化、旅游、体验等多种元素，目前小镇已吸引了89家青瓷企业、青瓷传统手工技艺作坊入驻。景宁畲乡小镇的创建，为展示畲族风情提供了平台。

### （三）利用创新思维，实现旅游供给侧改革

浙江特色小镇的创建，将"产、城、人、文"有机结合，打造了旅游供给侧改革新平台。特色小镇通过结合浙江省生态优势、人文特色和区域块状经济的特色，带动了缺乏活力的中小城市，特别是城乡接合部经济的发展，并为中小企业提供了创业创新的新环境和新氛围。经过3年的创建，不仅会打造100个各具特色的新型旅游景区，创造多样化的旅游新产品，更重要的是，这种"旅游+"的思维方式、多功能叠加的发展模式将会得到更为广泛的认可，并成为促进旅游与相关产业融合、优化旅游空间布局、完善旅游公共服务的典范。

## 三　浙江特色小镇创建对区域旅游发展的探索创新

浙江特色小镇创建给旅游业在发展空间拓展、产业政策突破、产业地位提升等方面带来的影响都是开创性的，为探索我国旅游综合改革提供了浙江样本。

### （一）从厘清政府、企业、市场关系中进一步激发资本对旅游的青睐

作为综合性产业，旅游业的综合改革，既要发挥市场在资源配置中的决定性作用，也要充分发挥政府的作用，但厘清政府与市场的边界是关键。浙江特色小镇创建强调"政府引导、企业主体、市场运作"，明确政府在土地优惠、税费返还、人才引进、项目审批、基础设施建设等方面加大扶持力度，并通过设计优胜劣汰规则，保证土地、资金、技术、劳动力等生产要素的自由流动，不断释放市场在资源配置中的决定性作用，为创建特色小镇营造良好的市场环境；考虑到不同产业定位特色小镇创建的差异性，省级层面制定大原则与提出总要求，具体则由主导小镇建设的县（市、区）深化落实。

在旅游产业定位特色小镇创建中，由于不涉及或很少涉及公益性旅游资源，为民营资本进入旅游投资提供了更为广阔的空间，而优化的制度设计、定制化的服务意识，提速的工作效率，更激发了资本对旅游的投资热情。如为创建神仙氧吧小镇，仙居县专门成立工作推进组，共同推进落实招商引资、土地政策处理、环境空间规划、要素资源落地等方面的工作，将特色小镇在建项目一律纳入审批绿色通道，进行并联审批，保障项目按时开工建设。

### （二）从优化运作机制过程中赋予旅游部门更多的协调职能

跨部门的协调机制是促进旅游综合改革的保障，浙江特色小镇创建真正

把旅游业放到地方经济社会综合改革发展的总体战略中予以考虑，在机制构建中旅游部门协调职能得到了真正的体现与放大。

"上下联动机制"是浙江特色小镇特有的运作机制，即建立省特色小镇规划建设工作联席会议制度，省级相关主管部门具体负责对特色小镇规划建设的前期辅导、协调指导、日常督查和政策扶持，各设区市加强对所辖县（市、区）特色小镇规划、申报、创建等工作的指导和服务，各县（市、区）要参照省特色小镇规划建设工作联席会议部门职责分工，明确责任、分工合作，形成省、市、县联动推进的工作机制。在这一机制中，旅游部门被赋予更多的协调职能，在创建的 4 个环节中发挥重要作用。为进一步明确职责，浙江省旅游局、浙江省发展和改革委员会还联合出台了《浙江省特色小镇建成旅游景区的指导意见》浙旅政法〔2015〕216 号，从规划指导、旅游扶持、验收服务等方面列出具体内容，并要求各级发改部门要认真配合旅游部门对特色小镇创建工作的指导和监督，特色小镇创建和培育主体应主动接受旅游部门的指导和监督（见图 1）。

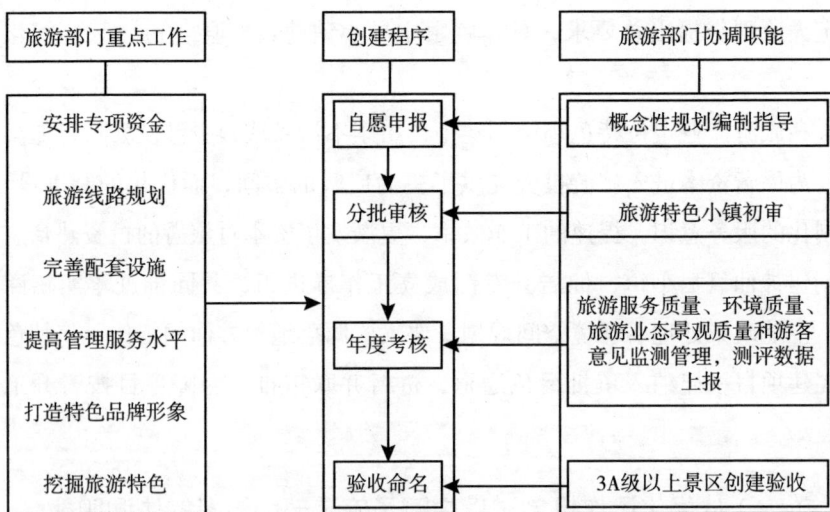

**图 1 浙江特色小镇创建程序与旅游部门重点工作及协调职能关系**

### （三）从创新激励政策中突破旅游用地和融资的难题

旅游产业规模不断扩大，旅游用地需求快速增加，用地难往往成为地方旅游业发展的瓶颈。《浙江省人民政府关于加快特色小镇规划建设的指导意见》指出各地要结合土地利用总体规划调整完善工作，将特色小镇建设用地纳入城镇建设用地扩展边界内，确需新增建设用地的，由各地先行办理农用地转用及供地手续，对如期完成年度规划目标任务的，省里给予配套奖励。此项政策让旅游有了政策扶持的绿色通道，解决了旅游项目建设用地指标短缺的难题，激发了地方政府和企业的积极性。如莲都古堰画乡小镇可用于建设的土地非常有限，当地政府通过"三改一拆"等一系列专项行动，为小镇创建新增了 1500 亩建设用地；安吉天使小镇的前身是天使乐园休闲旅游度假园区，由上海银润控股和安吉城投集团共同投资开发，总投资超过 70 亿元，一期项目 Hello Kitty 天使乐园营业后，因土地指标受限，影响投资商持续投资的积极性，成功列入特色小镇创建名单后，投资主体提振了信心，投资更加聚焦旅游，把原来规划的房地产项目改成旅游项目。

在财政支持方面，除了《浙江省人民政府关于加快特色小镇规划建设的指导意见》规定的验收命名后财政优惠政策外，中国人民银行杭州中心支行和浙江省特色小镇规划建设工作联席会议办公室共同发布《关于金融支持浙江省特色小镇建设的指导意见》杭银发〔2015〕207 号，从拓宽融资渠道、创新金融产品、完善支付体系、优化网点布局、加强多方合作、加大政策扶持六个方面出台 16 条具体措施助力浙江特色小镇建设。其中对以青瓷、石雕、红木等传统文化为特色的小镇，提出可通过文化产品抵质押、艺术品融资等方式给予支持，对以健康、养生等生态旅游为特色的小镇，可通过门票收费权质押、景区经营权质押、林抵押等方式给予支持，这为解决旅游企业特别是中小型民营旅游企业融资难问题提供了有效途径。

### （四）从强化功能融合中搭建了培育新型旅游业态的平台

旅游供给侧改革目标之一就是要调整旅游产业结构，大力发展旅游新业态，浙江特色小镇创建以"小镇景区化、产业旅游化"为思路，通过强化小镇的旅游功能，拓展旅游开发新领域、搭建旅游发展新平台，创造出更加丰富的旅游业态和旅游产品。对于非旅游产业定位的特色小镇通过融入旅游功能，创造新型旅游业态，开发增量旅游资源，如路桥沃尔沃小镇，以吉利V汽车项目为核心，以汽车产业、汽车文化、汽车旅游为三大特色，创新汽车主题的旅游业态。

旅游产业定位的特色小镇，特别是以历史经典产业为主导的旅游产业定位特色小镇，通过挖掘传统文化，盘活存量资源，实现有效利用。如以年年红家具（国际）集团公司为投资主体的龙游红木小镇通过以红木产业为核心、弘扬国学文化为依托，带动延伸国学文化及旅游产业发展，实现从家具到家居、从家具制造到文化旅游的拓展，延伸红木家具主题的旅游产业链；柯岩酷玩小镇则以健康运动为主题，在核心目标定位引导下形成旅游小镇——体验传统小镇的地方风情，运动小镇——引领"酷玩"运动新时尚，产业小镇——打造体育旅游产业生态链，通过环境美化与设施完善、旅游休闲与体育项目引进、景区标准化创建等，快速集聚形成以酷玩（体育健身、旅游休闲）为主体的旅游业态。

（五）从实现多规合一中推进全域旅游

推进全域旅游是我国新阶段旅游发展战略的再定位，但全域旅游推动还有赖于机制创新，其中规划突破是重点之一。浙江特色小镇创建中的多规合一，为实现"旅游+"融合发展，推动全域旅游提供了保障。概念性规划是浙江特色小镇创建申报所需的重要材料，由于创建时间短、4大功能融合要求高、验收时要建成3A级以上景区等，在规划编制中必须对产业发展规划、空间规划、土地利用规划、旅游规划、公共配套设施规划、交通体系规划、生态（绿地）系统规划等进行通盘考虑，才能真正发挥规划对特色小镇创建工作的指导作用。

在概念性规划编制中，产业规划必须考虑旅游功能；交通等基础公共配套规划不仅要考虑当地居民、创业者的需求，还需要考虑旅游者的需求；同时要将 A 级景区质量评定所涉及的各项内容与要素通过规划全面渗透到特色小镇建设之中。如以中国美术学院、浙江音乐学院、西湖区政府所属的资产经营公司为投资主体的西湖区艺创小镇，在概念性规划中，明确提出要通过"精英文化＋创意产业＋艺术游学"的方式，建成"全球最大的艺术教育社区、全民共享的艺术生活家园、全省最强的文创设计航母"，旅游休闲功能导入的思路清晰，并体现于规划的各项内容之中，确保实现生产与生活、工作环境与旅游空间的全面融合。

# 四　由特色小镇创建引发的思考

浙江特色小镇创建提升了旅游在区域经济社会发展中的地位和作用，也引发全国各地在特色小镇建设中导入旅游功能的思考与创新。国家发改委对"十三五"期间各地区培育发展特色小城镇进行总体安排，2016 年 7 月，住建部、发改委、财政部联合出台《关于开展特色小镇培育工作的通知》，正式提出到 2020 年，我国将培育 1000 个左右各具特色、富有活力的休闲旅游、商贸物流、现代制造、教育科技、传统文化、美丽宜居等特色小镇，并将特色鲜明的产业形态、和谐宜居的美丽环境、彰显特色的传统文化、便捷完善的设施服务和充满活力的体制机制作为特色小镇培育的基本要求；天津、河北、福建等多个省市借鉴学习浙江经验，快速推进特色小镇建设，各地立足自身优势，重点围绕用地、资金、人才等要素纷纷出台扶持政策。然而，特色小镇作为一种新型的起步不久的改革试验区，如何进一步发挥其旅游功能，而旅游又如何利用特色小镇建设，深化综合改革，这是包括浙江在内的全国各地特色小镇建设需要进一步考虑的问题。

（一）特色小镇建设如何融入区域旅游发展战略，优化旅游供给侧改革

目前全国各地特色小镇有行政意义上的和非行政意义上的两大类，对于非行政意义上的特色小镇，其前身大多为产业园区、科技园区、城市新区、

旅游开发区等，旅游基础差异巨大，同时小镇创建产业定位也各不相同，因此，在融入旅游功能的同时，要进一步思考如何融入区域旅游发展的大战略，并通过差异化引导，改善区域旅游产业结构，优化空间布局，促进旅游供给侧改革。

第一，对于旅游产业特色小镇创建，要进一步加强与区域旅游产业发展的总体要求和空间战略布局的结合。如浙江省旅游特色小镇的创建要与浙江省"十三五"期间旅游发展的"东扩西进、两翼发展"的总体布局相协调，与海岛旅游、乡村旅游、生态旅游共生发展，各级旅游部门应在小镇创建初审时把好关，做好引导。

第二，特色小镇建设本质上希望产业在较少空间扩张状况下能明显地提升品质、增强特色及规模扩张，但相比较信息经济、高端装备制造等其他产业，旅游产业难度相对较大。因此，旅游特色小镇更要结合区域旅游发展战略重点，注重旅游产业的科技含量和高成长性，特别是经典传统产业要摆脱旧有生产经营模式的窠臼，创新商业模式，勇于占据产业制高点。

第三，正确处理好非旅游产业特色小镇特色产业与旅游发展的关系，明确旅游的核心吸引物是产业生产本身，而非刻意新建的旅游项目，尊重产业生产规律与要求，在保障生产的前提下挖掘其作为旅游吸引物的价值，拓展区域旅游发展的新空间。对于有3A级以上景区创建要求的小镇创建，不要过度解读景区化建设要求，要以产业自身升级与融合发展需求为逻辑出发点，发挥"建成3A级景区"在小镇产业吸引物创新、基础设施配置、小镇景观设计中的正确引导作用。

（二）特色小镇如何通过推进体系化建设，形成旅游发展长效机制

目前各地特色小镇建设政策优厚、扶持力度大，不能排除一些地方政府与投资企业为追逐政策红利而出现的短视行为，因此必须在制度层面上加以遏制。要进一步创新机制，系统化、规范化特色小镇建设，保障适合块状经济发展、具有持续活力的新型社区型旅游景区建设的稳步推进。

第一，在纵向上，各地除省市级层面以外，可鼓励各设县市根据自身特点创建市级特色小镇，一些以旅游为特色的县（市、区）甚至可采用省、市、县、乡四级特色小镇培育模式，形成逐级培育体系；在横向上，细化和丰富小镇类型，优化发展模式，如可根据实际需要，选择行政或非行政小镇创建模式，浙江省旅游局着手推进的旅游特色风情小镇与旅游漫生活示范区的创建工作，就是以行政建制镇（乡、街道）和村为单位，建设目标、任务更具针对性，工作推进更为有序。

第二，信息经济、金融、高端装备制造等特色小镇主要吸引"80后""90后"年轻创业者、大企业高管及连续创业者、科技人员创业者、留学归国创业者，他们普遍对创业环境要求较高，3A级以上景区创建为满足其良好的工作生活休闲环境提供了保障，但旅游部门的引导工作需要进一步规范化与制度化，要针对不同产业定位的小镇设定不同的3A级景区的创建路径与方式，并将此项工作纳入旅游部门和人员的业绩考核之中。

第三，一些省市在建设特色小镇中虽然实行了严格的淘汰制度，但创建成功命名后的可持续发展也是需要思考的问题。要进一步完善命名后特色小镇的运行机制、激励机制与退出机制，构建居民身份认同度高、产业发展领先、社会形态完整的良性循环的社区旅游生态系统。

### （三）旅游部门如何通过提供定制化服务，进一步释放市场潜力

特色小镇创建初期，行政重视与推进必不可少，特别对基础设施配套投入，政府发挥着不可替代的作用，有的小镇创建中县长即为小镇镇长，也有的直接融入新区（城）建设之中，这有力推进了特色小镇的建设。但随着市场秩序的建立与不断完善，政府应将更多的精力放在行政服务上，让小镇运营真正进入市场化运作轨道。

第一，随着创建小镇数量和类型的增加，创建主体对旅游认知的差异也会加大，旅游部门要进一步细化工作任务，进行差异化引导，提供定制化服务。特别是前身是工业园区、科技园区等的特色小镇，原有企业跨界涉旅，难免会对旅游存在认知和理解上的误区，需要对其进行耐心的专业化指导，

帮助企业自身建立专业团队，让其在生产过程中自觉融入旅游意识与服务意识。

第二，避免重建设、轻运营，仍然以工业园区、旅游开发区、产业集聚区等的传统思维来谋划特色小镇创建。要以产业为核心，但不能以传统产业发展思路束缚自己，要真正将文化、旅游元素融入产业升级发展之中，将"传统产业"文化与"现代时尚"文化深度融合，进一步发挥旅游在小镇营销推广、品牌运作、宣传传播中的积极作用与独特效果。

第三，在旅游产业特色小镇建设中，需要进一步根据原有的产业发展基础和不同的经典产业发展需要，细化产业发展政策，通过规划、引导、调整、保护、扶持、限制等多样化的干预手段，规范产业的发展。如对一些历史经典产业可通过设置门槛，限制大型国有企业的入驻，让利中小型民营旅游企业等。

## 参考文献

李强：《特色小镇是浙江创新发展的战略选择》，《今日浙江》2015 年 24 期。

浙江省发展和改革委员会：《仙居四大机制推进省级特色小镇创建培育工作》，2015 年 8 月 20 日，http：//www.zjdpc.gov.cn/art/2015/8/20/art_ 112_ 1470519. html。

徐军：《让艺术产业在古堰画乡落地生根》，《中国改革报》2016 年 6 月 8 日。

杨勇权、靳畅：《"把浙江作为一个大景区来打造"——特色小镇建设破题浙江旅游供给侧改革》，《中国旅游报》2016 年 4 月 25 日，第 1 版。

# G.6
# 山地旅游发展的新思路与新途径

魏小安*

**摘 要：** 山地旅游发展要处理好六个关系。山地旅游扶贫过程中要注意二元结构、民族和文化歧视、市场和分工体系等三个问题。从全球的视角和现实的背景中来看，中国发展山地旅游具有很大的必要性。

**关键词：** 山地旅游 扶贫 生活方式

## 一 重新思考山地旅游的六个关系

全球山地面积占陆地面积的25%，生活了30%~40%的人口。在中国，山地则是一个广义的概念，包括高原、山地、丘陵，960万平方公里的国土中，山地占比为67%。在此现实背景下，发展山地旅游意在保护山地资源，传承山地文明，促进山地经济发展，造福广大民众。围绕此目的，山地旅游在发展实践中要重新思考如下六个关系。

第一，山与树。所谓山与树就是广义的资源保护概念，山林树木是多样化的，是一个垂直的绿化体系，这是发展山地旅游的根本，也是最基础的关系，多年来人们只看重其中的矿产资源和林木资源，忽略了环境保护和资源保护。

---

\* 魏小安，世界旅游城市联合会专家委员会主任、中国社会科学院旅游研究中心特约研究员、中国旅游协会休闲度假分会秘书长，长期从事旅游政策制定、理论研究和发展实践。

第二，山与水。"山无水不秀，水无山不幽"，无论是江南的青山绿水还是西南、西北的大山大水，处理好山与水的关系是发展山地旅游的关键之一。中国的水利资源堪称丰富，但是这个资源涉及如何保护的问题，也涉及如何适度处理的问题。从旅游的角度，我们关心景观、关心客人的感受，但是从山地旅游的角度来说，处理好山与水的问题是不可回避的。

第三，山与沟。旅游发展过程中往往会更多地关注山，而忽略沟。实际上，从旅游的角度来说，最重要的是沟，山出品牌，沟落实地，所以利用好沟和开发好山是密不可分的。在山沟发展旅游，需要把握好山和沟的关系，形成"云布局"。所谓"云布局"就是大分散、小集中。例如，万达集团开发的长白山国际度假区是处理好山与沟关系的典范，该项目投资240亿元，建设42条滑雪雪道，目前已经形成规模，产生初步效益。

第四，山与路。处理山与路的关系应该秉承一个原则，即以尽可能低的代价满足交通需求。名山大川修大路不仅直接破坏景观资源，建设过程中产生的建筑垃圾也会进一步影响环境。然而，山地旅游的发展仍然需要便利的交通。目前只有索道能满足需求。关于索道的建设，国际上的一些先进经验值得借鉴，例如采用最环保、最绿色的观念来勘测和设计，这不仅能满足大流量的交通需求，也能解决环境保护的问题。

第五，山与神。古今中外，对于山地而言，交通普遍比较封闭，信息也相对隔绝，自然环境比较严酷，人对于自然的敬畏之心，对于神灵的崇拜之心自然而生。严格地说，山与神是一种独特的山地文明，这种独特的山地文明需要在旅游发展中传承。

第六，山与民。发展山地旅游的一个重要目的是造福当地居民。一方面，山地旅游的发展引入了外来消费，可带动当地发展；另一方面，外来文化的强势冲击可能影响当地的民俗文化，这造成了旅游发展中的二元结构现象。外来文化与当地文化的冲突是普遍存在的问题，也是非常重要的问题。如何处理好旅游发展的二元结构是处理好山与民关系的核心问题。

处理好以上六个关系才是真正地促进山地旅游的发展。归根结底，山地旅游是一种山地生活，尤其在现代社会，山地生活是一种新型的生活方式，因为它超越了人们的日常生活，尤其是超越了城市生活。作为一种新型的生活方式，创造了一种生态文明，形成了一种高端但并非豪华的生活品质。体验一种新的生活方式，享受一种高端生活品质是发展山地旅游的精髓。

## 二　山地旅游扶贫的路径与经验

### （一）认识贫困

贫困不是一个简单的物质财富多少的问题。贫困可以分为三种：第一种是富饶的贫困，这种贫困普遍存在于资源型地区；第二种是土豪式贫困，物质富足但精神贫困、教养贫困、道德贫困，存在一种暴发户的心态；第三种贫困是真正的贫困，即当地的老百姓自卑自弱，总有一种自卑感和弱势群体的感觉。实际上，山地旅游扶贫关注的对象是第三种贫困人群。

### （二）扶贫路径

第一，扶贫基础。一是扶贫扶志，扶贫要扶志气，输血式扶贫没有成功案例，扶志首先要让贫困地区的人自强自立。二是扶贫扶智，即通过人才的培育和智能化的建设来扶贫。三是扶贫扶制，主要是赋权，可以通过农民的组织，包括合作性的组织以及外来的组织，从实际上解决贫困地区农民的赋权问题，在实际生活中赋予农民相应的权利。

第二，产业扶贫。就目前来看，产业扶贫旅游当先，旅游业的扶贫效益已经充分体现出一业兴、百业旺的特点。

第三，技术扶贫。技术扶贫要促进拉动，以点带面。例如西藏的一个技术扶贫项目已经实现冬虫夏草在野生环境下养殖的技术突破，是全世界唯一大规模养殖冬虫夏草的项目，该项目解决了 500 个牧民的就业问题。如果进一步和旅游相结合，则会产生更好的扶贫效果。

第四，智能扶贫。智能扶贫的核心是互联互通，通过互联互通来解决山地贫困地区网络建设不完善所形成的信息闭塞问题，而且一般会产生良好的效果。

第五，信息扶贫。信息扶贫要达到全面覆盖，严格地说，对于大部分山地地区，目前技术条件不是根本性障碍，可能存在的障碍和约束是人们自身的观念，以及信息的使用程度。

第六，文化扶贫。文化扶贫需要如下两步挖掘提升：第一步挖掘当地的文化，尤其让当地的山民自己挖掘、自己认识自己的文化；第二步是将山地的文化提炼升华，因为原生态的文化一般不容易记忆和传递，经过专业人士的整理和提炼，才更容易传播，从而达到文化扶贫的效果。

第七，精准扶贫。精准扶贫重在落实到户，需要一步一步地发展。但归根结底，山地旅游扶贫的根本在于开放，旅游自身就是最大的开放措施、开放手段、开放门户。如果没有开放的条件，扶贫更无从谈起，因为只有开放才能带来市场。所以旅游的开放，会对山地旅游扶贫起到根本性的作用。

## （三）山地旅游推进

### 1. 发展路径

复合型山地，综合性推进。山地一般复杂多样，即使在同一个地方，地形地貌也不尽相同。从这个角度来说，贵州是山地旅游、民族旅游、乡村旅游的叠加，三种业态的叠加形成了贵州山地旅游的特点，这个特点非常鲜明，尤其是民族旅游是其中最有特色的。以贵州省为例，主要总结出以下几个方面：第一，从乡村旅游切入。贵州发展旅游起步阶段并没有山地旅游，而是在发展乡村旅游的基础上，渐渐地发展出山地旅游。第二，国际化思路。贵州乡村旅游国际化走在全国的前列，具有一定的国际影响力，北欧四个国家分别与贵州合作共建生态旅游博物馆，形成四个特色民族村寨。第三，旅游大会。通过旅游大会营造推动旅游发展的氛围，旅游大会多年持续的召开，连点成面，形成面上推动旅游发展的合力。第四，改善基础设施。基础设施的改善对于贵州山地旅游的发展具有根本性意义，从国际经验的视角和国家长远经济发展的眼光来看，基础设施的建设非常必要，尤其是从贵州山地旅游的实践经验来说，恰恰是基础设施的全面改善使贵州的山地旅游插上了翅膀。第五，强化外部性。旅游的外部性，特别是强化山地旅游的外部性，能使一个村、一个乡、一个县，甚至是一个更大的区域范围受益，形成全域的、一体化的发展格局。第六，文化先导。增强民族自豪感和文化自信，贵州是个多民族集聚的地方，民族文化的差异可能会使少数民族为寻求一种文化认同感，而弱化甚至忽视自身文化的内涵和特色。通过一些民族文化表演或者特殊的节庆活动深度展示民族文化，可以提高文化自信和自豪感。

### 2. 三个问题

山地旅游扶贫路径，要注意以下三个问题。

第一，三个二元结构。第一个二元结构是城乡二元结构，乡下人要进城，城里人要下乡，平原的人要上山，山里的人要到平原。城市与乡村的二元结构不可忽视。第二个是内外二元结构，它是旅游发展过程中形成的特殊结构，当地的原有住民和外来游客会形成一些实际的冲突。一方面当地居民非常欢迎外来游客消费，这会带动当地的经济发展和就业；另一方面，外来游客往往会有一些不好的旅游行为，这使得当地居民对其产生某种厌恶和敌意。第三个二元结构是区域性的二元结构，即在同一区域内，旅游发展水平差距过大，例如在同一个县，有些乡村旅游发展得热火朝天，有些则冷冷清清。这三个二元结构是山地旅游发展过程中形成的特殊结构，处理好则多方共赢，处理不好可能会产生一系列问题。

第二，民族歧视和文化歧视。在旅游投资开发过程中，这种现象时有发生，部分开发商经常下意识地认为作为资金投入方，发展山地旅游是恩泽百姓，这不免会有种居高临下的态度。在旅游规划中，些许学者和规划专家自恃知识文化水平高，也会形成某种程度的歧视。山地旅游发展最好的结果就是当地山民收入增加，使他们更加珍惜和重视自身的文化，并有意识的自重自爱和弘扬文化。正确发展山地旅游的方式不仅是重视民族和文化，还要进一步去传承和弘扬。以遵义为例，有几点经验值得借鉴：恢复乡村传统风貌，而又不仅仅拘泥于传统风貌；依靠市场手段来解决卫生、水电等问题；通过智力扶贫给农民发展山地旅游提供新思路和可借鉴的经验；培育乡村休闲产业，学习在农家、美丽在农家、富裕在农家。

第三，形成市场体系和分工体系，减少恶性竞争。乡村旅游发展，包括山地旅游的发展，往往会形成一种碎片化的发展格局。一般农民自发的经营行为能提供基本的旅游服务，但是随之而来的可能是恶性竞争。只有将农民有效的组织起来，才可能减少恶性竞争，使效益最大化。许多地方已经形成较为成熟的案例。河南某个景区，当地农民开设305个家庭旅馆，有组织地形成理事会，并设立"一个导向、两个标准"作为管理旅馆的规章。一个导向是指所有住宿需要通过理事会的调度中心总体协调安排；两个标准是指以干净卫生为标准，以富含当地文化为标准。因此就会有计划、有组织地分配资源，避免恶性竞争，形成市场分工体系。对于分工体系的运作不仅要从规模上衡量，还要从效益的提升来考核，效益的提升才是长远的可持续发展。

# 三　山地旅游的创新发展

## （一）山地生活方式

人类的生活之地，大体可以分成平原、山地、草原、水滨四大类。在人类的迁徙过程中，由于生存和繁衍的自然选择，人们总是趋近于向平原和水滨聚集，山地被长期边缘化。随着现代社会的发展，山地越来越引起人们的关注，对平原和水滨居民形成了巨大的吸引力。

在世界范围内，欧洲阿尔卑斯山、北美落基山、南美安第斯山脉、非洲乞力马扎罗山等都是著名的山脉，这些地区自然形成了山地聚居生活，创造了丰富多彩的山地文明。山地文明有别于相关文化的概念，文明是一个完整的、丰富的、具有逻辑内涵的平台，是自成体系的。山地文明的特点：一是形态多样化；二是历史延续性，在艰难的环境中传承；三是相比平原、水滨生活的人群，山地居民对自然更加敬畏；四是对宗教的情感更加深厚；五是由于交通闭塞，人迹罕至，山地居民对外来人有特别的亲近感。

中国拥有世界上最丰富的山地景观和民族文化。在中国古代文化中，早有"仁者乐山，智者乐水"之说，充分反映了中国人的生活与山地的关系。从生活方式来看，农业文明时期，人群主要聚集在平原，停留在谋生阶段；工业化时期，人群开始趋向于聚集在沿海，谋求的是发展。然而，迈入后工业化时期，生态文明更被重视，山地生活方式更被重视和挖掘，所以人群会聚集到山地。

## （二）山地旅游成长

世界近代旅游的成长背景是伴随着工业化的发展，因此，世界山地旅游是从欧洲发端，扩展到北美，进而推演到全世界，这与工业化的进程是一脉相承的。但是，由于山地的形态有所不同，山地旅游的方式也各有千秋。欧洲以阿尔卑斯山为主体，形成山地徒步和滑雪的主要山地旅游方式，进一步升级为山地旅游小镇。北美洲则是山地度假和峡谷探秘的结合，大规模的户外运动成为主流，也引导了全世界的山地旅游发展趋势，呈现资源多样化、产品多样化的特征。

随着科学技术的发展和进步，人类的活动范围极度扩张，上天下海并非难事。但是，这些小众旅游产品毕竟不能吸纳大规模旅游客流，尤其是不能满足休闲度假的刚性需求。现实的旅游休闲需求迫切需要开拓新的领域，因此山地旅游被市场推向了历史的前台。

从旅游角度看，中国山地形态多样，山地景观丰富，山地民俗特色多样化，这些天然的优势使得中国山地旅游有可能走在世界前列。从中国旅游市场情况来看，2015 年国内旅游总人次超过 40 亿，呈现海量特征，巨大的市场规模对于培养新兴旅游业态具有得天独厚的优势。而且，度假需求已经成为国民的刚性需求，传统资源不足，度假产品短缺，使得中国人的度假需求外溢，东南亚已经成为中国游客的主要旅游目的地，且开始向更远程的目的地扩展，这实际上反映出中国自身度假资源短缺的问题。另外，旅游产品的供给水平不足。中国大陆海岸线长达 1.8 万公里，由于缺少有效开发，以滨海资源为主体的旅游目的地数量并不足以满足现有的休闲需求。休闲度假开始尝试向湖泊转移，但是湖泊普遍污染严重，所以旅游度假的阵地又开始转向山地。长白山国际度假区以滑雪体验为主要吸引力，秦岭国际度假区以养生为主要诉求，莫干山的洋家乐为代表的项目群，成为山地旅游发展的典范。山地旅游产品不仅环境更好，特色更强，同时强化生活感受，注重精致和体验，所以全国各地的山村、山庄、山寨迅速发展，成为城市居民休闲度假的重要目的地。

贵州省作为山地公园省，营销发展多年，积累了许多发展山地旅游的宝贵经验：一是充分利用山地资源，全面发展；二是树立典型——千户苗寨，强化民族特色，抓住市场；三是山地旅游与风景区结合，开发山地度假区；四是与扶贫紧密结合，吸引外来消费者，带动就业和经济发展；五是积极发挥政府的引导作用，改善外部条件，扩大山地旅游效益的外部性。

### （三）山地旅游提升

客观来看，山地旅游的提升，面对着一系列的困难。交通不便，除了少数城郊型山区，多数山地景区都涉及交通问题；旅游服务基础设施不足，由于山地人口密度较低、总数少，短期内不容易形成市场，对投资者的吸引力低；季节性因素制约，部分山地只有几个月的时间适合经营；实际运作中，将山的品牌落实到具体项目难以把握；市场化的投资成功案例较少，投资风险大，九寨沟、黄山作为成功的代表，政府的引导和参与起到非常重要的作用。

因此，不能简单地局限于山地观光，对山地旅游要有复合型的解读：一是山居，山中居住，与禅为伴；二是山游，山地观光，云起云飞；三是山玩，丰富感受，体验自然；四是山动，运动项目，丰富多彩；五是山吸，清新空气，畅快呼吸；六是山野，城市拘束，漫山撒欢；七是山赛，竞赛追逐，感受成就；八是山索，索道开路，拉动发展；九是山享，全面体验，享受生活。

山地旅游不仅要主动求发展，而且要有利于山地环境的保护，因地制宜。因此应当遵循以下几个原则。

第一，长短相较。各地发展旅游各有长短，需要客观认识自身，进行全面分析。既不能妄自尊大，也不宜妄自菲薄。

第二，扬长避短。按照国际经验，一是大中小结合，高中低结合。一般而言，发展山地旅游最好采取组团的发展方式，因为组团才能形成规模，才能提高档次，才能丰富服务，才能让客人更好地享受。二是突出重点，形成旅游聚集地，切忌全面开花。三是以点带面，不以传统观光方式强化旅游线。

第三，化短为长。换个角度，换个思路，短处即长处。例如交通不便的地方可开发高端旅游产品，服务高消费小众人群；不宜旅游的冬季可以抓季节转换做文章，挖掘别样的旅游核心吸引物。

# G.7
# 共享经济视角下旅游城市
# 发展与管理创新

曾博伟*

摘　要：　共享经济与旅游城市发展有很好的兼容性，同时也为旅游城市发展提供了机遇和挑战。未来，旅游城市需要在旅游管理、法规政策、旅游服务、产品建设、文化展示、信息提供、平台建设、城市规划等方面不断创新，以推动旅游城市共享经济的发展，促进旅游业转型升级。

关键词：　共享经济　旅游城市　创新　整合

共享经济是新时期全球经济发展中的一次浪潮，围绕共享经济的创业和投资更是层出不穷。尽管目前对共享经济的规模还缺少权威的统计和预测，但绝大多数学者认为，共享经济将会成为未来人类经济发展的一种重要模式。2010 年，美国《时代》杂志将共享经济列为未来影响世界的十大理念之一。短短几年时间，Uber、Airbnb、WeWork、Etsy 等共享经济的代表企业快速崛起，成为互联网领域的新贵。在中国，因其消费市场规模的庞大，共享经济呈现高速发展的态势，并成为全球共享经济的热点区域。滴滴、途家等共享经济企业超常规的发展速度引起了各方面广泛关注。2016 年的中

---

* 曾博伟，中国社会科学院旅游研究中心特约研究员，现就职于北京联合大学旅游学院，曾长期在国家旅游局从事旅游政策和旅游体制改革等方面的研究，多次参与国家旅游政策文件和国家旅游局工作报告的起草。

国政府工作报告中更是明确提出，"支持分享经济发展，提高资源利用效率，让更多人参与进来、富裕起来；要推动新技术、新产业、新业态加快成长，以体制机制创新促进分享经济发展，建设共享平台，做大高技术产业、现代服务业等新兴产业集群，打造动力强劲的新引擎。"报告中提到的分享经济其实就是社会上使用更为广泛的词语"共享经济"。

关于共享经济有很多不同的定义，我们认为，共享经济是以闲置资源有效利用为根本，以实现可持续发展为目标，以使用权分享为方式，以移动互联网和大数据技术为动力的一种经济模式。作为后工业化时代人类经济社会领域的重大变革和重要趋势，共享经济会对旅游业的发展产生深远的影响，同时也应是未来优化旅游城市资源配置必须高度重视的重大课题。因此，本文将对共享经济时代旅游城市的发展问题做一框架性探讨。

## 一 共享经济视角下的旅游业和旅游城市

旅游是游客离开惯常居住地，在非惯常环境下的独特体验和经历。旅游活动追求的主要不是占有物质，而是特殊的经历和体验，因此除旅游活动中的购物之外，游客对资源的占有大都是临时性的，比如游客在旅游饭店暂时占有一个房间，在参加旅游演出时暂时占有一个位置等。除此之外，一些旅游活动对资源的使用还具有兼容性，即旅游活动大都不是一个人独享，而是在一定的容量内很多人可以分享同样的资源。最典型的比如旅游风景区的一座山、一面湖，不会因为多一个人的观赏而减损半分。旅游的这种特性使得旅游天然带有共享经济的基因。

从旅游业自身的情况看，正是基于旅游活动中各类资源的闲置才有得以发展的可能。可以说，"无闲置，不旅游"。因此，无论是旅游吸引物、旅游住宿，还是旅游交通、旅游餐饮，乃至导游讲解等各类资源的大量闲置，为全方位开展旅游活动提供了重要支撑。对旅游业而言，正是通过整合各种分散资源为游客提供服务，进而为自身开辟了发展的空间。因此，旅游业得以成为共享经济最重要的应用领域，比如，当下全球共享经济领域最知名的住宿共享企业 Airbnb 和交通出行共享企业 Uber，都和旅游业紧密相关。同时，共享经济也应成为促进旅游业转型升级的重要方向。

而从城市发展的情况看，作为旅游活动重要载体的城市，在建设和发展中不可避免地会造成大量资源的闲置。与此同时，随着经济社会的发展，城市居民因旅游而产生的人员流动更加频繁，这种大规模高频次的人员流动使得资源的闲置问题更加突出。以一个城市居民外出旅游为例，其在旅游目的地的各种需求自然需要由目的地的旅游供给予以满足，这种旅游需求既可以通过新增的旅游供给来满足，比如新建旅游饭店来提供住宿房间；也可以通过闲置的旅游供给来满足，比如在旅游短租平台上定一个暂时无人居住的公寓甚至做一个沙发客。另外，这个城市的居民旅游外出，也会造成个人在居住地占有资源的闲置以及城市公共资源的闲置，其结果就是城市旅游总供给的闲置。如果旅游流动达到相当规模，这种资源的闲置量也将是巨大的。在这种背景下，如何实现与旅游相关资源配置的优化就变得非常重要。而发展旅游共享经济，就是要最大限度利用城市闲置资源，同时通过闲置资源的利用产生新的经济、社会和文化价值。

所以说，旅游业作为满足人类社会交往和自我实现需求的朝阳产业，城市作为人类文明和创造力的集中体现，共享经济作为推动人类经济更加高效和集约发展的重要力量，这三者的结合具有广阔的前景；而这三者的结合，也无疑将碰撞出更多新的火花。从这个意义来看，"旅游让城市生活更美好，共享让旅游城市更精彩"，所言非虚。

## 二　旅游城市在共享经济时代面临的机遇和挑战

审视旅游业及旅游城市在共享经济时代面临的机遇，首先需要把握人类经济发展的过去、现在和未来。在农业社会，物质的短缺是普遍存在的问题，在以小农经济为主的经济模式下，交换的规模比较小，专业化的分工也不够，这使得人类经济发展速度比较缓慢。而人类进入到工业化社会以后，物质生产力有了大幅提高，特别是随着交换和分工的发展，人类创造的物质财富达到一个空前的高度，使得人类总体上实现了从短缺到过剩的转变。随着多数居民物质生活达到一个新的高度，生产厂商通过广告等各种手段激发居民消费更多物品以实现经济增长的模式，与居民开始追求"断舍离"简单生活的矛盾变得更加突出。应该说，这种依靠居民大量购买物品，然后又让大量物品闲置的经济增长模式既不符合环境保护和资源节约的要求，同时也越来越难以持续推动经济的增长。以富裕的城市家庭为例，随着住房、汽车等大宗商品需求得到满足，除了日常的一般的衣食需要之外，旅游等服务性消费的比重必然会持续增长。因此，新的经济增长模式将不再立足于商品大量生产和大量浪费的基础之上，而是建立在挖掘闲置物品资源和开发潜在服务能力的基础之上。当前，人类社会正在进入以服务消费为主的体验经济时代。这就意味着通过有效利用资源以提供丰富体验来推动经济增长的共享模式将成为未来经济发展的主流。在人类经济发展模式变革的背景下，作为与共享经济高度兼容的旅游业和旅游城市自然会有很多的机遇。

与此同时，旅游方式多元化，旅游消费分散化，旅游资源闲置化，旅游供给碎片化，旅游运行网络化，资源配置全球化，发展力量复合化正在成为世界旅游业发展的新趋势。而发展共享经济则成为适应旅游新趋势的必然选择。这就要求旅游业和旅游城市把握共享经济机遇，适应现实需求，挖掘潜在需求，创造新型需求，引领未来需求，在共享经济的大潮中实现新一轮的发展。

当然，在看到机遇的同时，共享经济对旅游城市带来的冲击也不可忽视。这其中比较突出的是传统旅游供应商和从业人员与新兴旅游共享经济企业之间的利益冲突，而共享经济在全球发展过程中遇到的阻力主要也与此有关。比如，共享经济平台 Uber、滴滴等对传统出租车行业造成的冲击，使得传统出租车司机的收入大幅减少，在一些地区甚至爆发了出租车司机上街游行，甚至砸私人专车的事件。除此之外，共享经济也会对旅游城市的运营和管理造成冲击。比如，过去旅游城市监管的对象主要是旅游企业，但是在共享经济时代，大量的个体参与到旅游业发展中来，这无疑会给城市的监管带来新的难题。因此，未来旅游城市能不能有效应对一系列挑战，不仅关系共享经济能否健康发展，同样也关系旅游城市能否健康有序发展。

## 三 共享经济时代旅游城市创新思路

就旅游城市而言，发展共享经济，不应该就经济看经济，而应该有更广阔的视野和思路。

一是全域共享。全域旅游是"十三五"时期中国旅游业发展的重点方向。全域旅游关注的是一个区域旅游业的整体发展，而不局限于单个旅游景区点或者某个旅游饭店的发展，这就需要旅游城市将旅游活动的范围从旅游景区点拓展到城市的各个领域，使旅游城市的各种资源、各个空间都参与到旅游业发展中来。就全域旅游发展的理念而言，与共享经济发展的思路是高度契合的。这就要求旅游城市在发展共享经济时与城市的全域旅游有机衔接起来，实现二者的相互促进。

二是全时共享。旅游消费在时间上的不均衡是旅游业发展的一个普遍现象。尽管消费的时间差是旅游消费的固有特性，但是随着移动互联网时代的到来和旅游分工协作的进一步深化，促进城市旅游消费的均衡化有了更大可能。旅游城市发展共享经济的一个重要方向就是要努力消除这种不均衡，进而使旅游城市以及参与旅游业发展的企业和从业人员获得最大收益。这就要求旅游城市在致力于促进白天旅游消费的同时，积极拓展夜间旅游消费；在巩固旺季旅游消费的同时，采取多种措施促进淡季旅游消费。

三是主客共享。旅游城市既是城市居民的城市，也是外来游客的城市。在绝大多数的城市空间中，要把本地居民和外来游客区分开既不可能，也无此必要。因此统筹本地居民的休闲需求和外来游客的旅游需求就变得非常重要，这也需要创造条件让本地居民和游客共同分享旅游设施和服务。当然旅游资源是有限的，加之旅游客流有波峰和波谷，这就涉及在特定时段的特定空间范围内，当游客需求和居民需求发生矛盾和冲突时，如何优先满足外来游客旅游需求的问题。比如，在一些旅游城市，市民游览本市旅游景区享受年票等优惠措施，但对热门景区则限制年票在黄金周和小长假期间的使用，其目的正是为了缓解在旅游高峰时期主客需求的冲突。

四是全民共享。一个真正让游客满意的旅游城市应该是一个具有亲和力的城市，而城市亲和力的展现主要在于城市的居民，因此市民对游客的态度，对共享经济的态度，对旅游城市的竞争力都具有重要的影响。对旅游城市而言，需要提高市民的共享意识和观念，使其更愿意与外来游客分享自己居住的城市；除此之外，旅游城市还应该推动普惠旅游的发展，为城市居民旅游创业创新提供机会，使城市居民共享旅游发展成果，这样才能通过发展旅游业给更多的市民带来好处，市民也才有更大的动力更加主动地参与到旅游业发展中去。

五是利益共享。共享经济作为一个新生事物，在推动旅游业发展的同时，也会带来更大的利益调整，特别是传统旅游企业和新兴共享经济企业之间的利益调整。其实共享经济的发展主要是为了促进资源的有效利用，它与传统经济之间既有竞争，也会有合作，二者之间并非只能是"你死我活"的对抗。对政府而言，既要促进竞争，同时也要防止恶性竞争；既要兼顾长期的利益，又要处理好短期的矛盾。这就要求旅游城市努力协调传统旅游企业和新兴共享经济企业之间的利益，为不同类型的旅游企业公平竞争创造条件。除此之外，要善于调动传统旅游企业和新兴旅游市场主体的积极性，在不同时期和不同阶段，各自发挥其优势作用。比如，中国北方避暑胜地北戴河，在七八月暑期，由于出租车数量远远不能满足游客需求，打车难的问题普遍存在，这也给大量的黑车欺客宰客提供了空间。而通过引入共享经济，在旅游旺季，大量私家车加入旅游城市的供应中来，既缓解了客流高峰时期的旅游供需矛盾，也避免了旅游市场秩序的混乱。当然，利益的博弈是一个长期的过程，随着传统和新兴旅游企业找到各自的边界和重点，利益的共享就会逐步实现。

六是代际共享。旅游城市既属于当下的城市居民和游客，也属于未来的城市居民和游客。代际共享就是要实现当下和未来之间的均衡，实现旅游城市的可持续发展。这就需要旅游城市在发展过程中要努力避免因旅游业发展破坏城市的生态系统，同时也要努力防止旅游业发展对城市文化造成不利影响。旅游业的共享经济应该给子孙后代留下绿水青山和城市文脉。除此之外，旅游城市还要本着节约资源的原则，充分发挥共享经济在提高资源使用效率上的独特优势，将投资控制在适度的范围，使经济增长的模式从外延型向内涵型转变，通过充分挖掘城市供给的潜力来实现旅游经济的增长。

## 四 共享经济时代旅游城市的创新举措

共享经济时代旅游城市的发展需要全新的思路，同时也是一个系统工程，需要多措并举予以推进。

一是在旅游管理方面，旅游城市应该逐步放开针对共享经济的管制。一方面，尽管共享经济在发展中还存在诸多问题，但共享经济是大势所趋。因此，"堵"不是办法，顺势而为，引导发展更为可行。相较于外国，中国政府总体上对共享经济持开放心态，这也使得中国的旅游城市在共享经济方面有更多尝试。但另一方面，我们在如何更好地管理旅游共享经济方面还缺少可供学习和借鉴的模式。未来构建适应共享经济特征的新型管理模式对旅游城市的健康有序发展至关重要。要通过新型的管理方式，促进旅游共享经济的分工和交易。

二是在法规政策方面，旅游城市应该逐步废止阻碍旅游共享经济发展的各种规定，制定有利于共享经济健康发展的法规和政策。法律法规滞后于发展是一个普遍的现象，但是如果法律法规长期滞后于发展，则会对发展造成消极的影响，对旅游城市的发展来说也同样如此。因此，一方面应该以面向未来的思路，逐步通过法规政策为旅游城市共享经济发展提供必要保障，特别是要给共享经济一个合法的"身份"。比如2016年7月28日，交通运输部正式发布了《网络预约出租汽车经营服务管理暂行办法》，这就使得过去处于"灰色"地带的约车服务有了合法的发展空间。另一方面，也要通过法律法规防止在共享经济发展中出现"赢家通吃"——阻碍创新和损害旅游消费者利益的垄断。

三是在旅游服务方面，旅游城市应该致力于整合和统筹旅游公共服务、企业服务和个体服务。旅游城市的旅游服务是一个完整的体系，需要多方参与才能完成。发展共享经济就是要把政府、企业、个人的旅游供给有效地调动起来，并有效地分配到一次次的旅游服务中，这样才能真正提高城市的旅游服务能力，构建和谐有序的旅游目的地服务系统。标准化在推动旅游业发展中扮演了非常重要的角色，同样，旅游共享经济的发展也离不开标准化的参与。尽管有像途家等共享经济企业正在制定度假租赁业方面的标准，但总体上共享经济方面的标准还很缺乏，未来有必要在这些方面进一步加强。

四是在产品建设方面，旅游城市应该摒弃过去抓好少数几个旅游景点就是抓好旅游业发展的思路。随着旅游全域化的深入，景点旅游已经远远不能满足游客的需求；同时，单纯的景点旅游也使得共享经济没有太多可以作为的空间。未来旅游城市应该发展多元化的旅游产品，特别是将更多社会资源转化成旅游产品，以丰富游客在旅游城市的体验，同时也为各种共享经济的发展创造条件。此外，旅游城市还应该不断提高服务性消费在旅游总消费中的比重，使服务而不仅仅是物品成为推动旅游经济增长的主要源泉。

五是在文化展示方面，旅游城市不能仅仅把目光局限在建设几个文物旅游景区或者推出一台旅游演艺节目上，旅游城市共享经济的发展需要为游客在城市接触和体验不同文化方面创造条件。应该鼓励城市居民与游客广泛深入接触和交流，让游客真正感受到城市各方面的文化，进而更加柔性地向游客展示丰富多彩的城市文化。同时，这种开放的文化展示思维也能推动旅游共享经济深入城市每一个具有文化元素和气息的地方。

六是在信息提供方面，信息化的发育对旅游城市共享经济的发展至关重要。因为旅游活动涉及人流、资金流，也涉及信息流。这就要求旅游城市进一步加强旅游信息化建设，消除各种影响旅游消费的信息不对称，为游客在城市寻找适宜的旅游服务供应者创造条件。

七是在平台建设方面，共享经济的供给具有高度的分散性，而旅游需求又存在高度的集中性。这样就需要通过高效的信息化平台，将分散的旅游供给与旅游需求对接起来。因此，旅游城市需要通过建设旅游目的地共享经济平台并加强与各类共享经济平台公司的合作，整合和协调与旅游活动相关的各种资源，实现线上线下的良性互动。

八是在城市规划方面，旅游城市应该有新的思维。在传统经济时代，资源的浪费相对较少，同时浪费的资源也很难有渠道将其有效利用起来。而在共享经济时代，借助互联网，资源的高效利用成为可能。因此，这就要求城市的管理者在充分考虑共享经济的发展特征和趋势基础上进行城市规划。要统筹好新增和存量旅游服务设施之间的关系，使旅游设施既满足市民和游客的需要，又减少浪费。

总之，发展旅游城市的共享经济既有共性，也有个性。不同规模、不同类型的旅游城市需要根据自身发展的要求，找准突破口和重点领域，切实加以推动。同时各旅游城市有必要深入研究旅游共享经济，并加强在共享经济方面的交流与合作，总结、推广和共享有效的发展举措和经验，通过共同拥抱共享经济实现旅游城市的持续健康发展。

**参考文献**

刘国华、吴博：《共享经济2.0》，企业管理出版社，2015。

倪云华、虞仲轶：《共享经济大趋势》，机械工业出版社，2016。

李庆雷、娄阳：《旅游共享经济的十个特征》，《中国旅游报》2016年5月5日。

# G.8
# 旅游景区管理体制与经营创新

刘　锋*

摘　要：　大众旅游时代背景下旅游消费市场及国民消费意愿急剧增长，
旅游景区发展迎来重要发展机遇。本文从旅游景区蓬勃发展
现状分析入手，以实现旅游景区转型升级为目标，立足旅游
景区体制完善与经营创新，理清我国旅游景区发展过程中面
临的困境，最终基于现状分析及问题梳理得出旅游景区发展
困境的破解之道。

关键词：　景区　体制　三权分治　运营模式

## 一　我国旅游景区发展现状

### （一）旅游景区发展势头迅猛

近年来，我国旅游景区得到了长足发展，在旅游产业链条中的核心地位
进一步确立，成为支撑旅游产业发展的中坚力量。各类景区规模持续扩大，
2015年底，全国景区景点数量已经达到21.6万个，全国A类景区超过7000
家，其中5A级及4A级景区数量共1500多家。旅游景区成为居民旅游消费
的热点之一。在国内游客花费结构中，景区游览花费占比始终保持稳定增
长。景区收益不断增加，2015年旅游景区总收入为2400亿元。全国旅游景

---

* 刘锋，博士、教授，北京巅峰智业旅游文化创意股份有限公司首席顾问。

区接待游客规模和综合营业收入增长均超过20%，增速明显高于同期全国星级饭店和旅行社的增长速度。随着旅游景区的迅猛发展，景区成为投资和基金重点关注的对象，2015年涉及景区类旅游投资额为6046亿元，5A级景区的平均投资额将近1.5亿元；4A级景区总投资额增幅最快，占A级景区投资建设总额的55%；度假休闲类景区投资总额和平均额均最高，占A级景区投资总额的29%。

### （二）体制变革激发旅游景区活力

目前我国景区管理体制主要存在以下几种模式：一是传统经营模式，即政府主管或管委会模式，二是产权对内分离模式，即国有企业为主模式，三是产权对外分离模式即民营企业经营或整体租赁模式、合资经营或上市公司模式等。在操作过程中具体的表现形式有以下几种：①政府管理机构直管模式，或成立管委会等政府性质的机构代政府行使景区社会管理与服务职能，公司负责景区的经营活动；②旅游管理委员会＋公司经营模式，成立旅游管理委员会，只负责旅游管理与服务，公司负责景区的经营活动；③整体转让经营权模式，企业与政府签订转让协议，将景区的管理权与经营权整体转让给企业；④特许经营模式，由景区的管理者将景区特定的经营项目委托给第三方进行经营；⑤混合所有制模式，通过景区的股份制改造，吸引各类资本参与景区投资与经营；⑥企业改制，通过企业改制程序，转变原经营主体性质，将国有或集体性质改制成民营性质；⑦委托管理，聘请专业团队对景区进行专业化管理。可以看到景区过去通常采用管委会的模式，而现在更多在向经营权市场化及采用合营、合资、租赁等模式转变，景区管理体制的变革已经行进在路上。

### （三）旅游景区类型及产品形式日趋多元

根据国家旅游局制定、国家质量监督检验检疫总局发布的国家标准《旅游景区质量等级的划分与评定》所称的旅游景区是指"以旅游及其相关活动为主要功能或主要功能之一的空间或地域"。旅游景区类型包括风景区、文博院馆、寺庙观堂、旅游度假区、自然保护区、主题公园、森林公园、地质公园、游乐园、动物园、植物园，也涉及工业、农业、经贸、科技、军事、体育、文化、艺术等多种类型。随着我国人均 GDP 不断增长，大众旅游时代所形成的多元化市场需求将拉动巨大的生产与供给。目前我国旅游景区类型及产品形式日趋迎合旅游市场趋势潮流，呈现融合特色，集旅游、文化、餐饮、住宿、娱乐等诸多产业形态于一体的城市休闲、生态度假、文化旅游等大型主题类游憩景区项目较为火热。主题游乐型综合度假区受市场追捧，主题游憩项目成为新兴景区崛起的重要途径。

## 二　旅游景区发展面临的困境

### （一）景区发展理念不明晰

2015 年第三产业比重已经超过 50%，社会经济发展已经呈现第三产业主导的格局，但社会经济文化发展总体理念依旧以工业和农业为核心。面对大众旅游时代的到来，我国景区的发展已经不能很好地满足社会经济新的发展要求。旅游景区产品大多仍停留在游览观光层面，而目前我国旅游产品体系中，观光产品的同质竞争越来越激烈，与此同时，文物制度及风景区制度却规定该类型景区只能用于游览（观光），在文物建筑及风景区空间范围内不允许建设酒店接待设施、休闲度假区、创意产业设施等。上述景区发展理念已落后于旅游市场需求，景区发展制度跟不上旅游业发展步伐，旅游景区产品及服务没有实现与市场需求的有效对接。景区发展没有在旅游产业链及跨旅游产业链中实现联动发展。这一方面将导致景区很难摆脱对门票经济的依赖，另一方面无法构建完善的产品体系，不能很好地满足游客越来越个性化的需求，提升景区旅游综合经济效益的速度较慢。

### （二）景区管理体制虽然有所改善，但整体活力不足

从景区性质来看，大部分景区归于国有，且很多属于国有企业经营管

理，管理者大多是管委会的工作人员。景区管理缺乏足够的主动性、积极性、专业性，且存在较多不必要的行政干预，旅游服务水平低、旅游产品设计较为初级，在市场中缺乏竞争力，丰富的旅游资源不能有效地转化为产品优势和市场优势。此外，旅游景区管理条块分割、多头管理、政企不分、权责不明等问题突出。

在旅游合作层面，景区资源的估值难题成为合作的重要障碍和尴尬瓶颈。旅游资源因其生态、文化、公益等要素难以量化，尤其是国有景区大部分都是历史文化遗产、风景名胜区、森林公园和地质公园，价值评估上存在一定难度与障碍，无法形成资本市场对价条件。此外，我国在旅游投资市场中缺乏统一规范的旅游资源估值标准，也没有建立起真正意义上的旅游产权交易中心。

### （三）旅游景区运营不力

首先，目前缺乏有效旅游盈利模式及资本市场对接方式。旅游投资存在投资额度大、回报周期长、涉及领域广、综合要求高的特点，从某种意义上说，投资旅游要比投资房地产困难很多，因为涉及面更广，整合资源更多，对于人才的要求也更加复合多元。多数旅游项目的盈利点主要是依靠门票和旅游地产，大型旅游投资项目更多是靠土地资源获得回报。当前地产业日趋进入下行通道，在旅游投资过程中，尤其应重视项目建成后的盈利模式的构建；从景区开发及投资建设来看，旅游景区缺乏有效的资本市场对接方式。资源与资本难以形成有效对接，在风景旅游资源的天然垄断属性和事业单位、多头管理体制的综合影响下，景区的产权和使用权缺乏清晰的界定，民间资本获取特许经营权和进入景区开发受到多方限制。在这种情况下，拥有资源和资本的双方如何有效对话，合作共赢，成为大部分景区旅游开发和资本方迫切需要解决的难题。

其次，景区开放后运营管理相对薄弱。目前我国大部分景区运营模式处于初级阶段，仍维持在收入靠门票、运营靠人扛、管理靠经验的管理状况。受传统景区开发及管理认知的局限，重视景区硬件设施建设而忽视景区研发、营销、管理的相应投入，旅游景区发展缺乏专业的运营管理团队，尤其是旅游项目专业负责人和操盘手。

## 三　旅游景区创新之路

### （一）树立现代管理思想，建立综合协调机制，形成适应市场需求的体制机制

景区管理体制改革创新需要在国家与政府层面制定更高层次的统筹协调和管理机制，政府角色要实现转变，将政府的角色从主导者转换为引导者，重点关注景区的发展规划、日常管理、资源保护、和市场执法等内容。建立旅游景区管理综合协调机制，整合各部门资源，以旅游资源的使用者管理为导向，实行统一的景区旅游资源管理权。协调各部门行动，建设解决旅游景区发展重大问题决策平台。推动旅游景区改革试点，指导地方改革创新，探索全国景区体制改革新的道路和模式。景区管理的全过程服务模式要坚持落地为王导向下的思路创新，实现投资、规划、设计、建设、运营统筹把控，避免点状思维，有效实现旅游产品落地，从而有效搭建旅游景区产业链条，实现景区良性运转。

景区管理体制改革要建立更加灵活的市场机制，有力推进景区管理的三权分治，即管理权、经营权和所有权的分离，这是未来景区发展更加市场化、高效率的抓手和方向。针对目前景区所有权、管理权、经营权界限不清的问题，应进一步突破政府思维与市场需求、企业利益及地方战略之间的壁垒。国家及政府层面做好体制创新的灵活设计，相关政府部门共同推动，统筹调配，同时调动全社会的积极性，借助专业力量，共同参与。即景区的规划、土地、居民等管理权归政府，具体的景区运营、市场营销、二次消费的开发、内容植入、产品打造、项目开发应该是企业化行为，由企业来实施。

引入民营资本，完善景区投资体系，助力景区升级。根据旅游景区发展需要，发挥社会、市场在旅游管理中的积极作用。在旅游投资运营过程中，

鼓励各类资本，尤其是民营资本中的专业力量进入景区开发、投资和运营。鼓励民营资本利用城市周边非建设用地以及乡村闲置土地开发多类型的主题化景区和旅游产业链延伸项目，推进旅游产业和其他各项产业跨界融合发展。引入战略型民营资本投资，参与景区运营及管理。搭建旅游景区投资综合服务平台，实现信息渠道、支持政策、市场需求等信息有效对接，引导资金池、项目池在区域需求范围内高效对接。

（二）构建开发运营"四位一体"模式，实现景区综合提升

纵观全国各地景区开发运营的实践路径，景区建设、管理、投资及营销具有共性的核心问题。地方政府在发挥综合管理平台作用的同时，应充分依靠社会力量，从规划建设、管理运营、资本对接、品牌营销四个方面着手，整合各方资源，构建开发运营"四位一体"模式（见图1），实现景区综合提升。景区"四位一体"开发运营模式的构建包括规划引领、运营支撑、投资驱动和营销拉升。

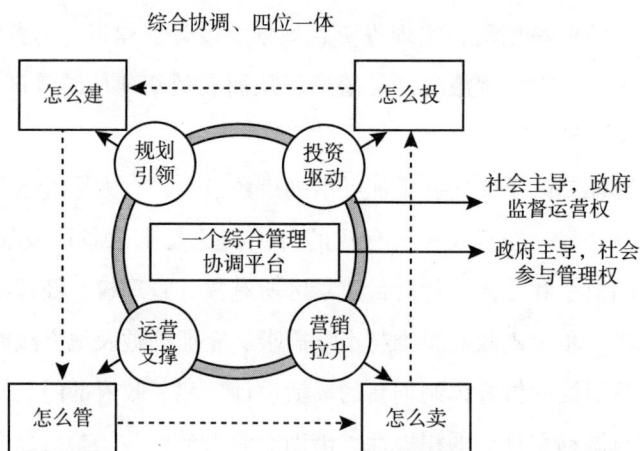

图1　景区开发运营"四位一体"

一是景区规划引领。一方面要做好项目规划设计，重视项目的策划、规划、设计和包装。通过专业的项目规划设计，实现规划"教科书"向"操

作手册"转变。另一方面要做好收入模式设计，形成综合性收入结构。二是景区运营支撑，推进管理权、经营权的改革。建议由政府统一规划，授权一家企业较长时间进行专业运营和管理，成片租赁开发，整体建设、经营、管理该景区。同时，推进专业化运营管理，在所有权产权归属不变的前提下，将景区的经营权交给具有较强经营管理能力并能够承担相应景区经营风险的法人或自然人去有偿经营。三是景区投资驱动，拓展景区融资渠道，建立以政府投入为引导、社会资金为主体的多元投融资体系（见图2），通过银行贷款、企业债券、旅游基金、上市等举措搭建融资平台，撬动社会资金和金融资本投入旅游景区的建设中。推动实现民营资本参与景区的运营、管理，以及合作开展 PPP 模式。四是景区营销拉升，推进全媒体整合营销方式，以有力的营销实现投资效益的最大化。

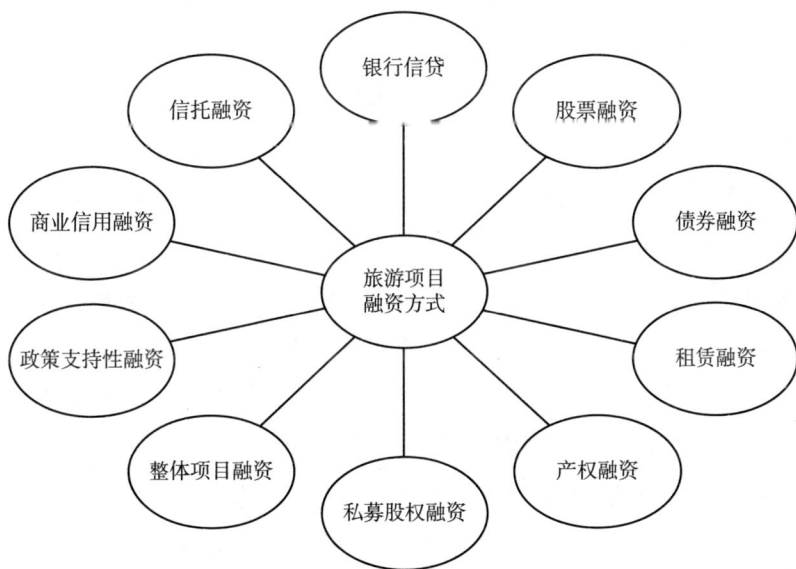

图 2　旅游景区项目融资方式

（三）做好景区综合盈利收益模型，全面提升景区收益

在景区的市场化竞争越发激烈的时代背景下，仅仅凭借景区人次流量的

简单增长，难以实质性提高景区收益。景区收益可通过公式进行计算：景区收益＝旅游人次×人均消费－运营成本。景区收益计算的三要素中，景区收入增加的前提是人次，即景区客流量是收入的基础。对于客流量基础差的景区，应优先考虑增加客流量，再推进消费点、消费单价和消费率的增加，提升收入。客均消费的提高与流量的叠加形成乘数效应，效果可观。需突破现有景区的"门票经济"模式，创新盈利模式，大幅提高景区收入水平。通过标准化、规范化、集约化、智慧化运营管理，在管理、营销、人力各环节合理控制成本，降低收益流失。

第一，提高景区人气的核心要点在于：①把握景区核心吸引力的六个方面，包括核心吸引物、娱乐项目、游线组织、旅游景点、游乐设施、休憩配套节点，来全面提升景区产品的吸引力。②依托多方位、多渠道宣传媒介，提升景区品牌营销水平。通过影视剧、宣传片、宣传材料、导游图、形象标识等方式，以电视、报纸、互联网、展销会、推介会、自媒体、微信、微博、微电影、社交网络等手段，进行全方位宣传推介。

第二，增加游客人均消费的核心要点在于：①在存量基础之上提升增量，形成景区综合性收入结构。景区增加收入应遵循在存量基础上做增量的原则，一方面对在管景区进行再次投资与经营，另一方面对景区周边资源进行挖掘拓展，寻找新的投资经营机会。景区收入增加的三种来源包括通过增加景区项目投资，提升门票价格；投资景区内再次消费项目，获取二次消费收益；组织旅游纪念品、当地土特产、餐饮等商品的销售。具体而言，门票收入的增加一般通过景区固定资产的再投入，从而提升门票价格，增加收入，投资对象多为基础建设类，例如玻璃栈道、吊索桥、观景台等，其核心要素在于再投资项目能否成为景区核心景观，是否能够大幅度提升客流；二次消费也是景区收入的重要来源，其消费项目可分为垄断型（如大巴、电瓶车、索道等景区交通产品）、独特型（如演艺表演、木屋等与本地特色结合的项目）以及技术型项目（如热气球、滑索、蹦极、漂流等），二次消费项目开发的核心要素在于是否具备较高的转换率以及长期经营的稳定性。提高景区的客单价，需要将思维方式由门票经济转变为产业经济，从观光型收入模式向注重综合体验消费和区域带动的旅游收入模式转变，形成综合性收入结构。②从游客需求出发，构建多元化消费业态。可从出行、观光、住宿、购物、美食、朝觐、康养、娱乐、解说、游学、再次消费等方面提高景区人均消费。

第三，减少运营成本的核心要点在于：①依托景区的标准化管理运营，提升管理效率。做好目标管理，对景区的经济、文化、社会状况与人员、设施管理及营销举措等进行全面的调研与分析，寻找景区发展的问题与症结，制订景区未来的发展战略、目标框架、实施计划。做好标准管理，针对人员培训、服务规范、游客信息、财务管理、票务管理、市场营销六大景区管理的重点和难点，统一制定形成标准化体系，例如，巅峰智业制定了15套景区标准化管理手册。要强化人员培训、明确服务内容、分析游客信息、明晰财务管理、优化票务管理、注重品牌管理、提升品牌管理，以科学化的方法引领、流程化的技术推进、实操化的运营实践、信息化的手段保障等形成强大的管理支持体系。②依托互联网技术打造智慧景区，减少景区运营成本。互联网技术为景区转型升级提供了技术支撑。通过打造智慧景区，将线上线下有机融合、构建旅游的智慧平台、促进景区价值最大化，将是景区管理未来的发展方向。智慧旅游景区平台由五个子平台构成：购票阶段的景区电子票务平台；验票阶段的智能设备支撑平台；游览阶段的智慧景区移动营销平台；市场数据分析阶段的智慧景区大数据分析平台；消费阶段的智慧景区电商平台。通过设计智能旅游服务和推进精准有效管理等方式扭转局面，实现收入升级、智能运营、精细管理，全面减少管理成本、营销成本、人力成本。

随着经济社会的快速变革和人民需求的日益升级，景区作为重要的消费体验载体，发展空间广阔，前景灿烂。今后景区的发展不仅要解放思想，在管理体制和运营机制上灵活推进，更要关注效益创造价值，在规划设计与运营管理上实现从"重开发"到"重经营"、从"重物"到"重人"、从"重硬件"到"重体验"的转变，不断满足时代发展的多元需求。

## 参考文献

刘锋：《构建以城市群为主体形态的城镇体系》，《中国发展评论》2010 年第 1 期。

宋瑞、孙盼盼：《资源属性、管理体制、景区级别与门票价格——基于 5A 级景区的实证研究》，《中国社会科学院研究生院学报》2014 年第 1 期。

师清波：《我国旅游景区管理体制现状分析和改革初探》，《科技信息》2008 年第 25 期。

林艳丽：《从体制视角论旅游景区规范管理》，《中国西部科技》2008 年第 10 期。

刘锋：《"民生改善"引领旅游发展方式转变》，《旅游学刊》2010 年第 8 期。

# G.9
# 中国旅游消费金融的创新发展

赵 鑫*

**摘 要:** 当前,旅游和金融业加速融合,旅游消费金融应运而生。近年中国旅游消费金融市场持续高速增长,主要受益于经济稳定增长、居民消费升级、旅游消费扩张、互联网金融崛起以及政策红利释放。文章从传统金融机构、在线涉游电商、大型企业集团三方总结了旅游消费金融的发展模式,并探讨旅游消费金融市场目前存在的问题,最后展望了未来中国旅游消费金融的趋势。

**关键词:** 旅游 消费金融 互联网金融 运营模式

目前旅游消费已经成为国民消费的重要组成部分,融入金融创新的旅游消费正在试图满足旅游者日益增长和多元化的休闲消费需求。旅游消费金融主要是指与旅游业相关的金融服务,是在旅游前、中、后各个场景中所涉及的资金融通方式及资金如何在旅游领域流通,是从资金供给者到资金需求者的资金流通渠道。主要包括资金筹集、信贷运用、金融租赁,以及相关保险、投资活动,它是旅游业与金融业相互融合的必然结果。

对于旅游业而言,引入金融创新不仅可以改善旅游消费者的体验,还可

---

* 赵鑫,中国社会科学院研究生院金融学博士研究生,主要关注国际金融与投资,旅游产业与服务经济。

以扩大用户群体的规模和黏性，从旅游全产业链看，金融可以在所有环节中寻找到结合点，例如出行前的理财需求、信贷需求、签证和汇兑，出行中的保障需求，出行后的消费退税等。一些大型金融机构正在为旅游者提供分期支付、消费信贷、出行保险等方面的服务。同时，越来越多的旅游企业或涉旅企业也主动对接金融服务，借助互联网金融这一手段，打造旅游金融服务平台，提供支付结算服务、旅游信贷、旅游保险、旅游外汇管理等多方面便捷化服务。旅游消费金融正在向一体化和精细化发展，客观来看，未来仍然有较大的发展空间。

# 一 背景：多重因素利好旅游消费金融

## （一）居民消费升级

近年来，为刺激居民消费，我国政府在增加消费补贴、扩展消费渠道方面提出了多项激励措施，良好的政策环境对消费市场的发展产生了推动作用。2015 年我国社会消费品零售总额为 30.1 万亿元，同比增长了 10.7%。2015 年消费贷款余额 18.9 万亿元，同比增长 18.5%。根据国家统计局数据，2015 年中国居民最终消费对经济增长贡献率为 66.4%，同比增长15.4%，中国经济增长的核心动力已经发生巨大转变，实现从投资为主转向以消费为主的经济转型。随着消费能力的释放，人民生活品质的提升，旅游需求日渐增多，除了传统观念上的"量入为出"外，"超前消费"也成为一部分人的消费心理。

## （二）旅游消费扩张

近年来，我国旅游业始终保持快速发展的良好势头，旅游消费规模稳定增长。根据国家旅游局统计数据，2015 年国内旅游消费达到 3.43 万亿元，同比增长 10%；出境旅游消费为 1.5 万亿元，同比增长 48.1%（见图 1）。过去十年中，中国出入境旅游消费均保持高增长，旅游消费总额实现从8169 亿元到 49300 亿元的跨越。2005～2014 年，国内生产总值和居民可支配收入年均增长率分别为9.7%、11.6%，而同期中国国内外旅游消费增长率分别为20.7%、24.2%。从近年的情况来看，二者的增长速度差距还有进一步扩大的趋势。

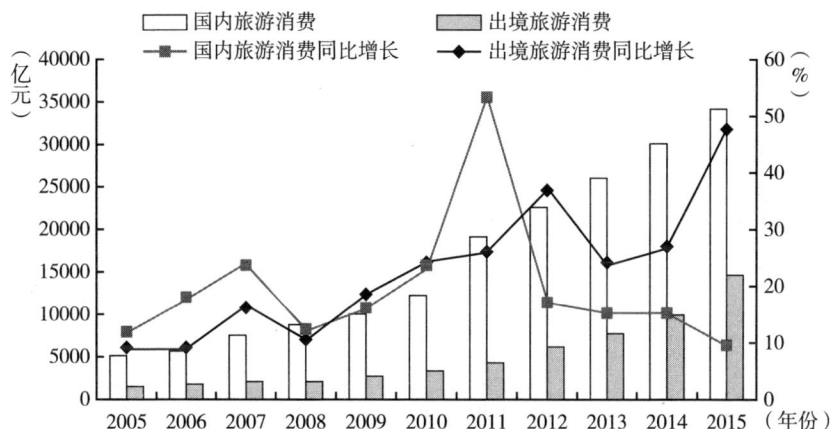

**图1　2005～2015年中国旅游消费规模及其增长率**

资料来源：国家旅游局。

## （三）互联网金融崛起

中国互联网信息中心发布的《中国互联网络发展状况统计报告》显示，截至2015年12月，中国网民规模达6.88亿，互联网普及率为50.3%；手机网民规模达6.2亿，占比提升至90.1%，无线网络覆盖明显提升，网民Wi‐Fi使用率达到91.8%。如此巨大的互联网用户也使得互联网支付渗透率逐年升高，灵活安全的支付方式优化了消费者体验，在一定程度上加增了消费者的消费意愿。

2015年政府扩大互联网试点范围，央行开放征信牌照，从传统金融机构到电商巨头都抢占互联网金融领域，出现了互联网消费金融的井喷式发展。如表1所示，2015年我国互联网消费金融交易规模达到2356.4亿元，同比增长10倍以上。值得关注的是，从2014年开始电商消费信贷占互联网整体消费信贷的比例迅速攀升，2015年开始成为互联网消费信贷最主要的商业模式。在线旅行社（OTA）、旅游网站、互联网金融平台纷纷试水互联网金融。

表1　2011~2015年中国互联网消费金融规模

单位：亿元，%

| 年份 | 互联网消费金融交易规模 | 增长率 |
|---|---|---|
| 2011 | 6.8 | — |
| 2012 | 18.6 | 173.5 |
| 2013 | 60.0 | 222.6 |
| 2014 | 183.2 | 205.3 |
| 2015 | 2356.4 | 1186.2 |

资料来源：艾瑞咨询。

互联网技术与旅游消费金融的结合，一方面对于需求方而言，满足不同阶层的旅游消费需求，扩张了旅游消费市场规模；另一方面对于供给方而言，借助网络平台为旅游者提供消费贷款，使得旅游消费金融产品与服务更具多样性、特色化与个性化，服务流程更细致化，丰富了已有的消费模式和支付手段（见表2）。

表2　2011~2015年中国互联网消费信贷规模

单位：%

| 年份 | 电商消费信贷占比 | P2P消费信贷占比 | 网络分期占比 | 其他 |
|---|---|---|---|---|
| 2011 | 1.0 | 98.0 | 1.0 | — |
| 2012 | 1.8 | 97.2 | 1.0 | — |
| 2013 | 2.5 | 96.5 | 1.0 | — |
| 2014 | 32.0 | 59.5 | 7.5 | 1.0 |
| 2015 | 57.7 | 17.9 | 22.8 | — |

资料来源：艾瑞咨询。

## （四）政策红利释放

近年来，国家层面出台了一系列文件，旨在提升金融支持旅游发展的效率，实现旅游业整体突破，全面升级（见表3）。概括来看，政策红利主要涵盖两方面：一方面，进一步明晰政府和市场的角色。党的十八届三中全会提出"要让市场在资源配置中发挥决定性的作用和更好地发挥政府的作用"。在金融支持旅游业发展的过程中，积极发挥市场这只看不见的手的作用。另一方面，通过金融创新支持旅游业发展，拓宽旅游融资渠道，企业可以利用证券市场、债券市场、资产项目证券化等方面来解决资金需求。

表3　促进旅游金融发展相关文件

| 发布时间 | 文件名称 | 重要举措 |
| --- | --- | --- |
| 2009 年 12 月 | 《国务院关于加快发展旅游业的意见》 | 深化旅游业改革开放,优化旅游消费环境,推动旅游产品多样化发展,加大政府投入及金融支持,协调配合推动旅游业又好又快发展 |
| 2012 年 2 月 | 《金融支持旅游业加快发展的若干意见》 | 鼓励多种方式发展旅游消费信贷,鼓励金融机构和旅游企业整合资源,探索开发满足旅游消费需要的金融产品,支持旅游保险产品和服务创新,规范旅游业保险市场 |
| 2013 年 2 月 | 《国民旅游休闲纲要（2013～2020 年)》 | 加大政策扶持力度,落实国家关于中小旅游企业、小微旅游企业的扶持政策 |
| 2014 年 8 月 | 《关于促进旅游业改革发展的若干意见》 | 加强旅游基础设施建设,加大政策金融扶持,尤其是小型微型旅游企业和乡村旅游的信贷支持 |
| 2015 年 8 月 | 《关于进一步促进旅游投资和消费的若干意见》 | 支持旅游企业进行互联网金融探索,打造在线旅游企业第三方支付平台,拓宽移动支付在旅游业的应用 |

资料来源：根据公开发布文件整理。

## 二　格局：三类机构探索旅游消费金融

随着中国经济向消费拉动转型，也受益于传统金融机构、涉旅企业的转型以及互联网金融的崛起，旅游消费金融成为旅游业或是金融业的一片蓝海。2016 年 6 月 10 日，中共中央、国务院常务会议决定，放开消费金融市场准入，将试点推广到全国范围，大力发展消费金融，重点服务中低收入人群，释放消费潜力，促进消费升级。各路资本竞相进军消费金融市场，旅游业作为消费金融的必争之地，其所涉及的消费金融业务自然在各商业银行、涉旅企业、电商纷纷展开。

## （一）传统金融机构

### 1. 传统性的旅游消费金融

（1）旅游信用卡

旅游信用卡是由银行等金融机构发行，以旅游为主题的信用卡。信用卡具体分为联名卡和独立发行卡两种。联名卡一般指银行与电子商务网站、目的地旅游局以及航空公司联名发行的旅游信用卡。而银行独立发行的旅游卡，发卡方只有银行一类，采用的是普通信用卡的运作模式。该模式的优势包括：一是可以根据持卡人的基本信息进行挖掘，可以基于持卡人的特征提供更精准的旅游信息服务；二是银行提供的支付平台避免了旅游消费者用大量现金进行支付，网上交易平台支付效率大大提高；三是旅游消费者可以通过银行及其合作伙伴享受多重优惠（见表4）。

**表4　各大银行推出的旅游信用卡**

| 银行名称 | 联名发行机构 | 旅游信用卡 | 主要用途及优惠 |
| --- | --- | --- | --- |
| 招商银行 | 芒果网 | 芒果旅行信用卡 | 航空保险、双倍积分、双重优惠 |
| 中国农业银行 | 山东省旅游局 | 金穗好客山东旅游卡 | 便捷支付、旅游优惠、双重积分 |
|  | 特约合作商户 | 东方神韵国际旅游卡 | 商旅预订、租车、购物机票优惠 |
| 中国建设银行 | 中国国际航空公司 | 国航知音龙卡信用卡 | 出行保障、购物优惠、积分换旅程 |
| 上海银行 | 中国国旅深圳公司 | 国旅随行卡 | 保险保障、分期付款、会员服务 |

（2）旅游消费信贷

旅游消费信贷模式包括两种：一种是以银行为代表的旅游消费信贷模式，另一种是以电商平台为代表的旅游消费信贷模式。前者只是作为各大商业银行开展的消费信贷业务之一，没有专门的旅游消费信贷业务。后者是电商平台利用互联网大数据，依托企业自有资金，通过评估旅游者的历史消费信用记录，为旅游者提供相应的消费信贷业务。银行消费信贷方式呈现的特点是申请门槛低、信用额度和贷款期限适宜、信贷方式灵活；电商平台开展的信贷模式呈现的特点是能较好地将旅游消费和信贷结合起来，并且信贷门槛低、贷款金额较少、贷款期限较短、还款方式有限（见表5）。

**表5　各大商业银行推出的旅游消费信贷业务**

| 银行名称 | 消费信贷产品 | 银行名称 | 消费信贷产品 |
|---|---|---|---|
| 中国工商银行 | 个人文化消费信贷 | 平安银行 | 平安新一贷 |
| 中国建设银行 | 个人消费信贷 | 中国农业银行 | 消费保捷贷 |
| 兴业银行 | 随兴游 | | |

（3）旅游保险模式

旅游保险一般由商业保险公司进行开发，包括各类旅游保险及相关意外险业务，一般由保险公司自身或者委托商业银行等平台代理推广和销售。当旅游保险产品需要依托商业银行等平台完成推广、销售和支付等环节的时候，该模式一般涉及三方利益，即商业保险公司、旅游者和第三方代理。保险公司一般可以通过第三方平台有效推广产品，使旅游者有更多的渠道接触和了解产品信息，第三方平台则可以相应扩大自身业务范畴，旅游者则根据自身需要量身选择购买产品，实现三方共赢的局面。

2. 专业性消费金融公司

以银行为代表的传统金融机构，中国银行、北京银行、兴业银行等分别成立了消费金融公司。截至2016年上半年，经银监会批复成立的消费金融公司共有15家（见表6）。消费金融公司分为三种模式：一是基于O2O模式，如中邮消费金融、海尔消费金融；二是线下渠道模式，如捷信消费金融、锦程消费金融等；三是互联网金融模式，如马上消费金融、招联消费金融（见表7）。对于大多数消费金融公司而言，业务范围基本覆盖租房、婚庆、家装、旅游、教育等多个方面，但场景拓展取决于合作商户的开发，因此各家消费金融公司各有侧重。

表6　我国部分消费金融公司

| 公司 | 地区 | 公司类型 | 股东背景 |
|---|---|---|---|
| 北银消费金融 | 北京 | 有限责任公司(中外合资) | 北京银行、桑坦德消费金融、利时集团、万达集团、联想控股等 |
| 中银消费金融 | 上海 | 有限责任公司(台港澳与境内合资) | 中国银行、百联集团、陆家嘴金融发展有限公司、中银信用卡等 |
| 锦程消费金融 | 成都 | 有限责任公司(中外合资) | 成都银行、Hong Leong Bank Berhad |
| 捷信消费金融 | 天津 | 有限责任公司(外国法人独资) | Home Credit B. V. |
| 招联消费金融 | 深圳 | 有限责任公司(台港澳与境内合资) | 永隆银行(招商银行旗下)、中国联通 |
| 兴业消费金融 | 泉州 | 股份有限公司 | 兴业银行、福建泉州市商业总公司、特步、福诚 |
| 海尔消费金融 | 青岛 | 其他有限责任公司 | 红星美凯龙、海尔集团等 |
| 苏宁消费金融 | 南京 | 有限责任公司(中外合资) | 苏宁云商集团、南京银行、BNP Paribas、洋河酒厂、先声再康 |
| 湖北消费金融 | 武汉 | 其他股份有限公司 | 湖北银行、武商集团、TCL集团、武汉商联 |
| 马上消费金融 | 重庆 | 股份有限公司 | 重庆百货、秭润商贸、重庆银行、阳光财险、小商品城集团、物美控股 |
| 中邮消费金融 | 广州 | 有限责任公司(中外合资) | 中国邮政储蓄银行、星展银行、渤海国际信托、拉卡拉、广百股份等 |
| 杭银消费金融 | 杭州 | 股份有限公司 | 杭州银行、BBVA、生意宝、海亮集团等 |
| 华融消费金融 | 合肥 | 其他股份有限公司 | 华融资产管理、合肥百货、新安资产管理、华强资产管理 |
| 晋商消费金融 | 太原 | 其他股份有限公司 | 晋商银行、美特好连锁超市等 |
| 盛银消费金融 | 沈阳 | 其他有限责任公司 | 盛京银行、德旭经贸、顺峰投资 |

资料来源:网贷之家。

## (二)在线涉旅电商

不仅传统金融机构在消费金融领域进行布局,线上电商也加入角逐。2015年我国在线旅游市场迅速扩张,市场交易规模为4237.2亿元,互联网旅游渗透率达到10.8%(见图2)。互联网信息技术的进步和普及刺激了在线旅游市场的快速增长，也进一步带动了旅游消费升级，从而为旅游消费金融的发展提供土壤。

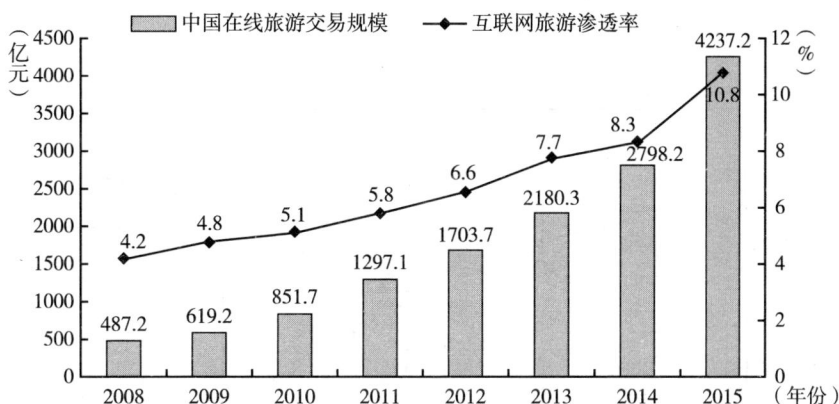

**图2　2008～2015年中国在线旅游消费交易规模**

资料来源：易观智库、百度旅游、百度大数据联合发布《2015中国自由行市场研究报告》。

### 1. 专业旅游电商

专业旅游电商为提高用户体验，增加用户黏性，而推出的旅游金融服务，除了较为常见的旅游分期金融服务，还包括旅游保险、旅游理财等。较为成熟的旅游电商一般为旅游者提供丰富的旅游金融服务，形成一站式、全方位、综合性的旅游金融服务。如图3所示，涵盖旅游前的分期付款、消费信贷、旅游理财，旅游中的旅游保险、线上支付、线下旅游服务一体化，还有旅游后的购物退税、最终结算等消费金融服务。该模式提供的旅游金融服务是多元化的，既有旅游服务，又有金融服务；既包括境内旅游金融，又包括境外旅游金融；既针对旅游者，又针对旅游企业。这种模式的旅游金融服务，一方面依托自身所拥有的旅游者的消费记录等大数据的分析判断旅游者消费信用；另一方面借助外部大数据，如银行征信体系，进行综合评价，进而开展风险防控。此外，该模式除提供一站式旅游金融服务外，还为旅游者提供游前、游中、游后的全方位服务，形成了旅游金融消费服务的闭环。旅游电商可以借助众筹等金融手段集合供应商自有基金、旅游者的理财资金形成资金供给方，对接包含供应商运营资金、旅游者出游需用资金在内的资金需求方，形成旅游金融服务的资金闭环，提高资金营运效率，降低旅游者和旅游企业的借贷成本（见表7）。

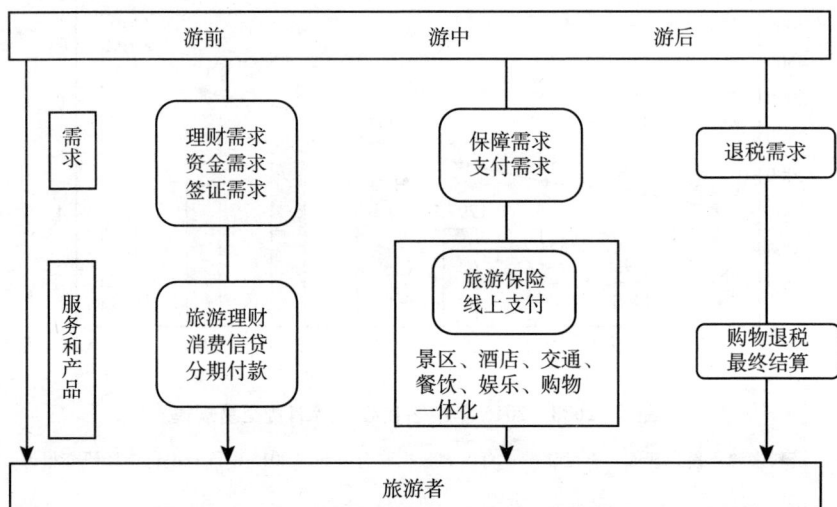

**图3　综合性旅游消费金融服务**

**表7　各旅游电商平台提供的旅游金融服务**

| 旅游电商平台 | 旅游金融产品 |
| --- | --- |
| 驴妈妈 | "小驴分期" |
| 同程旅游 | "双十亿""商旅综合保险""同同宝""程程白条" |
| 腾邦国际 | "机票B2B＋腾付通支付＋融易行小额贷款" |
| 去哪儿 | "拿去花""去呼呼" |
| 途牛网 | "首付分发""牛先花""万能险""途牛宝""牛稳赚" |
| 艺龙 | "欢乐合家" |

资料来源：根据各大门户网站资料整理。

**2. 综合性电商**

综合性电商平台是具有一定规模的日常消费电商平台，而旅游服务只作为其中一项业务。并且，该类电商具有金融服务的基础，旅游服务可依托自身的金融资源支撑旅游产品。这种模式的特点是自身拥有大数据资源，可依托旅游者的旅游消费和日常消费等大数据科学判断旅游者的诚信记录和消费能力，并开展风险防控。旅游服务仅作为整个平台的一个业务，与平台提供的其他服务形成消费服务链，一方面为消费者提供全方位的一体化服务，另一方面为平台积累大数据，进而更好地促进旅游金融服务的创新发展（见表8）。

**表8　综合性电商提供的旅游金融产品**

| 综合性电商 | 旅游金融产品 |
| --- | --- |
| 京东 | 京东旅行 |
| 阿里巴巴 | "信用游" |
| 百度 | "百度有钱" |

资料来源：根据各大门户网站资料整理。

## （三）大型企业集团

一般大型企业集团的经营范围往往比较广泛，根据企业集团的战略规划，在布局高附加值、高回报、高成长的业务时，往往会涉足具有发展潜力的服务业。当涉及金融、旅游领域的时候，往往会形成交叉或复合型业务。事实上，目前企业集团发展旅游金融服务已经存在较为成熟的案例。如中国旅游集团旗下的旅游银行、海航集团的易生金服、腾邦国际积极布局打造的"旅游＋差旅＋金融"相结合的模式。大型企业集团发展旅游消费金融具有独特的优势，因为其自身的资产规模、现金流优势以及较为成熟的风控体系能够为旅游消费金融的发展提供有效的保障。

以海航集团旗下的易生金服为例。易生金服依托旗下五大核心公司构建综合性的旅游金融服务平台，涵盖旅游金融（旅游分期、信贷、理财、保险、供应链金融）、旅游支付（预付卡发行与受理、银行卡受理、互联网支付、电子旅行支票卡、移动支付O2O）和旅游增值服务（个人本外币兑换、退税，商户优惠，贵宾服务，积分服务，商城等）三大业务板块，围绕旅游出行前、中、后的各式支付场景，满足旅游者融资贷款、理财需求等，形成"金融+旅游场景+资源"的独特发展模式和五环发展轨迹（见图4）。

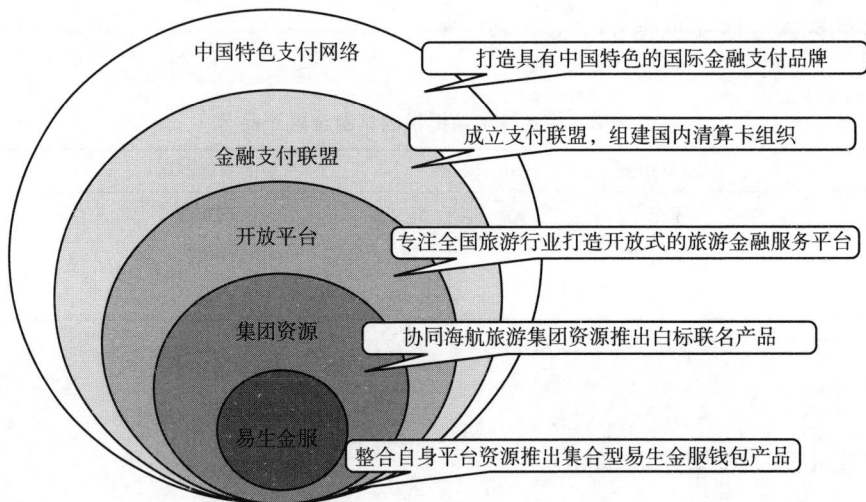

中国特色支付网络 —— 打造具有中国特色的国际金融支付品牌

金融支付联盟 —— 成立支付联盟，组建国内清算卡组织

开放平台 —— 专注全国旅游行业打造开放式的旅游金融服务平台

集团资源 —— 协同海航旅游集团资源推出白标联名产品

易生金服 —— 整合自身平台资源推出集合型易生金服钱包产品

**图4　海航集团易生金服业务战略发展轨迹**

## 三　瓶颈：我国旅游消费金融发展的制约因素

### （一）消费观念的普及尚需时日

旅游消费金融是旅游发展过程中产业融合、服务创新的产物。就旅游消费金融本身而言，旅游消费与金融的融合发展相对于其他产业较为滞后，旅游消费金融成熟度和推广度仍然不足，在中国尤其是一些经济较为落后的地区更是如此。总体看，对于旅游消费金融，很多旅游者并不十分了解和认可，根据易观智库的调查结果，在一二线城市和高学历、高收入群体中对于旅游金融的接受程度较高。整体而言，了解旅游金融消费的人群占

比不到10%，有兴趣了解的占比40%，而对旅游金融无兴趣的群体占比也在30%以上。从市场整体来看，虽然旅游消费金融的市场潜力很大，但从反方面来看，旅游消费金融的用户习惯尚未形成，仍然需要时间来培育这个市场。

### （二）监管政策的缺失不容忽视

旅游消费金融在很大程度上依赖互联网金融，而互联网消费金融业务的监管政策仍然不完善。我国互联网金融消费业务起步较晚，这些相关条例规定的内容一般较为笼统，监管标准、要求、方式也不明确。目前，关于互联网金融监管的条例仅有《关于促进互联网金融健康发展的指导意见》一个，所以监管政策的缺失使得市场上存在一些不规范现象。部分没有取得相关资质的参与主体依然在运营，并且一些类似于虚拟信用卡的消费金融模式的正规化有待确认。旅游金融消费属于新兴事物，其发展需要良好的法治和政策环境，但目前有关监管政策的缺失成为阻碍旅游金融消费市场健康有序发展的关键因素。

### （三）征信体系的完善任重道远

旅游消费金融业务的开展会受阻于信用等级的评估，评估包括两个方面：身份认证和信用判断。身份认证方面，银行和旅游电商依靠线下收集客户的身份信息，材料种类较少，使得银行和旅游电商较为被动。信用判断方面，银行的信用判断主要依据中国人民银行的征信系统，而我国征信体系的构建刚刚起步，目前仅收集了个人基本信息、账号信息、金融资产等数据，信息不全面。旅游电商通过线上服务，来形成民间征信系统，但系统中信用数据只包括个人信用卡、银行贷款记录、网络消费记录等经济行为，信息也不全面。总之，与欧美等成熟的个人征信市场相比，我国的征信系统在商业模式、法律保障、统一数据接口、关键技术等方面存在较大差距。征信体系的不完善为一些金融属性的旅游产品、借贷操作埋下了风险隐患。

## 四　展望：中国旅游消费金融未来趋势

### （一）更完善的征信体系

科学技术特别是改进金融体系的创新技术，如机器学习、数字技术，可以使旅游消费金融市场上的大数据，如旅游者的身份特质、行为偏好、信用历史、履约能力、人际关系等，变成多维度用户数据体系，从而完善征信体系。未来，征信体系也必然成为旅游金融电商的核心竞争力。随着互联网金融数据的整合，以及现有数据壁垒的打破，我国旅游消费金融市场的征信体系将日趋完善。

### （二）更规范的监管体系

监管体系的最终目的是为了防范各种风险，将损失降至最低。对于旅游消费金融市场而言，旅游消费金融产品的日渐丰富、客户层次的多元化、支付信贷方式的扩展，使得旅游消费金融市场更需要完善的监管体系。监管主体、监管手段、监管政策，都需要健全的制度体系和安全的旅游消费金融环境。未来，以金融高科技进行的自动化系统控制，将会重塑消费金融监管体系。加之，高执行力的违约惩处以及严格的金融司法程序，将营造健全的法制环境，依法推进旅游消费金融市场建设，必然使得旅游金融市场监管更到位，呈现一个智能化、公开化、可视化的旅游消费金融市场。

### （三）更健全的风控体系

大部分旅游企业自身不够成熟，而金融产品专业性又很强，这就给未来旅游消费金融的发展带来了不确定性。风险可控是涉足金融领域的旅游企业需要面对的重大问题。无论是实力雄厚的传统旅游集团，还是新晋崛起的在线旅游巨头，或是自有生态体系的互联网公司，旅游消费金融背后的风险控制，是制约旅游消费金融发展的关键。对于旅游企业而言，未来可以尝试从以下几方面做好风险管控：设计和研发旅游消费金融产品时，倾向于成本低、风险小、周期短、收益稳健的产品，这样从客观上降低风险敞口；充分发掘大数据价值，利用征信系统对用户进行系统评估，针对不同群体推出专门的金融服务；借助外脑，寻求专业金融领域的合作伙伴。

展望未来几年旅游消费金融的发展趋势，除了旅游支付、旅游消费信贷等核心金融服务外，保险、理财、外汇服务、购物退税等也是重要的旅游消费金融服务。一站式、全方位的旅游消费金融服务才可能创造最大的价值和效应，因此，在旅游消费的各个环节嵌入金融支持，形成综合性的旅游消费金融产业链将是未来几年的主要趋势（见图5）。

**图5　旅游消费金融产业链**

客观审视，如今全球旅游迈入"散客化"时代，在互联网浪潮和产业融合创新的趋势下，旅游消费金融是未来发展的一个趋势。对于旅游消费金融而言，这是最好的时代，也是最坏的时代，风起之时，乘风飞翔。

# G.10
# 中国露营地发展与标准化引导

朱莉蓉 付磊*

摘　要：　随着我国自驾游的兴起，自驾游的服务终端——露营地也开
　　　　　始蓬勃发展。由于我国土地政策的特殊性、投资经营主体的
　　　　　多样性、中西方露营文化的差异性，以及产业链自身的发展
　　　　　协调等问题，露营地产业在发展过程中出现了各种问题，值
　　　　　得我们去分析和关注。因此，通过制定标准加以引导就显得
　　　　　极为必要。

关键词：　露营地　标准化　产业链

　　2016 年 11 月 8 日，国家旅游局联合多个部委共同发布了《关于促进自驾车旅居车旅游发展的若干意见》旅发〔2016〕148 号，确定了到 2020 年建成 2000 个自驾车露营地的发展目标。此文件的发布距离 2016 年 9 月 22 日六部委联合发文《关于加快推进 2016 年自驾车房车营地建设的通知》旅办发〔2016〕241 号不足两个月。2015 年，国务院曾连发三文强调加快自驾车房车营地建设。据估计，2016 年在建露营地总投资额超 350 亿元①。

　　露营起源于军队行军，曾在美国内战期间广泛使用。"二战"后的经济繁荣使更多人开始享受户外休闲生活，帐篷成为畅销品。美国在各地设置了

* 朱莉蓉，全国休闲标准化技术委员会主任助理，长期从事休闲标准化制定和研究工作；付磊，北京同和时代旅游规划设计院院长，中国社会科学院旅游研究中心特约研究员，长期从事旅游产业政策和规划研究。

① 王薪宇：《在建营地投资额超 350 亿新蓝海还是新陷阱》，《新旅界》2016 年第 11 期。

专用的露营场地，由此露营生活开始普及。迄今为止，美国已有露营地2万个以上，2013年美国露营总人数4010万。欧洲同样拥有2万多个标准露营地，近5万个自驾车露营地①。2015年底中国私家车保有量已达到1.24亿量，自驾车出游总人数约为23.4亿人次，约占年度出游人数的58.5%②。国内强大的市场需求和欧美成功的发展经验让大家对露营地产业发展充满信心，引致各方资本大量涌入，使我国露营地在迅猛发展的同时也暴露出各种问题。

# 一 我国露营地发展现状与存在问题

## （一）发展现状

### 1. 数量增长急剧，空间分布集中

截至2015年9月底，全国已建成自驾车露营地277个，在建露营地143个，规划建设400个③。从分布情况看，主要分布在环渤海、长三角等经济发展水平较高或者西南自然资源丰富的地区等。

### 2. 露营者以团体或散客自驾游群体为主

根据《中国自驾游发展报告》近三年统计，露营者的年龄绝大部分在25~50岁，拥有私家车的城市居民，其中有一半以上是带子女出游。其出游的目的或是为了亲近自然和远离城市压力，或是陪同子女，在美丽的自然环境中通过露营活动增进与孩子的关系。

### 3. 基本没有公益性营地

与欧美、日本、中国台湾等国家和地区的公益性营地和私人营地各占半

---

① 《国外露营地什么样》，《标准生活》2015年第10期，第28页。
② 《中国自驾游年度发展报告（2015~2016）》，《中国自驾游发展报告（2015~2016）》，中国旅游出版社，2016，第6页。
③ 《中国自驾游年度发展报告（2015~2016）》，《中国自驾游发展报告（2015~2016）》，中国旅游出版社，2016，第10页。

壁江山的格局不同，我国露营地从发展起步就是以营利为主的。国外公益性的营地一般只收取基本的运营费用，价格一般为普通酒店的 1/5 甚至 1/10[①]。土地使用成本高和建设成本高等，使我国营地产品的定价相比酒店而言并没有价格优势。因此我国露营地发展无法简单借鉴国外经验，需要在活动体验和产品设计上具有自己的特色。

**4. 投资运营主体多元化**

目前，各类资本强势涌进露营地，使其成为"十三五"期间的重点投资领域。港中旅、中青旅、首旅、开元旅业等旅游巨头借着资源优势进入营地投资运营，同时，房车企业为了产业链的延展和闭合，也纷纷进入露营地设计和运营行业。此外，房地产企业和金融企业也凭借资金优势加入其中。

### （二）存在的问题

**1. 营地规划空间布局不合理，产品设计同质化**

我国最早进入露营地运营的是房车企业。其目的比较明确，就是通过发展营地来推进房车的销售和后续服务。因此，早期的营地规划完全照搬欧美的简单营地，只有简单的分区和房车营位。此后，旅游企业、地产企业也加入其中，经营管理者逐渐意识到营地空间布局和规划设计的重要性，开始由规划公司进行营地和产品的设计。缺乏市场需求研究和市场定位不明确等，导致营地同质化严重，或者干脆变成了营地酒店、营地景区、营地农家乐，缺乏露营地自有的特色。

**2. 露营产品单一，综合开营率不高**

国外露营地推出的产品非常丰富，娱乐性和参与性很强，而且活动定期进行变化，安排合理。目前我国露营地推出的产品和活动相对单一，季节变化性差；观光性强，参与性差；线路设计不丰富，可供选择性差。此外，统一集中的节假日制度、季节性强、露营地和周边酒店的无差别化竞争等，导致了大部分露营地综合开营率不高。

---

① 《国外露营地什么样》，《标准生活》2015 年第 10 期，第 28 页。

**3. 露营专业运营和服务管理人员缺乏**

露营活动在我国刚刚兴起，专业管理人才缺乏。国外每个露营地都配备有专业的露营指导员，指导露营者的露营活动，为露营者安排露营计划，提供娱乐、拓展活动的指导。我国缺乏此类专业露营服务管理人员。此外，我国露营核心市场多为中产阶层，他们对住宿、餐饮有着较高要求，因此，一些露营地的管理人员只注重提高吃住服务水平，而忽略了为露营者提供深层次产品和服务。

**4. 营销模式单一，信息网络有待健全**

美国国家房车公园和露营地协会（ARVC）拥有 8500 个私营营地，全国露营地形成一张巨大的网络。欧美的连锁化露营地也很普遍。欧美露营地多具有独立网站，根据季节更换露营活动，更新网页内容，而且各营地网站除宣传自身外，还与其他营地网站建立链接，露营者能够方便获得相关信息。相对而言，我国露营地基本没有独立的网站，多借助于中国露营协会官方网站、房车网以及旅游网站等进行网络营销，网页更新慢。露营地的营销多由企业单独运作，效果不佳。

## 二　我国露营地发展趋势和制约因素

### （一）发展趋势

**1. 发展环境持续利好**

2015 年我国自驾游出游 23.4 亿人次，较上年增加 1.4 亿人次。即便只有 1% 的人选择露营，现在的营位数量也远远不够。急剧增长的自驾游市场是露营地持续发展的客源基础。与此同时，从中央到地方各级政府也高度重视露营地的发展，国务院在三年内连续发文，各地方政府也结合实际情况出台各种落地政策。

**2. 特色露营地和多功能复合型露营地将成为趋势**

随着城镇化进程的加快和生活方式的转变，人们对户外休闲的需求越来越多。经过 30 多年观光旅游的发展，人们与大自然的亲近方式逐步由静静观赏变成了互动体验。露营地也将随之不断发展，逐步由单一功能向特色露营地或者多功能复合型露营地发展。

### 3.更加重视"软服务"和品质

随着露营地井喷式发展，竞争日益白热化，促使企业思考如何由粗放式向精细化转变、如何提升游客体验性等问题。露营地建设管理逐步由比拼"拿地、投资、规划"等转向比拼"特色产品设计和服务"。不少企业开始尝试建立标准化的运营管理体系，以提高服务质量、提升游客体验。随着旅游消费升级，露营地"软服务"的重要性将逐渐凸显。

### 4.露营地将开启智慧模式

在互联网时代，"互联网＋"已渗透到各行各业。"智慧露营地"是顺应时代发展的必然趋势，亦是提升服务品质的重要途径。露营地与互联网的结合，强调以互联网思维变革露营地，通过互联网平台，建立露营地大数据体系，服务于各方参与者，使服务便捷化、营销精准化、管理精细化。

## （二）制约因素

### 1.消费理念差异

相比而言，西方民众崇尚自由、探险，喜欢探索自然和未知世界，比较容易接受新的事物和现象。因此，露营活动在国外非常普及，夏令营和冬令营已成为青少年成长的必修课。中国传统文化追求安居乐业的稳定生活，因此全面接受露营生活中的风餐露宿还需要一段时间。尽管新生代已经开始倡导冒险文化和体验文化，但很大一部分消费群体仍然有"露营生活只要体验一次就好，要住的舒适还是住酒店比较好"的心理。因此，露营产品设计要充分考虑我国各层次露营者的需求。

### 2.土地资源紧张

我国国土面积居世界第三位，但人均土地量仅是世界人均量的1/4。人多地少是我国的基本国情。近年来，随着城镇化进程的加快和经济的迅猛发展，我国土地供需矛盾更加突出。在此情况下，国家虽然鼓励发展露营地，但依然严格控制露营地土地审批，会优先使用存量建设用地，新供土地用途按旅馆用地管理。较高的土地使用费促使投资者必须慎重考虑项目的可行性和选址。

# 三 国家标准引导

面对露营地发展中的各种问题，国家有关部门发布了一系列产业政策，而行业组织也制定了相关标准。《休闲露营地建设与服务规范》（GB/T 31710－2015）国家系列标准（以下简称休闲露营地标准）从具体的露营地选址布局、规划设计、服务运营等方面对露营地发展给予引导，促进该行业的健康发展。

## （一）理念：强调用户体验

不管是营地规划布局、活动设计、服务管理，都需要从用户体验角度去思考。那么露营者需要什么样的营地？当然是：玩，好玩，值得去玩！怎样才能好玩？自然是：体验，深度体验，能动性的深度体验！因此要做"有中国特色的露营地"，是"＋营地"、"营地＋"或者两者兼具的"＋营地＋"。所谓"＋营地"是指依托现有的外部资源（如旅游景区等）和现有的客流量，增加必备的营地设施和服务；"营地＋"是在营地设施和服务基础上设置鲜明的营地主题和独特体验式的户外互动等增值要件，使营地本身成为一个休闲吸引的核心点。

## （二）内容：回归露营本质

中国到底需要什么样的露营地，是行业一直在思考的问题。最早我们以借鉴欧美为主。但是，人口居住密度、房车拥有数量、中西方文化差异等因素，使我们无法照搬国外经验。我国地域广阔，市场复杂，因此露营地应该是多样化的，但无论什么样的露营地，其最基本的需求和服务不会改变。基于此，我们建立了"一般导则＋自驾车露营地＋帐篷露营地＋青少年营地＋……"的标准体系（目前已发布了这 4 个部分，以后根据露营地产业的发展需求，继续制定相关标准）。具体而言：（1）一般导则：提出了露营地选址、规划、基础设施和服务设施建设、环境保护、标识导览、安全、管理与服务等的基本原则。（2）自驾车露营地：目前国内正在广泛建设和运营的露营地，也是存在问题较多的露营地。标准在遵守"导则"的基本原则下，对自驾车露营地的选址和规划提出了特殊要求，并提出了必须具备的基础功能区和可根据实际情况设置的特色功能区，同时对服务设施和服务质量提出了具体要求。（3）帐篷露营地：目前国内分布量较少却是露营产业不可或缺的类型，这类露营地一般地理位置特殊，属于特色露营地。标准对帐篷露营地的分类、选址与布局、服务及质量要求做了规定。（4）青少年营地：我国应大力提倡的一种露营地类型，主要目的是为了提升我国青少年的身体素质和心理抗压能力，意义十分重大。这类营地可以是独立的露营地，也可以是在其他露营地基础上加上青少年露营活动功能的综合性营地。标准结合青少年的身心特点，对青少年营地的选址、规划、活动类型、基础设施、功能分区，以及服务与管理提出了基本要求。

（三）标准基础＋特色体验

标准在规范底线的同时，提出了个性化的设计发展方向。

**1. 定位与选址**

营地的开发从定位和选址开始，包括营地所处区域的区位、资源（吸引物）、环境、市场需求的综合分析。具体来说，是指露营地所处的地理位置，自然、人文和社会环境，交通情况，核心吸引资源，与目标客源地的相互关系，主要目标客源的分析等，由此形成露营地具体选址、规模、投资方式、运营模式的可行性研究。

以青少年营地为例：营地的主要目标客源是周边城市的青少年学生。营地选址，区位首先考虑地理位置和可进入性。学生集体活动一般是大巴车出入，交通便捷很重要；主要客源分析，以营地为圆心，半径100公里的学生数量、半径200公里的学生数量、半径300公里的学生数量；300公里以外的基本就不是目标客源了，目标客源范围内的教育局、学校和家长对于露营的态度和支持力度需要运营者分析研究。其次是对环境和资源的分析，青少年营地主要是体验活动，对资源级别要求不高，体验活动的设置对环境和场地要求较多，可考察营地是否符合要求。最后在运营要求方面，青少年营地需要特殊的营地指导员，考察本地是否具有这类人才，如果需要从外地引进，引进成本需要进行核算等。

### 2. 功能区选择和设置

选址和定位后，下一步就是对露营地进行功能分区和功能开发。主要考虑必备功能区的位置和特色功能区的设置，如何做到动静合理分区，充分利用场地空间，合理设置路线，既不浪费空间，又便于露营者的休憩和活动（见表1）。

**表1  自驾车露营地功能区设置要点**

| 基础功能区 | 设置要点 | 特色功能区 | 设置要点 |
| --- | --- | --- | --- |
| 出入口 | 满足车辆进出和交通安全要求 | 木屋住宿区 | 与活动区有景观阻隔，便于水电网管进入 |
| 服务中心 | 与出入口道路和其他功能区连接顺畅，便于露营者集散和服务衔接 | 帐篷露营区 | 与活动区有景观阻隔，便于水电网管进入 |
| 服务保障区 | 可与服务中心合并，与出入口道路和其他功能区连接顺畅 | 儿童游乐区 | 安全，远离危险，可在户外运动区周边 |
| 停车场 | 毗邻服务中心 | 户外运动区 | 与休憩区有景观阻隔 |
| 自驾车露营区 | 与活动区有景观阻隔，便于水电网管进入 | 商务活动区 | 可设置在服务中心，或邻近休憩区 |
| 房车宿营区 | 与活动区有景观阻隔，便于水电网管进入 | 宠物活动区 | 不宜与儿童游乐区邻近 |
| 废弃物收纳与处理区 | 位于营地下风处，与其他功能区有一定距离 | — | — |

### 3. 主题选择与设计

文化主题是周边区域市场及全国市场的竞争优势，通过设计反映文化主题，通过主题表现差异性的情感形象，是现在产品设计的风向标。

### 4. 活动设置

具有活力的露营地应打破传统的以观光为主的游憩结构和服务要素，围绕营地主题设计游乐化、互动化的体验活动，通过环境、场景和意境的设计以及相关科技的应用，形成丰富的产品体系。

### 5. 运营管理

我国目前营地连锁化经营很低，单体营地获得盈利十分不容易。运营管理者一方面要引进专业的露营专业人才，另一方面要充分利用新的网络营销模式，做好网络营销渠道，构建线上直接预订平台（如官网和手机 App），和新媒体营销渠道达成合作，构建立体化营销体系。当然，也可以考虑建立协会会员制，利用协会分享客源。

### 参考文献

刘汉奇、吴金梅、马聪玲主编《中国自驾游发展报告（2015～2016）》，中国旅游出版社，2016。

王薪宇：《在建营地投资额超 350 亿新蓝海还是新陷阱》，《新旅界》2016 年 11 期。

《国外露营地什么样》，《标准生活》2015 年第 10 期。

# G.11
# 中国共享型住宿业的创新与挑战

任朝旺　邢慧斌*

摘　要： 住宿共享与短租是共享经济最早兴起的产业领域之一，也是
当前我国住宿产业中发展最为迅猛的新业态之一。以途家、
小猪短租为代表的共享型企业，正对传统住宿产业提出挑战，
对大住宿业的形成和演变产生深刻影响。其影响与贡献主要
体现在四个方面：扩大旅游供给范围，创新旅游供给形式；
带来全新旅游体验；推动住宿共享商业模式创新；促进经济
社会可持续发展。与此同时，我国住宿共享企业也面临着与
传统住宿业的摩擦、行业监管体系不完善、安全和信用体系
不健全及共享消费习惯缺失等挑战。

关键词： 共享经济　住宿业　旅游体验　商业模式

## 一　我国共享型住宿业发展态势

住宿业是受共享经济影响相对较早也较深的产业。以共享型住宿为代表
的非标准化住宿业蓬勃发展，已成为推动国内外住宿产业发展的重要力量。
我国共享型住宿业发展极为迅速。这得益于政府的政策引导和大力支持，以

---

* 任朝旺，中国社会科学院研究生院副教授、硕士生导师，研究重点为旅游产业及政策、旅游
市场等；邢慧斌，河北大学旅游管理系副教授、硕士生导师，研究重点为旅游规划与旅游可
持续发展、乡村旅游扶贫、遗产旅游等。

及市场需求增加、网民和手机用户激增、节俭的消费理念、成功企业示范等因素的推动。目前，我国共享型住宿业行业格局已基本形成，相关企业正朝着集团化和规模化方向发展。

## （一）共享型住宿业是全球住宿产业发展的新热点

从国际上来看，高端酒店和之前高速扩张的经济型酒店均已进入发展瓶颈期，增速放缓和产能过剩的现实短期内难以有较大改观[①]。与之相反的是，以 Airbnb 和 HomeAway 为代表的非标准住宿业由于迎合了中产阶级追求个性化体验、关注服务质量的需求，不断蚕食原有酒店的市场份额，冲击着住宿业原有的市场格局。目前，以 Airbnb 为代表性的共享型住宿行业，正改变着人们的出行和生活方式。2016 年，Airbnb 已覆盖全球 191 个国家，超过 3.4 万个城市，拥有 150 万套房源可提供给用户，而希尔顿酒店只有 68 万间客房可供选择。除 Airbnb 外，还有不少围绕住宿提供服务的共享经济企业。根据其提供给游客的主要服务类型差异，大致可分为租赁房屋类、住宅交换类和分享住宿经历类三种（见表 1）。

**表 1　部分共享型住宿企业**

| 共享型住宿企业 | 租赁房屋 | Airbnb、Wework、HomeAway、Flipkey、Hotel Tonight、Housetrip、Tripping、Roomorama、Vacation Rentals By Owner、Breather |
| --- | --- | --- |
| | 住宅交换 | MyTwinPlace、Guest To Guest、Guestvessel |
| | 分享住宿经历 | Divvy |

资料来源：根据百度、搜狐、网易等门户网站的相关资料整理而得。

## （二）我国共享型住宿行业发展迅猛

2013 年共享经济在我国开始步入快速发展阶段。2015 年我国共享经济市场规模达 1.956 万亿元，参与人数超过 5 亿人，参与提供服务者约为 5000

---

[①] 张洁：《国际酒店业面临过剩危险》，http：//www.rfdy.hk/59277 - 1.html，2016 年 11 月 13 日。

万人，预计此后五年年均增长速度在 40% 左右，到 2020 年共享经济规模占 GDP 比重将在 10% 以上。①

就住宿行业而言，共享型住宿业发展相对较晚。2011 年前后至今，途家网、住百家、小猪短租、自在客、大鱼自助游、木鸟短租等发展迅速。这些企业依托聚集的零散闲置房源，与住户建立供需互动连接，提供特色定制产品，为多元业态提供嫁接空间。总体来看，我国住宿共享产业发展迅速。2015 年中国在线度假租赁市场交易额为 42.6 亿元，增长 122.0%；2016 年预计为 67.8 亿元，增长率为 59%；2017 年有望达到 103 亿元，增长率为 52%（见图 1）。我国共享型企业以在线短租最为典型，目前已形成以小猪短租、木鸟等为代表的传统 C2C 模式和以途家为代表的 B2C 模式以及以"Weshare 我享度假"为代表的"产权共享 + 换住共享"的二维共享模式。

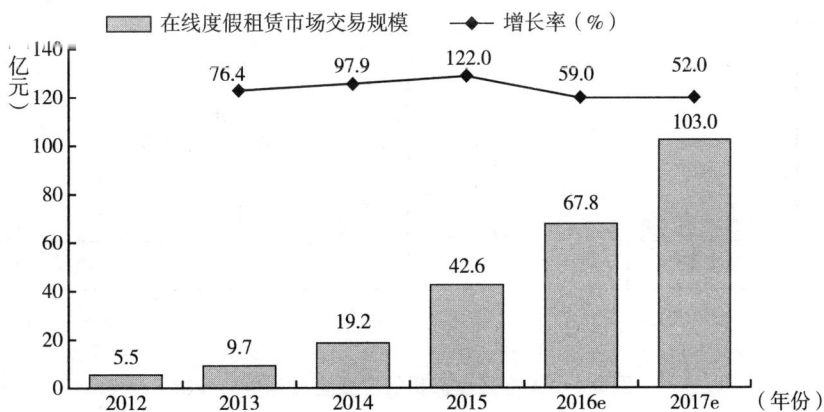

**图 1　2012～2017 年中国在线度假租赁市场交易规模及增长情况**

注：交易规模中包含中国出境度假租赁住宿。

资料来源：上海艾瑞市场咨询有限公司，《中国在线度假租赁市场研究报告 2016》，http://www.iresearch.com.cn/report/2525.html，2016 年 1 月 28 日。

---

① 国家信息中心信息化研究部、中国互联网协会分享经济工作委员会：《中国分享经济发展报告 2016》，2016 年 2 月。

## （三）我国共享型住宿行业竞争格局已见雏形

从 2011 年上线的爱日租、途家和蚂蚁短租发展到现在，目前已有超过二十余家较大企业从事共享型住宿行业。具有代表性的包括：居于第一发展阵营的途家网、蚂蚁短租和小猪短租，以及实力强劲的木鸟短租、住百家和专注于中国台湾和日韩市场的自在客、大鱼自助游等（见图 2），行业竞争格局基本形成。

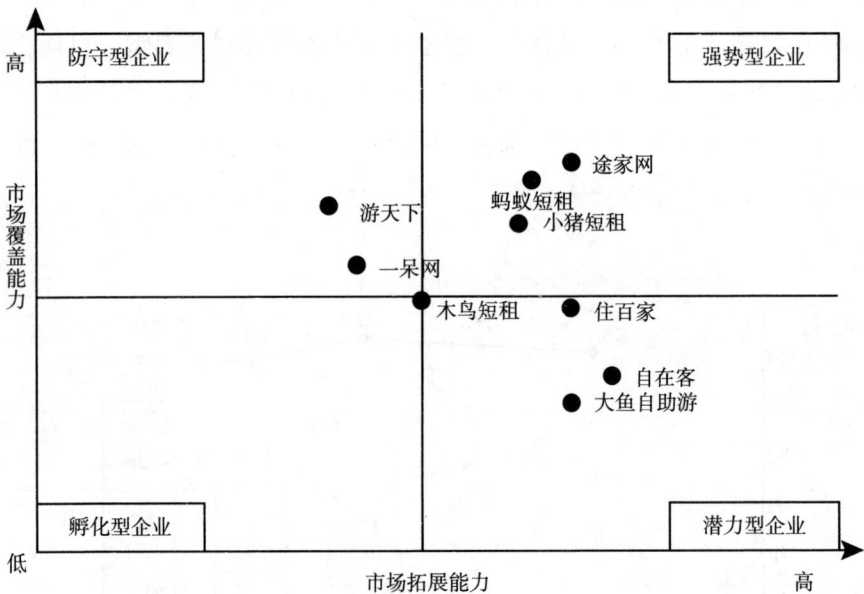

**图 2　中国在线度假租赁主要企业竞争力分析**

资料来源：上海艾瑞市场咨询有限公司，《中国在线度假租赁市场研究报告 2016》，http：//www. iresearch. com. cn/report/2525. html，2016 年 1 月 28 日。

另外，相关企业也正朝着集团化方向发展。2016 年 6 月 22 日，途家并购蚂蚁短租，蚂蚁短租成了途家的全资子公司，而途家拥有了蚂蚁短租在国内 300 多个城市拓展超过 30 万套的房源。由此，途家拥有中国内地 288 个目的地和海外及港台地区 353 个目的地超过 41 万套房源（加上合作项目约 200 万套房源），成为中国最大的住宿共享平台，也是全球住宿分时租赁市场的第三大企业。2016 年 10 月 21 号，途家又与携程旅行网、去哪儿网达成战略协议，携程旅行网及去哪儿网的公寓民宿频道入口和整体业务及团队并入途家。通过收购，途家在境内公寓民宿交易平台网络体系基本构建完成。[①] 与此同时，途家在日本、新加坡、韩国、中国台湾等地的办公室全部落成。

### （四）我国政府加强对住宿共享经济的政策引导和支持

一方面，自 2013 年以来，由于"三公消费"设限和"八项规定"等倡导勤俭节约政策的实施，国内星级酒店市场逐渐降温；与此同时，经济型酒店市场也趋近饱和。标准住宿市场需求减少和酒店行业结构再整合等原因让酒店业进入了发展"寒冬期"（见图 3）。另一方面，2015 年 11 月，国务院办公厅印发的《关于加快发展生活性服务业促进消费结构升级的指导意见》明确了公寓民宿的合法地位；2016 年 3 月，国家发改委等部门制定《关于

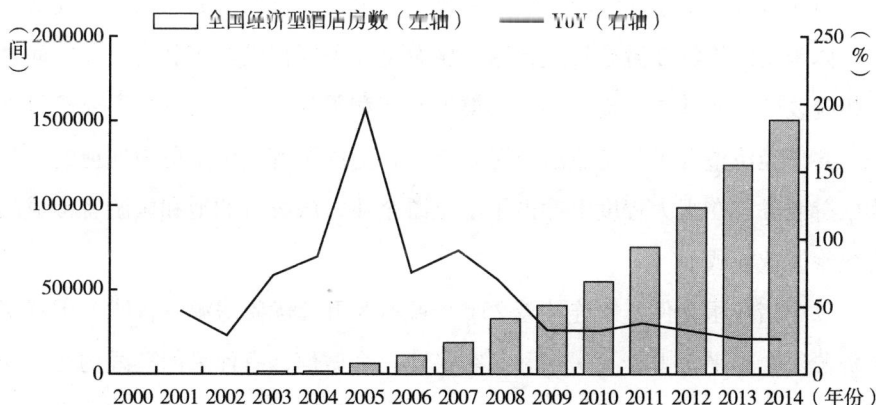

**图 3　全国经济型酒店客房数及同比增速**

资料来源：中银国际证券，《中国经济型酒店行业深度报告》，http：//wenku. baidu. com/ link？url = 8wnWRBWOoiaInv4snQqVE6BbS6hhurq5czilcv8EsF0pvBsQ8qUxdhUA2Vx_ O5aSBp5nCFVt AYKSqW7Ctae46e5SiXagACkNevXLi9QElrG，2015 – 08 – 12。

---

① 朱文：《途家并购携程、去哪儿公寓民宿业务》，《中国旅游报》2016 年 10 月 27 日，第 5 版。

促进绿色消费的指导意见》，支持发展共享经济，鼓励个人闲置资源有效利用，有序发展民宿出租，同时创新监管方式、完善信用体系；2015 年 7 月国务院常务会议上，李克强总理明确表示，放宽在线度假租赁的准入和经营许可。

## 二　我国共享型住宿业的创新特征

目前，我国以各类型酒店为代表的传统住宿业供给相对过剩。如何有效去库存和整合现有存量市场，用共享经济的理念和方式推动整个住宿市场可持续发展，使其保持旺盛的生命力和持久的创新力，是我国住宿产业亟须解决的问题。

### （一）创新旅游服务供给形式

当前游客需求正在经历着巨大变化，自由行和自驾游成为旅游市场的主体，休闲度假等深度游亦日益普遍。旅游企业需要在供给产品与服务方面做出相应改变，而其中，资源共享、渠道共享和服务及产品共享是主要趋势之一。共享经济整合了传统旅游资源和要素，为旅游者提供了更为便捷的一站式旅游服务，在很大程度上冲击了由旅游企业、旅游目的地和旅游者构成的传统旅游业模式。

以小猪短租为例，它连接着 251 个城市 8 万套优质房源，将线下闲置房产资源聚合到平台上，为房东和房客搭建一个诚信、有保障的在线沟通和交易平台，将房东的闲置资源通过分享充分利用的同时，加强房东和房客间的社交关系并增加互动。小猪短租还不断拓展其产业边界，与其他行业融合打造特色住宿品牌，如在北京、上海等 14 个发达城市与 16 家书店联合推出的"城市之光"书店住宿计划，获得了良好的社会反响。[①]

---

① 潘采夫：《分享经济：旅游业风云再起时》，中国旅游创新（TIC）沙龙第一期演讲，2016年 6 月 23 日。

途家则采用 C2B 和 B2B 相结合的方式，以住宿为渠道，提供更多与旅行度假等相关的服务，并依托其网络平台和途立方平台，整合社会碎片化资源，构建并完善了垂直整合的生态模型。途家既可代替屋主管理物业，又能采取自营"斯维登"品牌提供标准化的公寓式酒店管理服务，还可以通过自营平台及分销渠道，在租客通过平台预订并付款后，按照约定比例与屋主进行分成。此外，途家还通过自营平台整合恒大等企业，分享乡村闲置土地、劳动力和原生态的度假资源以及托管其他品牌的酒店，并按照约定的比例与其进行分成。而且，多样化的房源和多类型的价位能满足不同房客的不同需求。

## （二）为游客带来全新旅游体验

共享经济为旅游者带来了不同于以往的新的旅游体验。相对传统住宿业而言，共享型住宿企业可以为房客提供更为人性化的服务、更多类型的选择、更有特色的住宿产品以及更加深入的地域文化体验。例如，小猪短租鼓励有闲置房屋的人把自己的闲置房源分享出来，为旅游、求学、求职、就医、聚会、出差等出行人群提供更具性价比、更有家庭氛围且更有人情味的住宿选择。这就在传统酒店之外为旅游者提供了不同的选择，可提供"有人情味的住宿"。在这种模式下，房主与房客获得了结交新朋友的机会。共享经济还增进了游客与社区的深度融合。传统酒店一般是配备诸如健身房、游泳池等娱乐设备，而共享型住宿企业提供更多的则是居家体验，房客可以在短期内亲身体验当地文化，并与当地的房主进行深入交流。

## （三）推动住宿共享商业模式创新

现阶段，佣金是在线平台的主要获利来源。国内网站及盈利模式、商业模式大多仿照国外的 HomeAway 的"广告＋交易佣金＋增值服务"和 Airbnb 的交易佣金模式。尽管欧美成功模式对我国企业有很大的借鉴作用，但发展条件和环境仍然存在较大差异。如果简单将这些模式引入国内，就会引发与国内消费人群在消费理念、价值观念等方面的冲突，从而出现"水土不服"。① 比如，中美在分享理念、诚信机制、居住体验、消费特点、居住习惯、替代品环境等方面均存在诸多差异（见表2）。所以，需要根据实际在需求、产品、服务、营销、技术、集成、管理等方面进行系统创新。

**表2　中美住宿共享经济环境差异比较**

| 标准＼国别 | 美国 | 中国 |
|---|---|---|
| 分享理念 | 车和房很少会被视为财富和地位的象征，分享意识流行 | 物质财富是一种身份象征 |
| 诚信机制 | 房东对房间拍照后，自行上传给平台 | 共享企业派专门的摄影师对房东的房屋进行拍摄，确保真实 |
| 居住体验 | 房子大多是独门独栋 | 多是楼房，需要重新装修设计 |
| 心理障碍 | 较小 | 较大 |
| 消费特点 | 观念开放 | 更为谨慎和保守 |
| 居住习惯 | 度假租赁已有上百年历史 | 酒店仍为住宿消费主导 |
| 替代品 | 星级酒店发达 | 经济型连锁酒店发达 |
| 价格 | 相对便宜 | 价格优势不明显 |
| 区位 | 可进入性较高 | 可进入性较低 |

资料来源：对金融界、爱微帮、搜狐旅游、网易、百度文库等网络资料整理而得。

以途家为例，就是采取与房地产开发商合作的创新模式，将空置房拿来做装修，然后做短租生意，与开发商分成。这种合作模式给中国的地产开发商们提供了解决去库存难题的一种方式。另外，途家还整合了酒店业的线下服务和规范，包括采用美国斯维登酒店管理体系，提供接送机和宠物入住、统一的床单被罩等布草以及客房清理服务等。目前途家已从"管家＋托管"的商业模型1.0升级到了以互联网系统和平台为核心的住宿分享生态系统，从房源端、经营端和用户端进行"途家们"战略布局（见图4）。

相比西方国家，我国信用体系发展相对滞后。鉴于此，小猪短租和途家

---

① 肖岳：《在线短租如何破解"水土不服"》，《法人》2015年第8期，第32~34页。

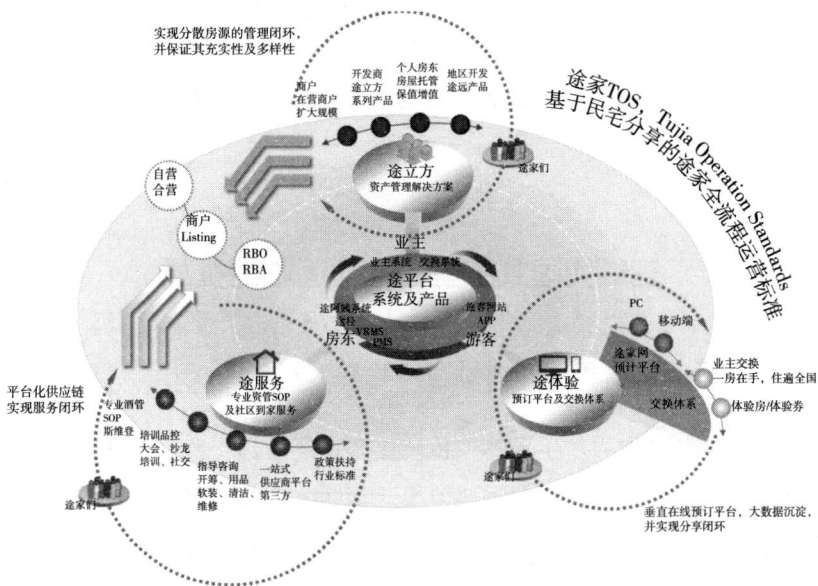

**图 4　途家的商业模式**

资料来源：唐挺，《房屋共享在中国》，中国旅游创新（TIC）沙龙第一期演讲，2016 年 6 月 23 日。

等企业通过统一收录房源、统一内装外装、统一线下服务、以平台对接消费者等方式尝试破除信任瓶颈。此外，途家通过严密遴选确保招募优质商家和对接优势资源，通过"旅游投资＋地区特色项目"加强对商铺和产品的管理，在业主、房东和游客之间搭建了一个全流程的共享平台、服务平台和管理平台（如途家与远大构建的景区建设别墅和依托途家托管的合作模式）。

## （四）促进经济社会可持续发展

中国家庭金融调查与研究中心的调查数据显示，2013 年中国拥有全球最大的不动产存量，该年我国城镇地区住房空置率为 22.4%，空置住房约 4898 万套。① 2015 年 4 月国际货币基金组织发布的报告指出，中国楼市空

---

① 肖岳：《在线短租如何破解"水土不服"》，《法人》2015 年第 8 期，第 32～34 页。

置面积高达 10 亿平方米。共享型住宿作为去库存和解决住宅闲置的有效方式，有利于降低新建旅游饭店对资源的浪费和对环境的破坏。此外，"旺季提供服务、淡季退回社会"的模式在很大程度上也缓解了旅游淡旺季住宿设施配置方面的矛盾。

## 三 我国共享型住宿业面临的挑战

### （一）行业监督和管理体系有待完善

旅游共享经济作为新生事物，传统旅游市场管理、监督及评价体系难以有效规范其发展。住宿业经营需要卫生、消防、安全等多种执业许可证，涉及工商、税务、公安、消防、食品卫生等多个行政管理部门，综合协调难度很大。另外，住宿共享经济房屋提供者或消费者履约受主客观众多因素影响，致使违约或侵犯对方权益的现象时有发生。

目前，共享经济相关法规滞后，且缺乏统一的行业规范，满足不了快速发展的市场需要。虽然国务院办公厅 2015 年 11 月印发了《关于加快发展生活性服务业促进消费结构升级的指导意见》，将住宿类的分享型经济划归为非标准住宿业态，但相关配套法律法规尚未出台。尽管有人认为共享经济自身的声誉机制和显示机制解决了交易双方信息不对称的困境，可以减弱甚至替代政府规制，然而现实中依然存在一些暗箱操作和刷分行为。

### （二）安全保障和信用体系不甚完备

住宿共享建立在双方高度互信及拥有充分保障机制基础之上。我国信用体系的不完善，使得在房东如何相信房源被文明使用、住户如何确认房源安全属实以及房间损坏如何保险赔偿等方面还存在一些问题。供给侧和消费端缺乏可靠的审核方式、实名社交网络缺失、征信数据割裂、对陌生人信任感低等对共享经济的发展带来挑战。目前，虽然多数住宿共享平台都通过手机、银行支付及二代身份证等实名认证方式加强了事前的安全保障，部分企业还建立了财产、人身安全保障方案及身份识别以及房东与房客的保险等系统，但整个行业的管理体系还不健全。住宿房屋的治安、消防、卫生、服务等诸多方面的管理也缺乏必要监管，房东和租客的人身、财产安全能否获得保障等问题备受关注。

（三）共享消费习惯尚未普遍形成

目前，共享式居住消费尚未成为我国大众普遍接受的消费习惯。究其原因，首先在于我国住宿共享经济的消费主体为大学生和背包客，购买能力较弱，而高消费人群少有介入。其次，虽然国内不乏 B2C 式平台，但客人只与平台建立必要的信息沟通和联系，无法建立人与人之间的感情连接，从而影响消费黏度，导致互动体验感低，难以让人产生情感依赖。[①]

展望未来，随着共享经济蓬勃发展，未来其对住宿业的影响将会进一步加大，更多传统企业将会积极拓展住宿共享经济，竞争将日趋激烈。共享型住宿企业的国际化程度也将不断提高，资源和产品将会实现高度全球化配置。国际、国家和地方层面的相应法律法规将出台并日益完善，信用和监管体系将会更加健全，有效的多元社会协同治理机制将会形成。共享型住宿企业将与打车、订票、餐饮、洗衣、游玩、娱乐、保健等各种旅游服务形式相融合，在共享经济的大旗下，通过网络共享平台开展更为密切和深度的合作和整合，以满足消费者的个性化、多样性、综合性需求。

---

① 项卫：《分享型住宿成长的烦恼》，《酒店评论》2016 年第 1 期，第 19~21 页。

# G.12
# 中国民宿行业发展的探索与思考

吴文智　张琰\*

**摘　要：** 当前民宿成为促进乡村旅游升级、旅游扶贫及美丽乡村建设的重要抓手，尤其在引导城市人下乡投资、返乡创业，提升乡村文化水平、生活与社区环境质量等方面起着积极的作用，对于促进当代城乡互动、农村治理等方面具有深远的意义。然而，由于民宿本身的经营特点，加上农村用房等政策约束，民宿发展存在一定的局限性，各地在民宿发展政策上导向不一，给民宿业的健康和永续发展埋下隐患。为此，必须正视民宿发展的当代意义，明确民宿的行业范畴，客观认知民宿发展的特点与规律，政府层面要有所为有所不为，逐步完善民宿行业准入政策及监管机制，并积极探索保障民宿可持续发展的制度措施。

**关键词：** 民宿　行业界定　政策导向

在我国大陆地区，随着城市化的快速推进，对乡村休闲度假的渴求、对乡村闲置资源的利用成为乡村旅游快速发展的主要动力。民宿作为一种利用闲置房屋、借用乡土环境、提供以住宿为主的休闲旅游度假服务的接待设施、行业，快速成为乡村旅游发展的又一主力军。借观我国台湾地区，民宿业从

---

\* 吴文智，华东师范大学工商管理学院旅游与会展系副教授，研究方向为旅游规划与产业政策、古村镇旅游与乡村休闲；张琰，华东师范大学工商管理学院旅游与会展系副教授，研究方向为旅游产业、服务管理与乡村旅游。

20 世纪 80 年代开始兴起，初衷是为了解决旅游区住宿不足问题，有空屋人家招揽游客实现创收，从而慢慢发展成为拥有 6000 多家合法民宿的大行业。大陆地区同样如此，传统的农家乐就是大陆民宿业的初级版。随着游客需求的不断提升，传统的农家乐版民宿已经满足不了市场的新需求，由此催生了以洋家乐、乡村精品客栈为先的现代版民宿，尤其是从浙江德清开始，逐步风靡全国。

根据去哪儿网的数据，从 2015 年 10 月底到 2016 年 9 月底，大陆登记民宿客栈数量从 42658 家增加到 48070 家，不足一年时间内增加了 5412 家。另据迈点网统计，截至 2015 年底民宿从业人员近 100 万人，市场规模达 200 亿元，预计到 2020 年大陆民宿行业营业收入将达到 360 亿元。纵观大陆民宿业的发展，不管是传统的农家乐还是现代语义上的民宿，作为一种有别于城市酒店、宾馆的接待设施、经营行当，在快速发展的同时需要对其进行理性思考。要正确认识民宿发展的特点及其行业属性，科学界定民宿的行业范畴，深入认识民宿发展的时代意义及其局限性，从而引导行业的健康发展。

## 一 大陆民宿业发展现状及特点

民宿作为一种新兴业态尚未形成准确的统计口径。基于去哪儿、携程、途家等旅游企业的数据库及部分研究机构发布的统计信息，可对我国大陆地区民宿行业发展规模、分布特点、房价与入住率情况有大致判断。

### （一）民宿的数量与分布

去哪儿网的数据库显示，截至 2016 年 9 月，我国大陆民宿客栈在去哪儿网平台注册量总数达 48070 家，其中云南以 7392 家民宿客栈的数量位居全国第一。前五名省份分别为云南、浙江、北京、四川、山东。民宿客栈的分布集中于旅游业比较发达的区域，这一现状与整个旅游业发展格局相吻合。在增幅方面，2016 年上海、重庆、江苏、广东、陕西等省份民宿数量较 2015 年增长速度最快，其中上海达 39.12%，成为 2016 年全国民宿数量增长速度最快的地区（见表1）。

表1　中国大陆地区民宿客栈注册数量与前20名省份排名

| 排名 | 省份 | 2016年数量(家) | 较2015年增加数(家) | 增幅(%) |
|---|---|---|---|---|
| 1 | 云南 | 7392 | 472 | 6.82 |
| 2 | 浙江 | 6141 | 98 | 1.62 |
| 3 | 北京 | 3685 | 260 | 7.59 |
| 4 | 四川 | 3621 | 260 | 7.74 |
| 5 | 山东 | 2995 | 166 | 5.87 |
| 6 | 福建 | 2878 | 111 | 4.01 |
| 7 | 广东 | 2570 | 561 | 27.92 |
| 8 | 河北 | 2375 | 77 | 3.35 |
| 9 | 广西 | 1991 | 213 | 11.98 |
| 10 | 湖南 | 1915 | 300 | 18.58 |
| 11 | 江苏 | 1299 | 303 | 30.42 |
| 12 | 江西 | 1225 | 122 | 11.06 |
| 13 | 安徽 | 1111 | 211 | 23.44 |
| 14 | 海南 | 902 | 50 | 5.87 |
| 15 | 陕西 | 854 | 173 | 25.40 |
| 16 | 上海 | 818 | 230 | 39.12 |
| 17 | 西藏 | 736 | -25 | -3.29 |
| 18 | 贵州 | 657 | 126 | 23.73 |
| 19 | 陕西 | 640 | 47 | 7.93 |
| 20 | 重庆 | 604 | 161 | 36.34 |

资料来源：去哪儿旅行网数据库。

## （二）民宿房价及入住率情况

唐人智库编制的《2016中国民宿发展研究报告》显示，在2015年全年民宿客栈平均房价方面，大理、杭州、西塘客房相对较高，700元以上客房占比分别达19.1%、14.1%和15.6%；大理是全国平均房价最高的地区，平均房价接近400元；成都全年最为稳定。从全年平均价格来看，2月（春节）与10月（国庆）期间民宿客栈房价最高（见图1）。

在入住率方面，大理、厦门、丽江的民宿平均入住率位居前列。其中，大理民宿的全年平均入住率最高；成都民宿的入住率季节变化较小，相对最稳定；而三亚的民宿入住率随季节波动最为强烈。从时间角度看，民宿的入

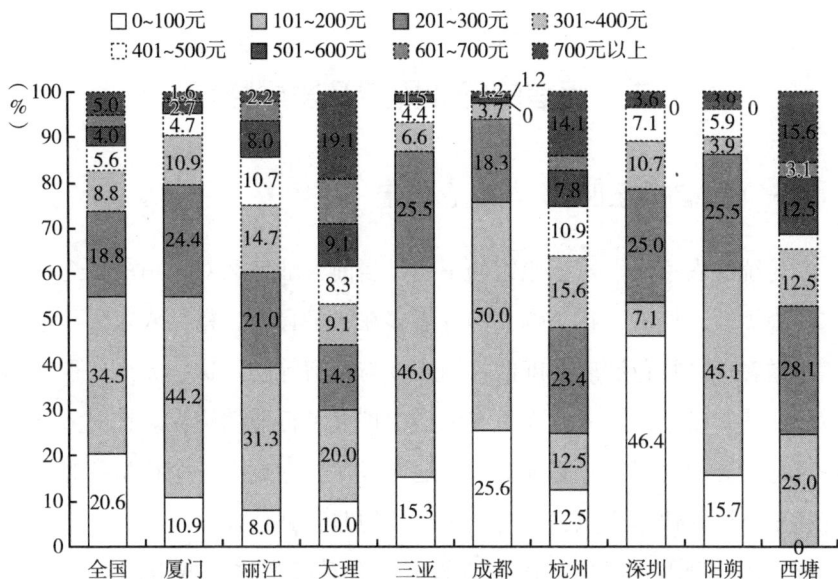

图1 我国主要旅游地区民宿平均房价分布

资料来源：唐人智库编《2016中国民宿发展研究报告》。

住率与该地区游客量的季节变动呈正相关关系。全国大部分民宿6、7月份的入住率最高，而三亚1月和11月的入住率最高（见图2）。

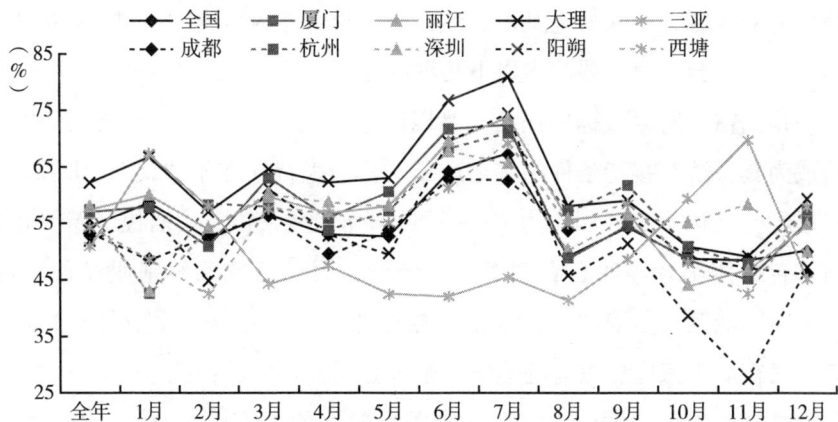

图2 我国主要旅游地区民宿入住率水平分布

资料来源：唐人智库编《2016中国民宿发展研究报告》。

## 二 民宿的行业界定及发展特征

### （一）民宿的行业区分与概念界定

受传统的农家乐、家庭旅馆的影响，当前大陆地区对民宿的概念认知有一定的模糊性。例如，在去哪儿网等诸多在线平台上，精品农家乐、家庭旅馆、主题客栈、特色酒店、度假村酒店都与民宿等同。这一方面使得市场对民宿行业认知模糊，另一方面也在无形中扩大了行业的边界。针对大陆地区的特点与发展的局限性，必须对大陆地区民宿概念要有一个科学的界定，从而有利于市场的快速辨识，也有利于行业的监管到位。

世界各地会因环境与文化生活的不同而对民宿这一业态的认定有所差异。欧洲的农庄式民宿（Accommodation in the Farm）、加拿大的假日农庄（Vacation Farm）、美国的居家式民宿（Homestay）、英国的 B&B（Bed and Breakfast）等，在行业界定上各不相同。在我国台湾地区，民宿被界定为"利用自用住宅空闲房间，结合当地人文、自然景观、生态环境资源及农林渔牧生产活动，以家庭副业方式经营，提供旅客乡野生活之住宿处所"。而在我国大陆地区，受农村宅基地、经营业主身份等因素影响，对民宿的界定有所不同。综合而言，要注重以下几种区分。

一是民宿之所以被称为民宿，是以民宅、民房、民居为载体经过设计、改造成为具备游客接待条件的住宿产品。其最大特征在于"民"，即强调利用民居经营（以自有或租赁为主的民居，非商业用房）、由居民经营（由民居所有者或使用者经所有者同意使用经营，属私营或家庭副业经营）。由此，民宿才能跟一般意义上的酒店、旅馆业（商业用房、企业经营）区分开来。民宿属于家庭旅馆业的范畴，是大住宿行业中的特色行业。

二是带有住宿功能的农家乐（与单一餐饮的农家乐区分）、农家客栈、家庭旅馆应该属于民宿的范畴，符合民宿的行业特征，只是属于中低档次的民宿产品类型。尽管它不能代表民宿未来的主流，但也是民宿发展的一种方式，只是需要进一步学习与升级，从这一点来看，民宿是大陆农家乐的升级版。

三是以提供非标准性、个性化住宿服务产品的精品酒店、特色酒店（如集装箱、胶囊、树屋、房车酒店等），既跟民宿有关系又跟民宿有所区分。民宿既可以做成精品酒店产品，也可以提供上述特色酒店式样的特色产品。民宿可以包容很多创新性的事物，如乡村文创产品、健康养生养老产品、亲子度假产品等，但民宿就是民宿，不属于酒店。

四是乡村给予民宿最好的发展土壤，提供了相对低成本的闲置资源、最佳的自然人文环境以及可以借助的农业生产活动，但民宿并不排斥城市。在很多古城、古镇、古街弄，以及城市风景优美的地方，也可以做出一些比较有吸引力的民居住宿精品，这也属于民宿的范畴，只不过属于城市民宿的类型。

总之，大陆地区的民宿既有自己的独特性，也具有一定的包容性，它应该是指利用合法的民房、农村宅基地、集休用房等民居资源，结合当地自然人文景观与生态环境、社区生产生活特色，基于合理的设计、修缮和改造，以旅游经营的方式，为游客提供住宿、餐饮等服务的场所。

（二）民宿发展的共识与行业特征

基于上述分析，民宿在发展中正在形成一些共识，也成为民宿行业发展的主流方向。

其一，民宿提供的是一种个性化、精细化的非标准住宿体验产品，不在于规模、档次，而讲究的是入住体验，如有家的温馨、有回归故里的亲切、有拥抱自然的纯粹、有热爱生活的美好、有执着梦想的感动，强调入住过程中的环境感受、主人情怀、当地文化、活动体验等。这就要求民宿要有好的主人、管家，提供有温度、更具人性化的服务，才能与酒店提供的标准化产品竞争，才能找到生存的空间。

其二，民宿不仅仅满足于单一的住宿功能，它能够融合当地文化、农业、创意等诸多要素，形成"民宿＋"这一复合化的综合消费链条，让民

145

宿与文创、农创联姻，让民宿有更多的吸引点与卖点。民宿卖的不仅仅是一张床、一桌饭，还要学会卖更多的故事、创意和文化标签下的衍生产品。这也是民宿对乡村旅游产业的带动作用所在，民宿能够整合更多的产品，使消费延伸。

其三，民宿扎根民间，依托于民居、居俗，创造的是一种有温度、有情感、有文化的旅居产品，提供的是一种新型的生活体验方式，营造的是一种主客共享、情景交融的社区（空间），能够让游客把脚步慢下来，让在地旅游走向深度，让游客融于当地生活，享受在地生活的乐趣。因此，民宿的永续发展一定要强调社区整体营造，强调生活性，这才是民宿未来持续发展的关键所在。

## 三 民宿发展的意义与局限性

### （一）深入认识民宿发展的意义

当前民宿发展的热潮，既反映了城市（游客）需求的新变化，满足了当代休闲度假市场的新需求，也反映了乡村（旅游）发展的新诉求，满足了当前供给侧结构性改革、乡村建设、鼓励中小型投资、创新创业等诸多诉求点。

一是民宿满足了当代旅游休闲度假市场的新需求。随着中国进入工业化中后期发展时代，达到中等收入国家水平，居民消费需求、消费方式出现了很大的转变，特别是沿海发达地区，休闲度假逐渐成为常态化消费，也成为居民的生活方式之一。单一的观光旅游、景点旅游已经不能满足游客的休闲度假需求，旅游需求必然随之细分、升级，在地体验、个性化需求、非标准化产品、中高档消费也成为旅游市场的重要选择。民宿恰恰满足了这种需求新趋势。

二是民宿满足了当代人对城市生活的反思和对乡村生活的向往。随着城市化的快速推进，城市生活太快、太急、太挤，城市病越来越明显，逼迫城市人经常逃出城，回归乡村、回归传统乡土文化，追求乡村的慢生活与健康生活，寻找乡貌、乡愁。乡村由此成为城市生活的重要补充，乡村旅游成为城市病的重要治疗方式，而民宿承载着城市人对乡村文化、乡村生活的众多理想，能够更好地满足当代人逆城市化的众多诉求。

三是民宿满足了当代推动乡建运动、倡导乡村复兴的新诉求。快速城市化发展的另一面是乡村空心化、乡村社区的衰退，农村劳动力流入城市，大量农房、农地被闲置，乡村没有了发展的主力，更谈不上乡村环境的保护、乡村文化的传承与乡村生活的延续。民宿作为一种倡导精品主义、由精英人群主导的新生力量，将成为当前美丽乡村建设、乡村产业创新的重要推手，提升乡村的存续价值。就如莫干山计划一样，基于返乡与乡建思潮，既让怀着乡愁的高知群体找到用武之地，又满足当代人期盼乡村复兴的愿景。

四是民宿满足了当前中小资本进入旅游生活消费领域的投资新诉求，满足了部分人上山下乡、返乡创业的新需求。民宿作为一种基于小个体的个性化旅居产品，构成了当代中小资本进入旅游生活消费领域的重要载体与切入口，满足了当代城市人，特别是一批高知人群下乡、一批进城人员返乡创业投资的新需求，为旅游领域中的"大众创业、万众创新"提供了广阔的天地。

总之，民宿虽小，却是撬动当前旅游供给侧改革、乡村发展的杠杆支点。正因为小、因为轻、因为美，才更容易吸引大量的社会中小资本、众多的投资经营人群，盘活社会大量的闲置资源，创造出小而精、小而美、小而别致的多元体验产品。在激发、引领当前旅游休闲度假新需求的同时，营建出一批宜居、宜游、宜业的乡村社区，活化了乡村，延续了当地文化与生活，增强了乡村的文化自信、生活自信，转变了人们对乡村生活的价值观念，从而带动更多农村社区的发展，让城市与乡村良性互动、可持续发展。因此，民宿发展的社会意义远远高于它的经济价值。

## （二）客观认识民宿发展的局限性

虽然民宿发展具有一定的必然性，有重要的时代意义，但由于本身的经营特点以及先天条件的限制，民宿发展也存在一定的局限性。

一是投资局限性。民宿作为一个小体量、个性化的住宿服务产品，强调以人为本，因人而异，强调主人温度与情怀，所以更适合社会小微投资、个性化经营，并不适合企业大规模投资、连锁化经营。在市场需求不断攀升和幕后投资者的推动下，大企业、大资本随同众多小微业主一起涌入了民宿行业，都在快速"跑马圈地"，进行全国性布局、大手笔投资，导致产品和服务趋同现象越来越明显，而过度投资、不当设计、重硬件不重软件、酒店般的连锁化都不符合民宿行业发展的内在规律。把民宿当成酒店，一味地走高档化之路是当前民宿投资中的一大问题。

二是用房局限性。严格意义上的民宿是利用民房、民宅、民居打造的旅游住宿接待、体验产品，不同于酒店和其他旅游地产投资品（以商业用房为主）。这种民宿用房以宅基地、私人住宅或集体用房居多，在权属上、交易上、使用上都对投资经营者具有一定的局限性。特别是在大陆农村地区，一方面在村在乡、有房有地的当代农民在民宿投资经营上有很多的缺陷，没有相应实力、能力和阅历、经验，很难与外来投资经营者竞争，相对做房东、做地主是一种更好的选择；另一方面受宅基地政策、集体经济所有制的约束，外来投资经营者在乡村民宿用房上都以租赁为主，租赁期一般控制在10~20年，这与民宿本身强调的"居家经营""主人情怀""社区总体营造""永续经营"等理念有一定冲突。经营业主非物业主、没有安全感、没有社区归属感，只能把民宿当成一种情怀调剂品或者纯粹的投资品。

三是社区局限性。对于民宿的成功来说，不仅仅是单个民宿经营的成功，还应该是整个社区营造的成功。民宿的长远存活需要有一定的社会氛围、社区环境，强调社区的整体营造，通过提升整个社区的生活品质、文化底蕴、友郊关系、主人翁意识、多元产品互动，更好地推动民宿发展。这也是束河、双廊、莫干山等地成功的关键，也是当前SMART、伴城伴乡等机构倡导的乡创综合体的缘由所在。而当前农村社区的空心化、破碎化，以及有时农民的不合作行为，无法给民宿发展提供很好的社区环境，倒逼民宿投资业主扎堆、结群、互助，采取更好的合作模式去营建社区，以保障长远的发展。这也是大陆民宿投资的一个痛点所在。

# 四 促进民宿健康发展的政策建议

2015 年 11 月，国务院办公厅在《关于加快发展生活性服务业 促进消费结构升级的指导意见》中首次提出"积极发展客栈民宿、短租公寓、长租公寓等细分业态"，掀起了各个地方政府出台民宿行业发展相关政策的热潮。《浙江省旅游管理条例》首次将民宿概念植入国内法律法规中，并将其纳入政府机关、企事业单位的会务等采购范围，专门出台了《浙江省民宿（农家乐）治安消防管理暂行规定》。新修订的《福建省旅游条例》《北京市旅游条例（草案)》，纷纷把民宿纳入其中。德清县、杭州市、厦门鼓浪屿、温州瓯海区、黄山市、余姚市、龙游县、浦东新区、莲都区等都出台了相关管理办法、意见和标准等。

在综合比较各地民宿发展政策的基础上，结合民宿发展的行业特点及其局限性问题，我们建议，各地有必要正确认识民宿发展的行业范围、行业特征、行业发展的主流方向，明确民宿行业发展的政策障碍及难点所在，厘清政策出台的目标与作用，切实保障民宿行业的健康发展。

一是充分认识民宿发展的经济与社会作用，清晰界定民宿的性质与行业范围，确立民宿发展的行业地位。需要在政策中界定民宿的性质与行业范围，为居民利用自有住宅或其他经营主体租赁农户住宅或闲置的村集体用房、农林场房开办民宿提供政策依据。要将民宿与乡村酒店、社会旅馆有所区分，同时将住宿型农家乐、农家客栈等一起纳入民宿范畴，与酒店业并立于大住宿产业中，确立民宿业的发展地位。

二是科学设置民宿行业的进入门槛，界定民宿的申办条件、经营规模，确保民宿发展的宗旨、特色与健康方向。各地在鼓励民宿业发展中，要设置好民宿业的进入门槛，不能放开条件、急功近利、一哄而上，特别是防止两种不良倾向：一种是类酒店化的开发倾向，鼓励企业进入、包村开发、上规模经营，将民宿当作酒店去发展，造成行业管理的混乱和不公平竞争，不利于保持民宿行业的特色；另一种是类农家乐的发展倾向，鼓励不具备能力和条件的农民去投资、经营民宿，结果还是造出一批农家乐，造成产品过剩，降低民宿行业的竞争力。对每个民宿申请主体在经营规模上要有所控制，不鼓励大规模开发，要追求民宿发展的本义。

三是客观评估民宿发展的合适地区和集聚区点，科学规划并配置相关的公共设施与服务，杜绝遍地开花，避免造成资源的浪费和环境的破坏。根据境外民宿成长的一般规律，建议各地科学编制民宿布局规划，根据资源的条件和市场选择的可能，引导民宿向某些地方集中，形成一定的集聚区点，同时便于旅游公共设施与服务配套，确保民宿经营的成功率；注重保持民宿发展的初衷，以保留乡土景观、延续乡村生活为目的，以市民周末、周边休闲为目的，以盘活闲置的"三农"资源为目的，优化民宿产品供给结构，避免过度商业化与短期性行为。

四是研究出台灵活而又相对安全的民宿用房政策，合理合法地保障农房租赁等交易行为，利于社会资本的参与和市场的优化配置。在国土资源部等部门联合下发的《关于支持旅游业发展用地政策的意见》基础上，进一步明确民宿等旅游新业态的用房用地政策，特别是在农村集体建设用地、宅基地等方面，探索一些诸如农房使用权入股、联营或在农村合作社基础上对外统一租赁等创新举措，避免个体私下交易带来的各种风险，让社会资本能够合理合法、放心地使用乡村资源、参与乡村经营。

五是积极引导城市相关人群、返乡人群参与民宿创业投资，探索行之有效的社区总体营造模式，引导民宿"双创"人才进驻，探索民宿人的社区接纳机制。充分利用好现有"双创"平台，引入众包、众筹等"互联网＋"平台，鼓励部分城市人下乡创业、下乡居养做民宿，鼓励有条件的农村人返乡、居家创业做民宿，不仅仅在现有的扶农资金、双创资金等方面要给予倾斜甚至专项支持，更要探索好民宿"双创"人才的扶持与入驻政策，引导民宿人转型为新村民，培养民宿人的主人翁意识，提高民宿人的社区责任感和归属感。从民宿人的培养开始，造就一支适应未来发展需求的新农民、新乡客队伍。

六是探索合理合法、高效一体的民宿行业管理政策，推行行业许可经营制度，建立统一的民宿审批与监管机制，提高民宿经营的规范性与稳定性。为避免民宿像过去的农家乐一样遍地开花、无序经营，建议在鼓励行业发展的一开始就要制定民宿行业管理办法，推行许可经营制度，在经营方式上既鼓励正业、专业经营，也允许副业、兼业经营，由业主根据自身条件决定，但要设置相应的进入门槛和统一的审批、监管机制，如在客房数量、经营面积、公安、消防、建筑安全、食品卫生、工商登记、税务等方面有所限定。

七是推行民宿等级制度或服务质量认证制度，完善行业自律与监管机制，规范业主经营，注重维护游客权益。鼓励各地成立民宿协会等行业组织，制订业主经营公约，加强行业自我管理与监督，同时推广民宿等级制度或服务质量认证制度。

八是加强民宿行业的互助学习与培训，完善民宿从业人员的社会保障，加强第三方平台的介入与支持，保障民宿的持续、健康经营。要重视民宿行业人员的培训，加强业主之间交流与学习，不断提高业主的产品更新能力与经营水平；要完善本地区民宿从业人员的社会保障，形成较好的民宿招工、用工机制，要形成一个较灵活的劳工储用机制，确保淡旺季服务人员的及时配备与动态性调整；要鼓励第三方平台介入，包括专业管理公司、创投服务中心和网络电商平台等，为民宿业主提供更专业的服务，保障创业的成功率和行业发展的健康性。

民宿发展已成为当前乡村旅游转型升级、旅游扶贫、旅游双创以及美丽乡村建设的重要抓手，对于当代城乡互动发展、乡村活化、文化自信等方面具有深远的意义。当然，民宿作为一种未被明确界定的新兴行业，在投资经营、农村用房政策、社区融合等方面存在一定的局限性，给民宿行业的健康发展埋下了隐患。为此，应正视民宿发展的当代意义，明确民宿发展的行业范畴与地位，科学设置民宿的行业门槛，有针对性地出台合理合法的民宿用房制度，探索民宿的社区接纳与融合发展机制，推行民宿行业许可经营制度，建立统一的民宿审批与监管机制，完善民宿行业自律与服务质量认证制度，加强民宿从业人员的社会保障，引导民宿行业的健康、永续发展。

## 参考文献

杨丽娟：《中国台湾地区民宿旅游的研究进展与启示》，《成都大学学报》（社会科学版）2016 年第 2 期。

蒋佳倩、李艳：《国内外旅游"民宿"研究综述》，《旅游研究》2014 年第 4 期。

吴吟颖、陶玉国：《台湾民宿产业的发展及其对大陆乡村旅游业的启示》，《江苏师范大学学报》（哲学社会科学版）2016 年第 2 期。

台湾"交通部"观光局：《台湾民宿管理办法》，2001 年 12 月。

杭州市委办：《关于加快培育发展农村现代民宿业的实施意见》，2015 年第 14 号文。

厦门市人民政府办公厅：《厦门市鼓浪屿家庭旅馆管理办法》，2015 年 12 月。

浦东新区人民政府：《浦东新区关于促进特色民宿业发展的意见（试行）》，2016 年 8 月。

# 中国旅游在线预订的发展、
# 创新与未来趋势

沈 涵 张君杰*

摘　要： 在"互联网＋"的时代背景下，旅游业与互联网业的创新性
融合极大地促进了旅游市场的飞速发展，同时也改变着人们
的出游方式。随着网络技术、移动技术的突飞猛进，网络基
础设施的建设完善，无线网络 Wi-Fi 的高覆盖率以及移动设
备的普及化，人们的预订方式从最初的线下预订过渡到了线
上预订，进而快速进入移动预订领域，旅游预订展现了强大
的发展潜力和创新趋势。移动创新技术下旅游预订的发展历
程，以及移动预订与商业应用在 OTA、酒店、旅游交通、旅
游度假产品等方面的创新型结合都值得关注。从用户消费习
惯的趋势、终端应用功能的发展和大数据的应用等角度来看，
移动预订发展前景良好。

关键词： 移动预订　在线预订　消费习惯　大数据

随着智能设备的不断创新和预订系统的迅猛发展，人们的旅行预订方式
从最初的线下预订迅速向线上以及移动终端预订转移。根据中国互联网络信
息中心（CNNIC）的数据，截至 2016 年 6 月底，中国在线预订的用户人次

＊ 沈涵，管理学博士，复旦大学旅游学系副教授，研究方向为消费者行为、旅游市场营销；张
君杰，复旦大学旅游学系硕士研究生，研究方向为旅游与新媒体传播。

为 2.64 亿，通过移动端预订的用户规模达到 2.32 亿，增长率为 10.7%。根据世界旅游组织（UNWTO）发布的《2015 全球旅游报告》（*Tourism Highlights 2015 Edition*），中国旅游者的在线预订行为成为常态，旅游移动预订表现得更为突出，成为中国旅游预订的主要方式。

在世界范围内，在线旅游都表现出强劲的趋势，《美国旅游周刊》（*Travel Weekly*）的《美国消费者旅行报告（第六版）》（*U. S. Consumer Travel Report Sixth Edition*）数据显示，2012 年移动预订在全美旅行交易额中只占 2%，交易额为 62 亿美元；2013 年上升至 3%，交易额 104 亿美元；2014 年占据 5%，有 159 亿美元的交易额；2015 年上升至 7% 左右，达到 228 亿美元；预计 2016 年将达到 8%，规模上升到 304 亿美元。在大数据时代背景下，技术创新成为这个领域的主旋律，对用户行为趋势的把握成为关键。因此针对用户使用习惯开发移动预订 App 和移动网站已经成为美国酒店、航空公司和在线旅游公司的首要关注任务。美国在线旅游预订商预计在 2016 年将占据 55% 的市场份额，传统旅游预订继续受到挤压，预计将会被在线渠道分流 7300 万美元的预订业务。

在如今的移动互联网时代里，90% 的旅行者拥有智能手机，一半的人至少拥有三台设备（手机 + 平板电脑 + PC），移动预订渠道已经成为旅游者出行的重要预订途径。

## 一 移动技术创新：旅游预订的发展历程和现状

移动互联网技术的不断优化和创新对当代社会的发展产生了巨大的影响，人们的旅游行为方式也逐渐发生着改变。随着智能手机和平板电脑的普及、应用软件的丰富、4G 网络速度的愈加迅速和稳定，以及人们出游方式的日渐个性化，越来越多的旅游者开始依赖移动互联网为其旅游活动提供预订服务。中国在线旅游自 2010 年开始进入移动端布局阶段，并于 2013 年开始进入移动端的爆炸性发展阶段。与传统个人计算机（PC）上网旅游者只能在出发前预订信息不同的是，在线预订的旅游者可以通过移动终端在旅游的整个过程中随时浏览旅游信息，制订或改变旅游计划，并向旅游服务供应商预订旅游产品和服务，如机票、酒店、邮轮、线路等的预订。这种技术将预订引擎移植在移动终端上，突破了时间和空间的界限，将人们从排队、拥堵中解放出来，为移动旅游提供了巨大的市场空间，不仅可以提高旅游业的经济效益，也可以合理配置资源，获得较大的社会效益，旅游者通过移动端的一键预订就可以轻松享受旅游产品。

中国互联网络信息中心（CNNIC）发布的第 38 次《中国互联网络发展状况统计报告》显示，截至 2016 年 6 月，在网上预订过机票、酒店、火车票或旅游度假产品的网民规模达到 2.64 亿人，较 2015 年底增长 1.6%。其中移动端预订的网民规模增长了 10.7%。我国网民使用手机在线旅行预订的比例由 33.9% 提升至 35.4%（见图 1）。

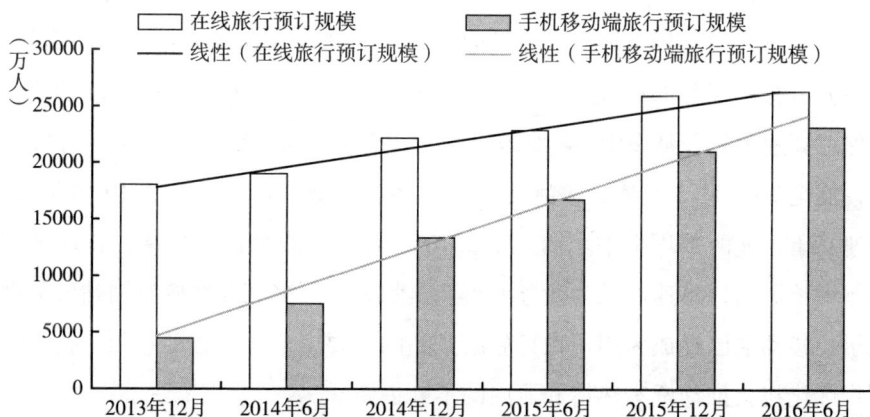

**图 1　在线旅行预订/手机移动端旅行预订的用户规模**

资料来源：第 38 次《中国互联网络发展状况统计报告》，2016。

与此同时，据 eMarketer 预测，2016 年有近 7500 万的美国消费者将通过移动端搜索旅游信息，其中约 4850 万美国消费者将通过移动端预订旅游产品①。

_____

① 《全球豪华酒店提供移动端预订服务比例超 4/5》，环球旅讯，2015 年 5 月 22 日。

截至 2016 年第一季度，日本通过移动设备完成的订单比例占到 28%，澳大利亚占 32%，美国、英国和意大利分别占 29%、28% 和 26%，巴西与荷兰均占 23%。以上数据表明，由于移动设备已经成为旅行者的必备产品，同时移动端界面清晰、所涵盖的信息有针对性，且没有过多广告干扰，功能相对齐全，使得移动预订技术正在改变着从旅游规划、旅游体验到旅游评价各个阶段的状况。因此，移动预订技术的应用对于各大在线旅行社（OTA）来说既是机遇也是挑战。

## 二 移动预订与商业应用的创新性结合

### （一）OTA 的移动预订应用

目前，在线旅行社（OTA）的主要代表——去哪儿网、携程、途牛、同程、艺龙、淘宝旅行等都在积极创新，它们利用移动预订技术开拓市场，为旅游者提供了更多的便捷。去哪儿网早在 2009 年就开始发展移动端业务并保持高速增长，从 2010 年到 2013 年移动端用户数量从 29 万发展到 5280 万，截至 2016 年 3 月底，去哪儿网移动客户端下载量总计高达 10 多亿次，增速高于行业的平均水平。携程于 2010 年开始上线手机客户端，移动端交易额增长迅猛，迅速成长为业务的重要贡献力量。多家在线旅游网站的数据显示，移动端已经成为用户预订旅游产品的主要渠道，而移动端预订技术的进步优化将会推动资本热情和业内的不断创新。

### （二）酒店的移动预订应用

迈点网的《80、90 后酒店用户预订行为调查报告》的数据显示（见图2）：在预订方式方面，46% 的用户选择移动端，30% 通过 PC 预订，13% 通过电话预订，仅有 11% 的用户"直接到店入住，不预订"。随着移动预订技术的发展，人们通过移动设备预订酒店的需求也越来越高。各大在线旅行社为了在移动端市场获得领先地位，开始在移动端进行布局，并陆续在自己的移动客户端上推出了一系列优惠活动，比如下载其 App，可获取代金券、享受酒店预订红包、下单立减等来方便旅游者进行酒店的预订同时也吸引了客源。

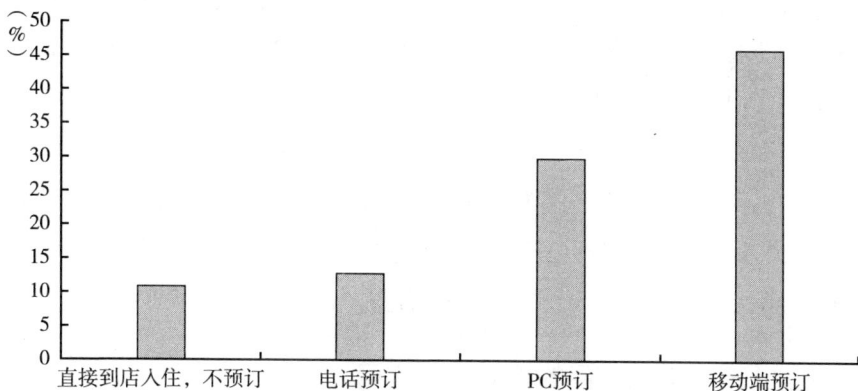

**图 2　酒店预订的主要方式占比**

资料来源：《80、90 后酒店用户预订行为调查报告》，迈点网，2015。

调研公司 Criteo Travel Flash 在整理了超过 100 家旅行供应商和 OTA 的 10 亿个在线预订信息后发布了酒店行业发展的趋势报告，报告中有数据显示，当移动端预订消费成为主流采购渠道后，从在线旅行社移动端预订酒店的数量是在酒店平台直接预订的 3 倍，且这一趋势从 2015 年 1 月的 19% 增长到 6 月的 26%[①]。

### （三）旅游交通的移动预订应用

根据易观智库的数据，2012 年我国移动端旅游交通预订市场开始迅猛发展，随着 4G 网络的成熟运营和公共场所 Wi-Fi 覆盖面积的迅速增加，2014 年市场规模达到 878.4 亿元人民币，同比增长 406.1%。其中旅游交通预订在移动端市场占比达 70.4%。易观智库发布的数据显示，2015 年第四季度移动端旅游预订市场规模占比已全面超越 PC 端，达到 71.7%。

---

① CRITEO：《偏好移动端酒店预订消费者在购买行为上有哪些特征？》，2015。

根据 2015 年《中国移动端旅游交通预订市场专题研究报告》的分析，携程、去哪儿网的用户规模和交易规模处于领先地位。携程已形成包含飞机票、火车票、汽车票等在内的交通预订产品体系，机票主要依靠携程自身交易平台，是携程主要的移动端旅游交通预订产品，2014 年占交易规模的 93.9%。2014 年移动端旅行交通预订交易规模达到 99.1 亿元人民币，市场份额为 11.3%。

旅游交通的移动预订市场也涌现了很多新型企业。例如，活力天汇通过介入机票和高铁等高频交易产品获得迅速发展；酷讯旅游主要通过超级火车票和酷讯机票两款移动客户端为旅游者提供旅游交通产品预订，其中酷讯机票通过为航空公司和机票代理商提供垂直搜索平台进行机票预订；超级火车票主要通过与赶火车网等火车票代购厂商进行合作，为旅游者提供火车票预订服务。

### （四）旅游度假产品的移动预订应用

#### 1. 门票

近年来，以同程、驴妈妈等为代表的旅游度假产品销售渠道发展迅速。同程旅游数据显示，全国各景区游客入园量较上年同期增长明显，通过同程旅游官网及移动客户端预订景区门票的数量实现倍增，占 OTA 景区门票市场近七成，通过同程移动端预订量增速超上年同期 5 倍；同程旅游在部分景区推出"同程绿色/VIP"快速入园通道，实现"随时订购、随时入园"，这得益于其移动端的持续开发与投入；2015 年黄金周携程的旅游度假订单中超过 50% 来自移动客户端，其中门票预订手机下单占比超过 90%。

#### 2. 旅游线路

以旅游线路预订为突破点的移动客户端在国内市场上已经逐渐成熟，围绕周边游、国内游、出境游、目的地旅游等几个板块，游客可按照自己的出行需求进行查询预订。旅游线路的手机客户端虽然属于后起之秀，但是因为其便捷性受到用户热捧，各类"旅游线路"相关的手机客户端成为 App 商店的新兴热点[1]。

---

[1] 《旅游线路预订成为突破点》，欣欣旅游网，2013 年 4 月 22 日。

### 3. 餐饮

大众点评、美团、糯米等生活消费类 App 的普及，携程高端美食等旅游餐饮专题 App 的正式上线，构筑了餐饮领域移动预订的全方位渠道。旅游者在旅行过程中基于日常生活的消费习惯而形成的对大众点评等 App 的使用成为餐饮预订领域的重要行为模式，与此同时，携程高端美食等专业旅行美食指南和预订服务平台，则填补了高端餐厅网络预订服务的空白。可以预见的是，在餐饮行业，随着移动便捷性和消费者习惯的稳定，移动终端的预订渠道将扮演越来越重要的角色①。

## 三　移动预订的发展前景

### （一）用户消费习惯的趋势为移动预订提供重要依据

在线旅游预订和交易呈爆发式增长，移动性是其背后的推动力。根据商旅管理公司 CWT（Carlson Wagonlit Travel）的预测，2017 年移动端的商旅预订量将占到在线预订总量的 1/4，移动预订的市场前景极为可观，未来三年移动端预订工具将融入用户的消费习惯并且成为预订的重要形式。其中，亚太地区的商务旅客接受移动端预订人群比例大概在 62%，高于北美地区的 55% 以及 EMEA 地区（欧洲、中东和非洲）的 45%。亚洲用户对移动预订的接受程度较高，尤其是为中国旅游预订企业的发展提供了机遇，可以预见的是移动预订技术将成为未来三年主流旅游预订企业大力发展的方向②。移动预订得以实现的前提是移动信号的覆盖，随着 Wi-Fi 的覆盖，以及近期三大运营商落实的月底流量不清零的活动，为移动预订的发展奠定了良好的基础。而且近年来出境游的大幅上涨，更需要三大运营商加强与旅游产品服务供应商的合作，提高移动设备在境外旅游中的利用率，从而促进移动预订

---

① 《十一三大 OTA 布局：向移动端和多场景渗透》，快乐旅行网，2014 年 10 月 13 日。
② 《Criteo 发布 2014 在线旅游趋势快报》，中华网，2014 年 10 月 28 日。

的发展。

目前，人们对移动支付的接受程度越来越高，消费者对移动支付的安全性更有信心，或者是认为移动支付的风险已在自己的承受范围之内，他们愿意在移动设备上使用已有支付信息或输入信用卡信息为自己的旅游计划进行预订。目前市面上像 NFC（Near Field Communication，近场通信技术）、Apple Pay 或者其他的无缝隙移动支付系统的推广，都会提高人们对移动支付的接受程度，同时促进移动预订的数量[①]。

## （二）终端应用功能的发展提升全渠道消费者体验

当下，很多消费者都有智能手机或平板电脑。这意味着要保证所有旅游者的良好体验，不仅要从广告到购物车都为移动端而进行优化，并且必须保证移动端的预算审核是完全流畅的。因为消费者做决定是实时的，这要求预订体验流畅，并集成简便易用的移动支付系统，让交易的各个重要流程变得轻松易操作。

基于位置的服务（LBS，Location Based Service）功能在移动终端上的应用，充分展现了它能为旅行者提供更为细致的预订服务的发展前景。厂商可以把用户在其位置的信息进行更多的服务和整合，包括位置跟踪服务、交通和导航服务、安全救助服务、移动广告服务、相关位置的查询服务。这些服务均有利于消费者在最近的位置享受最便捷、最高效的预订。预计在未来的移动位置服务将整合"移动位置服务 + SNS + 商业 + 娱乐"，具有极强的交互性特征，同时地理围栏等新应用也将成为移动旅行的发展新趋势。

随着重要社交平台微信的迅猛发展，若将移动预订技术嫁接在微信的公众号上，会给旅游者带来极大的便利。例如一些 OTA 的微领队，为预订自由行的旅游者建立微信群，旅游者可在微信群提出任何问题，微领队中的专家会以最快速度提供帮助。将移动预订技术与微信相结合，已经成为一种发

---

① 《移动旅行时代已全面到来》，环球旅讯，2015 年 1 月 29 日。

展趋势，通过这种方式可以及时解决预订后的服务问题①。

目前，VR 技术逐渐被更多人接受，而且它所展现的效果越来越好，在旅游业也得到了更多推广。消费者可以足不出户地浏览世界各地的美景，或者在旅游前提前预览要去的城市、要住的酒店、风景区。VR 技术以 3D 多维空间全景视频的展示方式，填补高用户需求与现有产品展示方式之间的信息缺口。

### （三）大数据应用将提高移动预订营销决策效率

大数据的发展以及企业对用户预订行为数据库的建设，使得各个旅游企业在营销决策方面获得了强大的数据支持和决策依据。目前，移动预订平台提供的整合信息解决了旅游信息碎片化、复杂化的问题，能够满足旅游者的个性化旅游产品需求，而且各大在线旅行社都相应地根据用户的评论、标签选择，及用户的行为习惯来分析用户的潜在喜好，且建立特定的匹配模型，来为旅游者推荐更匹配的产品，这样不仅可以节约旅游者对产品选择的时间，也极大地促进了移动端的预订效率。

## 四　移动预订领域的创新性发展趋势

### （一）移动搜索技术推动 OTA 与媒体的融合

基于不同创新技术衍生的商业模式中，移动技术的突飞猛进和消费者依赖性的增加，使得移动预订不断整合各种预订模式，而且不同类公司的兼并成为重要趋势。Priceline 收购旅游垂直搜索 Kayak 网站；Expedia 控股德国旅游搜索 Trivago 网站；欧洲 OTA 巨头 eDreams 收购法国旅游搜索 Liligo 网站；TripAdvisor 在与 Expedia 分拆并独立上市后，相继推出了针对中小酒店

---

① 《今夏出游移动预订成主流　携程移动端红包扩容遭"疯"抢》，比特网，2015 年 8 月 10 日。

的营销服务 TripAdvisor Connect 以及在移动端推出即时预订服务（Instant Booking）；美国 Orbitz 与大数据营销公司 Intent Media 联合推出"元搜索体验"（Meta Experience）提升用户体验。同时，TripAdvisor 等媒体模式对移动预订的涉足也成为内容提供平台新的发展方向，移动预订使其商业模式受到了极大的挑战，传统的导流量将用户引导到第三方平台预订的模式在移动端面临调整，直接涉足预订环节成为必然选择。上述行业兼并表明，媒体公司与 OTA 不断融合，垂直搜索和媒体模式对 OTA 的发展起到关键作用。因此，主营移动预订类的企业在今后的发展过程中除了技术上的不断创新外，还要注重与其他业务类型的旅游公司的合作。

## （二）移动预订促成开放平台的建设

移动预订的便捷性简化了用户的搜索过程，随着市场的不断变化，用户需要更为丰富的产品和更加具有吸引力的价格，想要满足用户的个性化需求，这就对产品的供应商以及设计者提出了更高的要求。在 OTA 业务扁平化趋势下，建设开放性平台，网罗各种细化产品，整合产业链的上下游产品，提供酒店、机票、旅游保险、度假产品等业务，用直营、代理等模式提供丰富的产品来满足不同消费者的需求，提供比价和最优价格保障，打造开放平台完成预订和支付，已经成为去哪儿、携程等龙头 OTA 平台的商业模式。从供应商角度来看，产品搜索和预订在移动终端的整合是市场的主要趋势，而且国内龙头品牌平台已然在这方面获得了巨大的竞争优势，随着它们品牌的影响力增强，流量成本上升，融合中小型 OTA、批发商、旅游供应商后，大量弱小分散的中小企业必须借助这些强大品牌才能获得发展。因此，融合垂直搜索和开放平台的在线旅游预订模式势必成为未来的发展趋势。

## （三）移动预订为创新企业提供机遇

在主流产品领域，积累了十几年发展经验和资源的龙头企业获得了压倒性的竞争优势，但小型创新企业发展空间极为有限。依托技术创新虽然在短期内可涌现大量小型品牌和 App 移动预订应用，但是品牌和流量的弱势使得这些小型预订企业生存艰难，且对库存和价格的控制力较弱更加制约了小型企业的发展。不过在未来，这些小型创新企业可以针对细分市场，为旅行者提供其他增值服务，例如在供应链方面取得深度突破，打造完善的产品供应体系；或者深入挖掘产业链的某个环节提供精益求精的服务管理，为用户提供增值业务，这些也是创新企业发展的机遇。近期一些从事 B2B 服务的创业公司凭借精准的市场定位和清晰的商业模式迅速崛起，服务范围涉及移动营销、酒店营销及辅助产品销售、旅行计划、网站营销及价格管理、大数据、旅行社内容及营销管理、目的地活动管理及分销等领域。可见，商业发展模式的创新和转型才是小型创新企业的发展空间所在。

# G.14
# 新媒体时代的旅游营销创新

孙小荣*

**摘　要：** 旅游即媒介，这一属性特征在新媒体时代表现得尤为突出。一定程度上，旅游形象已经替代区域形象和城市形象，成为各区域统一共识、凝聚力量，打造区域品牌价值，构建文化IP的系统工程。不管是旅游目的地主管部门，还是旅游景区、企业，均具有"深度意识"，对内着力构建自媒体营销体系，对外开拓社会媒体营销渠道。通过分析2016年旅游营销的案例和现象，可透视出新媒体时代旅游营销的新变化和新趋势，对旅游目的地以品牌塑造带动区域旅游产业转型升级，提升目的地品牌形象的市场竞争力，构建文化旅游IP等，具有参考价值。

**关键词：** 新媒体　旅游营销　品牌传播　文化IP

　　新媒体的开放精神与旅游的分享特征具有高度的契合性。同时，新媒体的移动性、便利性、及时性、互动性，极大地丰富了旅游营销的信息生产，拓展了传播渠道，聚合了精准受众，推动了体验转化，打破了传统媒体信息传播的垄断特权，让消费者成为信息传递的共谋者和分享者，为旅游营销提供了广阔的创意空间和价值转化的可能性。新媒体营销已经成为旅游宣传传

---

＊ 孙小荣，中国旅游产业改革发展咨询委员会委员，重点关注国家旅游发展政策、旅游品牌营销、旅游策划。

播的主阵地。

从旅游的"流动性"来理解，旅游本身就是媒介，而且是个冷媒介。在信息不发达时代，一个旅游目的地就是一个场景媒介，需要游客亲身体验之后，经由口碑、游记、摄影、绘画等形式完善这个媒介的传播功能。而在新媒体时代，尤其是移动新媒体时代，旅游场景"一触即发"，每个游客置身其中，都会通过自媒体（微博、微信、QQ、Facebook、Twitter、YouTube等）进行实时分享，旅游本身也变成了新媒体，传播无处不在。旅游新媒体通过人口流动实现经验传播，经由差异体验实现互动传播，凭借消费实现体验传播，通过分享实现口碑传播，借由回忆实现情感传播。旅游本身构成了一个综合性的、无限延续的媒介。

经过近年来的不断探索，旅游新媒体营销从追求噱头和爆点的碎片化传播，逐渐回归理性，向深度性、体系化转型。2016 年，中国旅游在新媒体营销方面缺少标志性的传播案例。这也是旅游新媒体营销喧嚣过后的冷静——在经历过新媒体技术的新鲜期后，"内容为王"的营销理念逐渐回归，以旅游营销构建文化 IP 成为本年度的最强音，也代表着未来旅游营销的发展趋势。

## 一 新媒体成为旅游营销的主阵地

电视广告，尤其是央视广告仍旧是中国各省区市旅游形象广告投放的主要平台，广告投放经费占据各省区市旅游营销宣传的大部分经费（例如，2016 年"清新福建"电视广告项目费用高达 1.2 亿元人民币）。此类现象深受业界诟病。实际上，互联网，尤其是移动新媒体，已经成为消费者获取信息的主阵地。

全球互联网和消费者数据调查机构 Global Web Index 的调查数据显示：2016 年里约奥运会期间，全球 85% 的观众在电视机之外的第二块屏幕上观看奥运会的直播和转播；全球预计有 30 亿的用户通过手机和其他移动设备观看奥运赛事，其中，Facebook、Twitter、YouTube 是本届奥运观赛"移动化"和"多屏互动"的最大亮点。前程无忧的调查说明，27%的上班族每天花在手机上的时间为4~8小时，看手机最主要的目的依次是阅读、看视频、游戏、聊天、逛网店、上课及培训、查看工作相关的邮件和参加网络会议。微信相关信息最新统计显示，注册用户数量突破9.27亿，活跃用户已达到5.49亿，用户覆盖200多个国家、超过20种语言，各品牌的微信公众账号总数已超过800万个，移动应用对接数量超过8.5万个；80%的中国高资产净值人群使用微信；41.1%的用户是为了获得资讯关注微信公众号，36.9%的是为了获得服务，13.7%的是为了获得知识；55.2%的用户每天打开微信超过10次，25%的用户每天打开超过30次。好友互动、刷朋友圈、看微信公众号、发红包、微信支付等是用户最常用的功能。

可见，移动新媒体已经成为消费者使用频率最高、依赖性最强、获取资讯最便捷的媒介。各旅游主管部门和企业也都建立了新媒体平台进行日常化运营和维护，但是在资金投入和人力安排上仍旧薄弱。目前来看，旅游新媒体营销的价值空间尚未受到充分重视和有效利用。

## 二 新媒体营销更加具有深度意识

2016年8月3日，湖南长沙橘子洲景区因在景区安全、环境卫生、旅游服务、景区管理等方面存在问题，被国家旅游局撤销5A级景区资质。8月4日，微信公众号"号外长沙"发布《我是橘子洲，今已1700岁，想跟大家说几句心里话》，以图文的形式梳理橘子洲的人文历史、介绍橘子洲的体验项目、反思橘子洲景区的管理服务问题，其主要目的是传递这样一个信息：一个优秀的旅游景区，需要景区管理者和游客共建。该文经由"号外长沙"发布后，获得包括微博、微信公众号、今日头条号、一点资讯等自媒体的频频转发。橘子洲被摘牌之后，巧妙地借助摘牌的高频关注度，推广了橘子洲的人文历史和体验产品，完成了一次危机营销。虽然主流媒体并没有对此文进行转载，但仅自媒体的传播就扭转了原本负面的舆论导向，引发社会对旅游景区服务管理的反思——旅游景区的环境秩序，需要每位游客的积极参与和维护。

这样的事例说明，就旅游行业营销而言，新媒体更具灵活性、创意性和深度意识。新媒体显示了人的独创性，可自由创作，灵活发稿。大量既具有传媒业经验，又对旅游有研究的媒体记者、编辑、旅游从业者自主创业，依托新媒体进行深度内容报道和解读，成为中国旅游界的一抹亮色。近年来，依托于新媒体的旅游行业垂直媒体肩负起了深度报道的使命，与主流媒体形成鲜明的对比。劲旅、执惠、新旅界等异军突起，倡导"内容为王"，依托产业论坛和深度报道，成为推动中国旅游行业交流、对话的中坚力量。

## 三　新媒体营销更加注重体系构建

旅游是综合性的产业，更是一个综合性的媒介。在全域旅游背景下，旅游形象更是区域全要素旅游的整合，兼顾政治、社会、经济、文化和市场等方方面面。这就要求，旅游营销既要注重政府层面的营销，又要注重市场层面的营销。二者由于受众不同，应当采用不同的策略进行推广。新媒体内容产出和表现方式的灵活性，以及传播形式的多元性，可通过内容栏目化、栏目体系化，较大限度地兼顾二者不同的营销诉求。

新媒体巧妙地区分"行业"和"市场"的语境特点，实现精准传播。"行业语境"具有官方、专业和行业特点，更多地关注发展战略、战术、产业、理论、模式、业态等层面的研究、梳理和总结，具有专业系统性和经验借鉴性，非行业人群不会关注。"市场语境"具有话题性、娱乐性、趣味性、新鲜性、互动性、亲民性、指南性、实用性、碎片化等特点，是大众消费客群关注的资讯。

目前，各旅游主管部门、组织、机构和企业，都建立自己的网站（有些已实现多语种）、微博、微信，甚至开通 Facebook、Twitter、YouTube 用于海外推广。引领中国旅游品牌营销的旅游大省，如山东、四川、广东、陕西、广西等，均通过新媒体的内容栏目构建，实现自身品牌化管理体系。一方面，建立内部品牌管理体系，以品牌营销为核心，让工作有明确的抓手和价值导向；另一方面，构建外部品牌体系，围绕旅游主题形象定位，重点推广核心旅游城市、旅游区、旅游景区景点、旅游产品、旅游线路、旅游商品、旅游美食等，让大众游客对旅游目的地有全面、清晰、直观的认知感。

新媒体为精准分众传播提供了可能。如果政市不分，语境混乱，体系不明，新媒体营销的效果就会大打折扣。

## 四　新媒体营销更加趋向共创共享

移动终端新媒体的传播普及，颠覆了信息传播的语境。即时性、亲民性、互动性、娱乐性和实用性等成为信息传播的新需求，个性化、有效化、专业化、移动化和立体化等是内容传播的新特征。

新媒体的内容个性化供给，更加注重与游客的沟通，创造品牌体验，培育客户的关注度和忠诚度；内容的有效化，更加注重内容而非传统广告形式，以高品质的内容换取自发式传播的生命力；内容创造的专业化，更加注重创意表达和优质内容的产出，持续推动品牌传播力；内容创造的立体化，要求信息多维度、全媒介、全息化呈现；而传播的移动化，又对内容创造的效率和传播的频次提出了更高要求。

当然，即便是在新媒体时代，仍然存在信息传播的滞后和不对称。旅游产业的综合性特点需要多维度审视，各领域发展的新动态缺乏系统的研究梳理，消费者的个性化需求需要多元信息，地方创新实践缺乏有效的模式总结推广，单一新闻通稿不能满足信息获取，全域旅游品牌营销需激活全要素，大众传播时代需要全民参与共享……多重信息不对称的叠加效应，决定了新媒体时代旅游传播的内容产出不能仅仅依靠某个团队就能完成，而必须以更加开放的精神和理念，用有趣的创意和激励手段，最大限度地提升全社会的参与感，让受众成为信息生产和传播的共谋者。

例如，2016 年，国家旅游局举办"中国公民文明旅游公约大家定"征集活动，以一个充满诚意的邀请，拉近了文明旅游与民众、与游客的心理距离，强调"文明旅游公约"不是一厢情愿的制定、灌输和教化，而是具有亲民感、互动性的大众文明旅游共识，让新风尚源自民间、扎根民间，增强民众和游客的文明价值认同。再如，2016 年 5 月，河北省推出"河北旅游口号，你来定！"——河北省旅游主题口号及标识全球有奖征集活动。在征集过程中，通过举办旅游达人体验活动、全媒介推广、专家对话等策略进行持续宣传，共收到公众投稿作品 40000 多条/件，最终评选、确定"京畿福地，乐享河北"为河北省旅游新形象口号。这次征集活动，把征集的全过程，通过创意策划打造成一场与世界游客共谋共享、同策同力的创意营销，对河北旅游资源和形象的传播产生了积极的带动作用。

新媒体时代的旅游营销，要推动内容的创作从"主创"向"客创"转变，内容的传播从"单向度"向"多向度"转变。只有把内容的创作权和决策权交给大众，大众才能在内容的营销和传播的过程中，有更亲近的价值认同，旅游营销和转化才更有情感基础。

## 五 新媒体营销更能激活市民精神

2016 年里约奥运会上，中国女排 12 年后重夺奥运金牌。在颁奖时，汉中市球迷协会会长李强在颁奖台后方拉出"两汉三国 真美汉中"的条幅。微博、微信等新媒体率先对这一事件进行了刷屏式传播，引起舆论一片哗然。尽管公众对于李强这一举动褒贬不一，但是其行为确实起到了较大的传播效果。实际上，他曾多次在世界大赛期间打出此类条幅宣传自己的家乡。李强出现在颁奖台正中间位置，他拉出"两汉三国 真美汉中"的一瞬间，全球所有的媒体镜头和全球所有收看这场比赛的观众，都看到了汉中市的旅游形象宣传语。这个"广告"价值着实不菲。

新媒体时代，每个人都可以自成媒介。他们个性张扬，乐于分享，也热爱自己的家乡或者生活的城市。每个市民都是城市品牌精神的传播者和推广者，在城市旅游发展和品牌营销中，要最大限度地激发市民的参与精神，让市民本身成为这座城市的品牌。

旅游产品应该激活城市文化的活力，旅游品牌应该象征城市精神，文化旅游应该演绎一座城市的文化灵魂，旅游节庆应该体现市民的文明素养和道德理想，旅游营销更应该积极调动市民的参与热情，优先让市民享受本该属于自己的精神产品，找到与自己的城市融为一体的参与感、存在感和归属感。只有让当地居民感到自豪和荣耀的营销创意，才是有情感、有温度的好创意。

## 六　新媒体营销更有利于生成文化 IP

2016 年，被称为"文化 IP 元年"，中国旅游萌发了自主创新产权意识。这不仅意味着文化旅游资源的价值外延，更预示着文化旅游 IP 的构建将彻底改变旅游就地体验消费的传统观念和模式，通过 IP 的输出和关联产品的外销，实现异地消费转化。对于深陷"门票经济"等客上门的中国旅游传统经营模式而言，这无疑是一场颠覆性的革命。而新媒体营销在文化 IP 的生成和构建中，发挥着主导作用。

故宫文创的新媒体营销，被奉为中国大陆最为成功的文化 IP 构建典范。这座具有 600 多年历史，象征着中国皇权威严、恢宏庄重的宫殿，以所谓的"软萌贱"手段研发文创产品，经过微博、微信、淘宝、微表情、App 等新媒体营销走红网络，并活跃于社交网络，和阿里巴巴在门票、文创、出版等领域开展合作等，构建起自己的文化 IP，共计研发文化创意产品 8683 种，获得相关领域奖项数十种，文创产品的年销售额已超过 10 亿元，是故宫门票收入的两倍。2016 年，故宫与腾讯签署三年合作协议，故宫开发经典的 IP 形象和传统文化内容，腾讯搭建平台，吸引更多年轻人参与到文化 IP 的创意上来。从曾经文物保护单位宣讲历史性、知识性、艺术性，到如今的文化 IP 讲究趣味性、实用性、互动性，故宫的经验证明，新媒体营销也需要好产品——旅游商品融入现代感，内容营销融入亲民感。每一款优秀的文创产品，都是一个品牌载体，都要讲述一个故事，才具备传播和热销的可能性。

## 七　新媒体营销发展空间无限

新媒体营销将会随着信息技术的不断升级而涌现更加丰富的形式，不断拓展营销的创新空间。2016 年，网络直播大行其道，年轻的俊男靓女、富有幽默感和技术特长的玩家，以网络直播的方式催生出"网红经济"，也为旅游营销开辟了"网红直播"新形式。在 2016 中国国际旅游交易会展馆、各地方举办的旅游论坛及采风活动中，网红直播已经位列主流媒体之前，成为传播新锐。"清新福建　游你精彩"——福建旅游北京推介会采用"网红＋直播"的方式，与推介景区进行实时连线直播，让远在千里之外的福建景区真实地流动在推介会现场观众眼前。

2016 年，也是 VR 元年。上海城市旅游形象宣传 MV《我们的上海》采用 VR 格式和 4K 高清格式的双版本，首创中国 VR 旅游形象宣传片，以 360度全景画面＋3D 立体的形式呈现，由胡歌担当上海旅游形象大使，带领观众从建筑、人文、艺术等视角充分领略上海的魅力，成为 2016 年屈指可数的旅游新媒体营销经典案例，代表了新媒体技术的创新。

网络直播实现了旅游营销的远程观光，VR 则让虚拟体验变为现实。未来，VR 虚拟体验将替代视频宣传片，成为旅游营销的重要载体。VR 虚拟体验馆可以让那些远去的历史、远方的美景、远古的遗址等以清晰、丰满的形象，更加具象、伸手可触地出现在我们的面前。同时，随着智能手机、4G 网络、Wi-Fi 的全覆盖，可随时随地录制、传播和收看视频、图片，玩虚拟游戏等大流量内容会成为游客互动体验和分享的主要内容。旅游营销更需要以优质的内容、出色的创意与新型的技术完美匹配，在动态的市场变革和技术变革中，彰显自己的品牌特性和价值，才能在激烈的竞争中永葆市场活力和竞争力。

## 小　结

2016 年，不管是行业还是社会舆论，不再聚焦于"好客山东""老家河南""四川好玩""清新福建"等省域大品牌营销的得与失，而是更多地将目光聚焦于乡村旅游、新业态、旅游市场监管、旅游投资等理念和产业基础的发展。省域旅游品牌传播经过数年营销大战的喧嚣之后归于平静。旅游产业基础的构建和取得的成果成为营销和传播的亮点。告别形象营销，归于渠道构建和产品营销，证明中国旅游营销的理性回归与转型升级。

## 参考文献

〔加拿大〕马歇尔·麦克卢汉：《理解媒介：论人的延伸》（增订评注本），何道宽译，译林出版社，2011。

《2015年腾讯业绩报告》，钛媒体，2015年6月2日。

# G.15
# 微细分与旅游市场创新

秦　宇　张红霞　张晓楠[*]

摘　要：　目前很多创新并没有从根本上解决"顾客需要什么"的问题。在体验经济时代，我们需要针对顾客旅游消费中的特定喜好、需求和欲望开发产品，进行微细分创新。微细分创新开展有四个条件：市场规模大、市场需求可辨识和沟通、市场的最小规模经济水平容易达到以及产品的分解和组合相对容易。目前，中国旅游业已经进入一个新的发展阶段，消费者的旅游经验不断丰富、对品质和多元化的要求越来越高，作为一种产品创新的新思路，微细分有可能在未来成为中国旅游市场发展演化的新方向。

关键词：　旅游市场　创新　微细分

　　德鲁克在《创新与企业家精神》中指出，"二战"以后的婴儿潮期间，美国的快餐店如同雨后春笋发展起来，其中很多是"夫妻老婆店"。这些家庭经营的快餐店毫无疑问是"新企业"，但是他们的产品、流程与19世纪以来就存在的售卖汉堡包的小店并没有太多差异。德鲁克指出，这些小店的创始人当然也在冒风险创立新的事业，但是，他们所做的不过是被重复过多次的老一套而已。因此，他们当然不算企业家，即使他们建立的是新企业。

* 秦宇，管理学博士，北京第二外国语学院酒店管理学院教授，硕士生导师；张红霞、张晓楠均为北京第二外国语学院酒店管理学院硕士研究生。

如果没有流程创新，我们很难通过降低成本，继而降低价格让消费者购买到性价比更高的产品；如果没有产品创新，我们很难刺激新的需求或在旧有的需求中增加新的满意，因此也无法改善消费者的境遇。可见，创新及将创新商业化的创业（不管是在企业内部还是在企业外部）是旅游产业更好地"让人民群众满意"的必由之路。然而，在目前的旅游市场中，我们发现，很多"创新"并没有根本改善原有的流程和产品，迫切需要实践界和理论界寻找新的创新空间。因此，作为一种产品创新的新思路，微细分有可能在未来成为中国旅游市场发展演化的新方向。

# 一 旅游市场中创新的四种方式

近年来，旅游市场中出现了几种比较主要的市场创新方式。这四种方式分别是通过纵向一体化或准纵向一体化控制资源、通过分解产业链条从事专业化生产、基于供给的产品要素创新以及顾客市场细分创新。

## （一）通过纵向一体化或准纵向一体化控制资源

这种创新的主要手段是通过纵向一体化或准纵向一体化提高规模经济水平，实现资源的控制，降低交易成本，最终获得高市场占有率。通过一体化控制资源的创新本质上是一种流程创新，将原来存在于旅游市场价值链之间的外部市场交易关系转化为内部市场交易关系，以降低不确定性、败德等行为带来的风险。这种类型的创新典范是途易和托马斯库克等欧洲的大型旅游企业。以途易为例，在 2014 年底，该公司在全球 130 个国家拥有约 1800 家旅游门市、300 间酒店、136 架客机以及 12 艘豪华远洋邮轮，雇员总数达到7.7 万人。

国内一批旅游企业集团也开始采用一体化手段或准一体化手段，希望通过规模经济降低成本。比较典型的案例是春秋国旅进入航空运输领域、海航集团收购海娜号邮轮并谋求更大的船队规模。携程、众信、凯撒等大型旅游企业也采取长期包船、包机等准一体化手段，来更好地控制资源端。

### （二）通过分解产业链条从事专业化生产

互联网特别是移动互联网开始出现以后，消费者与各单项产品供应商之间的信息壁垒和交易障碍被拆除。伴随着出游欲望刺激、行程计划、搜索预订、出游、游后服务等产业链条的分解，一批从事专业化生产的旅游企业产生了。例如，在中国的互联网出现伊始，新浪的旅游频道就开始为旅游者提供大量的目的地内容。1998 年 11 月，在新浪网正式成立之前，其就推出了可提供全面旅游服务的栏目"新旅人"。在之后的十几年时间里，例如涉及旅游出行计划的蚂蜂窝和穷游、搜索领域的百度、预订领域的携程和去哪儿、出行领域的神州专车以及游后的点评网站如到到网等纷纷实现了对单项需求的专业化服务。目前，这些公司分布在旅游行业的各个产业链上，为旅游者提供着横跨吃住行、游购娱等服务要素的各种服务。但这些企业的创新本质上也只是流程创新。

### （三）基于供给的产品要素创新

经过改革开放以来几十年的发展，我国旅游产业各个板块中都涌现了一批创新性的企业，这些企业已经进行了大量的创新实践，在市场中推出了一大批新产品，但是目前这些产品主要仍以单项产品要素的形式存在。例如，在酒店领域中的亚朵酒店、君亭酒店；在餐饮领域中的大量以"新派川菜"、"新派鲁菜"或"新派粤菜"为主打、吸引本地客源为主的品牌。这些创新实际上是对满足顾客某方面需求的服务或产品做改善，并没有涉及整个旅游体验的改善。

### （四）顾客市场细分创新

还有一种产品的创新是基于消费者细分来实现的。在已经过去的21世纪第一个十年中，尽管我们的旅游者群体的需求发生了翻天覆地的变化，但是在市场的创新方面我们更多看到的是与流程有关的商业模式的创新、与供给有关的单项产品的创新，并没有太多根据消费者需求进行的产品细分。可喜的是，最近几年这种现象开始有所改变。我们已经看到较多基于市场细分的创新开始出现。但是，从现状来看，这些创新都还处于比较简单的阶段，比如说基于顾客的年收入细分群体，或者是基于顾客在不同的家庭和生命周期当中的不同阶段做一些创新。比较典型的例子就是 2012年携程旅行网、香港永安旅游和台湾易游网共同成立的"鸿鹄逸游"品牌，专门为顾客群体中的高端客户（可投资资产在 100 万美元以上）提供高品质旅游线路；更常见一些的例子则包括了各种各样的修学旅游和夕阳红旅游线路。

## 二　微细分：旅游市场创新的新方向

通过上面分析可以看出，前两种创新主要是基于流程的创新，后两种创新主要是基于产品的创新。不管是哪一种创新，似乎还是没有聚焦于解决最根本的问题，就是"我们的顾客需要什么"的问题。换言之，如果我们把旅游活动作为一个载体，顾客的每一次出游都是希望通过这些活动的组合实现某种目的。就休闲旅游者来说，目的可能是完全的放松和享受；对于观光旅游者来说，目的可能是探索和欣赏。

这种类型的创新受到的关注虽较少，却是旅游市场创新的未来方向。原因很简单，假设上述四个方面的流程创新和已有的产品创新沿着既有的轨迹发展，最终可能会产生几种结果。第一种结果就是我们也产生像德国途易（TUI）这样的大企业，横跨整个旅游价值链，在交通工具、酒店、旅游零售商等方面全方位地掌握资源，凭借规模经济带来的低成本为顾客提供服务。第二种结果就是形成高度分工的专业化市场体系，企业只盯住某一链条环节，通过专注带来的经验曲线提升构筑竞争力。例如妙计旅行，专门从事智能行程规划，不在网站售卖任何产品或服务。第三种结果是越来越多元化的单项产品。第四种结果是消费者的层级被按照人口统计构成等特征划分得越来越细。

可以看出，这些结果并不可能从旅游整体体验的角度解决顾客"需要什么"的问题。原因在于，顾客需要的不是旅游要素的简单组合，而是通过这些组合实现某种体验需求。我们目前的创新方式，似乎还是工业经济时代创新范式下的产物。如果我们意识到旅游的核心是一种"体验"，就必须在体验经济范式下考虑创新问题。基于此，我们尝试提出"微细分"的创新方向。

微细分是细分的深化和递进，它是基于消费者的不同偏好、行为预测等因素将消费者划分为更为具体、特定的群体。一旦被确定，微细分市场中顾客的特定喜好、需求和欲望就能够通过针对性开发的产品得到充分满足。通过微细分形成的微细市场中顾客数量不大，甚至每个顾客都可成为一个细分市场，而且他们的偏好行为能够被精确预测并被相应的营销活动直接影响。微细分不是市场营销的进步，而是生产技术的进步和信息分析的进步，它通过一系列如人工智能、算术和数据挖掘等技术，向公司提供基于产品类别、顾客的生命周期阶段和消费频率的顾客细分等信息，使供应商的营销能够更加精准地针对目标顾客。微细分相对于其他的营销技巧是一个相对较新的概念，但是这将是未来公司如何选择不同目标市场的关键。微细分通过最大化利用有效数据，生产出最能满足顾客需求的产品，并且可以更大限度地渗透到利基市场，同时扩大公司的市场份额及顾客忠诚度。

举例说明，故宫现在每年的接待量在1500万人次左右，但是这么多的旅游者——不管境内境外还是男女老少——游览故宫的路线、听到的解说词甚至是照相的位置，都大同小异。故宫这样一个潜在体验维度极广的产品以一种如此同质化的形式呈现，说明存在极大的创新机会。如果我们能够根据顾客体验目的对每年访问故宫旅游者的需求进行细分，就有可能开发出数百种不同的故宫游产品。由于基数大，即使是某种较为特殊的需求也可以达到较大的需求，例如，每1000位游客中有1位游客对古家具感兴趣，那么就差不多有1.5万人。基于这1.5万人的需求开发的主题性产品就是微细分产品。可以想见，此类基于微细分的故宫游产品在游览结束后会给游客留下深刻印象或思索联想，而且这种印象或思索在满足体验方面的效率更高，可提高顾客的满意度、可节省顾客的时间，使产品获得溢价。故宫的 1500 万游客中可以挖掘的微细分产品还很多。在最细分的情况下，微细分产品可能只满足一个人的需求。例如，笔者的一位国外朋友对郎世宁的宫廷画师经历感兴趣，专门请了一位熟悉乾隆年间宫廷史料的高级导游做了半天的游览解说，虽说花了较高的费用，但是觉得很满意。

当一国的旅游市场开始进入成熟阶段、旅游者已经具有较多旅游经历并对旅游体验形成了多元化需求的时候，微细分就已经具备了基本的条件。当然，除此之外，这类创新的开展还受到其他一些条件的影响。

## 三　现阶段中国旅游市场中应用微细分的分析

我们认为，由于下述一些有利条件，微细分将有可能在今后几年内在国内成为一种重要的旅游市场创新形式。

### （一）市场规模巨大

微细分是在现有细分的基础上按照顾客体验需求的维度进行的进一步细分，是对已有细分市场的切割。一般来说，被切割后的市场有可能失去规模经济，从而因为成本不经济，无法得到有效利用。然而，中国旅游市场的巨大规模使我们具有了微细分的良好基础。目前，中国的国民旅游市场规模已经是全世界第一，以中国庞大的人口为基数去进行旅游微细分，可以带给我们很多的创新机会，而这些机会显然是小市场里面很难抓寻的。例如，中国每年到泰国旅游的人数在 400 万～500 万人次。在这些人中，哪怕是 1% 的人能够被识别出有共同的体验需求，总量也有几万人。作为一个单一的目的地，几万人的规模足以让创新的企业在与供应商砍价时获得很有利的价格。相反，若某国（地区）每年访问泰国的旅游者只有几十万人或几万人，即使体验需求能被细分并被辨识出来，可能也因总体规模较小难以得到满足。

## （二）市场需求可辨识和沟通

微细分的依据是旅游者在旅游体验方面的共同需求。与诸如年龄、性别、收入、受教育水平等细分依据相比，体验方面的共同需求更难以被辨识和发掘。可喜的是，由于互联网，特别是移动互联网的发展，目前我们已经可以很方便地把这部分细分市场找出来。在辨识了顾客之后，企业可以进一步了解顾客的需求，知道他们想要什么产品，再有针对性地向他们提供这样的产品。例如，某家旅行社想为有孩子学画画的家庭组织一个"到卢浮宫画画"的亲子游路线，需要找到潜在客户群。传统的线下辨识方法是到少年宫等有画画学习班的机构，直接找到孩子及其家长，但是这样做只能找到一部分消费者。在电子商务高度发展的环境中，我们可以比较容易地通过电子商务网站找到经常购买画画用品的用户，并通过这些用户的其他购买行为判断其是否有可能成为潜在的旅游客户，然后有针对性地对可能性大的客户进行宣传促销。总之，随着互联网与信息技术的发展，市场需求的可辨识性问题已经得到很大的改善，以往难以获取的客户现在都有可能被技术手段挖掘出来。

## （三）旅游市场的最小规模经济水平容易达到

微细分的条件还有就是容易达到最小规模经济水平。与制造业动辄数十万、数百万产量才能实现规模经济相比，旅游业中的规模经济可以在较低生产水平上实现。在旅游业中，单一交通工具的运载总量可能成为规模经济的最小单位；单一住宿设施的客房总数也可能成为规模经济的最小单位。也就是说，旅游产品在理论上的最低价格也就是我们包下整架飞机，或者包下整个饭店的价格，这也就是一个生产批次数百人的规模水平。实践中，其实不需要包下整架飞机或整个饭店，只要达到一定的份额，价格已经可以做到很低，因此最小规模经济水平还可以更低一些。

## （四）产品的分解和组合相对容易

微细分的最后一个条件是产品的分解与组合相对容易。这个条件天然适合旅游企业，因为我们可以把不同的产品要素做不同程度的分解，以适应不同需求的体验。例如，某些旅游者对于饮食有特殊的爱好，旅游企业在设计线路和产品的时候就可以突出与饮食有关的内容，例如可以抛弃传统的团队餐，品味当地的美食餐厅；可以在常规景点之外新增当地的超市或食品市场；甚至可以在常规的活动之外增加 2～3 小时的食品烹饪课程。但是，整个产品的长途交通、酒店等要素可以不做大的改变。由于产品的分解和组合相对容易，旅游市场中的微细分创新才具有了无限的可能性，能够满足不同类型顾客多元化的体验需求。

在过去 20 多年的时间里，我们的旅游市场中出现了很多创新创业活动。这些创新创业活动建立了新的商业模式，促进了规模经济的发展，降低了交易成本，并在单项要素方面产生了很多新的产品和服务。目前，中国旅游业已经进入一个新的发展阶段，消费者的旅游经验不断丰富、对品质和多元化的要求越来越高，再加上上述几个方面的有利条件，我们认为，中国旅游业中微细分产品的创新机会已经出现，将会为旅游企业提供极好的发展空间。

微细分产品创新的目的是更好满足顾客的根本体验需求，这种创新有可能会改变旅游业现有的产品设计和创新方式，引领旅游行业进入体验设计的时代。在近几年对产业的观察中，我们已经看到比较多的公司在做这样的尝试，我们希望以后有越来越多的旅游企业进行这方面的创新，为顾客提供真正能够满足其根本需求的服务与产品。

**参考文献**

Funk D. C. (2002)，"Consumer – Based Marketing：The Use of Micro – Segmentation Strategies for Understanding Sport Consumption，" *International Journal of Sports Marketing & Sponsorship*，4（3）：231 – 256.

Goller S.，Hogg. A.，Kalafatis S. P. （2002），"A New Research Agenda for Business Segmentation，" *European Journal of Marketing*，36（1/2）：252 – 271.

Hassan S. S. , Craft S. , Kortam W. （2003）, "Understanding the New Bases for Global Market Segmentation," *Journal of Consumer Marketing*, 20 （5）: 446 – 462.

秦宇、李彬、张德欣、温婧:《中国旅游企业创新创业年度报告（2014~2015）》，旅游教育出版社，2014。

〔美〕彼得·德鲁克:《创新与企业家精神》，蔡文燕译，机械工业出版社，2009。

〔美〕凯文·凯利:《技术元素》，张行舟等译，电子工业出版社，2012。

# 三大市场

Market Analysis

# G.16
# 2015～2016年中国国内旅游
# 发展分析与展望

李为人 *

摘　要：　在 2015～2016 年这一期间内，旅游业的发展受到政府的高度
重视，政府相继出台了和旅游业密切相关的投资、消费、税
收等政策，旅游业成为全面深化改革的交叉领域，重要性不
言而喻。本文通过对 2015～2016 年国内旅游发展的统计分析
和中国国民旅游投诉情况分析、主要节假日旅游情况分析，
得出中国国内旅游的基本面和主要特征；结合这两年国家政
策和民众热议的旅游领域问题的探讨，针对当下景区的"整
肃风"、"宰客"现象、"营改增"对旅游业影响、门票"禁

---

* 李为人，中国社会科学院研究生院税务硕士教育中心执行副主任，中国社会科学院旅游研究
中心培训部部长，副教授；近年来主要研究领域为税收理论与政策、税收管理、中国国内旅
游。

涨令"结束后的涨价浪潮提出了自己的观点。随着全面深化改革的推进，旅游发展环境也将进一步得到完善，预计2017年及以后中国国内旅游将继续保持高于国民经济的增速，成为新的发展动力。

关键词： 中国国内旅游 相关行业 旅游意愿

# 一 2015~2016年中国国内旅游：数据与分析

## （一）2015年与2016年上半年国内旅游发展总体情况

国家旅游局发布的《2015年中国旅游业统计公报》显示，2015年，我国国内旅游市场呈现持续高速增长态势。2015年全年国内旅游人数达40亿人次，国内旅游收入为3.42万亿元，分别比上年增长10.5%和13.0%；全年实现旅游业总收入4.13万亿，同比增长11%；旅游业对GDP的直接贡献为3.32万亿元，占GDP总量比重为4.9%；综合贡献为7.34万亿元，占GDP总量的10.8%；旅游直接就业人数为2798万，旅游直接和间接就业人数为7911万，占全国就业总人口的10.2%。

2015年是我国"十二五"规划的收官之年，也是我国全面深化改革的关键之年，更是我国"十三五"改革发展的规划布局之年。旅游业"十二五"规划的完成情况如表1所示。

从表1可以看出，2015我国国内旅游无论在出游人数、旅游收入，还是在直接就业人数方面，都大大超出"十二五"规划的目标。

表2是我国2016年上半年与2015年上半年同期数据对比，同比增长速度均在10%以上。

表1　2015年旅游业发展目标及完成情况

| 主要指标 | 2015年情况 | | | "十二五"计划 | |
|---|---|---|---|---|---|
| | 实际数 | 预计数① | 完成幅度(%) | 预计数② | 完成幅度(%) |
| 国内旅游人数(亿人次) | 40 | 39.5 | 101 | 33 | 121 |
| 国内旅游收入(万亿元) | 3.42 | 3.3 | 104 | 1.94 | 176 |
| 旅游业直接就业人数(万人) | 2798 | — | — | 1525 | 183 |

注：①此预计数是2014年国家统计局的预测数；
②此预测数是我国"十二五"规划中有关旅游部分的预测数。
资料来源：国家旅游局。

表2　2016年上半年与2015年上半年旅游总体数据对比

| 主要指标 | 2015年上半年 | | 2016年上半年 | |
|---|---|---|---|---|
| | 实际数 | — | 实际数 | 同比增长(%) |
| 国内旅游人数(亿人次) | 20.24 | — | 22.36 | 10.47 |
| 国内旅游收入(万亿元) | 1.65 | — | 1.88 | 13.94 |
| 旅游总收入(万亿元) | 2 | — | 2.25 | 12.5 |

资料来源：国家旅游局。

从上述几个重要的旅游总体发展情况指标可以看出，旅游业作为全球最大的新兴产业之一，在我国经济发展中展现勃勃生机。

## （二）2015年国内旅游发展主要指标统计分析

2014年，国家旅游局办公室颁布了《关于〈国内旅游接待统计指标体系方案〉的通知》，进一步充实完善了现行旅游统计指标体系，以期更准确地反映国内旅游产业发展水平和质量效益。选取反映国内旅游发展规模与效益的"基础统计指标"如表3所示。

根据国家旅游局的统计数据可以得到"十二五"规划期间旅游业发展主要指标数据见表4。

表3　国内旅游发展基础统计指标及指标意义

| 基础统计指标 | 指标意义解释 |
|---|---|
| 接待国内游客人数 | 反映国内旅游发展规模的基础指标 |
| 接待国内过夜游客人天数 | 反映国内旅游发展质量的核心指标,体现一个地方作为旅游目的地的吸引力 |
| 人均花费 | 反映国内旅游发展质量与效益的重要指标 |
| 国内旅游收入 | 反映旅游经济效益总量的基础指标 |

表4　"十二五"规划期间旅游业发展主要指标数据

| 年份 | 接待国内游客人数（亿人次） | 接待国内过夜游客人天数(万天) | 人均花费(元) | 国内旅游收入（亿元） |
|---|---|---|---|---|
| 2011 | 26.41 | 158.023 | 731 | 19305.39 |
| 2012 | 29.57 | 159.305 | 767.9 | 22706.22 |
| 2013 | 32.62 | 151.48 | 805.5 | 26276.12 |
| 2014 | 36.11 | 142.264 | 839.7 | 30311.87 |
| 2015 | 40 | 140.595 | 857 | 34195.1 |

资料来源：国家旅游局。

对数据进行进一步计算整理见表5。

表5　每年的数据在2011～2015年总量中的占比

单位：%

| 年份 | 国内游客人次 | 国内过夜游客人天数 | 人均花费 | 国内旅游收入 |
|---|---|---|---|---|
| 2011 | 16.03 | 21.02 | 18.27 | 14.54 |
| 2012 | 17.95 | 21.19 | 19.19 | 17.10 |
| 2013 | 19.80 | 20.15 | 20.13 | 19.79 |
| 2014 | 21.92 | 18.93 | 20.99 | 22.83 |
| 2015 | 24.29 | 18.70 | 21.42 | 25.75 |

资料来源：国家旅游局。

由表5可以看出，从2011～2015年每年的国内旅游发展各项指标占五年总量的比重来看，除接待国内过夜游客人天数这项数据外，其他三项数据每年都处于增长态势，特别是国内旅游收入，增长速度明显。2015年的国内旅游收入已经占到五年总量的25.75%，相较于2011年的14.54%，上了一个大台阶。那么每年的增长速度是快是慢呢？我们将四项指标的年数据进行纵向比对，可得出表6。

表6　四项指标不同口径下的增长率

单位：%

| 接待国内游客人数 | | | | 接待国内过夜游客人天数 | | | |
| --- | --- | --- | --- | --- | --- | --- | --- |
| 年份 | 同比增长 | 定基增长 | 年平均增长率 | 年份 | 同比增长 | 定基增长 | 年平均增长率 |
| 2011 | — | — | | 2011 | — | — | |
| 2012 | 11.97 | 11.97 | 10.94 | 2012 | 0.81 | 0.81 | -2.88 |
| 2013 | 10.31 | 23.51 | | 2013 | -4.91 | -4.14 | |
| 2014 | 10.70 | 36.73 | | 2014 | -6.08 | 9.97 | |
| 2015 | 10.77 | 51.46 | | 2015 | -1.17 | -11.03 | |
| 国内旅游收入 | | | | 人均花费 | | | |
| 年份 | 同比增长 | 定基增长 | 年平均增长率 | 年份 | 同比增长 | 定基增长 | 年平均增长率 |
| 2011 | — | — | | 2011 | — | — | |
| 2012 | 17.62 | 17.62 | 15.36 | 2012 | 5.05 | 5.05 | 4.06 |
| 2013 | 15.72 | 36.11 | | 2013 | 4.90 | 10.19 | |
| 2014 | 15.36 | 57.01 | | 2014 | 4.25 | 14.87 | |
| 2015 | 12.81 | 77.13 | | 2015 | 2.06 | 17.24 | |

注：以2011年为基期计算定基增长。

资料来源：国家统计局。

从表6可以看出，"十二五"期间，我国国内旅游人数年均增长10.94%，国内旅游收入年均增长15.36%，人均花费年均增长4.06%，增长速度较快。特别是2015年的国内旅游收入是2011年的1.77倍。

为了更直观地展示五年来旅游业发展的趋势，我们选取国内旅游业收入与国内生产总值两个指标，做如下分析，具体见图1。

将国内旅游收入放在GDP的大框架下进行对比可以发现，五年来国内旅游收入与GDP均保持匀速增长，但国内旅游收入占GDP的比例越来越大。经过五年时间的发展，国内旅游收入占GDP的比例提升了近1个百分点。在庞大的基量下，这是一个相当可观的数字。

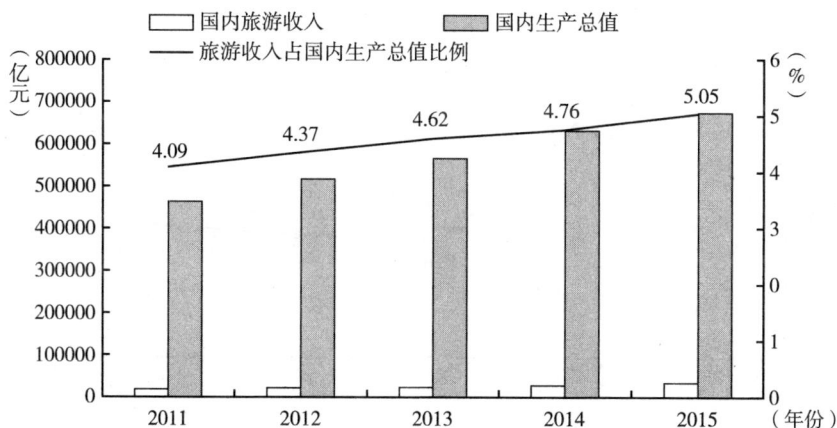

**图1　"十二五"规划期间国内旅游业收入与国内生产总值增长态势**

资料来源：国家统计局。

## （三）旅游相关行业发展状况与趋势

### 1. 餐饮业

餐饮业是旅游业的重要发展基础，从产业要素配置的角度看，"食"作为旅游六要素中的基本要素之一，是旅游产品的一个有机组成部分，直接影响旅游业的深度发展。

根据国家统计局及行业公开数据，2015年餐饮业市场规模达到3.2万亿元，同比增长11.7%，市场规模占到社会消费品零售总额的10.74%。餐饮业近五年的零售额占社会消费品零售总额比重的趋势见图2。

中央八项规定实施以来，各地高端餐饮企业或逐步退出市场或谋求转型，餐饮业回归大众化消费。经历了一个缓冲期后，餐饮业发展正逐渐回暖，预计之后每年会保持10%左右的增长。

### 2. 旅行社业

随着旅游走进越来越多人的生活，越来越多的人开始在意旅游的自由度和舒适度，旅游消费倾向随之而变。上海市统计局社情民意调查中心最近展开的调查显示，近3/4的出游上海市民会选择自助旅游和半自

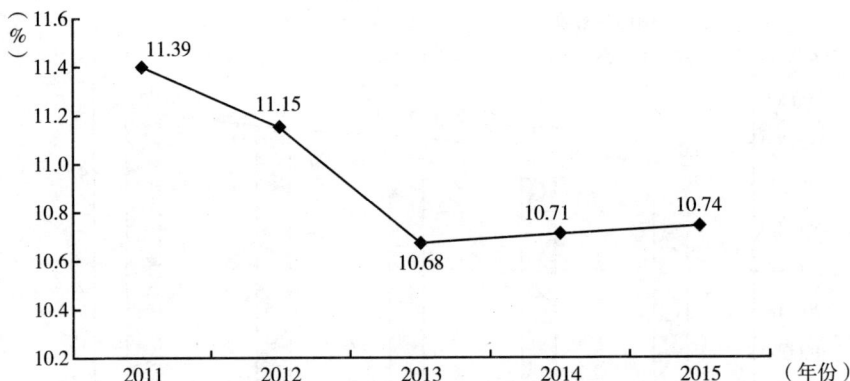

图2　2011～2015年中国餐饮业零售额占社会消费品零售总额比重

资料来源：国家统计局。

助旅游，随团旅游的比例仅为24.7%，并且呈现偏低的国内旅游购物意向。

国家旅游局的统计数据显示，至2015年年末，全国纳入统计范围的旅行社共有27621家，比上年末增长3.6%。全国旅行社资产总额1343亿元，比上年增长2.5%；各类旅行社共实现营业收入4189亿元，比上年增长4.0%。根据易观智库监测数据显示，2015年我国在线旅游市场交易规模达到4737.7亿元，同比增长49.6%，在线旅游渗透率达11.5%。传统旅行社发展与互联网时代下越来越火爆的在线旅游市场相比，增速远远落后。

另据国家旅游局《2015年中国旅游统计报告》，2015年在40亿人次国内游的人群中，自由行人群高达32亿人次，人均消费937.5元。游客通过旅行社进入景区的比例从2010年的60%～70%下降至2015年的20%～30%，自由行旅客占景区接待游客的75%。自由行比例攀升与线上旅游服务快速发展和不断成熟密切相关，而且71.2%的自由行游客希望获得一站式的解决方案和完整的旅游产品购买、消费体验。互联网与旅游的结合，大大冲击了传统的旅行社出游方式，在线旅游为目前的旅游主力军——"80后""90后"提供了简单、快捷、顺应时代发展潮流的新途径，传统旅行社转型迫在眉睫。

### 3. 住宿业

2015年，我国住宿业呈现星级酒店平稳运行、品牌连锁酒店迅速扩张、非标住宿不断拓展的总体特征。星级酒店的出租率和平均房价有所上升。与星级酒店相比，国内中端酒店正呈爆发式增长，国内外各大酒店集团向中端市场发力，其中包括经济型酒店的升级版。民居客栈租赁平台，是当前住宿行业的一大亮点。在分享经济的背景下，短租将成为未来住宿业的重要组成部分。

从2015年星级饭店出租率和增长率来看，星级饭店各月度出租率有增有减，暑期和秋季的增长率较高。全年平均出租率为54.2%，比2014的54%略有上升（见图3）。

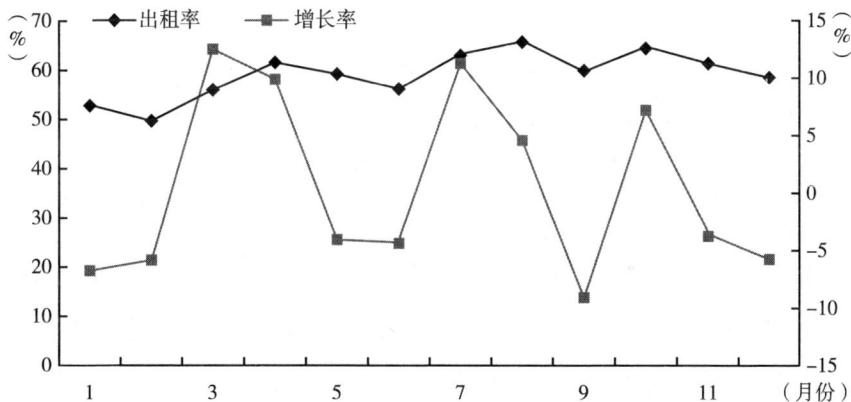

**图3 2015年全国星级饭店出租率与增长率**

### 4. 交通运输业

旅游交通是旅游业发展的首要条件。根据交通运输部发布的信息显示，2015年，全社会完成客运量194.32亿人、旅客周转量30047.01亿人公里，后者比上年下降4.4%。其中，全年全国铁路完成旅客发送量25.35亿人、旅客周转量11960.60亿人公里，比上年分别增长10.0%和6.4%；全年全国营业性客运车辆完成公路客运量161.91亿人、旅客周转量10742.66亿人公里，比上年分别减少6.7%和2.3%，全年平均运距66.35公里。

国家对公路铁路方面的投入在逐年增长，2015 年全年全国完成铁路公路、水路固定资产投资 26659.00 亿元，比上年增长 5.5%，占全社会固定资产投资的 4.7%。全年完成铁路固定资产投资 8238 亿元，投产新线 9531 公里，其中高速铁路 3306 公里。全年完成公路建设投资 16513.30 亿元，比上年增长 6.8%。其中，高速公路建设完成投资 7949.97 亿元，增长 1.7%。

联系实际生活，铁路出行越来越得到人们的青睐，一方面是铁路出行的性价比高，距离远，花费少；另一方面也是国家在铁路方面的投入越来越大，铁路网络建设越来越完善，特别是高铁动车的出现使得人们选择火车出行越来越方便快捷。

### 5. 旅游购物

旅游购物是我国旅游业发展的一个薄弱环节。发达国家旅游购物占旅游收入的比例在 60%~70%，世界平均水平在 30% 左右，而目前我国旅游购物的比重除了个别旅游购物较发达的城市能够占到 40% 外，一般情况下该比重只占 20% 左右。

多年来，国务院在加快旅游发展的多个文件中多次强调发展旅游购物。但从几年来公开报道的数据可知旅游购物占旅游综合收入的比重始终没有明显的变化，旅游购物仍存在诸多问题待解决。

### 6. 旅游景区

从旅游行业投资来看，景区项目是旅游行业投资主角。根据官方统计，2015 年全国旅游业投资规模首破万亿元，旅游景区 2015 年完成投资 6046 亿元，占全部旅游投资的六成，比重不可谓不大。

旅游景区数量持续增加。截止到 2015 年底，全国 A 类景区有 7000 多家，其中高星景区 1500 多家，包含 5A 级景区总计 214 家。从景区类型来看，2015 年 5A 级自然景观类景区数量达 104 家，人文景观有 88 家，人造景观有 22 家；从区域分布来看，华东地区旅游资源丰富，5A 级景区占比达 33.2%，为七大区域之首。

# 二 2015～2016国民旅游的感受与倾向分析

## （一）2015～2016年国内旅游投诉问题分析

### 1.2015年度旅游投诉问题分析

根据2016年中国消费者协会公布的《二〇一五年全国消协组织受理投诉情况分析》，旅游投诉问题持续降低。2015年全年中国消费者协会共受理消费者投诉642570件，其中服务类投诉共计190859件，占全国消费投诉总量的29.70%，比2014年上升0.98个百分点。由表7可以看出旅游服务类投诉有4646件，较上年增加了173.13%（2014年为1701件），占投诉总量的0.72%，旅游服务投诉为消费者协会所列服务15大类投诉的第九名。

表7 2015年全国消协组织受理服务大类投诉情况

| 服务大类 | 2015年（件） | 投诉比重（%） | 2014年（件） | 投诉比重（%） | 比重变化（个百分点） | 数量变化（%） |
|---|---|---|---|---|---|---|
| 旅游服务 | 4646 | 0.72 | 1701 | 0.28 | ↑0.44 | ↑173.13 |

资料来源：中国消费者协会，《二〇一五年全国消协组织受理投诉情况分析》。

值得关注的是，2013年、2014年、2015年这三年的旅游投诉量分别为3561件、1701件、4646件[1]。2015年的投诉量较之前两年有了大幅度的增加，旅游市场问题突出，需引起重视。从投诉内容来看，服务质量、产品质量、旅游合同、售后服务，是投诉的主要方面。从2015年全年旅游热点看，港澳游被迫消费、"青岛天价大虾"事件等各类投诉事件频发，一定程度反映了旅游业的内在问题。另外，2015年政府相继出台多项与旅游相关政策，"厕所革命"、"一带一路"旅游年活动、5A级景区打破终身制等一系列政策与措施促进了国民对旅游的重视和自身维权意识的提高，一定程度也提高

---

① 该资料来源于中国消费者协会。

了该年的投诉量，有利于政府和行业更好地做出应对。从行业来看，2015年旅游投诉主要集中在在线旅游企业，据人民网"3·15"投诉平台数据显示，在线旅游企业的投诉量达50%，投诉主要集中在机票和酒店领域，两者分别占在线旅游投诉量的20.1%和25.5%。

**2.2016年上半年旅游投诉问题分析**

由表8可以看出，2016上半年在服务大类投诉中，旅游服务投诉排第十三位，低于往年。半年的投诉总量为1590件，低于2015年上半年的1837件。

虽然2016上半年的投诉总量有所下降，但是仍然暴露出很多问题。从投诉内容上看，出行前的投诉较少，主要内容多为虚假宣传；旅行过程中的投诉主要涉及不按合同履约和票务退改等内容；旅行结束后产生的投诉最多，主要涉及"所购物品价值虚高"和"导游服务态度恶劣"等内容。2016年2月哈尔滨曝出了"天价鱼"事件，也是继"湖南切糕""青岛大虾"事件后的又一"消费绑架"案例。

表8　2016年全国消协受理服务大类投诉情况

| 服务大类 | 2016上半年(件) | 投诉比重（%） | 2015上半年(件) | 投诉比重（%） | 比重变化（个百分点） |
|---|---|---|---|---|---|
| 旅游服务 | 1590 | 0.6 | 1837 | 0.6 | 0 |

资料来源：中国消费者协会，《二〇一六年上半年全国消协组织受理投诉情况分析》。

## （二）2015年中国游客旅游度假意愿分析

根据携程旅行网发布的《2015中国游客旅游度假意愿报告》，2015年中国居民的旅游消费意愿、预算持续上升，超过一半的调查对象愿意使用App预订旅游产品。该调查面向全国30多个城市的网民和在线旅游者，回收有效问卷4200多份。

在出游意愿方面，高达93%的用户表示在2015年有旅游意向。旅游意愿会随年龄的增加而增强，45岁以上年龄段人群出游意愿几乎达到100%。

34%的用户全年计划人均旅游花费在5001～10000元，还有34%的用户预算在10000元以上。随着年龄的增加，调查对象的年人均旅行预算也随之增加。互联网和手机端咨询和预订数量超过门店。在该调查中，超过一半（52%）的客人表示更愿意使用旅游App，原因主要是方便且优惠活动多。旅游网站因信息展示的全面和便捷，依然是最受欢迎的渠道，选择人数有近九成（86%）。有39%的用户会受亲友建议的影响，相比之下，去旅行社当面咨询的比例仅为18%。

### （三）2016主要节假日期间居民旅游选择与变化

近年来中国经济的快速发展带动了人民生活水平大幅提高，越来越多的人开始有时间和金钱充分享受丰富多彩的假日生活。假日消费支出愈加庞大，形成了庞大的市场需求，因此主要节假日旅游也逐渐成为当下旅游业不可忽视的重要方面。同时，对主要节假日的分析也可以更好地掌握国民旅游的选择。当下我国主要存在三个旅游量井喷的时间段，分别为春节、暑假和"十一"黄金周，下面对这三个节假日的旅游情况进行分析。

#### 1.2016年春节七天旅游情况分析

春节是冬季旅游的集中时段。根据国家旅游局公布的2016年春节假日旅游七天的数据可以发现，假日旅游市场规模不断扩大，旅游拉动消费作用明显，旅游的相关产品也更加多元。

首先，市场规模持续扩大。例如，北京旅游人数达918.6万人次，同比增长1.9%；旅游收入49.2亿元，同比增长2.9%。湖南旅游人数1830.85万人次，同比增长26.95%；旅游收入104.5亿元，同比增长27.35%。河北旅游人数792.8万人次、旅游收入40.7亿元，分别同比增长17.3%和26.6%。

其次，旅游产品多元丰富。春节假日期间，探亲访友的旅游、为了避寒休闲的旅游、为了感受冰雪运动的旅游等旅游方式丰富多彩，其中各类旅游项目和设施，深受游客喜爱。其中，古镇旅游备受青睐。以浙江宁波奉化溪口景区为例，共接待游客61.2万人次，同比增长26.24%。除此之外，温泉养生广受欢迎，已成为冬季旅游的拳头产品。重庆全市温泉旅游接待人数七天累计超过35万人次，其中5家同比增幅均超过15%。另外，乡村旅游持续升温。以农家乐、乡村娱乐休闲、乡村民俗文化、城乡探亲旅游等为特色的乡村旅游掀起短途旅游的热潮。各地举办各类民俗文化活动，庙会、灯会、花展、祈福等节日民俗旅游活动吸引了大量游客。尤其值得一提的是，冰雪旅游异常火爆。2022年冬奥会的成功申办点燃了国人对冰雪的热情，冰雪旅游受到追捧。北京举办了众多冰雪嘉年华活动，全市滑雪场接待游客8.4万人次，同比增长8.6%。新疆各地纷纷举办冰雪旅游节，其中包含丝绸之路、冰雪旅游、民族风情的冬季旅游组合吸引了大批游客。

### 2.2016年暑期旅游情况分析

暑期的避暑旅游是夏季旅游的集中时段。中国避暑旅游正处在不断成长之中，数据显示，暑假出行的人数远远超过春运人数的规模，夏季避暑已经是民众生活必不可少的一部分，而且环境气候也不再是唯一考量因素，服务质量、设施等越来越被看重，避暑目的地正逐渐转向更大的城市。

中国旅游研究院、中国气象局公共气象服务中心等机构的数据显示，2016年避暑旅游上榜城市7月排名前十的城市为昆明、贵阳、大连、长春、丽江、哈尔滨、吉林、青岛、大同、烟台；8月排名前十的城市为昆明、长春、贵阳、哈尔滨、银川、大同、吉林、延安、太原、呼和浩特；2016年国内最佳避暑旅游城市为贵阳、长春、昆明。虽然在夏季炎热的气候下，居民普遍趋向于选择清凉舒适的地区旅游，但是基础设施的完善、旅游服务健全以及生态环境的保护依然是保持旅游吸引力的重要因素。

### 3. 2016年国庆期间旅游情况分析

根据中国旅游研究院和中国电信联合实验室的调查分析，2016年国庆期间，我国旅游市场以下特点比较突出。

第一，近七成游客参与乡村旅游。2016年国庆长假期间全国出游超过10公里并6小时（不含工作等非旅游动机）的游客总计约1.86亿人次，其中乡村旅游人次约为1.29亿人次，约占同期旅游人次的69%。

第二，客源地主要为大中型城市。乡村旅游中，跨省跨市出行比重过半，达到 53.75%。乡村游十大客源地中，重庆、北京、广州、成都四大城市出行规模占据半壁江山。

第三，近七成游客选择自驾乡村旅行。调查显示，自驾游成为乡村游的主要出行方式，占比达到 67.68%；其次为公共交通出行，占比 19.32%。

第四，乡村旅行中多人结伴出行占主流。36.82% 的调查者愿意选择 4～5 人的乡村旅游，25.39% 的调查者倾向于 3 人出行，19.2% 的调查者倾向于 2 人出行，个人出行及 5 人以上出行占比较低。

第五，近七成乡村游游客为青壮年。乡村游游客中，青壮年群体（21～45 岁）占比 67%，成为乡村旅游的主流群体。对各年龄段乡村游游客进一步细分：20 岁以下仅占 1.7%，21～30 岁占比 19.52%，31～40 岁占比 30.53%，41～50 岁占比 28.49%，50 岁以上占 19.77%。

## 三 2016年旅游产业发展舆情热点

### （一）A 级景区现最严"整肃风"，复核监管工作更加规范

在国家旅游局督促和指导下，2016 年下半年，各地旅游部门启动了对全国 4A 级及以下景区的集中复核检查，掀起了一次最严厉的景区整治活动。2016 年 12 月 5 日，国家旅游局通报共有 367 家 4A 级及以下景区受到摘牌、降级、严重警告、警告、通报批评等不同程度处理，107 家景区被摘牌，其中包括 55 家 4A 级景区。这些被处理的景区存在各种各样的问题，主要是厕所环境卫生差、基础设施不足、安全存在隐患等方面。A 级景区本是社会公认的旅游景区品牌，但由于景区的软硬件服务达不到要求，存在安全隐患等，取消徒有虚名、不符合要求的景区资质势在必行，这将有利于促进和敦促景区不断改进服务、提升品质，更好为消费者服务。此外，国家旅游局正协同相关部门，酝酿推出新修订的《旅游景区质量等级管理办法》和新国标，新的管理办法将对景区出现何种问题加以何种处罚等做出详细而明确的规定，使 A 级景区复核监管工作更加规范，有据可查，有法可依。

## （二）旅游"宰客"现象应进一步加强监管

2016 年，旅游"宰客"事件不断，从哈尔滨"398 元一斤鳇鱼"到桂林"5000 元一条娃娃鱼"，严惩仍难制止"天价"现象，政府监管在法律与执行层面的缺位，导致了市场无序与诚信缺失。对"天价鱼"这类事件，《价格法》第十四条有专门条款，即经营者定价"不得违反法律、法规的规定牟取暴利"，与之配套的《制止牟取暴利的暂行规定》则明确：某一商品或服务的价格、差价率、利润率，不得超过同一地区、同一期间、同一档次、同种商品或者服务相应平均数的合理幅度。但"市场平均价格的合理幅度"没有实施细则不好确定，"宰客""天价鱼""天价大虾"等，反映了旅游市场这一无序现象的复杂性，应该及时从法律及执行层面找原因，确保商家按规定明码标价，对政府部门监管不力进行明确惩处，或许"天价"现象不会如此频现。应该有一种"危机－反思－改进"机制，对一件件个案，都能从立法与执行层面举一反三，不断完善法律法规，落实监管，才能规范市场秩序，重树社会诚信。

## （三）"营改增"后旅游业应主动适应，以降低税负

"营改增"是党中央、国务院根据经济社会发展新形势，从深化改革的总体部署出发做出的重要决策，目的是加快财税体制改革、进一步减轻企业赋税，调动各方积极性，促进服务业的发展，促进产业和消费升级、培育新动能、深化供给侧结构性改革，必将对我国旅游业的发展产生重要影响。根据财税〔2016〕36 号文件《关于全面推开营业税改征增值税试点的通知》之附件《营业税改征增值税试点实施办法》的要求，将旅游服务业纳入增值税征税围，税率定为 6%。即由之前营业税率 5%（旅游饭店与旅行社）或 3%（旅游景区点门票收入）改为增值税率 6%，会对不同旅游企业产生不同的税负影响。

对旅游饭店而言，"营改增"之后，年销售额低于 500 万元的小规模纳税人的旅游饭店，税率降至 3%，税负明显下降。而对于一般纳税人而言，

税率由5%上升为6%，但可以抵扣其经营过程中进项税。整体来看，税率虽有所上升，但税负会有所下降。对旅行社而言，"营改增"之前，旅行社的收入要按照生活服务费以其全部价款和价外费用扣除替旅游者支付给其他单位或个人的住宿费、餐饮费、交通费、景点门票以及支付给接团企业的旅游费用后的余额为基数缴纳营业税，税率为5%。"营改增"以后，小规模纳税人税率变为3%，下降明显；一般纳税人税率变为6%，旅游企业很多成本项目无法取得专用发票，不能进行进项税抵扣，因此，"营改增"试行办法规定，纳税人可以选择以取得的全部价款和价外费用，扣除向旅游服务购买方收取并支付给其他单位或个人的住宿费、餐饮费、交通费、门票费、签证费和支付给其他接团旅游企业的旅游费用后的余额为销售额，并可抵扣其日常经营中的进项税。其税负的增减取决于是否可以取得可抵扣的增值税专用发票，如能取得足够的进项税专用发票，实际税负就会降低；如果不能，实际税负有可能比"营改增"前高。对旅游景区而言，"营改增"后，由原来3%的营业税率改为6%的增值税率。对固定资产投资量大的旅游景区，可以抵扣其固定资产项目进项税，在投资前期，税负有所下降；对以自然景观为依托的旅游景区，其固定资产可抵扣项目很少，主要为人力成本，而人力成本目前是无法取得增值税专用发票的。如果其员工由劳务派遣并取得相应专用发票，可能会使其实际税负有所下降。

从"营改增"在旅游行业的实施整体情况上来看，避免了重复征税，降低了税负，然而旅游行业业务的复杂性和消费的独特性，使得其在进行抵扣过程中遇到了很大的挑战。国家税务部门应该进一步完善旅游业营改增税制，建立有效的优惠制度，促进旅游业的发展；旅游行业的企业也要加强其自身财务制度的完善，适应税制改革的要求。

（四）对门票"禁涨令"到期后多地景区违规涨价行为严肃查处

国家发展和改革委、国家旅游局2015年9月下发通知，在全国开展为期一年的景区门票价格专项整治工作，其间各地原则上不出台新的上调景区门票价格方案。但是在方案还未到期或将要到期前，全国多个省份已经提出调价意向，"禁涨期"变成了多个景区的"备涨期"，很多景区通过各种途径变相涨价、超幅度涨价，涉嫌违规行为，个别景区不仅走过了上述流程，还"光速"完成公示并执行上调后的票价。比如广东5A级大角湾景区2016年5月18日发布景区门票价格听证会公告，6月中旬开听证会，7月18日已正式上调票价。根据国家发展和改革委、国家旅游局有关规定，实行政府定价、政府指导价管理的景区，应严格执行价格政策，不得以任何名义、任何形式擅自提高或变相提高门票价格，应该对通过违规设置、强制销售"园中园"门票、临时门票、不同景区联票等形式变相提高门票价格等违反国家有关规定的行为予以纠正，并由价格主管部门依法予以处罚。

# 四　2017年及未来展望

## （一）发展环境

就2017年和未来一段时期来看，中国经济增长模式的转变、新型城镇化的推进以及移动互联网的发展都将给中国旅游带来新的契机。

首先，尽管我国经济增速放缓，但仍然在合理区间运行，且增长率不仅远超发达国家和世界经济增速，也高于新兴经济体和发展中国家的平均增长速度。未来，随着中国经济增长模式的转型，居民消费需求将进一步得到释放。提高工资水平、完善社会保障制度、支持中小企业发展、鼓励个人创业等一系列措施的实施，将促进居民可支配收入水平的提高，促进中产阶层规模的扩大。根据国际咨询公司麦肯锡预测，中国年收入在60000~229000元人民币的城市中产家庭比重将由2000年的4%提高到2022的75%。这些人不仅会成为中高档消费品、现代服务、知识产品的消费主力，也会深刻影响旅游市场的格局。

其次，新型城镇化的发展将为旅游带来新的机遇。目前我国城镇化率已接近60%。如果能打破政策与体制掣肘，以后每年仍能提高1.5~2个百分点。到2020年，人口城镇化率有可能接近目前的世界平均水平。新型城镇化进程将极大促进包括旅游业在内的服务业和关联产业发展。城市人口对教育、文化、旅游、医疗等生活性服务需求和社会经济对金融、物流等生产性服务的需求都将大幅增加。

最后，移动互联网给人类的生产生活方式带来了革命性的影响和冲击。如今移动互联网已经逐渐成为人们生活的重要组成部分，越来越多的人更愿意使用手机等移动端搜集旅游信息、完成旅游预订、分享旅游体验。这也将给更多的业态创新提供机遇。

## （二）未来展望

据相关机构预测，2017年中国经济将保持6.3%～6.7%的增速。随着全面深化改革的推进，旅游发展环境也将进一步得到完善，各地发展旅游的热情持续高涨，各路资本对旅游的投入不断增加，相关设施、产品和服务继续完善。在此背景下，中国国内旅游将继续保持高于国民经济增长的速度，成为新的发展动力。

**参考文献**

宋瑞主编，金准、李为人、吴金梅副主编《2015～2016年中国旅游发展分析与预测》，社会科学文献出版社，2016。

中华人民共和国国家统计局：2003～2015年的《国民经济和社会发展统计公报》。

中华人民共和国国家旅游局政策法规司：《2015年中国旅游业统计公报》。

李雪峰：《中国国家旅游度假区发展战略研究》，博士学位论文，复旦大学，2010。

刘春济：《我国旅游产业结构优化研究》，博士学位论文，华东师范大学，2014。

中华人民共和国国家统计局网，http：//www.stats.gov.cn。

中华人民共和国国家旅游局网，http：//www.cnta.gov.cn。

人民网3·15投诉平台，http：//travel315.people.com.cn。

# G.17
# 2015~2016年中国入境旅游
# 发展分析与展望

李创新*

**摘　要：** 随着签证、通关、免税、退税、航权等多项宏观便利化政策逐步落地实施，"美丽中国"概念的务实推广，以及我国在旅游目的地建设和全球推广方面的创新等多重因素影响，2015年我国入境旅游实现恢复性增长，开始步入稳步增长的态势。2016年上半年我国入境旅游呈现持续稳步增长态势，预计2016年我国入境旅游市场有望持续回升，实现约4%的增长。

**关键词：** 入境旅游　客源市场分析　过境免签

## 一　全球入境旅游2015年发展概况及2016年发展展望

### （一）2015年全球接待入境游客总量持续稳步增长

尽管受到世界经济发展低迷，以及安全、安保等问题的影响，国际旅游的增长势头依然比较强劲。2015年国际旅游发展的成绩十分喜人：全球接待入境游客总人数的增速虽较2014年有所下降，但依然维持在4%以上，

---

* 李创新，管理学博士，中国旅游研究院助理研究员，中国科学院地理科学与资源研究所博士后，主要研究方向为入境旅游流、国际旅游市场开发、旅游社会文化。

成为自 2010 年以来第 6 个年增速维持在 4% 以上的年份。

联合国世界旅游组织（UNWTO）公布的数据显示，2015 年全球接待入境旅游总人数继续稳步增长，比 2014 年增加了近 5000 万人次，达到 11.84 亿人次，同比增长 4.04%（见图 1）。

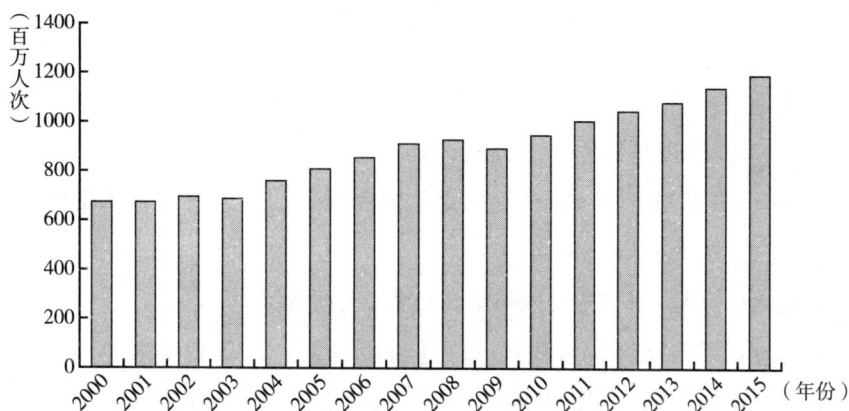

**图 1　2000 年以来全球入境旅游规模**

资料来源：联合国世界旅游组织（UNWTO）。

**1. 欧洲、亚太、美洲保持国际三大旅游热点区域地位**

2015 年全球接待入境游客数量的区域格局保持相对稳定：欧洲以 51% 的份额继续排名第一，其次是亚太（24%）和美洲（16%）。中东和非洲在全球接待入境游客数量中所占份额相对较低，分别为 4% 和 5%。

**2. 国际游客在加勒比海、太平洋、欧洲等地区的流动显著加速**

2015 年全球各个区域接待入境游客的数量均呈稳步增长态势，除非洲呈负增长以外，其他地区均呈现不同程度的正增长，其中以加勒比海地区涨势最强（7.4%），中东地区涨势最弱（3.1%）。此外，澳洲、中美洲等地区的涨势也比较乐观，分别为 7.1% 和 7.3%。

2015 年欧洲地区接待国际游客数量的增速出现较大幅度的提升。相比 2014 年的小幅增长势头，整个欧洲地区 2015 年的入境游客接待量有较大幅度的提升。从宏观形势来看，2015 年对欧洲可谓是"多事之秋"：经济危机、乌克兰危机、恐怖袭击、难民危机……接踵而至，给欧洲的经济社会发展带来了一定的负面影响。欧洲总体经济形势不容乐观，甚至欧盟内部开始出现离心倾向；美欧与俄罗斯围绕乌克兰问题，爆发了自冷战结束以来最为激烈的地缘政治碰撞，伴随该事件的持续发酵，欧洲与俄罗斯的经济和社会发展都遭受了巨大打击；极端主义的持续发展，导致欧洲大陆的恐怖袭击频频发生……这一切虽然对欧洲的旅游业有一定的负面影响，但从统计数字来看，欧洲地区接待国际游客的总量在一系列考验面前反而有较大幅度的提升。其中，中/东欧地区对于欧洲接待国际游客总量的贡献较大，其增速由2014年的-6%反弹至6.4%，年际变化幅度在全球各地区的整体排名中名列前茅。

**3. 亚太、美洲、非洲接待国际游客的增速有所放缓**

亚太地区接待国际游客数量的增速有所放缓。2015年亚太地区的入境游客增速同2014年相比放缓明显。其中，东北亚、南亚地区的入境游客增速放缓尤为显著，东南亚、澳洲地区的入境游客增速较2014年有所增长。2015年朝鲜半岛局势加剧，韩朝双方甚至进入"常态化军事对抗"状态，该事件在一定程度上给东北亚地区的国际旅游发展带来负面影响；南亚地区整体形势也不甚明朗，虽然印度、巴基斯坦等大国的政治经济相对稳定，但诸多小国的动荡形势进一步加剧，例如，尼泊尔的经济社会发展因"4·25"地震严重受挫，马尔代夫经济社会形势因政局动荡而恶化，加上极端主义势力扩张令人担忧，导致赴南亚旅游的国际游客增速大为下降，从2014年的10.1%的下降至2015年的4.2%。

美洲地区接待国际游客数量的增速有所放缓。2015年美洲地区的入境游客接待量从多到少依次为北美地区、南美地区、加勒比海地区、中美地区。作为美洲接待国际游客的最主要区域，2015年北美地区接待国际游客数量的增速远低于加勒比海地区和中美地区。后两个地区2015年的国际游客数量增速均超过7%，虽涨幅明显，但在整个美洲地区所占比重依然偏小。从整体来看，2015年美洲地区的入境游客接待量增速有所放缓，由2014年的8.4%降至2015年的4.9%。

北非地区接待国际游客总量下滑显著，导致整个非洲的接待量整体下滑。近年来非洲一直没有摆脱恐怖主义和政局不稳的阴影。除受"博科圣地"和"索马里青年党"这两大源于非洲本土的恐怖组织困扰之外，非洲也成了其他恐怖组织袭击和竞争的重点。2015年在非洲持续蔓延的埃博拉病毒更是给本地区的国际旅游接待带来巨大的负面影响，导致经济增长衰退。2015年非洲地区接待国际游客的增速由2014年的0.3%下降至-3.3%，尤其是北非地区的增速下滑更甚，跌至-7.8%。

**4. 中东地区入境旅游接待量继续恢复**

2015年中东地区虽然政局不稳，且恐怖袭击时有发生，但其入境游客接待量继续恢复。2015年中东地区接待国际游客数量同比增长3.1%，其增速虽低于世界平均水平，但呈现出的回升态势实属不易。

**5. 入境游客向新兴经济体的流动有所放缓**

近年来，新兴经济体接待的入境游客数量正逐年增加，但增幅略低于发达经济体，新兴经济体入境游客接待量同发达经济体之间的差距反而在逐渐扩大。2015年发达经济体与新兴经济体的入境游客接待量的差距扩至1.12亿人次。

2015年新兴经济体接待入境游客数量的增速为4.1%，发达经济体接待入境游客数量的增速为4.8%。这是继2013年之后入境游客连续第三年向新兴经济体的流速低于向发达经济体的流速。

## （二）2016年全球入境旅游发展展望

2016年国际金融危机引发的经济衰退和波动仍将持续，全球经济复苏依然存在较大的国别差异和区域不均衡性。在当前全球经济整体发展前景不容乐观的背景下，多数国家特别是发达经济体国家的游客在跨境旅游等服务消费领域的购买需求仍将趋于谨慎和保守。

鉴于当前全球国际旅游呈现的良好发展态势，预计2016年全球入境旅游发展整体向好，市场规模将进一步扩大，增幅有望与2015年大致持平。综合考虑全球经济增长相对乏力、恐怖主义威胁和局部地区的动荡形势或将加剧，以及以中国为代表的新兴经济体出境旅游的增速相对下降等现实因素，预计2016年全球入境旅游的增速将继续略高于全球经济的增速，增幅预期在4%左右。

## 二 2015年及2016年1~6月中国入境旅游发展态势

### （一）中国入境旅游的基本情况

2015年中国入境旅游市场在三年持续下降后首次呈现回升迹象，接待入境游客13382.04万人次，同比增长4.14%。

2015年各地接待的港澳台入境游客回升至10783.50万人次，同比增长5.58%。其中，香港赴内地游客7944.8万人次，同比增长4.4%；澳门赴内地游客2288.8万人次，同比增长10.9%；台湾赴大陆游客549.9万人次，同比增长2.5%。2015年港澳台赴内地（大陆）旅游市场在三年持续下挫后开始呈现显著回升迹象，这得益于内地对香港、澳门的全方位客源市场开发，以及大陆对台湾的全方位旅游合作持续深入。

2015年中国接待入境外国游客数量回落至2598.54万人次，同比下降1.42%，总量维持基本平稳态势，部分外国客源市场出现比较显著的增长：韩国旅华游客数量同比增长6.3%，越南旅华游客数量同比增长26.4%。2015年入境外国游客总量较2014年略有减少，但总体而言降幅依然处于可控区间。伴随我国入境旅游市场国际化程度的日益提升，以及我国入境旅游市场开发工作的持续深化，未来我国接待的入境外国游客数量有望再度回升。

2015年接待入境过夜游客数量回升至5688.6万人次，同比增长2.3%。其中：入境过夜的外国游客2028.6万人次，同比下降2.5%；入境过夜的香港游客2709万人次，同比增长4.7%；入境过夜的澳门游客466.6万人次，同比增长10.9%；入境过夜的台湾游客484.4万人次，同比增长2.5%。

从联合国世界旅游组织（UNWTO）公布的年度排名来看：2015年在入境过夜游客接待量的综合排名中，中国以5688.57万人次名列第四。法国以8446万人次再度名列榜首，美国名列第二，西班牙名列第三（见图2）。

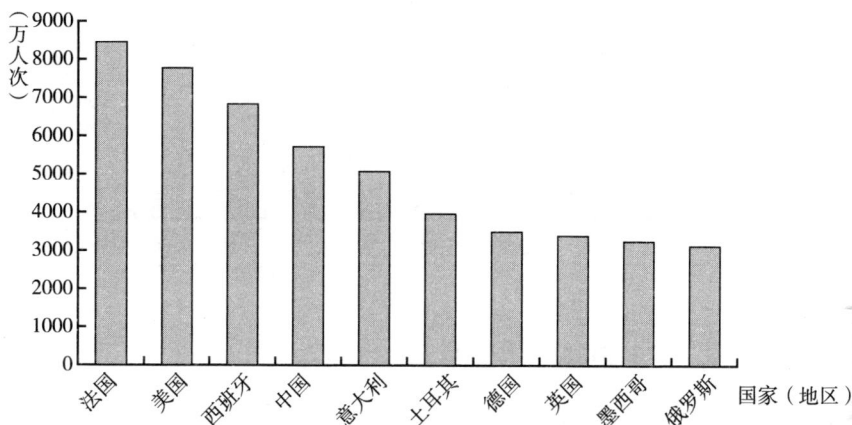

**图2　2015年全球入境过夜游客接待量十强排名**

资料来源：联合国世界旅游组织（UNWTO）。

采用全新的旅游统计指标与方法口径计算，2015年中国入境旅游外汇收入为1136.50亿美元，同比增长7.8%，实现旅游服务贸易顺差91.5亿美元。

从联合国世界旅游组织（UNWTO）公布的年度排名来看：2015年在旅游外汇收入的国际排名中，中国以1136.50亿美元名列第二。美国以1783亿美元再度蝉联榜首，西班牙以565亿美元名列第三，法国以459亿美元名列第四（见图3）。

### （二）中国入境旅游呈现的主要特点

#### 1. 入境旅游实现恢复性增长，开始步入稳步增长的态势

在"中国梦"的战略构想引领下，随着我国经济社会的全面发展，签证、通关、免税、退税、航权等多项宏观便利化政策逐步落地实施，"美丽中国"概念得到务实推广，国家与地方各级旅游行政主管部门以及旅游相

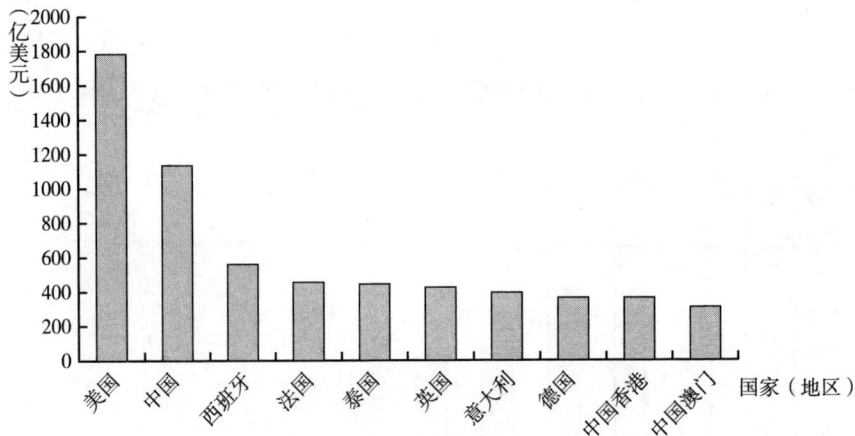

图3 2015年全球入境旅游外汇收入十强排名

关企业在中韩旅游年、中印旅游年、中国—中东欧旅游年等相关工作中积极作为，我国在旅游目的地全球推广和营销创新方面的工作持续优化改进。这些基础性工作的开展和深入为我国入境旅游市场的持续增长提供了基础保障和全新动能，2015年我国入境旅游市场实现恢复性增长，开始步入稳步增长的态势。

**2. 受经济因素制约，短期内入境旅游实现快速增长仍不现实**

当前，从整体来看，多数国家特别是发达经济体国家的游客在旅游等服务消费的购买方面仍然相对保守，多数境外游客对于中远程的旅游决策依然趋于谨慎，对于跨境旅游消费的价格仍旧十分敏感，这一特征直接影响境外游客的出行意愿和旅华意愿。

在经济发展不景气的国际背景下，越来越多的国家和地区将振兴旅游业作为刺激经济增长的重要举措，纷纷面向主要国际客源市场出台包括免签入境、延长签证有效期、推行廉价航空等积极有效的入境政策，并致力于推进实施货币贬值、新航线开辟、免税和退税优惠政策等一系列竞争手段，以增强本国的国际旅游吸引力，此举导致国际旅游市场的竞争持续加剧。

从我国当前的现实状况来看，自2005年实施汇改以来，人民币对美元升值近33%，直接推高了主要客源市场赴华旅游的产品价格，削弱了赴华旅游产品面向境外游客的价格竞争力。以欧洲客源市场为例，自2005年以来各条赴华旅游线路的销售价格因汇率上涨约30%，导致不少经营赴华旅游业务的批发商不得不逐步寻求日本、韩国、印度、东南亚等替代型旅游目的地，极大地分流和弱化了欧洲游客赴华旅游市场。

**3. 阻碍中国入境旅游发展的部分障碍因素短期之内尚难根除**

在境外客源市场开展的抽样调查显示：逾八成受访者不曾来过中国，其中五成表示有意向来中国，三成表示即使未来也不会到中国来。针对缺乏旅华意愿的境外客源市场开展的抽样调查显示："难以理解中国话"和"旅游费用过高"是最大的赴华障碍因素。此外，"对中国缺乏兴趣"以及"中国空气质量太差"、"中国食品安全堪忧"和"中国治安状况不佳"等亦是境外受访者不愿到中国旅游的主要原因。

综合以上多重因素来看，影响我国入境旅游发展的内部消极因素仍然存在，短期之内尚难根除。特别是空气质量、食品安全、治安状况等方面存在的突出问题，经部分境外媒体的蓄意炒作之后，已对中国的国际旅游形象带来较大的负面影响，短期内恐难迅速得到修复。

**4. 2016年我国入境旅游将持续稳步增长**

2016年1～6月我国共接待入境游客约6787万人次，同比增长3.84%。主要入境客源市场均出现显著增长：香港赴内地游客数量4003万人次，同比增长2.19%；澳门赴内地游客数量1158万人次，同比增长3.49%；台湾赴大陆游客数量279万人次，同比增长5.78%；外国人赴华游客数量1347万人次，同比增长9.0%。部分外国客源市场出现比较显著的增长：俄罗斯旅华游客数量同比增长35.14%，韩国旅华游客数量同比增长8.43%，美国旅华游客数量同比同比增长8.39%，越南旅华游客数量同比增长7.18%。结合目前的发展趋势来看，预计未来中国入境旅游的市场规模有望持续回升。

2016年1～6月我国共接待入境过夜游客2887万人次，同比增长4.3%，呈现稳步增长的新态势；2016年1～6月我国入境旅游外汇收入

570.17 亿美元，同比增长 5.3%，也呈现稳步增长的新态势。

就当前我国入境旅游市场的发展趋势来看：一方面依然无法避免主要客源市场经济增长乏力、国际游客出境旅游趋于保守、各旅游目的地竞争加剧、国际地缘政治的消极影响强化、入境游客在华消费意愿下降、我国入境旅游宣传推广体系有待进一步完善、我国旅游目的地品牌建设仍处初级阶段等诸多负面因素的消极影响；另一方面入境旅游系统工程的理念日益深入人心，国际旅游多元化需求逐步得到满足，特色旅游形象和主打旅游产品层出不穷、旅游公共服务和市场监管日趋优化，加之人民币贬值、空气质量逐步改善、外围目的地恐怖袭击频发等现实因素的推动下，入境旅游由前几年的衰退周期换挡至近年来的复苏周期的基础将进一步稳固。在这一系列现实因素的积极推动下，预计 2016 年我国入境旅游市场有望持续回升，实现约 4% 的稳步增长，旅游外汇收入有望实现约 5% 的稳步增长。

## 三　主要入境客源市场分析

### （一）港、澳、台市场

#### 1. 香港市场

经过前两年的市场下行，在香港经济保持温和增长，以及人民币汇率贬值等有利因素的推动下，2015 年香港赴内地旅游市场出现好转，逐步企稳回升。2015 年香港赴内地游客数量为 7944.8 万人次，同比增长 4.4%。香港赴内地旅游的市场份额占中国入境旅游市场份额的 59.37%，较 2014 年的市场份额占有率上升 0.12%，继续呈现企稳回升迹象。2015 年香港赴内地过夜游客数量为 2709 万人次，同比增长 4.7%。

#### 2. 澳门市场

2015 年尽管澳门的经济持续下滑，但并未对澳门的出境旅游市场造成过大的负面影响。在人民币贬值预期上升等利好条件下，2015 年澳门赴内地旅游市场呈现显著的市场反弹迹象。2015 年澳门赴内地游客数量为

2288.8万人次,同比增长10.9%。澳门赴内地旅游的市场份额占中国入境旅游市场份额的17.10%,较2014年的市场份额占有率上升1.04%,回升态势显著。2015年澳门赴内地过夜游客数量为466.6万人次,同比增长10.9%。

**3.台湾市场**

2015年伴随海峡两岸的经济文化和民间交流持续深化,游客之间的双向往来亦更加频繁。2015年台湾赴大陆旅游市场呈现平稳回升迹象。2015年台湾赴大陆游客数量为549.9万人次,同比增长2.5%。台湾赴大陆旅游的市场份额占中国入境旅游市场份额的4.11%,呈现总体稳定迹象。2015年台湾赴大陆过夜游客数量为484.4万人次,同比增长2.5%。

## (二)主要的国际客源市场

**1.韩国出境旅游热度不减,旅华市场继续升温**

近年来虽然韩国的经济增长不甚乐观,2015年其GDP增长率更是创下三年来的新低,但韩国国民自"休闲热"兴起之后,国民出境旅游的偏好一直在持续。2015年韩国国民出境旅游数量接近2000万人次,达到1931.43万人次,创下历史新高,比2014年的1608.07万人次增加20.1%。2015年韩国旅华市场达到444.44万人次,比2014年增长6.28%。

**2.日本出境旅游继续下降,旅华市场持续下滑**

近年来日本出境旅游的市场规模持续下滑,由2012年1849.07万人次下降至2015年的1621.38万人次。

在国际层面,由于领土纷争和历史认识等问题的持续积累与发酵,2015年日本同中国、韩国等周边国家的关系继续趋冷。在国内层面,日元汇率下降导致日本国民的生活成本提高,进一步导致原本有出行计划的日本国民一部分选择了国内游,而另一部分选择前往泰国、菲律宾、越南、印度尼西亚等东南亚国家进行短途海外旅行。2015年日本出境赴韩国和中国的游客数量都出现了不同程度的下滑,赴韩游客数下降近20%,赴华游客数下降8.1%,赴泰国、菲律宾、越南、印度尼西亚等国家旅游的游客数量则出现了不同程度的上涨。

受 2012 年"保钓事件"及后续的中日钓鱼岛领土纷争持续发酵的影响，以及近年来日本政府采取与中国疏远、与东南亚国家交好以图拉拢周边小国的态度影响，日本出境游客的海外市场流向发生了一定的变化。2015 年日本赴华旅游 249.77 万人次，同比下降 8.1%。

### 3. 俄罗斯出境旅游持续萎缩，旅华市场继续遇冷

2015 年俄罗斯的经济社会发展遭遇严重考验，一方面卢布汇率与油价均降至历史最低水平，另一方面俄罗斯采取与西方国家相互制裁的做法代价较为沉重。2015 年俄罗斯经济下滑 3.7%，居民收入下降 4%，商品零售总额暴跌 10%，投资额重挫 8.4%，创 2009 年以来的最差表现，大约 2000 万民众生活处于贫困线以下。一方面食品等基本生活用品的价格出现上涨，另一方面工资收入出现下降，俄罗斯国民不得不压缩和抑制各种消费支出，有相当大的群体选择放弃海外度假计划，从而导致其出境旅游发展严重受挫。

2015 年俄罗斯出境旅游利空因素不断：主营国际航空业务的俄罗斯第二大航空公司宣布破产；由于受到恐怖主义威胁，俄罗斯全面中止同埃及之间的航空联系；因俄罗斯战机被土耳其击落，俄罗斯全面中止同土耳其的旅游合作。事实上，埃及和土耳其均是俄罗斯最主要的出境旅游目的地。在多重负面因素的综合打击下，2015 年俄罗斯出境旅游人数降幅约为 20%。

2015 年俄罗斯来华旅游 158.23 万人次，同比下降 22.7%，俄罗斯也从中国的第四大入境旅游客源国退至第五大入境旅游客源国。

### 4. 美国出境旅游增幅显著，旅华市场微小波动

近年来美国出境旅游市场一直保持稳步增长态势，2015 年其出境游客规模再创新高，同比增长 7.7%。从美国游客选择的出境旅游目的地来看，墨西哥、加拿大、加勒比海、欧洲等近程旅游目的地仍然处于绝对主导地位；赴亚洲旅游近年来虽保持较高增幅，但由于其远程旅行的费用偏高、对出游时间要求也较长，目前尚难以成为美国游客首选的出境旅游目的地。

近年来美国旅华市场一直保持相对稳健的发展态势，美国游客每年来华约 210 万人次，是中国的第三大入境客源国市场、第一大远程入境客源国市

场，占中国接待的外国人入境过夜旅游市场份额的近10%，市场体量和市场潜力都相当可观。2015年美国赴华游客达到208.58万人次，同比微降0.35%。由于越南赴华旅游市场的强势崛起，美国从中国的第三大入境旅游客源国退至第四大入境旅游客源国。

### 5. 越南出境旅游增长显著，旅华市场热度不减

近年来，越南经济在新兴经济体中的表现相对抢眼，2015年GDP增长6.68%，创8年来新高；越南物价也相对平稳，CPI创14年来新低。由于经济复苏势头显著，带动消费者信心指数随之上升，其出口和外资流入均实现正增长。良好的经济发展形势拉动越南国民的旅游需求上升，2015年越南国内游客规模达到5700万人次，同比增长48%。

自2000年以来，越南游客赴华的数量持续增长。2015年越南访华游客数量比2000年增长25倍，平均年增幅达到24.35%。2015年越南到访中国的游客数量为216.08万人次，同比增长26.41%。2015年越南不仅是中国入境旅游增幅最大的客源国市场，而且超越了俄罗斯和美国，成为中国的第三大入境旅游客源国。

### 6. 新加坡出境旅游积极性下降，旅华市场出现下滑

2015年新加坡的经济增长进一步放缓至2%，虽然其失业率处于1.9%的较低水平，但新增就业岗位仅31800个，是近十多年以来的历史新低。加之人口老龄化问题的困扰加剧，2015年新加坡游客出境旅游的积极性进一步下降。

2015年新加坡接待的入境游客数量微长0.9%，但由于受到全球经济前景不明朗，以及主要客源市场的货币疲软对旅游消费的限制作用，其旅游外汇收入减少6.8%。2015年赴新加坡旅游的中国游客数量达210.62万人次，同比大涨22%。2015年新加坡来华旅游90.53万人次，同比下降6.81%。中国未来深度开发新加坡旅华客源市场的关键还在于综合改善旅游环境，以及重新确立产品价格优势等。

### 7. 印度出境旅游持续增长，旅华市场稳步攀升

国际货币基金组织（IMF）公布的数据显示，印度2015年名义GDP约

为 2.18 万亿美元，超过巴西和意大利，位居全球第七，经济增长率达
7.3%，首次超过中国。在其他新兴市场国家经济增速放缓的大环境下，印
度的国内消费市场不断扩大，2015 年出境游客数超过了 1700 万人次。2015
年印度访华游客总量为 73.05 万人次，同比增长 2.90%，位居中国第十大
入境旅游客源国。

**8. 加拿大出境旅游持续萎缩，旅华市场逆势回暖**

2015 年受国内需求疲软、国际贸易萎缩以及加元贬值等多重因素的拖
累，加拿大 GDP 仅增长 1.2%，增速同比降幅显著。受到经济增幅放缓以及
加元汇率贬值的影响，2015 年加拿大出境旅游规模为 3226.96 万人次，同
比下降 3.7%。其中，由加拿大前往美国的游客数量下滑最为显著，同比下
降 10%。

2015 年加拿大访华游客总量为 67.98 万人次，同比增长 1.90%，位居
中国第十一大入境旅游客源国。对比来看，加拿大赴华旅游市场能在其出境
旅游市场整体萎缩的情况下逆势增长，再一次显示了加拿大客源市场对赴华
旅游的偏好。

**9. 澳大利亚出境旅游稳步回暖，旅华市场继续下降**

澳大利亚是传统的出境旅游大国，跨境旅行已经成为澳大利亚民众日常
生活的重要组成部分。2015 年澳大利亚出境旅游的总量达 942.6 万人次，
同比增长 3.4%，其中，休闲和观光度假的游客数量为 548.28 万人次，占
出境游客总量的 58.17%。澳大利亚民众出游以短期旅游居多，其旅游时限
在两周以下的占 45.21%，旅游时限在一个月以内的占 75.97%。

2015 年澳大利亚访华游客总量为 63.73 万人次，同比下降 5.17%，市
场规模已连续 3 年下降。目前，澳大利亚居中国入境旅游客源国第十三位。

**10. 德国出境旅游持续景气，旅华市场出现下降**

2015 年德国政府支出与基建投入的增长抵消了出口疲软带来的负面影
响，2015 年德国 GDP 增长 1.7%。作为传统的出境旅游大国，德国民众收
入提升以后，消费意愿随之上升，旅游需求也得到更多释放。德国民众乐于
将更多的时间和金钱投入到具体消费中。长期以来，出于对旅游消费的偏

好，德国常年有超过4%的人口在国外流动，德国游客也是在国际旅游市场中仅次于中国的第二大旅游外汇携带群体。

2015年，新一轮的恐怖主义威胁在一定程度上影响了德国民众的出行和消费。2015年德国出境旅游规模达到8510万人次，同比增长4.3%，达到历史新高。其中，6340万人次去往欧洲地区，同比增长4.1%；去往亚洲地区的游客数量增长最为迅猛，同比增长8.1%。

2015年德国访华游客总量为62.34万人次，同比下降5.9%，成为中国第十四大入境旅游客源国。

**11. 英国出境旅游增幅显著，旅华市场持续下滑**

2015年因全球经济放缓抑制了英国经济此前快速增长的势头，其GDP增速放缓至2.2%。经济增速的放缓对英国出境旅游的影响不甚明显，2015年英国出境旅游的规模总量达到6531.3万人次，同比增长8.7%，旅游消费支出366.61亿欧元，同比增长3.16%。英国游客的出境旅游目的地以欧美地区为主，其中，前往欧洲的英国游客达5147.25万人次，占出境游客总量的78.81%；以度假为出游目的的出境人数达到4196.2万人次，占出境游客总量的64.25%。

2015年英国访华游客总量为57.96万人次，同比下降4.14%，居中国入境旅游客源国第十五位，且下滑幅度有扩大趋势。英国访华旅游市场下降的主要因素有：环境污染、交通拥堵等严重影响中国的国家旅游形象，中国目前在发展进程中遭遇的"大城市病"被欧洲各主流媒体竞相报道，严重打击了英国游客的访华意愿。此外，亚洲各国在一定程度上加剧了入境旅游客源市场的分流，日本、泰国、韩国、新加坡、马来西亚、越南等国对我国的入境旅游客源市场的替代性正在逐步增强。

**12. 法国出境旅游恢复性反弹，旅华市场持续下滑**

2015年受石油价格下跌等利好因素影响，跨境旅行的费用开支有所下降，法国出境旅游出现恢复性反弹。尽管2015年法国也遭受恐怖主义的威胁，但并未给跨境旅游带来破坏性的负面影响。而且，由于欧元兑美元汇率的下跌，法国成功吸引更多的美国游客前来，2015年法国共接待入境过夜游客 8446 万人次，再度排名全球首位。

2015 年法国旅华游客数量 48.69 万人次，同比下降 5.82%，相比 2014 年 3.1% 的降幅，下滑趋势有所扩大。目前，法国排名中国入境旅游客源国第十七位。

## 四 中国入境旅游实现恢复性增长的影响因素分析

### 1. 72 小时过境免签和144 小时过境免签政策增进旅华便利性

便利化政策目前正逐步成为金融危机之后世界各国吸引国际客源市场的重要政策手段，其中，对入境旅游市场拉动效应最为明显的便利化政策当属签证便利化。中国各级旅游行政主管部门协调并配合外交、公安、海关、边检等部门共同致力于推进入境旅游的签证便利化政策，一方面致力于优化完善外国人 72 小时过境免签政策，另一方面统筹研究部分国家赴华旅游团的入境免签政策，优化邮轮旅游的入境便利化政策。

继 2013 年 72 小时过境免签政策在北京、上海、广州、成都、重庆、大连等 7 个城市口岸落地实施之后，2014 年该政策又在西安、桂林、昆明、杭州等城市口岸落地实施。2015 年我国 72 小时过境免签政策继续稳步推进，相继在厦门、武汉、天津、哈尔滨、南京、青岛、长沙等 7 个城市口岸落地实施。截至 2015 年底 72 小时过境免签政策已在 18 个城市口岸落地实施。能够享受 72 小时过境免签的对象，从最初的 45 个国家与地区已经扩展到目前的 51 个国家与地区，基本涵盖了我国最主要的入境旅游客源市场，以及与外交战略重点区域相关的国家与地区。

在 72 小时过境免签政策稳步推进的基础上，江浙沪地区于 2016 年 1 月 30 日起面向 51 个国家和地区施行 144 小时过境免签政策。144 小时过境免签政策进一步打通了上海浦东国际机场、上海虹桥国际机场、上海港国际客运中心、上海吴淞口国际邮轮港、上海铁路口岸、江苏南京禄口国际机场、浙江杭州萧山国际机场等出入境口岸，将上海市、江苏省、浙江省的行政区域连为一体，并将享受过境免签政策游客的准许停留时间延长一倍，进一步增进了江浙沪地区的入境签证便利度。江浙沪地区旅游景点众多，外籍游客可充分利用144小时过境免签政策允许的6天时间，游览更多的旅游目的地，有助于节约旅游成本和提高旅行效率，前景可期。

**2. 离境退税政策和人民币汇率贬值提升旅游产品的价格竞争力**

2011年1月1日我国海南省率先实施面向外国游客的离境退税政策。2015年1月财政部发布公告，决定在全国符合条件的地区实施境外旅客购物离境退税政策。2015年7月1日，面向境外旅客的购物离境退税政策在北京和上海落地实施。2016年该政策又相继在天津、福建、辽宁、安徽、四川、江苏、青岛、深圳、陕西、云南以及广东等省市落地实施。以北京市为例，截至2016年6月15日，北京市内开展离境退税的商户已达407家，基本涵盖了各重点购物场所。入境游客以更加优惠的价格购买中国特色旅游商品的需求得到满足，中国入境旅游产品的价格竞争力得到提升。

自2015年7月至2016年6月，人民币对美元贬值约7%，对国际清算银行（BIS）一篮子货币贬值约10%，打破了入境客源市场对人民币升值的预期，进一步提升了中国入境旅游产品的价格竞争力。

在我国新近设立的一批自贸试验区中，明确提出了一系列包括旅游在内的服务业扩大开放措施，如，允许设立外商独资的演出经纪机构和娱乐场所，允许举办中外合作经营性质的职业技能培训机构等，这些开放措施都有望为我国的旅游产品供给和服务质量优化提升创造更佳的便利条件。

**3. "一带一路"战略为入境旅游市场开发指明重点方向**

"一带一路"战略不仅是我国在新时期的全新开放战略，也是全新的综合发展战略，同时更是全新的外交战略，"一带一路"战略已经融入国家建设的方方面面。就入境旅游市场开发而言，"一带一路"战略不仅为开拓入境旅游市场创造了新的渠道和机遇，也为入境旅游市场开发指明了重点方向。

东南亚市场是我国入境旅游的传统客源市场，虽然目前东南亚旅华客源市场已经具备一定的规模，但仍有巨大的发展空间，尤其是越南和印度尼西亚市场值得我国重点关注。南亚的印度拥有13亿人口的巨大市场，拥有数量稳定的中产阶层，经济发展平稳，也是中国入境旅游的巨大潜力市场。俄罗斯以及中亚国家赴华旅游市场的开发前景同样十分值得期待，未来有望在中俄蒙三国旅游合作的框架下持续拓展合作领域和合作重点区域，并逐步拓展合作的主体和地域覆盖范围，持续带动蒙古、哈萨克斯坦、乌兹别克斯坦、土库曼斯坦、吉尔吉斯斯坦、塔吉克斯坦等中亚国家旅华客源市场的稳步增长。中东"海湾六国"同样蕴藏着巨大的发展潜力，有望成长为中国入境旅游的新客源市场。中东欧国家拥有丝绸之路经济带的广阔腹地，近年来中东欧国家积极实施"向东看"战略，有意向把战略目光投向中国，寻找新的发展出路，同中国政府目前正在大力推进和实施的"一带一路"战略不谋而合，伴随中国与中东欧国家合作内容的进一步深化，双向旅游合作有望顺势前行。

4. 旅游行政主管部门在目的地建设和推广方面的积极努力

2015 年以来国家和地方各级旅游行政主管部门以《入境旅游中长期发展规划》为指引，为我国入境旅游市场的恢复性增长奠定了坚实的工作基础：进一步理顺发展思路，开展旅游外交，举办"丝绸之路旅游年"，响应国家战略；发起成立"长城旅游联盟""丝绸之路旅游联盟"等以形成旅游营销推广的合力；积极实施全域旅游发展战略、全面推进厕所革命和旅游综合管理体制改革，进一步优化旅游产品供给与旅游公共服务；打造"Beautiful China"海外推广网站，实施融合互联网营销的多渠道推广手段创新；举办中美、中韩、中印、中东欧等系列旅游年；2016 年 5 月以东道主身份举办首届世界旅游发展大会，增进世界各国对中国的了解，彰显中国对世界旅游发展方向的引领作用。

**参考文献**

《中国旅游统计》相关年份月度资料。

中华人民共和国外交部网站，www.fmprc.gov.cn。

中华人民共和国公安部网站，http://www.mps.gov.cn/。

中华人民共和国国家旅游局网站，http：//www.cnta.gov.cn/。

中华人民共和国国家外汇管理局网站，http：//www. safe. gov. cn/。

中华人民共和国国家统计局网站，http：//www. stats. gov. cn/。

中国旅游研究院（国家旅游局数据中心）网站，http：//www. ctaweb. org/。

中国气象局：《2015 年中国气候公报》。

《旅游市场》相关年份月度资料。

UNWTO, *Tourism Highlights*, 2016 Edition.

UNWTO, *World Tourism Barometer*, *Statistical Annex*.

WTTC, *Economic Impact of Travel & Tourism Annual Update*, 2016.

UNWTO & WTTC, *The Impact of Visa Facilitation in ASEAN Member States*.

WEF, *Travel and Tourism Competitiveness Report 2016*.

# G.18

# 2015～2016年中国出境旅游
# 发展分析与预测

杨劲松　蒋依依*

**摘　要：** 2015年中国出境旅游人数增速减缓，但依然维持较大增长趋势。预计2016年的增长速度不会超过两位数。出境旅游的影响力将持续提升，并全方位嵌入游客的旅行生活。在政策支持下，边境旅游有望成为出境旅游新热点。航线和签证中心将继续向二、三线城市扩散，出境旅游竞争更趋激烈，监管形式有所优化。当前创新已成为竞争的重要基点，需要对更复杂的旅游场景有足够准备，把握消费习惯养成的最关键时期。预计出境旅游将长时期处于"初级阶段"，日常旅游目的地成为现实的可能性增大，更有效的出境旅游商业模式将涌现，导游新政有望给出境旅游带来新活力。

**关键词：** 出境旅游　边境旅游　监管

经历了数年高速增长后，2015年的出境旅游增速开始减缓。2015年我国出境旅游人数达到1.17亿人次，与2014年相比，增长8.96%，这是近年来出境旅游人次增长速度首次低于10%。在增长速度呈现平缓态势的同时，

---

* 杨劲松，旅游管理学博士，中国旅游研究院副研究员；蒋依依，生态学博士，中国旅游研究院副研究员，国际旅游研究所所长。

出境旅游的影响依然在扩大，境内境外都对出境旅游愈益关注。不知不觉间，出境旅游已经成为人们日常生活中的重要话题和普遍选择。人们关注的不仅仅是出境人数、消费和收入，出境旅游已不仅仅是产业发展或商业模式，而是作为一种生活方式，已然与我们密不可分。即使还没有体验过出境旅游的民众，也对签证、国际航班和热门旅游目的地有相当认识，也有热切期盼。中国出境旅游的未来发展，实际上就蕴含在这样的密不可分和期盼之中。

# 一 2015年中国出境旅游发展

## （一）出境旅游在大规模增长的同时已全方位嵌入游客的旅行生活

尽管增速减缓，2015年依然是出境旅游发展向好的年份。从规模上看，出境旅游市场规模增长超千万人次，为出境旅游带来了更强大的信心支持。无论是传统近程市场，还是远程市场，都有突出的亮点。近程市场中的日韩和东南亚占据出国旅游市场份额的2/3以上，其中日本增长率超过80%。排名前十的中国出境目的地国家中，东南亚国家占据半壁江山，分别是泰国、越南、新加坡、印度尼西亚和马来西亚。其中，泰国和越南表现得更为突出，2015年访问泰国的中国游客的数量和增长率都排名第一，访问越南的中国游客增长率也超过60%。欧洲是重要传统远程市场，同比增长23.8%。而出访美国的游客接近300万人次，增速达到16.8%，成为2015年排名前十位旅游目的地中唯一的远程目的地。出境消费方面，中国游客继续保持快速增长，2015年达到1045亿美元，同比增长16.58%，位列世界第一位。从商业模式看，出境旅游继续从移动互联网的发展中获取源源不断的力量，特别是在目的地服务上已全面嵌入出境游客的旅行生活。行业整合不断，并在目的地玩乐、游学、租车等诸多方面展开激烈角逐。阿里巴巴旗下旅游服务出行平台阿里旅行与出境自驾游租车平台"租租车"开展战略合作，以境外租车作为切入点，力推国际驾照认证，共同开展出境自驾游产品开发及市场教育合作。与此类似的有惠租车推出的驾照全球通，它和 Hertz、Enterprise、Europcar、Alamo、Sixt、Budget 等机构合作，在海外 180 个国家和地区实现自驾。携程"当地玩乐"与 iTrip（爱去）达成战略合作，实现了产品库 API 对接，以求满足游客在澳大利亚、新西兰、欧洲和美国等区域目的地生活的碎片化需求。51offer 成为携程旅行伴游服务供应商，连接中国留学生和携程出境游用户，为游学市场的深度开发提供了可能。新通教育集团 100% 股权收购杭州蓝海国际旅行社有限公司，以求优化其在国际游学板块的布局。众信旅游也先后投资 TicketMates、德国开元旅游、美国天益游、波兰车公司、Club Med 和上海巨龙等境内外上游资源，不断接近资源端，为深度竞争做准备。除此之外，丸子地球、知鸟游学、滴滴海外、一路乐等也在完善游客境外目的地生活圈方面有着重要影响。

## （二）我国出境旅游的影响力持续提升

近两年世界经济形势依然不容乐观，但国际旅游业增长依然强劲。由于旅游业在维持经济增长、吸引投资、缓解贫困和促进就业方面的巨大潜力，世界各国更加重视吸引国际游客。中国出境市场的规模巨大，增长潜力可观，持续成为境外目的地竞争的焦点。2015 年，中国不仅是日本、韩国、泰国、法国、俄罗斯、澳大利亚、英国、马尔代夫等多国的最大境外游客来源国，而且有潜力成为更多国家和地区的最大境外游客来源国。在此推动下，世界各国不仅纷纷强化针对中国市场的促销、增开国际航线、扩展中文服务、降低签证门槛，而且对战略性、一揽子的双向旅游主题活动更为关注。例如，2015 年举办了中美旅游年和中印旅游年，2016 年还举办了中国－澳大利亚旅游年、中国－丹麦旅游年、中国－哈萨克旅游年和中国－东盟旅游年。旅游年成为世界各国和区域性国际组织关注的焦点。2016 年 5 月在北京举办的世界旅游发展大会，有 143 个国家的旅游部长、部分国家政要、联合国等国际和地区性组织负责人以及国外旅游界专家学者来华出席，国内外参会总人数接近 1000 人。如此高规格、代表性广泛的大会在华举办，无疑与各国更加重视中国出境旅游市场、期待与我国开展旅游合作有关。在出境旅游推动下，签证越来越便捷。免签、落地签、5年签、10年签和实施 ADS 的目的地稳步增长。就 ADS 而言，与中国政府签协议的国家和地区超过 150 个，正式实施开放的旅游目的地达到 123 个。游客和企业与相关国家和地区的频密接触和旅游交往，不仅有利于更加直接、形象地传播中国形象，还赋予中外交往更加实质和丰富的内涵，有力增进了民众间的相互了解和彼此信任，为中国与世界的交往创造了良好的条件。

### （三）政策助推边境旅游成为出境旅游新热点

沿边地区地处对外开放前沿，拥有 22800 公里内陆边境线，与十几个国家接壤，拥有 5 个重点开发开放试验区、72 个沿边国家级口岸、28 个边境城市、17 个边境经济合作区和 1 个跨境经济合作区，是我国出境旅游发展不能忽视的重要区域。目前，除甘肃省外，黑龙江、吉林、辽宁、内蒙古、云南、广西、新疆、西藏等 8 个省份均陆续开展了边境一日游或多日游的业务。近几年，"一带一路"建设、东盟—湄公河流域开发合作、大湄公河次区域经济合作、中亚区域经济合作、图们江地区开发合作以及孟中印缅经济走廊、中巴经济走廊等次区域合作机制框架日益优化，我国也先后与朝鲜、俄罗斯、哈萨克斯坦等国家签署了旅游合作谅解备忘录。在此推动下，以边境旅游为主要载体的出境旅游也取得了一定进展。但与此同时，通关便利化条件不足、基础设施薄弱、过境地而非目的地等问题依然困扰着边境地区出境旅游的发展。

2015 年 12 月，国务院下发了国发〔2015〕72 号文《关于支持沿边重点地区开发开放若干政策措施的意见》，这是继 2014 年国务院颁发《关于加快沿边地区开发开放的若干意见》《沿边地区开放开发规划（2012~2020）》之后，国家层面出台的又一支持沿边地区开发开放重大战略的政策文件。在此政策推动下，跨境旅游合作区和边境旅游试验区建设取得了长足发展，中越东兴—芒街、凭祥—同登、河口—老街、中老磨憨—磨丁、图们江等边境旅游合作区建设都有所加快。在通关便利化、旅游购物免退税、人民币离岸金融、服务贸易出口退税等方面先行先试，为边境地区出境旅游发展成为新热点提供了良好的政策条件。

### （四）航线扩散和签证中心延伸，便利二、三线城市游客出境

2015～2016年，国际航线加速扩展到二、三线城市。主要原因是相比越来越活跃的客源产出，二、三线城市的空域和跑道资源依然显得宽松，航权指标的申请相对容易。在北京、上海和广州的相关资源几乎耗尽的当下，二、三线城市的优势显得更为明显，这在很大程度上吸引了航空公司的注意力。出于对未来发展的信心，旅行社也加大了二、三线城市的出境产品开发力度，在没有正式航班的城市投入大量资源包机切位，在某种程度上，可以看作正式航班的试验和先导，为航线设置和航班加密探路。这些城市的政府也采取包括巨额航线补贴等多种手段吸引国内外航空公司开通或复飞往返中国的国际航线。旅行社、地方政府和航空公司共同发力，国际航线向二、三线城市延展的步伐越来越快。在中国民用航空局发布的《关于2016年第二季度颁发的国际航线经营许可信息通报》显示，不论国内还是外国航企，都不约而同地聚焦国内二、三线城市，国际航线份额超过60%。重庆、武汉、西安、哈尔滨、扬州、天津、乌鲁木齐、石家庄、昆明、沈阳等城市都成为航空公司扩展国际航线的重要选择。

2015年，签证中心也持续向二、三线城市下沉。不仅以欧洲为主的英国、法国、德国等主要目的地加快签证中心向二、三线城市扩散的速度，商业机构也积极布点，在二、三线城市建设签证中心。如同程旅游就在成都、武汉、沈阳等城市增设区域签证服务中心，以更好地服务华西、华中及东北签证用户就近办理签证业务，此前其在北京、上海及广州三领区核心城市均已设立了签证服务中心，可及时帮助客户解决在申请签证中遇到的种种问题，提供更好的一站式服务等（见表1）。

表1 部分目的地2015～2016年签证中心建设情况

| 国家 | 2015签证中心数量 | 分布城市 | 2016新增签证中心数量 | 分布城市 |
|---|---|---|---|---|
| 法国 | 6 | 广州、成都、北京、上海、沈阳、武汉 | 9 | 重庆、济南、长沙、福州、杭州、昆明、南京、深圳、西安 |
| 德国 | 5 | 北京、上海、广州、成都、沈阳 | 10 | 武汉、重庆、济南、深圳、杭州、西安、长沙、南京、福州、昆明 |
| 奥地利 | 3 | 北京、上海、广州 | 12 | 西安、重庆、福州、南京、沈阳、成都、武汉、杭州、济南、长沙、昆明、深圳 |
| 意大利 | 4 | 北京、长沙、成都、重庆 | 11 | 福州、广州、杭州、济南、昆明、南京、上海、沈阳、深圳、武汉、西安 |
| 希腊 | 3 | 北京、上海、广州 | 12 | 西安、重庆、杭州、沈阳、武汉、长沙、成都、深圳、济南、南京、福州、昆明 |
| 葡萄牙 | 2 | 北京、上海 | 6 | 南京、成都、沈阳、武汉、福州、广州 |
| 芬兰 | 2 | 北京、上海 | 13 | 长沙、成都、重庆、福州、广州、杭州、济南、昆明、南京、沈阳、深圳、武汉、西安 |
| 西班牙 | 3 | 北京、上海、广州 | 12 | 沈阳、重庆、成都、西安、济南、武汉、南京、杭州、福州、长沙、深圳、昆明 |
| 捷克 | 2 | 北京、上海 | 6 | 成都、重庆、昆明、杭州、广州、深圳 |
| 丹麦 | 4 | 北京、上海、广州、重庆 | 5 | 成都、杭州、济南、南京、沈阳 |
| 瑞士 | 3 | 北京、上海、广州 | 12 | 沈阳、武汉、成都、杭州、南京、重庆、长沙、厦门、深圳、昆明、济南、西安 |
| 加拿大 | 4 | 北京、上海、广州、重庆 | 7（筹建中） | 南京、武汉、济南、沈阳、成都等 |

资料来源：根据网络材料搜集整理。

（五）竞争更趋激烈，监管环境有所优化

当前出境旅游的突出特点是资本退出的同时又有大量资本进入，产品市场和资本市场竞争都日趋激烈。与出境密切相关的机构既有惨烈厮杀和融资不易，也有更多资本的持续关注。经过数年的快速增长，出境市场的整合趋势更为明显，携程等巨头利用流量和供应链壁垒逐渐形成了自己的竞争优势。一方面，因商业模式不完善，竞争方式单一，靠补贴获取流量的出境游企业陷入了困境；另一方面，出境领域的融资依然此起彼伏。除了途牛、驴妈妈等巨头，小而美、方向清晰、模式鲜明的出境游企业获得了出资方的青睐。出境自由行O2O服务平台"任游"、海外中文导游地接服务P2P平台"最会游"、主打当地一日游的"白日梦旅行"、主推境外自由行的"世界玖玖"及提供境外租车服务的"租租车"均获得了融资注入。种子轮、天使轮、Pre-A轮、A轮、B轮和C轮等融资阶段均有出现，出境游创业企业依然是资本关注的热点。

2015~2016年，出境旅游的监管环境更趋优化。2016年9月21日，我国与泰国签署了《中华人民共和国国家旅游局与泰王国旅游和体育部关于加强旅游市场监管合作的谅解备忘录》（下称《备忘录》），这标志着我国与目的地国家的旅游监管合作更趋深化。《备忘录》约定，双方将成立中泰旅游市场监管合作协调小组，并定期在两国轮流召开"中泰旅游市场监管事务级磋商会议"，形成常态化的沟通协调机制。同时，双方还将建立工作配合机制和宣传培训合作机制。

国家旅游局2016年8月1日在官网发布《旅行社条例（修订草案送审稿）》（下称《条例》），向社会公开征求意见，这是旅行社条例自诞生以来的第四次调整。按照《条例》，行业组织将承担行业标准的制定和诚信体系建设等职责。旅行社不得强迫游客购物，安全管理将成为旅行社日常运营中的重要职能，宣传文明旅游成为旅行社法定义务，组织游客境外赌博、观看色情演出将被罚，若供应商违规，网络平台运营商将承担连带责任。这些都为出境游的健康发展提供了政策方面的保障。

## 二 对当前出境旅游发展形势的判断

### （一）创新成为出境旅游竞争的重要基点

出境领域资本市场的冷热不均本身就表现出创新的重要性。市场认可的创新能够得到资本的青睐，得到生存乃至发展下去的机会；反之，早晚会被淘汰。作为游客境外生活方式的提供者，旅游企业有足够的机会发现创新点，并让市场理解和认同。与国内旅游相比，出境旅游需要克服语言、签证、航班等多方面的障碍，也需要足够的技术开发以求在移动互联环境下提供更多的可能性和便利，这同样也是出境旅游需求满足和创新生发的重要方面。在出境旅游产业发展过程中，包括签证、酒店和航班智能选择、当地玩乐、电子地图、租车、伴游、虚拟现实、外币兑换、旅游保险、存款证明、旅游贷款、旅游推介等许许多多有联系或者似乎没有联系的点被连接起来，并在连接后寻求更多提升附加价值的可能性。在供给侧改革的大背景下，通过跨界联合和技术优化，大批企业正在通过创新来改善出境旅游的供给，同时形成自身的竞争优势。

### （二）需要对更复杂的出境旅游场景有足够准备

大规模可定制是利用现代技术解决出境游客个性化需求的重要途径。目标市场多元、场景多样、线上线下并存、传统和现代解决方案都有适合的空间是当前市场的显著特点，在这个过程中不能低估中国出境市场的复杂性，这种复杂性有多个来源。首先来自于客源地和目的地的匹配。作为客源地，中国不同区域的社会经济发展差异明显，需求喜好明显不同，有着不同的潜力；作为目的地，境外各国、各地区在外交关系、签证环境、航班情况、旅游便利化条件、目的地产业支撑体系等方面各有不同，在考虑障碍消解和吸引力提升时需要有所偏重。这些复杂性远远大于国内旅游。其次来源于不同人群的消费需求达成上。中产阶层是我国出境旅游市场的中坚，只有理解并关注他们的需求，才有可能真正把握旅游市场的现实和未来，而中产阶层的需求是复杂的，需要深入理解。除了中产阶层，由于庞大人口规模的支撑，其他阶层的需求也需要足够的重视。怎样定义复杂的场景，以这些特定市场容易接受的方式提供合适的出境旅游产品和服务，是一个复杂的问题。再次，复杂性来源于境外生活全方位嵌入过程中形成的痛点。境外生活的所有环节，实际上都可能是出境旅游需要解决的痛点。这些痛点的梳理、确认和解决都需要耗费大量的资源，在引入跨行业资源的时候复杂性更高。最后，复杂性来源于当前技术和新技术的选择和替代。并不是所有的新技术都是适合市场的技术，新技术的应用也并不能保证获取竞争优势。明确传统技术、服务经验和模式与移动互联、物联网、虚拟现实、大数据、电子支付等一系列现代技术的应有优势和边界，是一个复杂的问题。而根据不同区域和不同市场发展等参数对技术的当地化改造又进一步提升了复杂的程度。

### （三）把握消费习惯养成的最关键时期

迄今为止，出境旅游都是以一种让人眼花缭乱的方式发展，可以看到不同的业态，不同的细分市场以及不同的产品和服务。各种需求和供给都在磨合。需要注意到，整体上的资源整合在加速，流量和资源都越来越明显地呈现集中化的趋势。在竞争中占据优势的企业正在力图以自己的方式定义出境旅游，养成消费习惯，培养出自己的忠实客户群体。在这个过程中，年轻一代更早地介入和接触出境游，更深入地投入其中。尽管相当一部分年轻人当前的消费能力并不突出，但是这个群体总体消费力惊人，有新的消费观，有未来发展的潜力，有参与出境旅游、参与行业的热情和动力，他们应该是出境旅游需要关注的最重要群体，他们的消费习惯养成应该是出境旅游关注的焦点，他们是出境旅游必须关注的"永远的年轻人"。根据穷游网的数据，成长于"互联网＋"时代的"90后"用户（18～25岁）正在成为出境自由行的重要力量，20岁以下的年轻出境旅行者以每年2%的趋势在增长。他们旅行观念超前、自主性强，更善于使用线上工具和社交媒体收集信息，做出决策，并进行分享。基于此种认识，穷游网联合摩登天空、V电影、科幻星云网等机构，启动了2016"轻年计划"校园奖学金项目，从青年关注的旅游、音乐、影像、科幻等领域切入，希望在培养出境游消费习惯方面确立自身优势。

## 三 2016年中国出境旅游发展

### （一）出境旅游的发展将长时期处于"初级"阶段

2016年的出境人数增长速度有很大可能依然在10%以下。相比世界其他客源地，中国的出境潜力不容低估，发展动力强劲，但是我国的出境旅游将长期处于一个"初级阶段"，主要表现为：出境人数占人口总数的比例依然偏低，启蒙教育还是长期的基础工作。缓解出境游客与目的地居民的文化冲突，促进相互理解和认识还有很长的路要走。中国公民的出境旅游形象塑造仍然任重道远。出境市场的进化很快，但是大部分市场运作依然简单粗糙，不精细、低频次、低毛利和长链条等难以控制的情况普遍存在。在包机、包船（邮轮）上容易陷入低价竞争的泥沼，销售压力和风险难以控制。标品竞争已进入红海，而非标品商业模式还有待验证。与之相关的产业供给还有很多初级问题需要解决，市场规范和集约化生产的问题表现得很突出。有的热门出境旅游目的地的直采往往集中在少数几家甚至一家供应商，提供的产品同质化现象突出。供应商单纯追求规模效应和标准化运作，在产品组合上失于简单，在新产品开发上缺乏动力。与境外目的地的合作依然处于初级阶段，公共服务提供、市场监管、旅游安全、风险管理和产业合作还需要进一步深化。

### （二）日常旅游目的地成为现实的可能性增大

当前，中国的"周末出境游"就可以看作日常旅游目的地的雏形。已经有中国游客利用周末的短暂时间访问日本和韩国。一些旅游企业抓住了这个机遇，如春秋航空千方百计提高其在日本、韩国和东南亚地区航空运输市场的渗透率，整合产业链，推进"一条龙"服务，带动了业绩的整体上升。

其 2015 年净利润达 13 亿元，同比增长 50.18% 。不过，大部分旅游目的地还是不能够吸引境外游客在日常随心到访。未来东北亚、东南亚以及部分沿边区域都有更大可能成为日常旅游目的地，其显著特征是：游客常来、吸引物常新、主客之间有着更为密切的联系。区域内游客的出访成本大幅削减，相应产品线更为丰富，目的地服务更为周到细致，各国居民间的互访更为频密，就像日常走亲访友一般自在。

### （三）细分市场的深入开发将催生更有效的商业模式

出境旅游全方位嵌入游客的旅行生活带来了更多的市场机会，能否抓住机会取决于产业的实践。未来，对商业模式的反复验证必将筛选出更为有效的商业模式。对生态圈和平台的理论构建，对用户的画像，对出境旅游者行前、行中和行后的全过程服务，对包括签证、目的地玩乐、消费贷款、理财、出境金融、行程策划等服务的再认识和再构建以及整合碎片化形态的旅游资源和市场，都将使商业模式变得更为清晰和有效。大众旅游目的地的小众玩乐、小众旅游产品的标准化后台供给都有可能在未来成为现实。

### （四）松绑导游和小微旅行社兴起或将带来出境旅游新活力

2016 年 5 月初，国家旅游局向 9 个省市旅游委（局）下发了《国家旅游局关于开展导游自由执业试点工作的通知》（下称《通知》），要求从 5 月起在全国 9 个省市旅游委（局）正式启动线上线下相结合的导游自由执业试点工作。《通知》取消了导游与旅行社之间的委派关系，拓宽了导游执业途径。游客既可以通过线上平台预约导游，也可以线下自主联系，实现了交易方式完全放开。在出境旅游领域，个人成立的"小微旅行社"有望大发展。导游的个性化特长和个人品牌也可能在很大程度上成为决定部分旅游产品的关键因素。

业界对《通知》反应强烈，从一个侧面反映了导游自由执业的强大影响，携程上线"导游自由执业预约平台"，同时宣布推出"全球百万导游达人"计划，接入全球导游、领队、旅游定制师、门店顾问、境外车 + 导、玩家达人等。对所有个人开放，只要个人具备服务能力，都可以加入携程平台。最新的中国留学生"海外伴游"和定制服务也即将推出。途牛上线向导在线平台，同时还启动了3年内招募10万名海外当地旅游达人和导游的计划。8只小猪、跟谁游等一批在线旅游公司，采用C2C模式在出境旅游目的地建立了一批华人地接团队，提供导服业务。

# 结　语

出境旅游的故事，关乎过去，更关乎当下与未来。从"东是东，西是西，东西永古不相期"的出境游"史前时代"到"东中有西，西中有东"的当下，中国的出境旅游已经有足够的影响力。这些影响力体现在席卷产业的资本狂潮中，体现在旅游外交的纵横捭阖中，体现在境外旅游目的地的便利化快速提升上，更体现在每个游客一次又一次，一回又一回的出境旅游体验里。无论是有意识的商业推广，还是有关梦与远方的口耳相传，与出境旅游相联系的"中国梦"总显得分外真切动人。在营造完美境外旅游生活、养成出境旅游习惯、跨过"初级阶段"的过程中，我们会遇到难以计数的问题与障碍，也将会面临难以预测的意外事件的冲击，这需要出境旅游的行业管理者、经营者、旅游者和所有相关方更多一些中国智慧，更多一些创新，更多一些耐心。

# 港澳台旅游

Tourism of HK, Macau & Taiwan

## G.19

# 2016～2017年香港旅游业
# 发展分析与展望

戈双剑　刘聪聪　李康　邹涛*

摘　要：　2016年，受全球经济增长缓慢、英国公投"脱欧"、中国内地经济进入新常态、周边市场激烈竞争及香港社会矛盾加剧等因素影响，香港经济整体增长乏力，旅游业仍处于调整期，但访港游客结构和消费模式出现新变化。香港特区政府推出短、中、长期措施，以减轻旅游业的经营成本，提升香港吸引力和竞争力。目前，内地仍是香港最大的客源地，国家战

---

* 戈双剑，文学博士，国家旅游局港澳台旅游事务司港澳旅游事务处副处长，当前研究方向为旅游文化与传媒、旅游发展政策、涉港澳旅游政策等；刘聪聪，文学硕士，国家旅游局港澳台旅游事务司港澳旅游事务处主任科员，当前研究方向为传媒经济学、涉港澳旅游政策等；李康，公共管理硕士，广东省旅游局国际交流合作处主任科员，当前研究方向为旅游公共服务与管理、涉港澳旅游政策、旅游规划等；邹涛，软件工程学研究生，贵州省遵义市旅游发展委员会旅游质量监督所副所长，当前研究方向为涉港澳旅游政策、旅游信息化等。

略推进实施带来的利好因素为两地不断深化旅游合作提供了机遇，区域旅游合作为带动旅游业发展提供了新的驱动力。预计2016～2017年香港旅游业仍处于调整期。

关键词： 香港旅游业 调整期 区域旅游 预测

# 一 2016年香港旅游市场运行情况

## （一）香港旅游业仍处于调整期

旅游业是香港的支柱产业和重要的经济发展动力。自2015年7月以来，香港旅游业持续下行，总体表现疲弱乏力，进入调整期，由此带来的影响波及多个相关行业。据香港旅游发展局统计，2015年，访港游客人数全年下跌2.5%；过夜游客总消费1930亿港元，同比下降12.7%；过夜游客人均消费7234港元，同比下降9.1%；不过夜游客总消费784.8亿港元，同比下降1.6%。服务输出全年跌幅0.6%，是自1998年以来的首次全年下跌。零售业销售量出现自2009年以来的首次年度下跌。

进入2016年，全球经济状况持续不稳，发达经济体出现低速和不均匀的增长，新兴市场经济下行，地缘政局持续紧张，英国6月公投脱离欧盟为全球经济前景又带来风险。香港经济发展面临的外部环境不佳，香港特区政府在《2016年半年经济报告》中预测，香港全年的经济增长维持在1%～2%。尽管香港统计处数据显示，服务输出在第二季延续跌势，但按年实质跌幅为4.6%，而上一季的跌幅为5.0%；整体货物出口重现温和增长，按年实质增长2.0%，经济有回升迹象。1～7月，访港游客3221万人次，同比下降6%，延续了持续下行的态势，香港旅游业仍处调整期。

## （二）入境旅游市场结构微调

从宏观走势上看，2015年至2016年7月，全球访港的区域市场结构局部出现微调，主要表现为短途市场走势暂现逆转、实现增长，长途市场增幅加大。虽然在2016年前7个月，区域客源市场中的个别市场实现了增长，但因其游客基数较低，无法冲抵内地游客下降数量，全球访港游客仍延续了下行走势。

**1. 2015年香港入境旅游市场和旅游消费均呈下行趋势**

一是以内地为主体的区域市场下行态势明显。据香港旅游发展局统计，2015年访港游客约为5930万人次，同比下跌2.5%。其中，内地赴港4584.2万人次，同比下跌3%；以中国台湾、韩国、日本和菲律宾为主的传统短途访港游客为830万人次，同比下跌1.3%；以印度、俄罗斯、荷兰为主体的新兴市场访港游客为88.3万人次，同比下降3.5%；以美国、英国、加拿大为主的欧美长途访港游客为428万人次，仅实现同比增长0.4%。二是过夜游客降幅持续增大，总体消费水平下降。2015年，香港过夜游客总数2668.6万人次，同比下跌3.9%，其中内地过夜游客1799.7万人次，同比下降5.7%。过夜游客总消费为1930亿港元，同比下降12.7%，其中内地过夜游客消费1426亿港元，同比下降14.1%，占全部过夜游客消费的73.9%；过夜游客人均消费7234港元，同比下降9.1%，其中内地过夜游客人均消费7924港元，同比下降9%。过夜游客主要消费项目除餐饮小幅增长外，购物、酒店、娱乐分别同比下降17.4%、10.6%、17.5%，表明高端游客增长乏力，总体消费能力下降。三是内地游客是不过夜游客消费的主体，消费模式仍以购物为主。2015年，香港不过夜游客总消费为784.8亿港元，同比下降1.6%，其中内地不过夜游客消费750.6亿港元，同比下降1.3%，占不过夜游客总消费的95.6%。内地不过夜游客旅游消费主要为购物（92.4%）、酒店（0.5%）、餐饮（4.2%）和其他（4.3%），上述各项除购物同比下降2.8%外，其他三项分别同比增长41.4%、31.9%和2.4%。

**2. 2016年1~8月访港市场整体下降**

2016年1~7月，每月入境人数呈缓慢上升趋势，7月入境数甚至出现了2.6%的同比增幅，但8月入境人数大幅下降，同比降幅达9.4%（见表1），主要原因为月初台风袭港，百余架次航班取消，且8月较上年同期少一个周末，部分游客选择留在家中观看奥运比赛，出游意愿降低。

**表1　2016年1~8月访港游客**

| 全球访港人数 | | | | |
| --- | --- | --- | --- | --- |
| 月份 | 每月(人次) | 同比增幅(%) | 累计(人次) | 同比增幅(%) |
| 1 | 5225578 | -6.8 | 5225578 | -6.8 |
| 2 | 4295731 | -20.5 | 9521309 | -13.6 |
| 3 | 4213801 | -4.3 | 13735110 | -10.9 |
| 4 | 4686316 | -2.1 | 18421426 | -8.8 |
| 5 | 4453118 | -6.4 | 22874544 | -8.4 |
| 6 | 4285730 | -1.7 | 27160274 | -7.4 |
| 7 | 5049022 | 2.6 | 32209296 | -6 |
| 8 | 5086496 | -9.4 | 37295792 | -6.4 |

资料来源：香港旅游发展局。

从市场结构来看，短途和长途市场实现增长，内地市场仍延续下降态势。2016年1~8月，短途市场访港游客为593万人次，同比增长3.9%，占全部访港游客的16%。其中，台湾135万人次，同比增长0.9%；韩国91万人次，同比增长10.1%；日本68万人次，同比增长3.2%；菲律宾50万人次，同比增长15%；新加坡40万人次，同比增长1.4%；泰国38.8万人次，同比增长22.6%；印度32.9万人次，同比下降7.7%。长途市场访港游客为298万人次，同比增长2.2%，占全部访港游客的8%。其中，美国76.7万人次，同比增长1.1%；澳洲36.8万人次，同比增长1.6%；英国35.5万人次，同比增长4.1%；加拿大23.3万人次，同比增长2.1%；德国14万人次，同比增长8.7%；法国13.7万人次，同比增长2.5%。内地访港游客为2838万人次，同比下降9.2%，占全部访港游客的76%。

**3. 2016年1~8月访港过夜游客人数持续下降**

2016年1~8月，香港过夜游客总数为1737万人次，同比下跌1.8%。其中，内地过夜游客为1155万人次，同比下降5.5%；短途市场过夜游客为372万人次，同比增长8.8%；长途市场过夜游客为210万人次，同比增长2.8%。

香港不过夜游客总数为1992万人次，同比下跌10.2%。其中，内地不过夜游客为1684万人次，同比下降11.5%；短途市场不过夜游客为221万人次，同比下降3.4%；长途市场不过夜游客为87万人次，同比增长0.9%。

### （三）内地市场起到支撑作用

近年来，内地赴港旅游人数持续下降，但内地市场仍是香港最大客源市场，占香港入境旅游市场超过76%的市场份额，为香港入境市场平稳发展起到了支撑作用。据香港旅游发展局统计，2015年内地赴港游客为4584.2万人次，同比下跌3%，占全部访港游客的77.3%；2016年1～8月，内地访港游客为2838万人次，同比下降9.2%，占全部访港游客的76%。

"个人游"访港人数持续下降。2015年4月13日，深圳市居民赴港"一签多行"政策调整为"一周一行"后，"个人游"赴港人数按月持续下降，2015年全年"个人游"访港2794万人次，同比下降10.8%，所占内地居民赴港旅游总人数的比例由2014年的66.3%下降为61%。2016年1～8月，"个人游"访港1602万人次，同比下降17.3%，占内地居民赴港旅游总人数的56.5%。

## 二 特区政府采取措施提升香港吸引力和竞争力

自2015年7月以来，入境游客持续下降给香港经济、社会和民生带来广泛影响，社会矛盾激化对旅游业的冲击，加上2016年初部分旅游界人士针对香港旅游业议会新规管措施的"不合作运动"等，促使香港特区政府和业界认真考虑旅游业的重要地位、存在问题及发展方向，并达成了共识，推出了多项支持政策措施。

### （一）明确旅游业定位及发展方向

#### 1. 旅游业的地位和作用

香港特区行政长官梁振英表示，旅游业的重要性不仅是其占本地生产总值的5%，还提供了约27万个零售、酒店、餐饮及运输业等就业岗位，当中包括很多基层职位，因此我们万万不能忽视旅游业和基层生计的关系。2016年香港特区政府的《施政报告》明确了旅游业的发展方向，提出香港旅游业要平稳、健康和长远地发展，并向产品多元化及高增值方向迈进，也强调了必须维护香港的好客形象。香港特区政府财政司司长曾俊华也表示，旅游业如今已进入调整期，我们不应只追求旅客人数的增长，而须迈向产品多元化和重"质"的高增值方向，吸引更多高消费的过夜旅客来港。

**2. 分析旅游业下行主要原因**

香港特区政府在《2016～2017年度财政预算案》中，认为2015～2016年度旅游业下行有内因和外因两方面原因。外因方面，自2015年起，外围经济放缓，邻近地区货币贬值并同时放宽对内地旅客签证要求，使香港旅游业面临激烈的竞争，加上深圳实施"一周一行"措施，访港游客人数下跌。内因方面，近年来，一小撮人士选择以非理性的手法表达个人意见和政治诉求，对访港旅客做出不文明的举动及辱骂、踢箱等极端行为，另外，强迫购物问题也长久困扰旅游业。

## （二）推出多项支持政策措施

### 1. 建立促进机制

由行政长官主持的香港经济发展委员会成立了"会展及旅游业工作小组"。特区政府采纳了工作小组建议，增加旅游景点，增强酒店及旅游配套的接待能力，以吸引高消费旅客，并将在沙中线会展站上兴建会议中心，以带来更多高消费的会展旅客。

### 2. 加大财政支持力度

为减轻业界经营成本，提升香港的竞争力和吸引力，特区政府将推出短期、中期和长期财政支持措施。

一是推出三项短期措施，共涉及1.4亿港元。包括豁免1800间旅行社1年的牌照费用；豁免2000间酒店和旅馆1年的牌照费用；豁免2.7万间食肆和小贩以及受限制食物售卖许可证1年的牌照费用。

二是推出五项中期措施，共拨款2.4亿港元。①扩充2016年盛事规模，首次举办电驱方程式赛事；扩大美酒佳肴巡礼规模及增加主题；推出"闪跃维港"3D光雕会演；加强对在香港举行的七人橄榄球赛、网球公开赛和高尔夫球公开赛等国际体育赛事的宣传。②通过香港旅游发展局发布崭新的宣传片重塑香港的旅游形象，在短途市场推出新一轮宣传攻势，加强在内地宣传优质诚信旅游。③支援业界扩大客源，包括由旅发局继续推行旅游景点配对基金、加强推广购物消费活动、资助业界推广会展旅游和"飞航邮轮"旅游。④豁免本地业界参加海外推介会的参展费用。⑤通过香港旅游业议会，以配对形式资助中小型旅行社，使用资讯科技，提高业界竞争力。⑥继续推广香港的天然景致和独特历史文化。

三是推出长期措施，主要加大旅游基建力度。2016年和2017年将分别启用迪士尼乐园"铁甲奇侠"新园区和以探索冒险为主题的新酒店。2017年和2018年海洋公园内第一间酒店和大树湾水上乐园分别落成。继续筹划位于启德和大屿山的旅游项目。

### 3. 刺激本地消费

特区政府认为近年来香港的经济动力主要来自本地消费，减轻市民的生活负担对增加本地消费有一定的刺激作用。主要推出四项措施。一是减免2015～2016年度75%的薪俸税和个人入息课税（上限为2万港元），全港196万名纳税人受惠。政府收入减少170亿元。二是减免2016～2017年度四季的差饷，每户每季1000港元为上限。估计涉及317万个物业。政府收入减少110亿元。三是向领取社会保障金的人士，发放相当于一个月的综合社会保障援助标准金额的高龄津贴、长者生活津贴或伤残津贴，额外开支28亿元。四是从2016～2017年度起，调整薪俸税和个人入息课税下的两类免税额，193万名纳税人会受惠，政府每年的税收减少29亿元。

## 三 区域旅游合作为香港旅游业发展注入新动力

在经济全球化时代，区域合作是促进经济发展的重要途径。区域旅游合作是旅游业发展的内在要求，也是深化内地与香港旅游合作的重要方式。目前，粤港澳区域旅游合作逐步深化，香港与内地中西部省份旅游交流合作机制逐步建立，为香港旅游业发展赢得了巨大的入境客源市场，有利于突破香港本土旅游资源瓶颈，拓宽外部空间，为处于调整期的香港旅游业注入了新动力。通过参与、推动区域合作，香港也在寻求旅游业可持续发展之路。

## （一）提供了巨大的客源市场

2003~2015年，内地赴港旅游人数累计达3.2亿人次，占同期全球访港游客的66.8%；2016年1~8月，内地赴港游客为2838万人次，占全球访港游客的76%，成为香港入境旅游的主体。但按游客来源地区分，内地访港游客则主要集中在广东省。从2015年内地访港过夜游客来源抽样调查统计情况看，广东所占比例为55.3%。2016年1~8月，澳门赴港游客65万人次，占全球访港游客的1.7%。粤港澳区域旅游交流为香港带去巨大且稳定的客源市场，成为香港入境旅游发展的重要支撑。

## （二）提升了旅游目的地吸引力

粤港澳作为整体旅游目的地的联合宣传推广得到三地的高度重视。近年来，粤港、粤港澳等地共同开发、推广"一程多站"旅游产品，并借国家旅游局驻外办事机构平台，在莫斯科、法兰克福、多伦多等地开展了一系列联合参展和推介活动，进一步提升了粤港澳区域旅游品牌知名度和影响力，推进了世界知名旅游目的地建设。广东省"144小时"便利签证政策实施以来的统计数据显示，该政策实施至今以来，经香港进入广东的外国游客达150万人次。其中，2016年上半年赴粤旅游团队1.9万个，共计17.4万人次，同比增长55%。该政策在促进广东省旅游业发展的同时，也延伸了港澳入境旅游产品线，弥补了港澳地区旅游产品类型单一、体量不足的短板，增强了粤港澳在国际旅游市场上的整体竞争力和吸引力。

## （三）推进了邮轮旅游等新业态合作

内地旅游市场持续快速发展成为推进粤港澳区域邮轮旅游合作的强劲动力。据香港旅发局统计，2015年，香港出入境邮轮游客达167万人次。其中，香港居民92.8万人次，占邮轮游客总人次的55.6%；内地居民49万人次，占邮轮游客总人次的 29%。2016 年上半年，香港出入境邮轮游客达74.4 万人次。其中，香港居民 37 万人次，占邮轮游客总人次的 50%；内地居民 22.7 万人次，占邮轮游客总人次的 30.5%。

多层次政策措施推进粤港澳区域邮轮合作。《国务院关于深化泛珠三角区域合作的指导意见》明确提出，支持香港成为亚太区域重要的邮轮母港及国际邮轮旅游中心，加强泛珠三角区域港口之间的合作。广东省《珠江三角洲地区旅游一体化规划（2014～2020 年)》提出，推进粤港澳邮轮母港合作，创建粤港澳邮轮组合母港，争取建立粤港澳邮轮旅游战略联盟。《广东省 21 世纪海上丝绸之路旅游合作发展规划》提出，重点推动粤港澳游艇旅游和邮轮母港合作发展。充分依托香港邮轮母港优势，建立粤港澳邮轮旅游战略联盟，形成粤港澳邮轮旅游品牌效应。香港特区政府提出，要打造粤港澳地区联合母港。

目前，粤港澳区域分布着香港启德邮轮码头、深圳蛇口太子港、广州南沙港三个邮轮港口，澳门新获 85 平方公里海域，也为发展邮轮旅游创造了条件。国际知名邮轮公司如嘉年华邮轮集团、皇家加勒比邮轮有限公司、云顶集团等，纷纷加大与上述三个港口的合作力度，推出了针对内地游客的新航线。但随着市场竞争加剧，如何协调内地与香港邮轮旅游间的竞合关系，成为推动内地与港澳区域旅游合作面临的新课题。

（四）"十三五"时期的政策利好因素为深化区域旅游合作提供了政策保障

"十三五"时期，是旅游利好政策集中实施期。"一带一路"、自贸试验区、CEPA、深化泛珠三角区域合作，以及内地全面推进全域旅游建设等相关政策共同推进实施，形成了难得的历史和战略机遇，为深化区域旅游合作、推动旅游业发展提供了坚实的政策保障。

（五）机制化建设为推进区域旅游合作提供了平台

为推动内地与香港的旅游交流合作，国家旅游局建立了内地（省、市）

与港澳三方合作机制，进一步深化内地中西部地区与香港的旅游交流合作。自2011年以来，先后举办了豫港、川港澳、宁港澳、陕甘与港澳、青港澳旅游交流合作活动，互相开发市场，推动各地出台相关优惠政策，深化了业界各项合作，支持港澳旅游业界在内地中西部地区进行旅游投资。

## 四　2016～2017年香港旅游发展形势预测

香港旅游业的发展前景主要取决于外围经济环境和内生动力。当前，全球经济增长缓慢，内地经济下行压力加大，外部环境整体不佳。内生动力方面，香港旅游业存在的结构性矛盾日益凸显，特区政府新的支持政策措施尚待进一步落地实施，政策效应显现需要时间，入境旅游持续下降的基本面在近期仍将延续，香港旅游业仍将处于调整期，旅游业亟须创新发展驱动力。

综合考虑各种因素，在香港及内地经济保持现有水平，没有重大自然灾害和疫情等不可抗力的情况下，预计2016年，全球赴港旅游人次基本与2015年持平，其中，内地赴香港旅游人数有小幅下降。2017年，全球访港旅游人次预计出现轻微波动，内地赴港旅游市场或与上年持平。

**参考文献**

《中华人民共和国旅游法》，2013年4月25日。

《中华人民共和国国民经济和社会发展第十三个五年规划纲要》，2016年3月17日。

《国务院关于深化泛珠三角区域合作的指导意见》，2016年3月15日。

《〈内地与香港关于建立更紧密经贸关系的安排〉服务贸易协议》，2015年11月27日。

李金早：《全域旅游大有可为》，国家旅游局。

香港特区政府2016年《施政报告》，2016年1月13日。

《香港特区政府2016～2017年度财政预算案》，2016年2月24日。

《香港统计月刊》，2015年至2016年8月。

《港澳研究》2016年第1～3期。

香港特区政府：《2016年半年经济报告》，2016年8月12日。

# G.20
# 2016~2017年澳门旅游业
# 发展分析与展望

唐继宗*

摘　要：　2016年上半年澳门本地生产总值（GDP）实质下跌10.3%。澳门经济发展要突破内需市场狭小与天然资源匮乏的瓶颈，必须持续提升区域与国际出口市场的竞争力，尤其是综合旅游服务出口的竞争力，并且不断提升吸引优质外来投资的能力。

关键词：　澳门经济　旅游　服务出口　五年规划　海上旅游

2016年上半年澳门本地生产总值（GDP）实质下跌10.3%。这次澳门经济下行期从2014年第三季度开始，持续到2016年第二季度仍未结束，其主要原因是博彩业收入及非博彩旅游服务出口出现较大幅度下滑。此外，后投资及私人消费支出也随之下调。

国际货币基金组织（IMF）于2016年10月发布的《世界经济展望》报告，预测澳门2016年经济将出现4.7%的负增长，到2017年预期经济将微升0.2%。其还预计通胀率将维持在2.8%；失业率则估计将保持在2.0%的低位。此外，IMF预测2016年及2017年澳门特区政府综合财政账目将继续保持盈余[1]。

---

\* 唐继宗，中国社会科学院研究生院经济学博士，中国社会科学院旅游研究中心国际交流部部长，澳门特区政府经济发展委员会委员，香港中文大学亚太航空政策研究中心成员，研究兴趣为旅游经济、交通运输、服务贸易与区域合作等。

[1] IMF, *World Economic Outlook*, October 2016.

## 一 澳门旅游服务出口市场发展趋势

博彩及非博彩旅游类服务出口在过去 10 年（2006~2015 年）分别以平均每年 23.1% 及 15.7% 的幅度增长，至 2015 年两者占同期 GDP 的比重分别达 50.2% 和 17.7%。然而，受到博彩市场，尤其是其中的贵宾厅业务去泡沫化情况影响，澳门特区非本地居民在本地市场的博彩类及非博彩类消费支出自 2014 年第三季持续下滑，至 2016 年第二季跌势仍未停止。

### （一）入境旅客及其行为特征分析

#### 1. 入境旅客人次及客源结构分析

2016 年 1~8 月澳门累计接待入境旅客 20441708 人次，同比微升 0.02%。同期，十大客源地按比重大小顺序排列分别是：中国内地（66.3%）、中国香港（20.9%）、中国台湾（3.5%）、韩国（2.1%）、日本（0.92%）、菲律宾（0.91%）、泰国（0.7%）、马来西亚（0.63%）、印度尼西亚（0.59%），以及美国（0.59%）。

#### 2. 入境方式

近年经空路入境澳门的旅客人次虽然有所增长，但与其他国际旅游目的地相比，澳门此类旅客比重仍属偏低。2016 年 1~8 月，按入境方式分类，经陆路、海路及空路入境的旅客比重分别是 58.04%、34.12% 和 7.84%。

#### 3. 入境旅客访澳主要动机[①]

2016 年第二季访澳受访旅客当中以度假为最主要动机，占 50.9%；其次是以过境为动机，占 18.3%；以购物和博彩为访澳动机的比重分别是 8.1% 和 6.7%。

#### 4. 留澳时间

2016 年 1~8 月，旅客平均留澳时间按年增加 0.2 日至 1.2 日。五大客

---

① Defined by UNWTO, the Main Purpose of a Tourism Trip is Defined as the Purpose in the Absence of Which the Trip Would not Have Taken Place.

源地中的韩国和日本，累计过夜人次大于不过夜人次。中国内地、香港及台湾三大客源地累计过夜人次均少于不过夜人次。

**5. 旅客消费特征**

2016 年第二季访澳旅客、留宿旅客及不过夜旅客人均消费①分别为 1601 澳门元、2543 澳门元和 658 澳门元②，较上年同期分别下降 4.02%、9.8% 与 2.7%。

**6. 访客评价分析**

2016 年第二季度，受访旅客对澳门"旅行社"及"酒店"的满意度比较高，而对"公共设施"及"公共交通"的满意度比较低。此外，同期认为观光点足够的受访旅客不足四成。

## （二）入境旅游及相关范畴主要行业分析

2014 年，澳门第三产业的占比达 94.8%，其中，博彩及博彩中介业占比为 58.3%，批发及零售业占 5.2%，酒店业占 3.5%，运输仓储及通信业占 2%，饮食业占 1.6%。

参照世界旅游组织（UNWTO）有关旅游产业的界定③，及澳门产业分类统计，将探讨下列澳门 7 类入境旅游及相关范畴的主要行业。

**1. 博彩业**

澳门博彩业从毛收入分析，2016 年上半年累计为 1077.87 亿澳门元，其中幸运博彩类项目占的比重达 99.57%，余下的包括赛狗、赛马、中式彩票、即发彩票及体育彩票等属互相博彩与彩票类项目仅占 0.43%。澳门幸运博彩（赌场）毛收入自 2014 年 6 月向下调整，经历 26 个月连跌，至 2016 年 8 月才见回稳。

至 2016 年第二季末，澳门 6 家获政府发牌照的企业共经营 36 个幸运博彩娱乐场，分别为澳门博彩股份有限公司（20 个）、银河娱乐场股份有限公

---

① 皆为非博彩消费。
② 1 美元约兑 8.034 澳门元。
③ World Tourism Organization, *Understanding Tourism: Basic Glossary.*

司（6个）、威尼斯人（澳门）股份有限公司（4个）、新濠博亚（澳门）股份有限公司（4个）、永利度假村（澳门）股份有限公司（1个）、美高梅金殿超濠股份有限公司（1个）。

**2. 零售业**

2016年澳门零售业销售总额为279.8亿澳门元，同比下跌9.8%。其中钟表及珠宝类同比下跌16%，百货商品同比下跌9.9%，成人服装增幅达11.4%，皮具及超级市场货品分别下跌3.4%和3.2%。

**3. 酒店业**

至2016年8月，澳门共有105家提供住宿的场所，合计供应33100间客房，同比增长11.5%。其中，五星级酒店32家、四星级酒店17家、三星级及二星级酒店分别有13家和11家，公寓（宾馆）级别的有32家。

2016年1~8月累计入住率达81.1%，同比微增0.9%。其中以四星级酒店入住率最高，达84.4%，公寓（宾馆）的入住率最低，仅有55.1%。

根据酒店业总收益年度调查，2015年总值为260.86亿澳门元，同比下跌6.7%。总收益结构方面，客房租金占46.8%，餐饮服务占21%，商场及陈列室等租金收益占19.8%，会展场地租金收益占1.9%。

**4. 交通运输（客运）业**

至2016年8月，在澳门登记注册的出租车和旅游车数目分别有1250辆和2905辆，同比下跌1.7%和增长4.8%。2016年1~8月累计入境和出境的跨境重型客车流量分别为394963架次和395817架次，分别同比增加5.8%和6.3%。

澳门对外跨境客轮提供连接香港及深圳两地共七条航线。2016年1~8月，往来澳门与香港的客轮共75599班次，同比减少11.2%。同期，往来澳门与深圳的客轮共15835班次，同比减少26.4%。

澳门对外空中客运主要集中在亚洲，尤其是中国内地与台湾航班。2016年1~8月累计，澳门往来商业航班共36654班次，同比增长6%，其中，60.3%为往来澳门与中国内地与台湾的班次。

澳门也提供连接至香港及中国内地的直升机航班服务。2016年1~8月累计，澳门往来香港与中国内地的直升机航班共 6935 班次，同比下跌 25.8%。

5. **饮食业**

综合 2016 年前七个月的调查结果，受访饮食商户反映农历新年期间旅客减少，加上本澳经济调整，前五个月有超过六成商户表示营业额按年下跌；但 6 月份开始营业额稍见好转，7 月份营业额按年增长的受访饮食商户比例更由 6 月份的 23% 上升至 34%。饮食业对 8 月份市场仍持谨慎态度，预计营业额增长的受访商户比例将达 15%，另有 44% 的商户认为营业额可与上年持平。

按年度分析，2015 年营运饮食业场所共 2284 家（包括 2209 家饮食店铺及 75 家街市熟食档）；在职员工共 32257 名，增幅为 6.2%。澳门饮食业 2015 年全年收益为 100.4 亿澳门元，按年增加 4.6%，主要是饮食店铺增加所致；支出有 98.7 亿澳门元，按年增长 8.3%，当中购货、员工支出及经营费用均有所增幅。收益增长较支出逊色，致使行业利润下跌 59.5%，跌至 2.1 亿澳门元。反映行业对经济贡献的增加值总额为 36.2 亿澳门元，按年微增 0.3%；固定资本总额为 5.1 亿澳门元，按年增幅达 30.3%，其增长原因主要是店铺按年增加了 166 间。

6. **会展业**

2016 年上半年澳门累计举办会展活动 628 场，共有 58.8 万人次参会。按项目类别划分，当中会议类占 93.3%，展览及奖励活动分别占 3.5% 和 3.2%。

受访的 21 家展览主办机构表示，2016 年上半年总收入共 7076.8 万澳门元，当中获政府或其他机构资助的占 9.87%，其余均来自收取参展摊位租金。

7. **旅行社**

按年度分析，2015 年澳门营运旅行社 250 家，按年增加 13 家。在职员工按年增加 343 名，至 4545 名，其中司机有 1404 名，占在职员工的 30.9%。旅行社全年收益为 65.0 亿澳门元，按年下跌 10.6%，收益主要来自旅行团、客运票务及订房服务。支出共 62.1 亿澳门元，按年下跌 9.5%；其中购货、服务及佣金支出按年下跌 13.9% 至 47.6 亿澳门元。行业利润按年下跌 28.5% 至 3 亿澳门元。

## 二　与促进澳门旅游服务出口相关的重点规划与政策

澳门自回归以来，通过与内地签订 CEPA 区域经贸合作协议，促进服务贸易出口及吸引大规模外来直接投资（FDI）等方式，经济发展模式出现较明显的调整。

由于澳门服务出口以博彩类为主，且出口市场又相对集中在内地市场，此模式和结构为澳门经济发展带来风险的同时，亦把随之而来的社会成本外溢至中国内地。因此，经发掘澳门在区域竞争的比较优势，通过建设世界旅游休闲中心，推动包括产业多元、出口市场多元、境外收入来源多元的经济适度的发展路径，实现包容性增长。

### （一）国家"十三五"规划

国家于 2016 年 3 月公布《中华人民共和国国民经济和社会发展第十三个五年规划纲要》，其中第十二篇提出，深化内地和港澳、大陆和台湾地区合作发展。支持港澳巩固传统优势、培育发展新优势，拓宽两岸关系和平发展道路，更好实现经济互补互利、共同发展。

第五十四章提出，支持香港澳门长期繁荣稳定发展。全面准确贯彻"一国两制"、"港人治港"、"澳人治澳"、高度自治的方针，严格依照宪法和基本法办事，发挥港澳独特优势，提升港澳在国家经济发展和对外开放中的地位和功能，支持港澳发展经济、改善民生、推进民主、促进和谐。第一节提出，支持港澳提升经济竞争力。支持澳门建设世界旅游休闲中心、中国与葡语国家商贸合作服务平台，积极发展会展商贸等产业，促进经济适度多元可持续发展。第二节提出，深化内地与港澳合作。支持港澳参与国家双向开放、"一带一路"建设，鼓励内地与港澳企业发挥各自优势，通过多种方式合作走出去。加大内地对港澳开放力度，推动内地与港澳关于建立更紧密经贸关系的安排升级。加深内地同港澳在社会、民生、文化、教育、环保等领域的交流合作，支持内地与港澳开展创新及科技合作，支持港澳中小微企业和青年人在内地发展创业。支持共建大珠三角优质生活圈，加快前海、南沙、横琴等粤港澳合作平台建设。支持港澳在泛珠三角区域合作中发挥重要作用，推动粤港澳大湾区和跨省区重大合作平台建设。

（二）中国－葡语国家经贸合作论坛第五届部长级会议

中国－葡语国家经贸合作论坛第五届部长级会议 2016 年 10 月 11 日在澳门开幕。会议首日就取得丰硕成果，与会部长们签署了《经贸合作行动纲领》及《推进产能合作的谅解备忘录》，为未来三年中国与葡语国家经贸合作明确了方向。

国务院总理李克强在论坛开幕式上发表主旨演讲时，将论坛比作中国与葡语国家之间架起的一座无形桥梁。本届论坛开幕式上，李克强宣布了 18 项新举措，希望中方在产能、发展、人文及海洋等领域推进与葡语国家的合作，并深化澳门的平台作用。李克强总理在澳门特别行政区行政长官崔世安的陪同下，与澳门各界人士代表座谈并做重要讲话。李克强表示，中央政府对澳门发展会继续给予支持。根据澳门的新需求，制定了 19 项惠澳新举措，包括支持澳门发展旅游会展、人民币清算中心、金融租赁、跨境电商、智慧城市建设、中小微企业、互联网＋、科技创新、健康医疗和养生保健产业、海洋经济等，这些将推动澳门"一个中心、一个平台"建设，促进澳门经济适度多元可持续发展。

（三）关于澳门特别行政区海域面积明确为85平方公里的法律及内容

特区政府于 2015 年 12 月 20 日发布第 128/2015 号行政长官公告，行政长官根据澳门特别行政区第 3/1999 号法律《法规的公布与格式》第六条第一款的规定，公布中华人民共和国国务院令第 665 号及中华人民共和国澳门特别行政区行政区域图的中文本及葡文译本。中华人民共和国国务院令第665 号提出，根据 1993 年 3 月 31 日第八届全国人民代表大会第一次会议通过的《全国人民代表大会关于设立中华人民共和国澳门特别行政区的决定》，《中华人民共和国澳门特别行政区行政区域图（草案）》已经在 2015 年 12 月 16 日的国务院第 116 次常务会议上通过，自 2015 年 12 月 20 日起施行。1999 年 12 月 20 日国务院公布的《中华人民共和国澳门特别行政区行政区域图》同时废止。

中华人民共和国澳门特别行政区行政区域界线文字说明：为支持澳门特别行政区经济社会持续稳定发展，中央人民政府决定将澳门特别行政区海域面积明确为 85 平方公里。同时，将澳门特别行政区与广东省珠海市边界之间的关闸澳门边检大楼段，即澳门特别行政区关闸以北至珠海边防检查站原旗楼之间用于兴建澳门特别行政区新边检大楼配套设施的地段，划归澳门特别行政区管辖。行政区域调整后，澳门特别行政区的行政区域界线包括陆地和海上两部分。

### （四）澳门特区五年发展规划

2016 年 9 月，澳门特区政府公布首份《澳门特别行政区五年发展规划（2016～2020 年）》。规划明确了澳门未来发展定位是建设世界旅游休闲中心（以下简称"一个中心"），该规划已纳入国家"十二五"及"十三五"规划。根据规划提出的愿景和要求，到 21 世纪 30 年代中期，将澳门建成一个以休闲为核心的世界级旅游中心，成为具有国际先进水平的宜居、宜业、宜行、宜游、宜乐的城市。

在这份五年规划中，澳门特区政府提出如下几方面。（1）争取到 2020 年，非博彩业务收益占博彩企业总收益的比重增加至 9% 或以上；非博彩行业的收益逐步上升，包括批发及零售、酒店、饮食、建筑、金融等的收益有所增长，进一步发挥博彩业与非博彩行业的联动效应。（2）维护中小企业在城市发展中的空间，促进企业实现转型升级；培育会展、中医药、文化创意等新兴行业初见成效，研究培育特色金融业。（3）文化旅游有新的发展，综合性旅游项目成效显著，旅游市场、客源、产品等方面的多元化、精细化、国际化程度有明显进步，文化旅游、休闲旅游、海洋旅游、养生旅游、社区旅游等创新旅游产品持续快速发展。（4）充分发挥"建设世界旅游休闲中心委员会"和"中国与葡语国家商贸合作服务平台发展委员会"在"一个中心"和"一个平台"建设中的协同治理角色，透过两个委员会的有关工作和协同效应，加强协调相关建设规划和具体策略，互相促进相关建设的成效。

根据五年发展规划，澳门将于2017年完成"澳门旅游业发展总体规划"，统筹旅游业短、中、长期发展。配合该规划的落实，适时完善旅游业及关联行业的法律法规，精心培育综合旅游苗壮成长，并保障相关行业的稳定发展。

未来五年，澳门将根据"十三五"规划，主动对接国家的重大发展战略，进一步提升澳门在国家经济发展和对外开放中的地位和功能。具体来看，有如下几方面。（1）澳门要充分发挥特别行政区独特优势，扩大和深化粤澳合作以及泛珠江三角洲的区域合作，互补共赢、互利互惠，共同打造粤港澳大湾区，助力国家"一带一路"战略实施。（2）发挥澳门语言、历史、文化的独特优势，积极拓展中国与葡语国家在经济、社会、文化等领域的交往及互动，全力打造"一个平台"，发展平台经济。强力推进澳门中小企业与葡语国家中小企业的合作，积极推动品牌会展、金融保险、收购兼并、商业仲裁等平台服务的发展。在协同国家发展战略的同时，推动澳门经济适度多元发展，提升澳门的综合竞争力和居民的幸福感。（3）着力全面改善交通环境。以陆路交通改善为突破口，逐步推进海上、空中交通的改善。从"完善建设"及"提升服务"两方面着手，为改善交通环境提供强有力的支持。加强区域合作，推进交通对接，扩大和优化澳门交通的通达性和便利性。未来轻轨、粤澳新通道、第四条跨海桥梁建成并投入使用后，陆路交通将得到很大改善。（4）有序推进港珠澳大桥的建设，实现三地优势互补、共同发展的经济社会效益。目前，港珠澳大桥的珠澳人工岛建设分阶段开展设计及施工，澳门口岸管理区旅客联检大楼局部建设将配合港珠澳大桥主体同步落成通车和投入运作，其余建设预计于2018年内完成，并进行工程的验收及调试。（5）在澳门客运码头空间优化工程基础上，不断完善配套设施。完成凼仔客运码头工程，加快凼仔客运码头设备优化，并投入运作，逐步发挥氹仔客运码头的功能，提升澳门海上客运的运载力，为居民和旅客提供一个对外海上口岸，逐步满足澳门与珠三角其他城市海上客运服务增长需求。随着轻轨工程、港珠澳大桥等大型交通工程的落成，海空联运多模式运输设施规划的研究和制订也将适时展开，进一步促进澳门对外交通全面快速对接。(6) 根据航空交通发展需要，不断更新《澳门国际机场整体发展规划》内容。扩建国际机场，增加机场航线航班，提升机场运载能力，加强机场"对外重要门户"角色，为方便居民和旅客进出架设空中桥梁。充分发挥机场对"一个中心""一个平台"建设的支撑和保障作用。

## 三 提升澳门综合旅游服务出口竞争力的相关建议

### (一)合理使用新增海域资源以丰富旅游产品及舒缓交通压力

2015 年 12 月 16 日，国务院常务会议通过《中华人民共和国澳门特别行政区行政区域图（草案）》，草案调整了澳门特别行政区的陆地界线，明确了水域管理范围。新制度有利于本地区水域资源利用、突破澳门资源及空间局限、提升市场投资信心，并可丰富旅游产品、发展水上交通及提升旅游承载力，有利于进一步促进澳门经济社会发展。

时下，许多游客前往旅游目的地是为了寻求独特和个性化的体验，而不是传统型的"阳光与海滩"度假套餐。在需求方面的这些变化都需要旅游运营商和目的地政府的配合和适应。滨海和海上旅游产业应善用与海洋有关的建筑与文化遗产，以及美食等元素，不断创造出具有吸引力的旅游产品，打造独具特色的旅游体验区。

从前澳门受限于土地面积狭小，在丰富入境旅客旅游体验的发展选项上较难开发占地较广的主题公园项目。然而，在 85 平方公里习惯水域面积并入本地区管理范围后，将具备更充分条件考虑引入如韩国的 Ocean World、美国的 Aquatica 或环球影城等国际知名娱乐及主题公园投资设点，借机拓展多元旅游休闲产品，延长旅客留澳时间，增加旅客消费总值。

新增管理水域资源亦可被开发为兼具旅游休闲及运输功能的服务区。近年，随着路氹地区居住及旅游人数的快速增长，原有依靠三道桥梁连接澳门半岛与氹仔的陆路交通运输模式已不能满足不断增长的需求。除了探讨是否兴建第四条或第五条的跨海行车通道外，现在已具备条件探讨如何增添连接两地、市内往来各口岸、市内往来内地等界内与跨界海上交通运输网络，以及开发更多如钓鱼、游船、泛舟等海上旅游休闲活动。以此来缓解路面交通压力，进一步丰富本澳居民与游客的旅游休闲体验。

经参考国际同类案例，此类市场的发展也会遇到不少挑战。滨海和海上旅游市场无疑为中小型企业提供了发展机遇，不过，整合产业链上众多的服务提供商往总体规划方向协同发展并不容易。此外，此类旅游产品需要不同的营销策略与服务技巧，对相关信息、知识技能的掌握及人员培训需要做好充分的思想准备。

澳门被国际公认为"最具潜力的中国内地出境游市场"，同时又面对着如日本、韩国等具有产品与价格优势，以及新兴博彩元素的旅游目的地的同场竞争，如何利用好中央给予的海域资源，以丰富本澳旅游体验并吸引新一轮的大规模外来投资，作为建设世界旅游休闲中心发展的新引擎、新动力显得极其重要。

建议特区政府尽快制定有利于水域资源利用的规划并出台相关使用权交易的配套法律法规等公共品（public goods），让有兴趣的企业或投资者得以在新建有效的市场机制下参与投资、开发及营运。

## （二）有效落实特区五年发展规划

特区政府制定《澳门特别行政区五年发展规划（2016～2020年）》，此举有利于引导公共及私人资源向明确的目标配置，实现科学施政、有序发展。参考国内外成功经验，为地区的社会经济发展制定中长期规划是惯常和有效的做法；此次草案文本经广泛咨询社会各界意见后得以完善，能促进澳门特区经济持续发展。

为有效落实并提升规划的执行率，建议：①制定年度阶段性可量度及高透明度的规划指标，并尽量细化；②设立检查、评估、调整机制及引进第三方评估，定期检讨规划进度，并按内外形势发展进行适当调整；③清晰规划各项工作权责谁属，并建立合理、公平、公开的问责奖惩机制；④根据基本法第五条，澳门特别行政区不实行社会主义的制度和政策，保持原有的资本主义制度和生活方式，五十年不变。因此，如何制定具体有效政策措施并有效落实，对于引导市场资源配置，特别是经济发展目标的投放方向、配置尤其重要。

### （三）跟进讨论

澳门经济发展要突破内需市场狭小与天然资源匮乏的瓶颈，必须提升在区域与国际出口市场的竞争力，尤其是综合旅游服务出口的竞争力，并且不断提升吸引优质投资的能力。如果2013年中央没有对澳门开放个人游政策，相信外来投资者不太可能因为本澳的几十万人口市场而投入大量的资金兴建世界级的综合旅游娱乐设施。当今国际经贸市场的竞争是价值链之间的竞争，是生态圈之间的竞争。诚如刚发布的五年发展规划所述，澳门与祖国的命运紧密相连，"十三五"规划首次指出要提升特区在国家经济发展和对外开放中的地位和功能，进一步确立澳门在国家发展战略的定位。

特区首份五年发展规划经过多轮社会意见收集与咨询后终于出台，接下来的焦点是如何落实执行有关规划，同时，亦须因应内、外环境变化进行定期或不定期的检讨与调整。发展规划的目标最终能否兑现不可能单靠公共部门，当中的关键是如何能够调动澳门社会各界力量。

# G.21
# 2015～2017年台湾旅游业
# 发展分析与预测

黄福才　杨晶*

摘　要： 2015～2016年，台湾地区观光管理部门主要推行"优质、特色、智慧、永续"策略，鼓励绿色及关怀旅游，着力提升台湾观光价值和竞争力。台湾旅游业继续发展，2015年台湾地区观光业总收入257.29亿美元。台湾旅游三大市场和产业各要素继续发展，进岛旅游总人次首破千万大关。旅游市场发展出现一些值得关注的变化，2015年大陆居民赴台游达418.4万人次，但自2016年5月始，由于台湾当局拒不承认"九二共识"，破坏两岸合作交流的政治基础，大陆赴台游人次逐月下降。本文主要分析2015～2016年上半年台湾旅游业的发展，并对2017年旅游业的发展进行预测。

关键词： 台湾旅游业　"观光行动方案"　个人游

## 一　2015～2016年台湾旅游市场发展分析

2015年台湾推出"观光行动方案"，以"优质、特色、智慧、永续"

---

* 黄福才，厦门大学管理学院旅游管理专业教授、博士生导师，中国旅游研究院台湾旅游研究基地首席专家，研究重点是旅游理论、旅游规划、台湾旅游市场等；杨晶，管理学博士，鲁东大学商学院讲师，研究重点是旅游市场、旅游者行为等。

为执行策略，希望将台湾地区打造成质量优化、创意加值、处处皆可观光的高品质旅游目的地。受惠于台湾旅游业界的共同努力，2015年台湾进岛旅游、岛内旅游和出岛旅游均有较为稳定的发展。

## （一）台湾进岛旅游市场发展分析

2015年台湾进岛旅游总人次达1043.98万，较2014年增长5.34%，创入岛旅游接待量新高。就增速而言，2015年增长速度由2014年的23.63%放缓至5.34%。台湾主要客源市场的地区或国家仍集中于中国大陆和港澳地区，以及日本、韩国、美国、马来西亚、新加坡和欧洲，各主要客源市场的入岛总人次排名延续2014年的排名（见表1），大陆赴台旅游人数仍高居榜首，人次突破400万大关。韩国继2014年后继续成为2015年台湾入岛人次增长最快的客源市场，增幅达24.84%。2015年各主要客源地增幅均有所下跌，大陆居民入岛人次增幅由2014年的38.7%放缓至4.94%，韩国增幅由50.21%放缓至24.84%，而日本、马来西亚等客源市场的入岛人次出现负增长。

表1 2015年台湾主要客源市场入岛旅游人次及其增长率

| 主要客源市场 | | 入岛旅客人次 | | 增长率(%) |
| --- | --- | --- | --- | --- |
| 序号 | 名称 | 2014年 | 2015年 | |
| 1 | 中国大陆 | 3987152 | 4184102 | 4.94 |
| 2 | 日本 | 1634790 | 1627229 | -0.46 |
| 3 | 中国港澳地区 | 1375770 | 1513597 | 10.02 |
| 4 | 韩国 | 527684 | 658757 | 24.84 |
| 5 | 美国 | 458691 | 479452 | 4.53 |
| 6 | 马来西亚 | 439240 | 431481 | -1.77 |
| 7 | 新加坡 | 376235 | 393037 | 4.47 |
| 8 | 欧洲地区 | 264880 | 274035 | 3.46 |

资料来源：2014年和2015年台湾观光市场概况概要。

台湾"观光局"最新数据显示，2016年上半年进岛旅游达7254511人次，较之2014年同期增长12.00%。其中，大陆赴台游客为1753477人次，与 2014 年同期相比增长 5.93%；日本赴台游客达 2230019 人次，同比增长 20.60%；港澳地区为 1297710 人次，同比增长 5.76%；韩国为 386374 人次，同比增长 38.72%；美国为 255440 人次，同比增长 7.81%；新加坡为 171151 人次，同比增长 12.52%；马来西亚为 111777 人次，同比增长 14.35%；欧洲地区为 72255 人次，同比下降 4.14%。总体来看，台湾推行"观光行动方案"，确定新的营销主轴后，入岛旅游市场进一步发展，除欧洲地区出现负增长外，其他主要客源市场 2016 年上半年的增长率均有所提升。

2015 年进岛旅游市场有以下主要特征。

**1. 近3年旅客平均入岛1.5次，六成以上旅客为首次访台**

台湾"观光局"组织的市场调查显示，访台旅客中首次来台的比例最高，约占 66.47%，平均来台次数为 1.5 次；其中观光目的旅客首次来台比例为 74.49%，业务目的旅客首次来台比例为 39.09%，国际会议或展览目的首次来台比例为 62.38%。由此可见，观光仍是游客首次来台的主要目的。

**2. 除新加坡外，主要客源市场游客在台人均日消费呈负增长**

主要客源市场中，日本旅客（平均每人每日 227.59 美元）和大陆旅客（为 227.58 美元）在台消费力为最高。与 2014 年比较，2015 年平均每人每日消费额减少 6.26%。由于受到全球经济低迷影响，除新加坡外，其余主要客源市场的日均消费皆呈负增长，其中美国减少 22.74%，位居负增长首位；大陆游客在台消费力较 2014 年减少 5.95%；港澳地区减少 7.07%；日本减少 6.47%。

**3. 主要客源市场游客在台满意度高，九成以上游客具有重游意向**

市场调查显示，主要客源市场游客在台整体满意度均在 93% 以上，大陆旅客满意度最高（98.70%），香港、澳门地区游客次之（97.93%）。游客对台湾观光便利性、观光环境国际化及环境安全性等满意度较高，对民众态度友善、社会治安良好、住宿设施安全及游憩点设施安全满意度最高。此外，约有 98% 的游客表示会再次赴台旅游，82.04% 的游客表示再次赴台旅游的目的主要是观光旅游，99% 的受访游客表示会推荐亲友来台湾旅游。

**4. 游客在台活动仍集中于购物、逛夜市和参观古迹，游客游览县市相对集中**

市场调查显示，受访游客在台期间参加活动以购物为最多（每百人次有92人次），依次为逛夜市（有83人次）、参观古迹（有46人次）、游湖（有29人次）和泡温泉浴（有17人次）等。根据到台主要目的分析，观光、业务及会议或展览目的游客在台湾岛内参加活动亦皆以购物、逛夜市及参观古迹为主，这一调查结果与2014年的市场调查结果基本相同。游客游玩县市主要集中在台北市（有86人次）、新北市（有60人次）、南投县（有36人次）、高雄市（有35人次）等。

**5. 风光景色、菜肴与购物为吸引游客来台观光主要因素**

吸引旅客到台观光因素依序为风光景色（每百人次有61人次）、菜肴（有36人次）、购物（有25人次）、台湾民情风俗和文化（有24人次）及人民友善（有20人次）等。对于主要客源市场而言，除吸引日本旅客来台观光主要因素为菜肴外，其余客源市场游客皆以风光景色为主要因素。

## （二）岛内旅游市场发展分析

2015年台湾岛内新增高铁站、采用新的放假方式及实施岛内短期消费提振措施等，对岛内居民出游具有较强的激励作用，全年台湾居民岛内旅游为178524000人次，较之2014年增长14%。居民出游率为93.2%，较之2014年增加0.3%；人均旅游次数为8.50次，比2014年增加了1.03次；旅游总消费由2014年的101.96亿美元增长至2015年的113.41亿美元，涨幅达11.23%。总体来看，岛内旅游市场主要有以下四个特征。

**1. 台湾居民岛内旅游以一日游为主，旅游目的地集中于各自的居住地区内**

从岛内居民旅游天数来看，2015年台湾居民岛内一日游约占71.6%，两日游约为18.5%，三日游和四日游的比重均较低，游客平均停留旅游天数为1.44天，与2014年的1.45天无显著差异。受休闲时间和岛内交通的限制，2015年岛内居民无论居住在岛内何地，62.3%的旅次集中在居住地区内。

**2. 过夜游客住宿方式多以旅馆和亲友家为主**

2015年岛内居民出游以一日游为主，故在外过夜住宿的游客较少。调查显示，岛内出游的游客如在外过夜，多以住宿旅馆为主（比例为12.1%），其次是亲友家（8.2%）和民宿（6.5%）。游客主要的住宿县市集中在南投、宜兰、屏东、花莲、高雄、台中等地。

**3. 岛内出游以个人游为主，出游交通工具主要为自用汽车**

市场调查显示，台湾居民岛内旅游时约有89.9%的人选择自行规划旅游线路，而个人旅游（指自行规划旅游且主要交通工具非游览车）约占87.9%，较之2014年增长了1%。岛内居民旅游时交通工具仍以自用汽车为主（比例为64.8%），其次是搭乘游览车（11.1%）。

**4. 岛内居民出游以交通便利、好奇、美食等为主要考虑因素**

台湾居民岛内游时，多以交通是否便利作为旅游目的地选择的主要考虑因素，交通因素所占的比例约为45.1%，其次考虑的因素分别为"没有去过、好奇"和"品尝美食"。三大主要因素中，"交通便利"的重要程度较之2014年增加了5.3%，"没有去过、好奇"这一因素的重要程度较之2014年增加了0.9%。值得一提的是，2014年重要程度排名第二的"有主题活动"在2015年跌至第四位。

## （三）出岛旅游市场发展分析

2015年台湾居民出岛旅游继续发展，全年出岛旅游为13182976人次，比2014年增长11.30%；居民出岛旅游次数为0.56次，较2014年增加0.05次；出岛旅游消费总支出为209.18亿美元，比2014年增长5.13%，但人均出岛消费支出有所回落，由2014年的1680美元减至1587美元，游客平均停留天数减少0.29天。具体来看，2015年台湾民众出岛旅游市场具有以下特点。

**1. 台湾居民出岛旅游的主要目的为观光，其次为商务**

与居民岛内旅游的目的略有不同，居民出岛旅游的目的主要集中于观光旅游（69.9%）、商务（18.3%）、探亲访友（11.6%）。对比发现，出岛旅游中因商务出游的比例高于岛内商务旅游比例（0.9%），而出岛探亲访友的旅游比例则略低于岛内探亲访友的旅游比例（17.4%），相比而言，2015

年台湾居民出岛旅游和岛内旅游的主要目的均为观光旅游。

**2. 出岛旅游以近程旅游为主，旅游目的地集中于亚洲地区**

2015 年台湾居民出岛旅游涉及的目的地遍及亚洲、美洲、欧洲、大洋洲和非洲，从出游目的地的分布来看，受时间、经费、交通便利度等因素影响，出岛旅游主要以紧邻地区为主，约有 88.5% 的旅次集中在亚洲地区，如日本和中国大陆地区。2015 年台湾居民前往大陆旅游的比例为 27.5%；前往日本旅游的比例则由 2014 年的 29.7% 增加至 2015 年的 33.7%；其他国家和地区则无显著差异。

**3. 出岛旅游多以个人旅游方式为主，出岛客源市场以北部地区为主**

与岛内旅游的旅游方式相似，台湾居民出岛旅游也以个人旅游方式为主，比例约占 65.7%，团体旅游仅占 34.3%，出岛团体旅游的比例高于岛内团体旅游的比例。调查显示，出岛旅游之所以选择旅行社的主要是在于亲友推荐、旅行社价格公道合理以及过去曾参加过该旅行社的行程。受经济收入、交通便利等因素的影响，出岛游的客源市场主要集中于台湾北部地区，中部地区和南部地区出游比例低于北部地区。

**4. 出岛旅游对岛内旅游的影响不大，时间和预算仍是出岛旅游主要影响因素**

对于大部分台湾居民而言，出岛旅游和岛内旅游之间并不是绝对的替代性关系。2015 年市场调查显示，出岛旅游的游客中约有 69.7% 表示"没有因出岛旅游而减少岛内旅游"。与 2014 年的调查结果基本相似，出岛旅游的主要影响因素仍为"假期长短或时间"和"预算充足"，这两大因素合计比例为 52.4%。

# 二 2015～2016年台湾旅游产业发展分析

## （一）旅行社业发展分析

受大陆居民赴台游增加等因素影响，台湾旅行社业数量进一步扩大，截止到 2016 年 7 月，台湾岛内旅行社数量达 2860 家，较之 2015 年 10 月增加了105家，其中综合性旅行社为133家（不含分公司），甲种旅行社为2504家（不含分公司），乙种旅行社为223家（不含分公司），三类旅行社数量较2015年10月分别增加了4家、95家和6家。

虽然台湾民众岛内旅游和出岛旅游选择旅行社团体旅游的比例较低，但因旅行社具有价格优惠、免除游客自己开车、固定行程具有吸引力以及节省游客规划行程时间等多种优势，民众出游过程仍不同程度地委托旅行社，这在一定程度上促进了岛内旅行社的发展。与此同时，旅行社从业人员也大幅提升，截止到2016年8月1日，台湾持有导游执照和领队执照且受雇于旅行社的人员分别为35708人和55321人，与2015年10月30日的数据相比，两类旅行社从业人员分别增加了1156人和885人。

### （二）旅馆业及民宿发展分析

近年来台湾民宿业一直保持较快的增长，虽然每家民宿提供的客房数有限，但因其具有特色和创意等特点，吸引着大量的岛内和进岛游客入住。相比而言，台湾的国际观光旅馆和一般观光旅馆的数量增加则较为缓慢，截至2016年6月，岛内国际观光旅馆为75家，客房数总计21454间；一般观光旅馆为44家，客房共计6272间；一般旅馆3626家，客房总数为157286间，员工56470人。如表2所示，国际观光旅馆的数量未增加，客房数减少了12间；一般观光旅馆增加了1家，客房数也仅增加47间。相比而言，民宿和一般旅馆的增速则较为迅猛，与2015年相比，一般旅馆数量、客房数和员工数分别增加了203家、6143间和1924人；民宿数量增加603家，客房数增加2573间。

台湾观光旅馆和民宿的分布具有一定的差异。根据台观光管理部门2016年6月的统计结果，台湾观光旅馆的集中程度较高，119家观光旅馆中有44家集中在经济发达的台北，约占全岛观光旅馆的36.97%，其他地区的观光旅馆比例均低于10%；民宿则集中于花莲（1612家）、宜兰（1251家）、台东（996家）等县域，这三地民宿数量约占全岛民宿总数的54.45%。

表2 台湾旅馆业及民宿发展情况

单位：家，间

| 旅馆业及民宿 | | 家数 | | | 客房数 | | |
| --- | --- | --- | --- | --- | --- | --- | --- |
| | | 2015年 | 截至2016年6月 | 增量 | 2015年 | 截至2016年6月 | 增量 |
| 观光旅馆 | 国际观光旅馆 | 75 | 75 | 0 | 21466 | 21454 | -12 |
| | 一般观光旅馆 | 43 | 44 | 1 | 6225 | 6272 | 47 |
| 一般旅馆 | | 3423 | 3626 | 203 | 151143 | 157286 | 6143 |
| 民宿 | | 6484 | 7087 | 603 | 26900 | 29473 | 2573 |

资料来源：台湾旅馆业及民宿家数、客房数统计，http：//admin. taiwan. net. tw/statistics/ month. aspx？ no＝135。

台湾一般旅馆业和民宿业的迅猛发展得益于入岛旅游者的住宿偏好和较高的服务质量。市场调查显示，到台旅游的游客中有72.35%的人群选择入住一般旅馆和民宿，仅有20.81%和6.85%的人选择入住国际观光旅馆和一般观光旅馆；2015年入岛旅游的游客对台湾旅馆业的整体满意度为87.33%，对民宿的整体满意度高达90.84%。

## （三）旅游景区与游乐业发展分析

随着台湾入岛旅游和岛内旅游的发展以及游客需求的多样化，台湾实施《重要观光景点建设中程计划（2012～2015年）》，选择宜兰海岸风景区、日月潭风景区、阿里山风景区、澎湖风景区、马祖风景区等13个景点进行一系列品质优化计划，力图实现游客人数和满意度的提升。2016年台湾继续推行《重要观光景点建设中程计划（2016～2019年）》，该计划预计支出158.51亿元新台币，继续对13个风景区进行观光游憩设施和服务质量提升的建设，该计划预期完成重要观光景点建设235处，力图实现主要风景区游客从2016年的4348万人次增加至2019年的4665万人次。

# 三 相关重要政策及效应分析

## （一）推动"观光行动方案"，力促观光业创新升级

2015 年是台湾《观光行动方案（2015～2018 年）》实施年，该计划旨在实现台湾观光升级的愿景，推动台湾观光游客量的增加和稳定成长；同时促进观光质量提升，创新升级，实现台湾旅游质量优化、创意加值、旅游收入增加。行动方案中明确提出岛内观光产业应转型升级、强化旅游安全措施、为投资者创造良好的投资环境；以跨域整合为理念，通过多元化营销手段营销区域旅游的卖点、改善区域服务、提高游客的满意度和忠诚度；借助科技的力量，完善智慧旅游服务、引导观光产业开发增值服务应用；秉持绿色观光的宗旨，拓展关怀旅游服务，强化旅游观光产业与当地资源的联结，推广无障碍旅游，做到岛内旅游的永续经营。2016 年 5 月下旬，台湾地区交通部门新负责人上任后，针对观光旅游产业发展指出"今后政策目标在于协助相关产业优化质量，深化旅游经验，提升产值，而不再一味追求来台旅客的成长"。

## （二）两岸和平发展的形势下，两岸旅游交流继续发展

2015 年两岸和平发展，为便利两岸旅游往来，国家旅游局实行给予台湾同胞来往大陆免签注、发放卡式台胞证的便利措施；批准海口等 11 个城市成为第五批赴台个人游城市，新增 48 家出境游组团社为指定经营大陆居民赴台旅游业务旅行社，两岸旅游往来取得良好效果。据海旅会的统计数据，2015 年两岸旅游人数为 964 万人次，金额达 211 亿美元。其中，大陆居民赴台旅游人次突破 410 万，为台湾带来 68.7 亿美元收入；同年台湾同胞赴大陆旅游与消费也创新高，分别达 550 万人次、143 亿美元。另据台旅会数据，2015 年赴台湾旅游最大客源地为大陆地区，总人次为 418.41 万，在总游客中的占比高达 40.07%，是 2008 年赴台游客的近 14 倍，成为入台

旅游首次突破 1000 万人次大关的最大动力。从 2008 年开放大陆居民赴台游，至 2016 年 5 月，游客量正好突破 2000 万人次大关。大陆游客大量赴台游为台湾地区带去巨量的收益，台湾"陆委会"曾发布信息称，2014 年大陆游客为台湾带去的收入约为 2186 亿新台币，2015 年已高达 2310 亿新台币，折合人民币接近 500 亿。

### （三）台湾政局变化政策改变，大陆赴台人次持续下降

自 2016 年 5 月 20 日以来，民进党当局拒不承认"九二共识"、不认同两岸同属一中，导致两岸制度化交往机制停摆，两岸关系趋冷对台湾观光业造成很大的冲击。台湾"观光局"为此拟定"锁定个人游及高端团，奖励旅游客群，加强营销赴台体验"的策略，同时推动高端团、原民部落团、离岛住宿团、直航客船团等项目，不受公告限额限制的政策，但还是无法改变大陆居民赴台旅游人数剧减的局面。据台湾"观光局"统计数据，5～8 月大陆居民赴台旅游人次连续呈现负增长，分别下滑 12.2%、11.9%、14.98% 和 32.41%。台观光业者预计 9 月份赴台的大陆游客量可能减少 45% 以上、个人游也将减少近 10%。减幅扩大已明显影响到观光及相关行业从业人员的生计，从而引发 2016 年 9 月 12 日台湾史上观光业界首次走上街头抗争，参加大游行的有观光餐饮业、导游业、观光精品业、牛肉面业，还有观光夜市、商圈等与旅游有关的 11 个协会，人们高呼"要生存、有工作、能温饱"的口号。台湾观光业界曾对 2016 年大陆游客赴台总人次进行不同的粗略估计，认为较 2015 年减少 40 万至 80 万人次。

### （四）台新当局推南向政策，然市场体量小收效甚微

在台湾旅游业整体受较大冲击的情况下，为降低大陆游客锐减的冲击，也为了推行新当局"脱中"策略，台湾当局上台后推行"观光南向政策"，以开放免签等措施争取东盟客源，但收效不显著。受台湾当局"新南向政策"的影响，东南亚各国等客源市场的入岛旅游人数有所增加，但由于马

来西亚、新加坡、泰国、越南、菲律宾等原有客源市场体量较小，入岛旅游人数增加带来的收益有限。2016 年 5 ~ 7 月东南亚各国赴台游总人次分别是12.66 万、12.41 万、10.40 万，8 月仅有 10.32 万人次；同期印度赴台游客人数最高月份为 3133 人次，最低月份只有 1700 多人次。而 8 月大陆游客量虽明显下降，但仍有 24.85 万人次。可见，台湾当局的观光南向政策的推动作用收效甚微。

### （五）当局推旅游安全措施，但收效有限，事故频出

旅游安全是人们外出旅游最基本的要求。台湾相关管理部门也曾对接待大陆游客游览车车龄、驾驶员、行程等做出规定，以求旅途的安全，但重大事故频频发生。据台湾"观光局"统计，自 2008 年台湾开放大陆居民赴台以来，已有 480 名大陆游客在台湾发生旅游意外，当中又以游览车造成 298人死伤的意外为最多（273 人受伤、25 人死亡）。死伤最多的两大事故都发生在近两年，死伤最多的是 2015 年复兴南港空难，总共有 28 名大陆游客死亡、3 人受伤。其次是 2016 年 7 月 19 日发生的火烧游览车事故，车上 24 名大陆旅客全部遇难。这些事故一再反映台湾旅游业存在的安全问题，台湾行政管理领导人要求交通主管部门采取分时、分流及分区域等方式，鼓励两岸业者开发深度精致的旅游行程，规范合理的接团费用，改善从业人员工时及待遇，确保旅游安全及品质。台湾交通主管部门全面检讨游览车意外事故发生的原因，希望对车辆安全设备、驾驶人及从业者的相关资讯进行披露，有效改善旅游安全状况。

## 四 2016 ~2017年台湾旅游业发展展望

### （一）力推开拓市场新举措，入岛市场发展难乐观

自岛内局势和两岸关系大背景发生变化以来，大陆赴台游人次逐月下降，从而导致台湾整体入岛旅游人次出现下滑。截至 2016 年 8 月，台湾入

岛旅游人次为863540，较上年下跌了3.44%。为此台行政管理部门推出了开拓多元市场、协助产业转型、扩大岛内旅游、创新产品稳固大陆游客、放宽到台签证、争取邮轮旅客到台、新南向政策等因应策略，希望通过提供友善旅游环境、优质团签证便捷措施，吸引海外更多观光客到台湾观光，同时拨出经费积极推动。为做大阿拉伯国家的旅游市场，相关部门推出建置穆斯林友善环境，将制定餐旅认证措施，2016年的目标为100家，并推动交通场站、风景区、商场设置祈祷室及净下设施，协助观光从业人员进行教育培练及路线考察。与此同时，明确观光旅游短期的发展方向，包括打造观光游憩新亮点，推出"跨域亮点计划"，初步核定云林、苗栗、新竹、嘉义、桃园、彰化等地的发展计划书，预计2018年底陆续完成。台湾交通部门还将会同各权责单位，检视各风景区英语标示不全的情形；经济部门鼓励东协商务人士来台洽谈并顺道旅游；财政部门增加小额退税商家数量及加强宣导增设外币兑换处等。但受最大的入台旅游市场——大陆游客巨量减少的影响，台湾入岛旅游市场将难以明显发展，大陆游客锐减导致购买力下降，这是其他地方客源增加也无法弥补的。台湾观光业者在具体计算分析后认为，"总体来台旅客人数下降是意料中的事。"2017年，数量上很难再现上千万入岛游客的盛景，观光业带来的经济效益更不可能达到昔日的辉煌。

### （二）南向政策为施政重点，条件限制仍难如愿

为弥补大陆游客减少的观光收益，台湾行政管理当局推出"新南向政策－扩大观光客来台具体规划"，将自2016年8月1日起试行泰国、文莱旅客来台30天免签证，同时决定增加观光宣传预算、增补东协外语导游人力及建构穆斯林友善旅游环境，全面推动观光新南向政策。入境人员"有条件免签"是指，将自2016年9月1日起，只要10年内曾持美、加、英、日、澳、纽、欧盟申根及韩国等指定国家签证的印尼、越南、菲律宾、印度、缅甸、柬埔寨旅客，可先上网登录取得凭证，便能免签证入境台湾。同时将宣传推广观光预算由2015年的8000万元新台币增加至2亿

元新台币，并着手增补导游人力，以加速东协语系导游培训。尽管上述种种措施也可促进东南亚游客量增加，然而受各种条件限制，短期内不容易补足大陆游客减少的缺额。因为在观光政策上锁定东南亚游客市场，面临语言人才的问题，而且台观光业者仍然期待能优先开发日、韩、中国港澳地区、新加坡等亚洲国家和地区客源。目前，全台东南亚语系导游只有一百多人，其中有些人有导游证却不一定能上线带团。所以目前即使有东南亚的旅行团要来台湾，也没有导游可以接团。同时还应看到，东南亚来台的旅客数量不固定，停留时间、在台消费远不及大陆游客，旅游收入更不可能补足缺额。

### （三）大陆游客赴台游持续，数量与方式将有变化

自2016年"5·20"以来两岸政治关系趋冷，两岸旅游作为民间交往的重要组成部分将持续进行，但游客数量与旅游方式将有所变化。从游客数量来看，2016年最后3个月和2017年，大陆游客赴台游数量将会下降。这既与岛内局势和两岸关系大背景发生变化有关，也与台湾旅游安全问题频出有关，同时还与一些政治色彩鲜明人士宣传排斥大陆民众来台旅游有关，如网络上一些谩骂大陆游客的恶意言辞都会影响到大陆游客的赴台旅游意愿。种种原因引发了大陆旅游业者和游客的担忧，从而使得大陆民众赴台游的意愿下降。2016年7月下旬，大陆两家主流旅游网站——"同程旅游"和"驴妈妈旅游"刊出大陆居民对出境游目的地最新调查显示，台湾在最受欢迎路线中排在前十名之外，而2015年这一排名为第七位。大陆游客赴台游数量下降的变化，主要还是市场行为，取决于企业和游客的意愿。大陆有关方面从未对大陆游客赴台旅游设置配额，配额是台湾单方面的做法。

旅游方式的变化体现在，一是赴台个人游占的比重将增大，二是以泛蓝8县市为主要目的地的旅游线路将会出现。2016年9月中旬，新北、花莲、新竹、苗栗、南投、台东、金门及马祖等8县市正副长官赴大陆参访，大陆国台办等支持台湾8县市组成旅游促进联盟，联合设计旅游产

品，与大陆各地旅游主管部门建立联系窗口，来大陆举办旅游推介活动。今后将整合出以这8县市景点为主，辅以其他景点组成的旅游线路，或者制定区域性深度旅游行程。这些旅游产品的组合应同时考虑大陆民众的消费需求，结合台北"故宫"等民众喜爱的景点，以更好地贴近市场。大陆方面虽然对8个承认"九二共识"的县市释出更多利好政策，但大陆没有对台湾绿营和蓝营执政县市实行差别待遇，到何处旅游主要由大陆游客自行选择。

### （四）出岛游市场将继续扩大，两大洲的增长比例最快

2016年1~8月，台湾出岛旅游为9912738人次，较之2015年1~8月的8896326人次，增长了11.43%。出岛旅游展现出较强的发展态势，台湾出岛旅游的目的地市场中，大洋洲和欧洲成为增长最快的目的地，同比分别增长了33.06%和20.82%。

### （五）两岸将加强规制建设，保障赴台个人游品质

在大陆居民赴台旅游的发展中，团队游均由旅行社接待，整个行程基本按双方签订的合同进行，台湾也有相应的规章规范，只要是合法的旅行社并承担应有的责任，要依契约如期、如质地负责旅游团的行程与安全。而赴台个人游游客多喜欢通过网络订房、网上租车比价或搜寻网友评价，以完成游台的一切规划准备；到台湾后自己去旅行游览、品尝各地美食时，所接洽的衣食住行对象如果是不合法的经营业者等，就可能出现许多问题。如果发生状况，很可能会缺乏相关规章的保护，如何加强此方面的建设值得两岸相关部门重视。在新的管理规定出台前，业者建议可适当引导旅客在自己上网订房情形下，一些行程交由有资质的台湾旅行社负责。现在许多台湾旅行社可以提供个人游行程规划、小团体精致旅行，甚至提供定制化的主题旅游服务。这些服务所增加的费用有限，但可将个人游活动纳入保障系统，以提升安全保障，促进个人游更健康地发展。

（六）大陆游客减少效应增大，台湾观光业受冲击更甚

人们看到 2015 年赴台的大陆游客为 418 万人次，也看到 2016 年 5 月以来大陆游客量减少的数据，但更应看到这些数据内涵的差别，只有这样才能看明白大陆游客锐减将带来怎样的影响或效应。从统计数据看，台湾接待大陆游客到台的旅行社不到旅行社总量的 1/5，大陆游客赴台人数只占全年全台入境旅客的一半。但是还应看到日韩等国家和地区的游客来台平均入住 3.5 天，他们大多停留在台北及周边区域；而大陆游客到台平均入住 7.5 天，他们一般环岛一周，会涉足台湾中南部和花莲、台东等地，"惠及的台湾民众更多"。再从不同群体的消费习惯看，日韩等游客较愿意在吃住上花钱，而大陆游客更愿意在购物上花钱，影响的层面不太一样。若细看消费，大陆游客 60% 花在购物，也就是花在民间消费，如一般的餐厅、购物店、夜市、精品店、茶叶店、凤梨酥店，所以对民间的影响力更大。东南亚民众购买力有限，而日韩客人不见得会买大陆游客喜欢的台湾物品。这些都影响台湾旅游观光行业的销售业绩，大陆旅客对台湾入岛旅游市场的影响超过 85%。加上观光行业产业关联性大，除了涉及飞机、旅行社、办件等提供出入境服务的从业人员外，还将涉及游览车、饭店、餐厅、景区、购物店等许多行业的从业者。这些人占台湾观光业及相关行业就业人口的七成以上，这也是大陆游客减少会引起台湾观光业及相关行业恐慌的原因。

按台旅行社发展的情况看，每年台湾前 20 名旅行社都会有大的发展，最后 20 名旅行社会被市场淘汰。大陆游客持续减少，这个趋势会越来越明朗。以后资本小的旅行社生存更困难，台湾接待大陆游客的旅行社将会朝向集团式经营发展。据台湾的研究者分析，目前有 300 家旅行社做陆客团，可能到 2018 年就只剩下 100 家。与此同时，游客数量下降，很多旅馆房务人员很快就得改行去清洁公司上班，游览车司机就得去开计程车，这些"排挤效应"会让台湾社会的工作更难找、生活更艰辛。也正像一些台湾观光业者所哀叹的，"产业现状最大的困境就是看不到未来"。

## 参考文献

国家旅游局：《政务公开——旅游数据》，http：//www. cnta. com/zwgk/lysj/。

国家旅游局：《2015 年大陆赴台人次和消费出现双突破》，中国新闻网，2016 年 4 月 11 日，http：//depts. taiwan. cn/yw/201604/t20160411_ 11430181. htm。

台湾"观光局"的观光统计数据。

中国新闻网台湾频道、人民网台湾频道、中国台湾网、华夏经纬网、中国评论新闻网的近两年有关对台旅游的新闻与评论。

http：//admin. taiwan. net. tw/public/public. aspx？no＝315.

# 中 心 成 果

Researches of TRC, CASS

## G.22

# 2016年中国旅游消费价格
# 指数（TPI）报告

中国社会科学院旅游研究中心*

摘 要： 中国社会科学院旅游研究中心自2011年开始研究编制"中国
旅游消费价格指数（TPI）"报告。TPI作为国内第一个内容
全面、权威发布的有关中国旅游消费的专业性指数，涵盖居
民旅游消费所需要的基本服务价格，以期为旅游者出游提供
帮助。2016年中国旅游消费价格指数走势总体平稳，2月份
因春节显著提高，7月、10月传统旅游旺季有不同幅度的增
长，其他月份窄幅波动。交通因素成为影响TPI走势的主要
因素。城市标准旅游花费中，住宿和门票花费出现"跷跷
板"现象，交通花费占比稳定。

---

* 课题组成员：金准、宋瑞、吴金梅、赵鑫、曾莉。执笔人：赵鑫。

关键词：　中国旅游消费价格指数　旅游标准花费　预测

# 一　中国旅游消费价格指数（TPI）

## （一）全国TPI

2016年TPI总体比较平稳，除2、3月份出现较大波动外，总体处在窄幅区间波动。2月份是春节，作为传统的旅游旺季，交通和住宿成本都出现较为明显的增长，2月份TPI环比增长15%，增幅最大，TPI为1.15。相比2月份火爆的出行态势，3月份出行回归常态，TPI环比下降19%，降幅最大，TPI为0.93。总体而言，其他月份的波动都不大，价格指数处于平稳态势（见图1）。

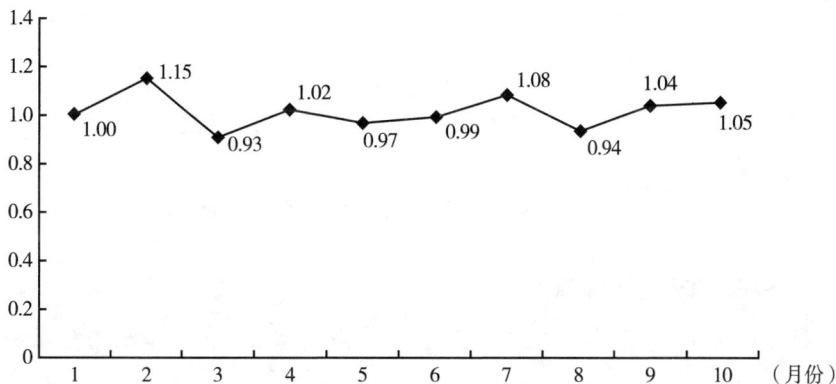

**图1　2016年1~10月TPI走势**

## （二）各级城市TPI

### 1. 四类城市TPI走势分析

总体来看，直辖市、副省级市、地级市、县级市四类城市的TPI走势较为一致，且呈现一些明显特征。（1）虽然波动幅度有所差异，但是四类城市的 TPI 走势基本一致。（2）县级市波动幅度最大，直辖市波动幅度最小，副省级市和地级市居中。考虑到县级市旅游核心资源较少，交通和住宿供给水平有限，因此当需求受季节性因素或其他因素影响时，价格会产生较为显著的波动；而大城市住宿交通服务的供给水平较高，城市的旅游市场体量越大，波动的幅度越小。（3）2、3 月份和 7、8 月份呈现"先扬后抑"的特征，主要是受春节和暑假因素的影响，随着 3 月和 8 月旅游出行回归常态，会出现较为明显的落差，3 月和 8 月处于波谷（见图 2）。

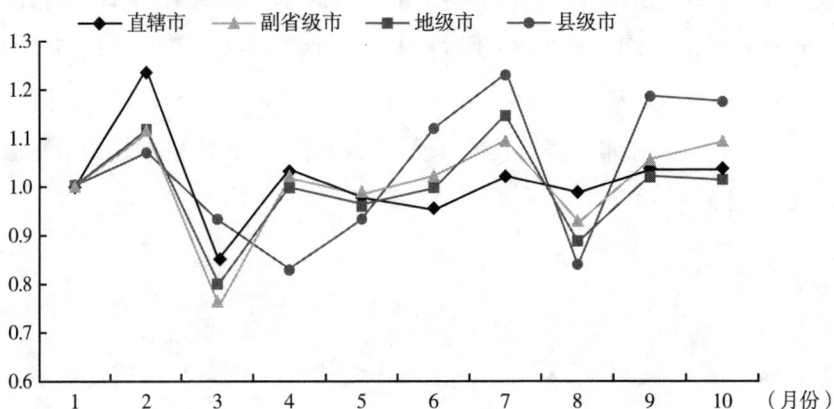

**图 2　2016 年 1～10 月直辖市、副省级市、地级市、县级市四类城市 TPI**

## 2. 各城市 TPI 监测情况

具体从各个城市 TPI 变动情况来看，价格波动最大的五座城市是峨眉山市（离散系数为 0.550）、重庆市（离散系数为 0.320）、北海市（离散系数为 0.312）、大理市（离散系数为 0.302）、黄山市（离散系数为 0.294）；价格最为稳定的五座城市是无锡市（离散系数为 0.053）、杭州市（离散系数为 0.056）、天津市（离散系数为 0.060）、肇庆市（离散系数为 0.062）、宁波市（离散系数为 0.077）。

2 月份的指数波动最为明显。监测范围内的 50 个城市之中增幅最快的 10 个城市分别为北海市（上涨 93.2%）、重庆市（上涨 87.8%）、黄山市

（上涨71.5%）、大连市（上涨51.5%）、沈阳市（上涨46.4%）、三亚市（上涨45.9%）、济南市（上涨42.1%）、长春市（上涨37.4%）、珠海市（上涨36.6%）、泰安市（上涨35.3%）。相比而言，3月份大多数城市旅游消费价格出现较为明显的回落，只有8个城市出现上涨，其余城市均出现不同程度的下降，其中下降最快的10个城市分别为重庆市（下降71.5%）、黄山市（下降64.3%）、北海市（下降63.4%）、大连市（下降60.1%）、沈阳市（下降58.3%）、珠海市（下降53.0%）、三亚市（下降51.5%）、咸阳市（下降51.2%）、济南市（下降50.2%）、泰安市（下降47.2%）。

上海、北京、深圳、杭州、成都、青岛TPI基本上都处于区间窄幅波动，价格指数波动幅度较小，在50个城市中价格变动最稳定（见图3）。其中北京市离散系数为0.082，上海市为0.079，深圳市为0.087，成都市为0.086，青岛市为0.100。

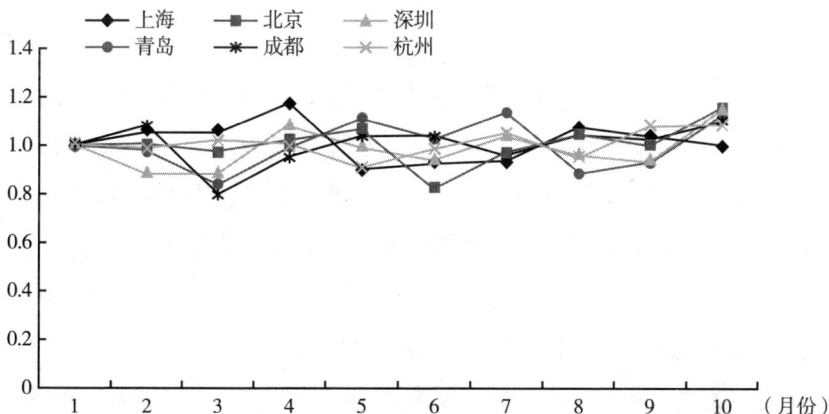

图3　2016年1～10月重点监测城市TPI走势比较

（三）TPI构成要素

TPI包含了住宿价格、旅游交通价格、门票价格等要素，其中旅游交通价格波动成为TPI变化的主因，而住宿和门票价格基本稳定。如图4所示，交通价格指数的波动趋势与TPI相一致，且在春节、"十一"两个节假日出现阶段性高点。从构成旅游交通的几个要素来看，机票价格是交通价格指数波动的主要因素。

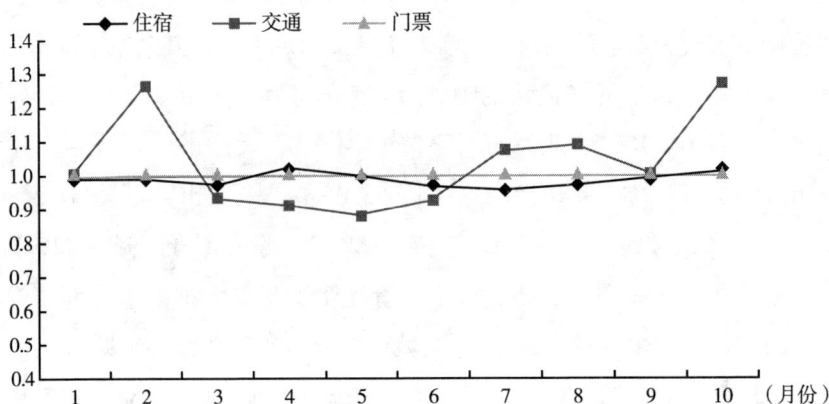

**图4  2016年1～10月住宿、交通、门票价格指数**

从时间段来看，如图5所示，2月份和10月份环比价格上涨分别为27%、26%，是2016年交通价格指数的两个高点。据国家发展和改革委员会预测，2016年春运全国旅客发送量将达到29.1亿人次，其中铁路3.32亿人次，增长12.7%；民航5455万人次，增长11%。与此类似，"十一"假期出行的需求也明显推动交通价格的上涨。降幅最大的是3月份，环比下降27%，主要是因为出行回归常态。总体而言，高铁运力的提升和民航票价的改革对于满足交通出行需求和保持价格稳定起到至关重要的作用。铁路客运方面，受益于高铁运力释放，促成客运需求上升。根据铁路客运部门统计数据，全国客运量近10年年复合增长率维持在8%左右，2015年突破25亿人次。民航客运方面，由中国民用航空局、国家发展和改革委联合发布的《关于深化民航国内航空旅客运输票价改革有关问题的通知》旨在进一步扩大市场调节价航线范围，这意味着民航运营公司有了更大自主权，可以依据自身经营、市场竞争情况，对不同时段、淡旺季灵活定价，甚至针对不同消费者区别定价，有助于更合理配置资源。

如图6所示，从住宿价格来看，住宿价格指数走势较为平稳，处于

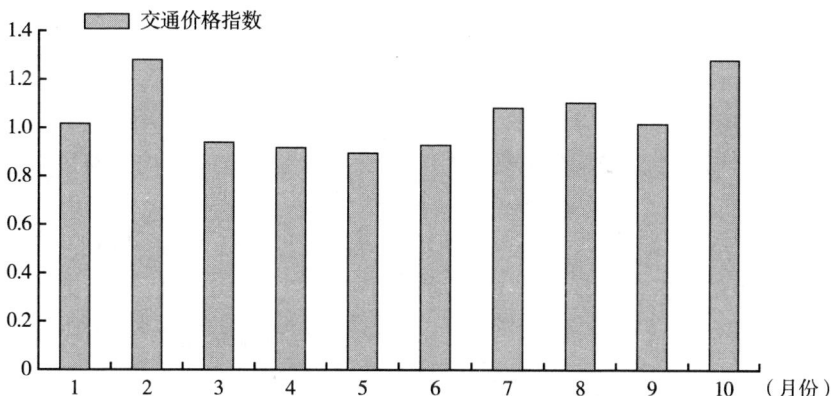

图5　2016年1~10月全国交通价格指数趋势

窄幅震荡态势，各月份环比变动不超过 ±4%，大部分月份波动范围均在 1%~2%。这主要是因为我国酒店业进入调整期，自 2014 年全国 12803 家（占 94.02%）星级酒店亏损 59.21 亿元，成为亏损最大的一年以来，至 2016 年中国酒店业徘徊于低谷。虽然部分城市有好转迹象，但回暖或遇冷主要取决于各地的供求关系。比较而言，与 TPI 的波动以及交通价格指数的波动相比，住宿价格的波动不是引起 TPI 整体波动的主要原因。

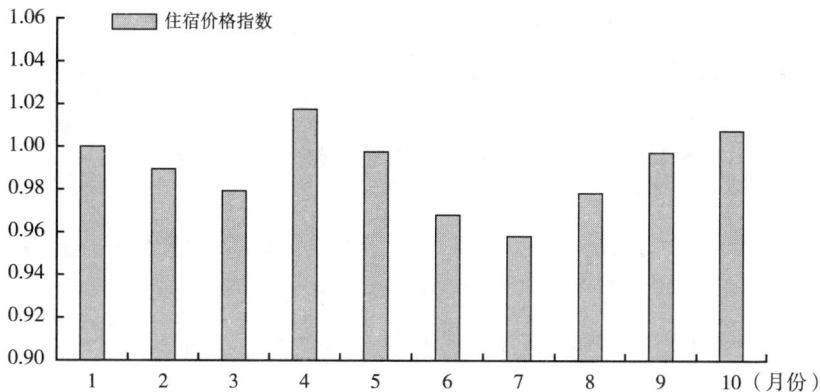

图6　2016年1~10月全国住宿价格指数趋势

## 二 旅游标准花费

### （一）城市标准旅游花费

以游客在某城市进行一次过夜游的标准花费，包括住宿一夜、参观两家代表性的 A 级景区的门票、乘坐一组市内交通工具（不包括外部交通）的总花费为城市标准旅游花费。2016 年 1～10 月城市标准旅游花费区间为 [431，448]，除 9 月份降幅为 3.2%，其他月份的变动幅度都在 ±2%。纵向相比，总体花费的绝对值比前几年微幅下降，而且波动区间变窄，总体平稳。从住宿、大交通、市内交通、景区花费等诸多因素考虑，旅游花费成本的下降仍然是受益于大交通供给水平的改善，所以成本微幅下降（见图 7）。

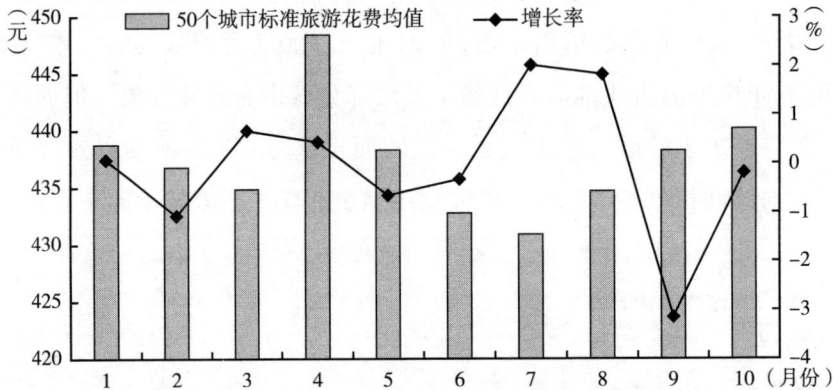

图 7　2016 年 1～10 月 50 个城市标准旅游花费及增长率

如图 8 所示，2016 年 1～10 月城市标准旅游花费均值最低的十座城市依次为（由低到高）：咸阳市（227 元）、秦皇岛市（278 元）、南京市（287 元）、哈尔滨市（299 元）、济南市（305 元）、承德市（311 元）、合肥市（312 元）、绍兴市（314 元）、北海市（331 元）、岳阳市（341 元）。城市标准旅游花费均值最高的十座城市依次为（由高到低）：上海市（669

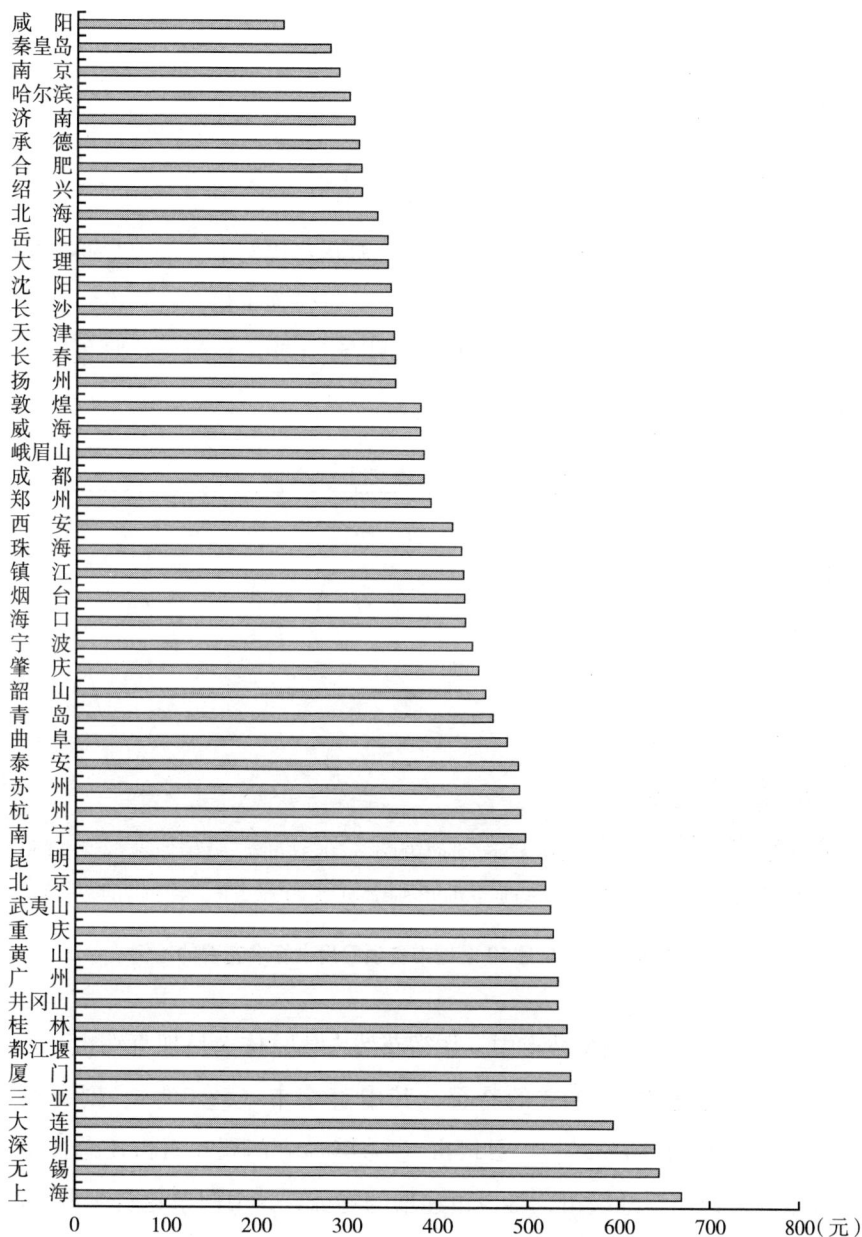

图8　2016年1～10月各城市标准旅游花费均值

元）、无锡市（645 元）、深圳市（640 元）、大连市（593 元）、三亚市（552 元）、厦门市（547 元）、都江堰市（544 元）、桂林市（542 元）、井冈山市（533 元）、广州市（533 元）。

## （二）各项花费占城市标准旅游花费比例

如图 9 所示，在各项花费占城市标准旅游花费比例中，市内交通方面的花费占比最低，并且在城市标准旅游花费的比例较为平稳，直辖市、副省级市、地级市都在 10% 上下浮动，县级市却只有 7.6%。在门票花费和住宿花费方面，二者出现"跷跷板"现象。

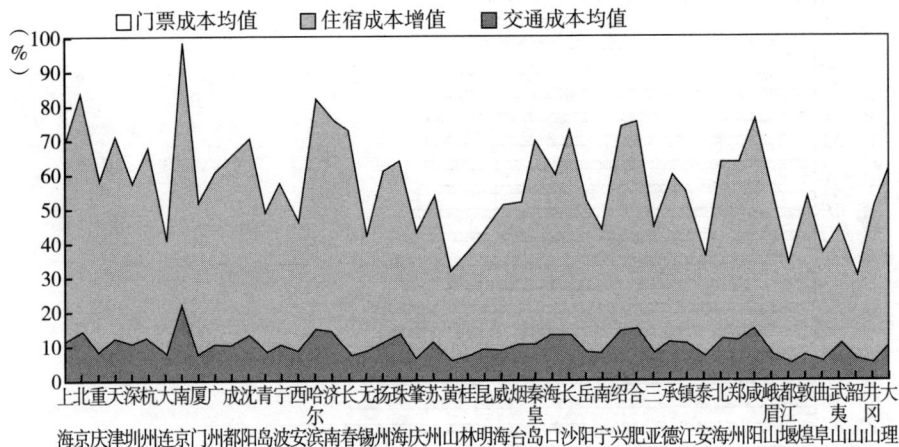

图9　2016 年 1~10 月 50 个城市各项费用占标准花费的比例

如图 10 所示，在四类城市中，住宿花费占比总体上呈现直辖市、副省级市、地级市、县级市递减的特征，其中直辖市（58.2%）、副省级市（50.5%）、地级市（43.5%）、县级市（37.8%）。门票花费占比总体呈现直辖市、副省级市、地级市、县级市递增的特征，其中门票花费所占比例，直辖市（29.3%）、副省级市（38.0%）、地级市（45.9%）、县级市（54.6%）。相比而言，县级市一般都是以核心景区资源为吸引物打造旅游目的地，例如峨眉山、敦煌等，虽然开始尝试从观光旅游向休闲度假综合开发过渡，从景区旅游向目的地旅游发展，从区域旅游向全域旅游转变，但更多是从概念上到实践上的尝试，所以目前仍以景区资源为核心，游客的旅游花费也主要在门票，缺少深度的体验，所以住宿花费占比相应较低。相反，一二线城市作为旅游目的地，除知名的景区以外，其他旅游要素开发也较为成熟，还有较为完善的旅游服务，所以游客在直辖市、副省级市等大城市往往偏向于深度旅游，从而导致六要素中"住"的花费占比较高。

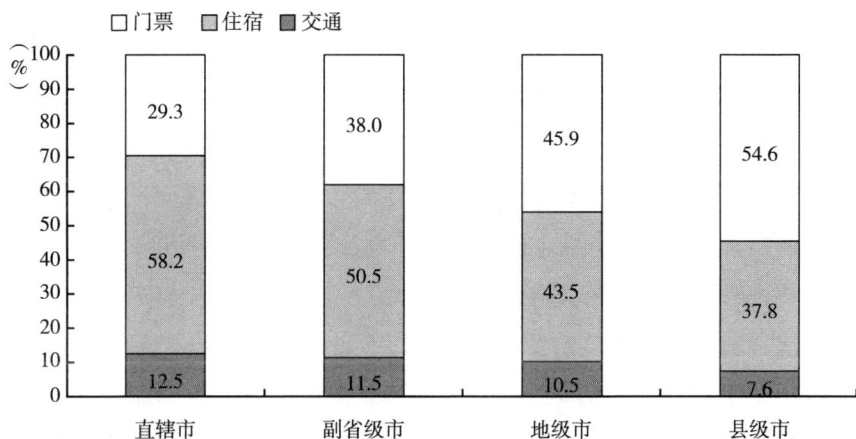

图10　2016年1～10月四类城市各类花费占标准花费的比例

# 三　2016年TPI预测

从全面深化改革的推进、旅游消费的升级、科技进步的促进、社会舆论的影响四个方面来看，我国旅游业正面临着新的发展环境，呈现新的发展格局。

首先，全面深化改革是当下中国最鲜明的主题。党的十八届三中全会通过的《中共中央关于全面深化改革若干重大问题的决定》对全面深化改革做出了全面部署和系统安排；党的十八届五中全会通过了《中共中央关于制定国民经济和社会发展第十三个五年规划的建议》，明确了全面建成小康社会的目标以及"创新、协调、绿色、开放、共享"五大理念；2015 年中央经济工作会议提出要更加注重供给侧结构性改革。这些重大决策所勾画的改革图景成为中国旅游业发展的重要背景。

其次，旅游消费成为消费升级的热点。2015 年最终消费对中国经济增长贡献率为 66.4%，同比提高 15.4%，说明中国经济增长正在从以投资为主向消费为主转型，消费贡献率的大幅提升某种程度上体现了中国居民消费已进入新时代。2015 年国务院办公厅相继印发《关于加快发展生活性服务业促进消费结构升级的指导意见》《关于积极发挥新消费引领作用　加快培育形成新供给新动力的指导意见》等重要文件。2016 年 5 月 1 日起，金融业、生活服务业、建筑业、房地产业等其他行业纳入"营改增"范围。旅游业作为生活性服务业，也将纳入"营改增"的范围。这一系列政策措施意在强调培育生活性服务业，改善消费环境，培育新的消费热点，以促进消费结构转型升级，激活经济增长内生动力。

再次，科技进步拓展消费空间。2015 年李克强总理在政府工作报告中正式提出"互联网＋"计划。"互联网＋旅游"的融合，为旅游领域的创业创新带来了新的发展空间，有助于催生新的旅游产品，培育新的商业模式，提升旅游服务体验。例如旅游消费金融、旅游 O2O 等业态的兴起，说明科技正成为驱动旅游创业创新的积极因素，也进一步拓展了旅游消费的空间。

最后，社会舆论成为旅游消费的重要导向。中国旅游舆情智库发布的"2015 中国旅游舆情与传播指数"显示，2015 年舆情事件的数量较往年增加一倍以上，旅游负面事件主要是宰客、强制消费、交通事故、景区安全事故、不文明旅游以及对在线旅游企业的投诉等方面。旅游作为媒体关注的焦点之一，社会舆论对焦点事件的点评往往会成为影响局部地区短期旅游消费的重要因素，不仅客观体现了旅游市场的不成熟，也体现了社会对旅游的美好期盼。

预计在新的旅游发展格局和环境下，2016 年全年 TPI 上涨 4% 左右，明显低于前几年的增幅，全年除个别月份波动明显外，总体走势符合预期。

附件

# 中国旅游消费价格指数
# （TPI，Tourist Price Index）编制说明

中国旅游消费价格指数（TPI，Tourist Price Index）由中国社会科学院旅游研究中心于 2011 年研发建立。自 2013 年 1 月起，课题组大幅扩展了数据采集的广度，增加了统计的频率，并对统计模型进行修正，以令监测结果更具代表性和精确性。

## 一　中国旅游消费价格指数（TPI）的基本设定

中国旅游消费价格指数是反映居民购买并用于旅游消费的商品和服务项目价格水平变动趋势和变动幅度的相对数。该指标涵盖居民旅游消费所需要的基本服务的价格，具体包括旅游门票、旅游住宿、旅游交通三大项。

除全国和城市层面的 TPI 之外，还专门设计一些特定指数用以反映旅游价格某些方面的变化。目前而言，暂先设定城市标准旅游花费指数用以反映游客当季在某城市进行一次过夜游的标准花费，未来视情况增加其他指数。

## 二　编制中国旅游消费价格指数的主要意图

随着我国经济发展和居民生活水平的提高，旅游消费越来越成为社会经济活动和百姓日常生活的重要组成部分，旅游价格的涨落，直接关系国计民生。然而，旅游消费是跨行业、跨地区的一揽子消费的总和，涉及服务项目多、波动频繁、变化复杂，对其变化进行跟踪需要有科学严谨的研究作基础。中国社会科学院旅游研究中心作为国内旅游研究的权威机构，力图通过研制专门的旅游消费价格指数，为政府制定决策、企业管理经营以及居民安排出行提供科学参考。

## 三　中国旅游消费价格指数的编制方法

**1. 基本思路**

收集我国50个代表性旅游城市各月的门票价格、住宿价格、交通价格，参考居民消费价格指数，构建中国旅游消费价格指数及相关指标，为公民提供出行参考。

**2. 样本城市**

选取50个样本城市，囊括直辖市、副省级市、地级市、县级市四类，其中：

直辖市（共4个）：上海市、北京市、天津市、重庆市；

副省级市（共14个）：深圳市、杭州市、大连市、南京市、厦门市、广州市、成都市、沈阳市、青岛市、宁波市、西安市、哈尔滨市、济南市、长春市；

地级市（共24个）：无锡市、扬州市、珠海市、肇庆市、苏州市、黄山市、桂林市、昆明市、威海市、烟台市、秦皇岛市、海口市、长沙市、岳阳市、南宁市、绍兴市、合肥市、三亚市、承德市、镇江市、泰安市、北海市、郑州市、咸阳市；

县级市（共8个）：峨眉山市、都江堰市、敦煌市、曲阜市、武夷山市、韶山市、井冈山市、大理市。

**3. 价格调查**

建立覆盖50座城市共计658个5A级及4A级景区，600家宾馆的数据采集点，同时监控各城市间航班价格、火车价格、内部交通价格，每月收集两次价格数据，形成全年24次数据采集。

**4. 编制流程**

**5. 权数确定**

以游客旅游消费支出中旅游门票、旅游住宿、旅游交通的比重作为各分类权重，计算各城市旅游消费价格指数；以各城市入境旅游收入的相互比

```
┌─────────────────┐      ┌─────────────────┐
│ 确定指数相关的一 │ ───> │ 确定数据采样单位、│
│ 篮子商品及服务项 │      │ 采集手段和采集时间│
└─────────────────┘      └─────────────────┘
                                  │
                                  ▼
                         ┌─────────────────┐
                         │   采集成交价格   │
                         └─────────────────┘
         │                        
         ▼                        
┌─────────────────┐      ┌─────────────────┐
│   参考CPI数据    │ ───> │计算各城市旅游消费价格指数│
└─────────────────┘      └─────────────────┘
                                  │
                                  ▼
┌─────────────────┐      ┌─────────────────┐
│  指数分析及发布  │ <─── │   汇总全国数据   │
└─────────────────┘      └─────────────────┘
```

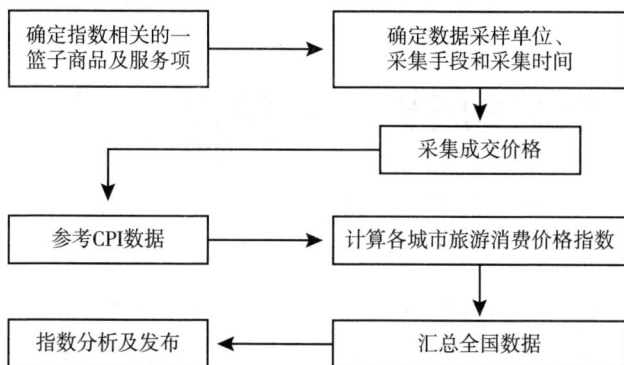

重，作为权重汇总中国旅游消费价格指数。

6. **数据模型**

以 2011 年 5 月本指数第一个采集月（同时也是中国旅游日开始的第一个月份）作为基期，参考我国 CPI 编制模型，采用价格指数常用的拉氏公式计算中国旅游消费价格指数，反映各月旅游消费价格相对于基期的波动水平。

其中，总指数采用链式拉氏公式，逐级加权平均计算：

$$L_t = L_{t-1} \times \frac{\sum P_t Q_0}{\sum P_{t-1} Q_0}$$

其中，$t$ 为报告期；$L$ 为定基指数；$P_t Q_0$ 为固定篮子商品和服务的金额。

7. **城市标准旅游花费指数**

城市标准旅游花费指数是指游客在某城市进行一次过夜游（不包括大交通）的标准花费，包括一夜住宿、乘坐一组市内交通工具、参观两家代表性 A 级景区门票的总花费。

# G.23
# 中国自驾游发展步入新阶段[*]

中国社会科学院旅游研究中心[**]

摘　要：　2016 年对于中国自驾游来说是具有特殊意义的一年。自驾游相关政策和行业标准相继出台，大众自驾市场已经形成，自驾游产业全面创新升级，自驾游发展开始进行顶层设计，中国自驾游由此进入科学有序发展的新阶段。展望未来，政策引导将激发产业活力，政府引领将保障有序实施，需求导向将促进新业态、新经营模式不断涌现，市场驱动促使自驾游产品和服务不断丰富。

关键词：　自驾游　专项政策　服务规范

在中国经济持续增长、社会健康发展的大背景下，我国自驾游蓬勃发展，至今已经走过了两个发展阶段。第一个阶段是从 20 世纪 90 年代到 2000 年，汽车进入日常生活，人们开始尝试以自驾车的方式出游，自驾出游的人群不断增长；第二个阶段从 2001 年国家"十五"规划首次提出"鼓励汽车进入家庭"开始，越来越多的中国家庭拥有了自己的汽车，自驾游

---

[*] 本文相关数据引自由中国旅游车船协会、中国社会科学院旅游研究中心共同编制的《中国自驾游发展报告（2012）》《中国自驾游发展报告（2013～2014）》《中国自驾游发展报告（2014～2015）》，中国旅游车船协会、中国社会科学院旅游研究中心、北京同和时代旅游规划设计院共同编制的《中国自驾游发展报告（2015～2016）》。

[**] 课题组长马聪玲，副组长刘汉奇、吴金梅，学术顾问：张广瑞、宋瑞、刘德谦。执笔人，吴金梅，研究员、高级经济师，中国社会科学院旅游研究中心副主任。

越来越受到百姓的喜爱，尤其是在 2008 年以后，以个人和家庭为单位的单个自驾出游与协会、俱乐部等组织的团队自驾出游相互叠加，自驾旅游者的数量快速增长，并最终成为我国国内最大的出游群体。

2016 年对于中国自驾游来说是具有特殊意义的一年。以国家出台自驾游相关政策和自驾游发展标准陆续出台、大众自驾市场已经形成、自驾游产业全面创新升级、自驾游发展开始进行顶层设计为标志，中国自驾游进入了科学有序发展的第三个发展阶段。

# 一 中国自驾游进入发展新阶段的基础和条件

改革开放以来，中国经济持续增长，社会安定繁荣，人民的生活水平不断提高。这些为自驾游发展提供了基础，与自驾游发展密切相关的各方面支撑保障不断改善，市场需求与行业供给不断匹配，为自驾游的发展提供了条件。

## （一）发展基础

### 1.休闲成为人们生活的重要内容

我国与休闲发展密切相关的"人均 GDP、城镇化率和服务业占 GDP 比重"三个基础性宏观数据几乎同步跨入临界点，推动国民休闲长期持续发展的结构性基础已经形成。国家战略、宏观经济、国民需求、区域实践、公共服务、产业发展、国际环境、新闻舆论等各方面的持续推进，有力地了推动国民休闲持续发展。国民正在形成稳定而积极的休闲观，人们开始规划和安排自己的休闲时间，并在休闲活动的选择上不断尝试、不断丰富。

### 2.旅游业快速发展

改革开放以来，我国旅游产业快速发展，由单一的接待事业发展成为复合产业，并逐步成为国民经济新的增长点。特别是"十三五"规划将旅游业纳入国家战略体系，强调提升旅游服务品质、推进旅游产业转型升级，这为旅游业的大发展提供了新的机遇。"十二五"期间在旅游消费需求持续增长的背景下，随着旅游市场的成熟与发展，旅游产品已从观光旅游向休闲旅游及更多样的产品复合形式转变。国内旅游人次、出境旅游人次和国内旅游消费、境外旅游消费均列世界第一位。旅游已经从偶然性活动变成必需性、经常性消费。

### （二）发展条件

#### 1. 道路建设快速推进

2013 年 6 月，交通运输部正式公布了《国家公路网规划（2013～2030年）》，在新的规划里国家高速公路网进一步完善，在西部增加了两条南北纵线，使原有的 9 条南北纵向线增加到 11 条，新的规划路网被称为"71118"网。截至 2015 年年底，全国公路总里程已达 457.73 万公里，比上年末增加 11.34 万公里。全国等级公路里程 404.63 万公里，比上年末增加14.55 万公里。全国高速公路里程 12.54 万公里，比上年末增加 1.22 万公里。各行政等级公路里程分别为：国道 18.53 万公里（其中普通国道 10.58万公里）、省道 32.97 万公里、县道 55.43 万公里、乡道 111.32 万公里、专用公路 8.17 万公里。全国性的路网已经基本建成，提供了自驾车出游的道路条件。

#### 2. 汽车市场良性发展

截至 2015 年底，全国机动车保有量达 2.79 亿辆，其中汽车 1.72 亿辆；机动车驾驶人 3.27 亿人，其中汽车驾驶人超过 2.8 亿人。汽车保有量新注册量和年增量均达历史最高水平。近五年汽车占机动车比率从 47.06% 提高到 61.82%，群众机动化出行方式经历了从摩托车到汽车的转变，交通出行结构发生了根本性变化。以个人名义登记的小型载客汽车（私家车）达到1.24 亿辆，全国平均每百户家庭拥有 31 辆私家车，北京、成都、深圳等大城市每百户家庭拥有私家车超过 60 辆。全国有 40 个城市的汽车保有量超过百万辆，北京、成都、深圳、上海、重庆、天津、苏州、郑州、杭州、广州、西安 11 个城市汽车保有量超过 200 万辆。

2015 年我国汽车租赁市场规模 455 亿元，汽车租赁市场汽车保有量 41

万辆。汽车租赁市场主要集中在北京、上海、广州、深圳四个一线城市，其市场规模之和占全国市场总量的55%。四个城市也诞生了很多规模在500辆以上的租赁公司，如老牌的北京神州、首汽，上海的大众、一嗨、永达，广州的龙耀迪，深圳的至尊等。从发展水平来看，四城市的租赁车辆渗透率近1.3%，接近发达国家的水平。二、三线城市，如成都、杭州、厦门等地的市场这几年也有长足的发展。

**3. 休假制度逐步完善**

目前，我国由公休假日、法定节日（元旦、春节、清明节、劳动节、端午节、中秋节、国庆节）、探亲假、年休假以及其他假日构成的现行休假制度基本形成。全体公民放假的节日包括：新年放假1天，春节放假3天，清明节放假1天，端午节放假1天，劳动节放假1天，中秋节放假1天，国庆节放假3天。部分公民放假的节日及纪念日包括：妇女节、青年节、儿童节、中国人民解放军建军纪念日等。少数民族习惯的节日由各少数民族聚居地区的地方人民政府按照各民族习惯，规定放假日期。近年来不断加大力度推进带薪休假，还尝试了每周四天半的工作安排。总之，休假制度使得人们有更多的时间可以用于休闲，包括安排自驾出游。自2012年起，以交通运输部的文件为依据，我国部分省份开始节假日高速路免费通行的试运行，经过几年的实践和政策调整，全年高速免费通行20天的政策已基本稳定。

**4. 自驾车旅游快速兴起**

《中国自驾游发展报告》的数据显示，自2012年对自驾游出游人数进行调查统计以来，2012～2015年每年自驾出游的人数都在增长，自驾出游人次占国内旅游人次比例略有波动。总体来看，自驾出游者已占国内旅游者的一半以上（见图1）。

随着出游经验的不断丰富，我国自驾车旅游者出游的频次逐年增加；在出行距离上，调查显示，在自驾游者中至少有过一次300公里以上自驾经历的占比62.5%，而有过1000公里以上自驾经历的占比则达27.1%；很多人开始尝试具有挑战的线路，包括在不同季节对不同路线的体验；人们在自驾出游中以个人家庭和朋友相约出行最多，参与团队自驾出游的约占17%；

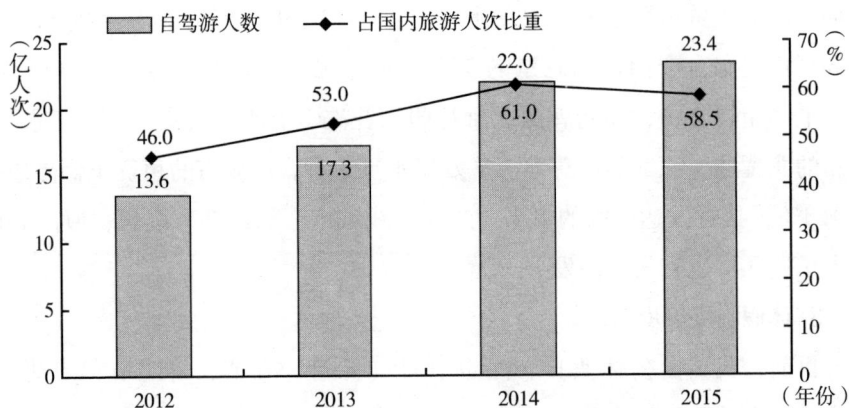

图1 自驾游人数及占国内旅游人次比重

资料来源：2012～2016年的《中国自驾游发展报告》，中国旅游出版社。

部分人在境外选择自驾方式旅行。

**5.相关产业不断发展**

旅游服务业积极应对自驾游的需求，对现有经营服务进行调整，尤其是景区，从停车场改造、自驾游专门营销，到服务项目、优惠政策等方面均有改进。目前我国自驾游俱乐部一般会员人数可达2000人，超大型俱乐部的会员数有数万人。俱乐部与俱乐部、俱乐部与旅行社、俱乐部与协会之间的联盟已经探索实施。在线自驾游服务发展迅速，依靠各种移动技术的自驾游产品营销、服务不断创新。汽车制造业、交通、电信等制造业、服务业在自驾游领域的服务不断提升。救援、保险、金融服务等领域的企业不断创新产品以适应自驾游人群需求。相关的旅游公共服务也为了适应自驾游发展做出调整。

# 二 中国自驾游进入新阶段的标志和特征

经过前两个阶段的发展，2016年与自驾游发展的政策支持、区域发展、产业创新同时迈上了一个新台阶，这些具有突破性的变化推动着自驾游发展进入了一个全新的时期。

## （一）政策：国家层面首次出台专项政策

随着我国国民旅游的进一步发展，在散客化、自助化潮流向纵深发展的大背景下，自驾游已成为旅游业中的新兴增长点，并受到越来越多关注。2014 年《关于促进旅游业改革发展的若干意见》中首次提及与自驾游相关的政策要求："建立旅居全挂车营地和露营营地建设标准，完善旅居全挂车上路通行的政策措施"，并要求相关部门出台具体措施。2015 年《关于进一步促进旅游投资和消费的若干意见》中，明确了自驾车房车营地建设的相关要求。"到 2020 年，鼓励引导社会资本建设自驾车房车营地 1000 个左右。"

2016 年 3 月初，关于自驾游的相关要求出现在政府工作报告中。报告提出要"落实带薪休假制度，加强旅游交通、景区景点、自驾车营地等设施建设，规范旅游市场秩序，迎接正在兴起的大众旅游时代。"2016 年 9 月 22 日，国家旅游局、公安部、交通运输部、国土资源部、住房和城乡建设部、国家工商总局六部委联合印发了《关于加快推进 2016 年自驾车房车露营地建设的通知》。2016 年 11 月 8 日，国家旅游局、国家发展和改革委、工业和信息化部、公安部、财政部、国土资源部、环境保护部、住房和城乡建设部、交通运输部、国家工商总局、国家体育总局等部委共同发布了《关于促进自驾车旅居车旅游发展的若干意见》。意见指出："到 2020 年，重点建成一批公共服务完善的自驾车旅居车旅游目的地，推出一批精品自驾车旅居车旅游线路，培育一批自驾游和营地连锁品牌企业，增强旅居车产品与使用管理技术保障能力，形成网络化的营地服务体系和完整的自驾车旅居车旅游产业链条，建成各类自驾车旅居车营地 2000 个，相关政策环境明显优化，产业规模快速壮大，发展质量和综合效益大幅提升，初步构建起自驾车旅居车旅游产业体系"。这是国家层面首次出台的自驾游专项政策。

## （二）行业：标准相继出台、管理体系基本建立

2015 年 10 月 13 日，国家标准委批准发布《休闲露营地建设与服务标

准》，该标准分导则、自驾车露营地、帐篷露营地、青少年露营地四个部分。自驾车露营地标准于 2016 年 1 月 1 日起实施；另外三项标准于 2016 年 5 月 1 日起实施。在此之前，广西、湖北、山东、云南、辽宁、海南、北京等地已经出台了关于汽车旅游营地星级评定及划分的地方标准。2015 年 7 月《自驾游管理服务规范》正式发布，该标准规定了自驾游组织机构、管理服务系统、路线与服务、合同与文件、人员、工作车及设备、安全与应急等管理的基本要求，填补了监管空白。另有《自驾游领队标准》和《自驾游目的地标准》也已起草完成。

此外，以中国旅游车船协会自驾车与露营房车分会为顶层的，由全国性协会、省级协会、市级协会构成的三级自驾游协会体系已基本建立。2016年共有 23 个省（市、区）已设立自驾游省级协会，其中广东、海南、西藏、山东、山西、新疆还同时设立了房车露营协会，另有两个省（市）的省级协会正在筹建之中。已经设立的市级自驾游协会超过 160 个，部分市级协会下设了分支机构。

### （三）市场：大众化自驾市场已经形成

自驾游人群逐年增长，自驾出游的人数已占居国内旅游人数的半壁江山。2015 年，在我国经济发展速度放缓、旅游产业持续增长的大背景下，全年自驾出游人数达到 23.4 亿人次，占 2015 年国内游客总人数的 58.5%。自驾游呈现游人数稳定增长、线路不断丰富的特征。

自驾游涉及装备制造、旅游服务、生活服务、车辆维修、通信服务等各个行业。从装备制造业、旅游服务业，到文化产业、金融保险、通信、娱乐等，各种业态共同发展，促进了自驾游市场体系的不断完善。

### （四）产业：创新实践初见成效

近年来，自驾游俱乐部的自驾游产品从国内扩展到国外、线路不断更新；自驾车出游的金融、保险产品开始试水；目的地的景区停车场、营地纷纷开工建设并已有一部分投入运营；旅行社等传统企业尝试自驾游产品的开发经营；以互联网服务为代表的线上及自媒体自驾游服务快速推出；自驾游的服务不断创新，自驾游网站在 2016 年首次聘用自驾体验师；企业、机构在不断创新自驾游的服务模式、探索自驾游领域的经营模式；一些大企业如汽车经销企业、互联网企业，甚至跨界投资的企业集团已经开始筹划在自驾游领域投资布局，社会资本开始关注自驾游产业并开始与相关企业密切接触。

### （五）区域：自驾游发展开始顶层设计

随着自驾游成为旅游经济增长的新热点，越来越多的地区开始重视自驾游的发展。很多地区将发展自驾游作为区域旅游发展的抓手。部分地区自驾游发展相关规划陆续通过评审，对区域自驾游发展进行了顶层设计。如 2016 年 7 月《新疆（兵团）旅游综合服务体系规划》通过评审，2016 年 11 月《青海省自驾车旅游示范省发展规划（2016～2025）》通过评审。还有一些省市的自驾游发展相关规划正在编制之中。一些地区将自驾游作为区域旅游联合发展的协作内容，自驾游发展区域联合不断进行实践，各种形式的联合与协同不断创新。

## 三　中国自驾游发展展望

伴随着"十三五"开局，供给侧改革、"大众创业、万众创新"、"互联网＋"等发展理念和战略全面实施，这将持续提升各要素的活力，推动服务业特别是旅游产业的转型升级。在进一步弥补公共服务和基础设施的短板、提升投资效率和优化市场结构的背景下，自驾游的发展将全面进入科学有序的新阶段。

### （一）政策引导激发产业活力

以国家层面的政策出台为起点，可以预期在未来一段时间内自驾游发展的各方面、各层级政策将相继出台。以政策为引导，将大大激发自驾游产业的活力。自驾游政策出台明确了产业发展方向，使产业内的各个主体增强了信心、明确了目标。随着政策的出台，同自驾游发展相关的环境、条件将得到有序改善，从政策层面的协调、协同将大大提升发展的效率。相关政策将为自驾游相关主体提供具体的优惠、支持与鼓励，进一步激发企业投资者的热情。

### （二）各级政府加大支持力度

在各级政府高度重视自驾游发展，积极进行自驾游顶层设计的前提下，可以预见，政府对地区的公共服务质量提升、基础设施建设完善、产业融合有序推进等方面的力度将进一步加强。服务于大众旅游时代的基本需求，围绕自驾游游客构建公共设施和服务，打通"最后一公里"、建设适应自驾游游客需求的营地，会在全国起到示范和带动作用，成为各地落实和推进旅游发展的重要抓手。

### （三）新业态、新模式将不断涌现

随着国内自驾游俱乐部的不断壮大，汽车营地的不断投入运营，这些企业一方面寻求资格认证和标准化发展，另一方面也将探索新的运行方式、盈利模式。房车租赁、汽车租赁、雪地摩托、"营地＋展览"、"俱乐部＋产品销售"、"自驾游组织＋新媒体"、"自驾游＋节庆活动"等新业态和新模式将会涌现。俱乐部依托会员优势，大力探索会员经济模式，拓展赞助、会员商品、会员服务等多种盈利方式。在互联网大发展的背景下，可能出现自驾出游共享模式，跨界的自驾游经营以及与自驾游相关的新职业也将出现。

### （四）自驾游产品、服务不断丰富

目前我国自驾游发展已经呈现多热点、多圈、多带的特点，以大中城市、城市带、经济区为基础，绝大多数的自驾出游仍会集中在300~500公里以内的中短程出游。未来这种双城、城市群之间的自驾游活动会将更为频繁。自驾游产品也会从高端的房车自驾、极限运动到大众自驾、短途休闲，形成不同层级同时并存的产品系列，以满足人们对各个类别的自驾游产品需求。从自驾游目的地来看，各个目的地的主题化建设、差异化发展将越来越鲜明。

中国的自驾游发展与任何一个国家的发展条件和轨迹都不相同，探索一条适合中国的自驾游发展道路任重道远，还有很多难点与关节点需要跨越，需要各个相关主体的共同努力。

**参考文献**

刘汉奇、吴金梅、马聪玲主编《中国自驾游发展报告（2012）》，中国旅游出版社，2013。

刘汉奇、吴金梅、马聪玲主编《中国自驾游发展报告（2013～2014）》，中国旅游出版社，2014。

刘汉奇、吴金梅、马聪玲主编《中国自驾游发展报告（2014～2015）》，中国旅游出版社，2015。

刘汉奇、吴金梅、马聪玲主编《中国自驾游发展报告（2015～2016）》，中国旅游出版社，2016。

宋瑞主编，金准、李为人、吴金梅副主编《2013～2015年中国休闲发展报告》，社会科学文献出版社，2015。

# Abstract

*China's Tourism Development*: *Analysis & Forecast* (*2016 – 2017*), known as *Green Book of China's Tourism*, is compiled annually by the Tourism Research Center, Chinese Academy of Social Science (CASSTRC). It has been one of the key reports in the "Yearbook Series" published by the Social Sciences Academic Press. This is the fifteenth volume, consisting of two general reports and more than 20 special reports. The book mirrors the whole picture of China's tourism development in 2016 in various aspects, such as policy, industry, market, research, etc. It analyzes the highlighted issues and forecasts the new trends of tourism development in China.

In 2016, the comprehensively deepening reform steps into the peak period of construction, the economic characteristics of the new normal further appear, and tourism, culture, sports and other related industry are attached more importance, various regional development strategies put tourism in important positions. Tourism authority actively promotes tourism supply side structural reform, tourism +, tourism market governance reform, and tourist foreign relations. Tourism investment develops with the characteristics of "two ups and one down", namely the total scale and entity continue to grow, while the investments in the emerging fields such as Internet relatively shrink. China's tourism enterprises accelerate globalization layout by going out and introducing the world resources into China. Mergers and acquisitions become hot spots, forming five different development directions. Domestic tourism grows significantly, the growth rate of outbound tourism slows down, and the inbound tourism rises steadily. Looking to the future, facing the new normal economic, tourism industry should improve the quality and efficiency of development by integrated innovations in the fields of institution, mode, science & technology, and policy.

In 2016, China's tourism comprises of lot of hotspots and the top 10 are as follows. ( 1 ) The influence of China had promoted because of frequent international activities. ( 2 ) The innovation of supervisory measure advanced market order. ( 3 ) The construction in both border and cross – border free trade area for tourism was undertaking step by step. ( 4 ) The pilot project for tour guide's free practice was yet to be promoted. ( 5 ) The pilot program of replacing business tax with VAT was implementing in tourism, which should be improved. ( 6 ) New policies about self – driving and camping had been approved, but there was bottleneck to be broken through. ( 7 ) Non – standard accommodation was developing rapidly, which had an urgent need to be standardized. ( 8 ) How to coordinate capital merging and corporate restructuring was a thorny issue waiting to be solved. ( 9 ) The reorganization of HKCTS and CITS accelerated other enterprises' transformation. ( 10 ) The opening of Shanghai Disneyland took the lead in Chinese amusement parks' upgrade.

Since this year, the tourism green book will focus on the topic of innovation, reflecting the results of research project and academic salons, to reveal and guide the tourism innovation practice. With " innovation stimulates tourism's new momentum" as this year's theme, more than ten papers covering the innovation system of tourism development at home and abroadinnovation in terms of institution system, regional development, urban management, scenic spot management, tourism consumer finance, shared accommodation industry, and etc. Tourism Research Center, Chinese Academy of Social Sciences also provides report on China's Tourist Price Index ( TPI ) and report on self – driving tour development. As the conventional columns, special reports on domestic tourism, inbound tourism, outbound tourism, tourism in Hong Kong, Macau and Taiwan reveal the latest development and make systematic analysis for the readers of the book to understand the relevant markets.

# Contents

## I  General Reports

**Abstract**: In 2016, the comprehensively deepening reform steps into the peak period of construction, the economic characteristics of the new normal further appear, and tourism, culture, sports and other related industry are attached more importance, various regional development strategies put tourism in important positions. Tourism authority actively promotes tourism supply side structural reform, tourism +, tourism market governance reform, and tourist foreign relations. Tourism investment develops with the characteristics of "two ups and one down", namely the total scale and entity continue to grow, while the investments in the emerging fields such as Internet relatively shrink. China's tourism enterprises accelerate globalization layout by going out and introducing the world resources into China. Mergers and acquisitions become hot spots, forming five different development directions. Domestic tourism grows significantly, the growth rate of outbound tourism slows down, and the inbound tourism rises steadily. Looking to the future, facing the new normal economic, tourism industry should improve the quality and efficiency of development by integrated innovations in the fields of institution, mode, science & technology, and policy.

**Keywords**: Chinese Tourism; Structural Reform of the Supply Front; Innovation-driven

**Abstract**: The top 10 key issues of China's tourism in 2016 are as follows. (1) The influence of China had promoted because of frequent international activities. (2) The innovation of supervisory measure advanced market order. (3) The construction in both border and cross −border free trade area for tourism was undertaking step by step. (4) The pilot project for tour guide's free practice was yet to be promoted. (5) The pilot program of replacing business tax with VAT was implementing in tourism, which should be improved. (6) New policies about self − driving and camping had been approved, but there was bottleneck to be broken through. (7) Non − standard accommodation was developing rapidly, which had an urgent need to be standardized. (8) How to coordinate capital merging and corporate restructuring was a thorny issue waiting to be solved. (9) The reorganization of HKCTS and CITS accelerated other enterprises' transformation. (10) The opening of Shanghai Disneyland took the lead in Chinese amusement parks' upgrade.

**Keywords**: China's Tourism; Top 10 Highlighted Issues; 2016

# Ⅱ   Innovation Stimulates the New Power of Tourism

**Abstract**: Innovation has drawn much attention in the global tourism industry in recent decades. Governments, particularly those in developed countries, have attached importance to innovative practice and researches in tourism field. EU, UNWTO and other international organizations have made efforts on promoting tourism innovation. Meanwhile, the academic research on tourism innovation has been deepened gradually. After a significant growth in the last three decades, China's tourism is on the turning point from factor input − driven growth model to an innovation − driven growth model. Within this context, it is highly necessary to realize the importance of tourism innovation, consequently establish a well − organized tourism innovation system. Government should play a crucial role on this progress.

**Keywords:** Tourism; Innovation; Policy

## G. 4 To Promote China's Tourism via Institutional Reform and Innovation *Wu Bihu, Xu Xiaobo* / 051

**Abstract:** China faces an incoming period of directing the redundant industrial capacity to other emerging departments, which include tourism sectors, and making them alternative driving forces of social development and economic growth. Due to the historic contexts, China features a production − oriented economic system as well as social lifestyles, which needs to be acclimatized to the accelerating post − industrial process. In terms of tourism sectors, the supply structure should be reorganized, both of geographical distribution and product development, to match the updated demands. To this end, we suggest the public sectors to initiate a transformation of guidelines and institutions related to the tourism supply − side. Further, rules of land management, urban and rural planning and cultural relics conversation are discussed. In addition, some practical actions are proposed, such as relocation of roles of developers of public tourism resources, refinement of classification of tourism attractions and the broadened application of rejuvenation approaches.

**Keywords:** Tourism Development; Social Lifestyles; Institution Innovations; Supply Dilemma; Reform Proposals

**Abstract:** The Construction of the Characteristic Town of Zhejiang Province, which regards tourism as one of its four major functions and puts the building 3A and plus visitor attractions as an important indicator of acceptance, opens a huge space for the development of Zhejiang tourism and carries out useful explorations in the institutional innovation of regional tourism development. These useful explorations including clarifying the relationship between government, enterprise and market, establishing the coordinative mechanism and breaking through the policy restriction in tourism development, fostering new tourism business pattern and realizing multi – regulation, provide lots of valuable experience.

**Keywords:** Institutional Innovation; the Characteristic Town of Zhejiang Province; Tourism

**Abstract:** This paper expounds six relations in the practice of mountain tourism development. In the combination with poverty alleviation, this paper proposes the development path of mountain tourism as well as three problems in the process of poverty alleviation of mountain tourism that need to be paid attention, such as dualistic structure, ethnic and cultural discrimination, market and labor system division. Finally in the background of reality, this paper suggests the necessity of mountain tourism development from the perspective of the world. On this basis, related suggestions about the promotion of mountain tourism are put forward.

**Keywords:** Mountain Tourism; Pro-poor Tourism; Lifestyle

G. 7　Development and Management Innovation of Tourist City in
the Perspective of Sharing Economy　　　*Zeng Bowei* / 086

**Abstract**：The sharing economy and the development of tourism cities have very good compatibility. Meanwhile, sharing economy also brings out opportunities and challenges to the development of tourist cities. In the future, for promoting the sharing economic of tourist city development and the transformation and upgrading of tourism, city tourism should innovate in tourism management, policies and regulations, tourism services, product construction, culture, information, platform construction, city planning.

**Keywords**：Sharing Economic; Tourist City; Innovation; Integration

G. 8　Institution and Management Innovation of Tourism
Scenic Spots　　　　　　　　　　　　　　　*Liu Feng* / 095

**Abstract**：Under the background of mass tourism, based on system and business innovation, tourism consumption market and national consumption will increase rapidly, so the development of tourism scenic spot will have an important development opportunity. In order to achieve the transformation and upgrading and leap－forward development of tourism scenic spots. This paper analyzes the present situation of tourism scenic spot development, clarifies the dilemma in the development of tourist attractions in China, and provides the solution to the plight of tourism scenic spots based on the analysis of the status quo and the problems.

**Keywords**：Tourism Scenic Spot; System; Seperation of three Rights; Operation Model

G. 9   Innovation Development of Chinese Tourism

Consumption Finance                                        *Zhao Xin* / 105

**Abstract:** In the context of integration between tourism and financial industry, and with the consumption finance as the new way of financial services in recent years, the tourism consumption finance emerging as the times require. Many factors contribute to the growing development of Chinese tourism consumption financial market, such as steady economic growth, consumer upgrades, expansion of tourism consumption, rise of internet finance and release of dividend policies. This article sums up the development model of tourism consumption finance from three aspects: traditional financial institutions, online tourism e − commerce and large −size enterprise groups. The article also explores the existing problems, as well as the trend of the current tourism consumption financial market.

**Keywords:** Tourism; Consumption Finance; Internet Finance; Operation Model

G. 10   Development and Standardization of China's

Campsite Industry                          *Zhu Lirong, Fu Lei* / 120

**Abstract:** With the booming of the self − driving travel in China, campground industry has grown up quickly. Due to some reasons, China's campground industry confronts some problems and barriers which should be analyzed and solved. Hence, it is necessary to establish industry standard.

**Keywords:** Campground; Standardization; Industry Chain

G. 11   Innovation andChallenges of Sharing Accommodation

Industry in China                      *Ren Chaowang, Xing Huibin* / 129

**Abstract:** Sharing accommodation and short − term renting house are the ones of the earliest sharing business. At current China, sharing accommodation industry is going on a rapid - speed development. These non - standard accommodation companies feathered with sharing houses are leading this profound reform in traditional accommodation industry. Specifically, these reforms can be recognized from four aspects: expanding tourism supply and reforming the supply pattern in tourism industry; bringing fantastic experiences from tourism; innovating business pattern of sharing accommodation; improving the social and economic sustainability. Meanwhile, the sharing accommodation industry is facing several challenges, such as the contradiction with traditional accommodation industry, the imperfect industrial supervision system, the defective safe and credit system, and the deficiency of consumption habit in aspect of sharing.

**Keywords**: Sharing Economy; Accommodation Industry; Tourist Experience; Business Model

## G. 12 Exploration and Reflection of China's B&B Industry

*Wu Wenzhi, Zhang Yan* / 140

**Abstract**: Nowadays B&B industry has become an important link in promoting village tourism, tourism poverty alleviation, and beautiful countryside construction. Especially, B&B industry has positive influences in leading investment flow from city to the countryside, improving industry convergence and innovation, and upgrading country culture and environment, which has far - reaching significance for the contemporary urban and rural interaction, rural governance, and rural elite renaissance and so on. However, due to the characteristics of B&B industry and the constrains in rural housing policies, there are some limitations in the fast development of B&B industry. Moreover, the policy guidance toward B&B industry in different areas is not unified, which might be a barrier to the healthy and sustainable development in the long run. Therefore, the contemporary significance need to be faced, and the industry definition need to be cleared. The government need to improve the entry policy and governance mechanism, and actively explore the measures to ensure the sustainable development of B&B industry.

**Keywords**: B&B, Industry Definition, Policy Guidance

**Abstract**: In the era of "internet +", the innovative integration of tourism industry and Internet industry has greatly promoted the development of tourism market, and also changed the travel behavior of tourists. The number of mobile booking users grows rapidly and mobile devices have been a very important tool in this innovative industry. This paper mainly discusses the characteristics and trends of China's online booking and mobile booking from a data-based perspective. First, the paper analyzes the development and status of mobile booking. Second, the authors elaborate the application of mobile booking in business. In the end, the paper summarizes the prospect and future trends of mobile booking in tourism industry.

**Keywords**: Mobile Booking; Online Booking; Consumption Pattern; Big Data

**Abstract**: Tourism itself is the media. This characteristic behaves particularly outstandingly in the era of new media. To some extent, tourism image has replaced the regional image and the image of the city, and became the platform of regional consensus to build regional brand value and cultural IP system. The DMO and the scenic spots, as well as the enterprise, have "depth" of consciousness, taking efforts on the building the media system internally, and exploiting social media marketing channel externally. Analyzing the cases and trends of tourism marketing in 2016, we can peek changes and new trend of tourism marketing in the new media era. It is useful for promoting the image of a destination brand market competitiveness and building cultural tourism IP through tourism destination branding.

**Keywords**: New Media; Tourism Marketing; Brand Communication; Cultural IP

### G. 15 Micro Segmentation and Tourism Marketing Innovation

*Qin Yu, Zhang Hongxia and Zhang Xiaonan* / 173

**Abstract**: The author points out that many of the current innovations do not fundamentally solve the problem of what the customers really need after analyzing several main innovation forms in tourism market. In the era of experience economy, we need to develop products according to the customers' specific preferences, needs and desires of tourism consumption, and carry out micro innovation. The author then points out the four conditions for carrying out micro innovation: the market size is large; the market demands can be identified and communicated; the minimum economy of scale is easy to achieve; the product decomposition and combination are relatively easy. Finally, the author indicates that China's tourism industry has entered a new development stage at present. In this new stage, consumers' travel experience is constantly enriched, and consumer demands for quality and diversity are getting higher and higher. As a new idea of product innovation, micro segmentation may become a new direction of the development and evolution of China's tourism market in the future.

**Keywords**: Tourism Market; Innovation; Micro Segmentation

## Ⅲ  Market Analysis

### G. 16  China's Domestic Tourism (2015 −2016):

Present Situation and Future Perspectives *Li Weiren* / 182

**Abstract**: During the period of the year 2015 to 2016, the development of tourism has been highly valued by the government. The government has enforced policies with regard to investment, consumption, taxation and so on. Tourism has become the intersection area of the comprehensively deepening reform, thus the importance of it is self − evident. Through the statistical analysis of the domestic tourism development in 2015 to 2016 and the analysis of the Chinese citizens' tourism satisfaction as well as situations on major holidays, the article outlines the tourism of this period of time and gets some basic characteristics. Based on the national policies and heated discussion about tourism among people in the two years, the article makes some comments on the "rectification storm" in scenic spots administration, tourist defrauding phenomena, the influence of value − added tax reform over tourism industry and the surge of ticket price increase after the "prices banned order". With the deepening of comprehensive reform, the environment of tourism development will be further improved, and it is expected in 2017 and later China's domestic tourism will maintain a growth rate higher than the national economic growth, and will become a new impetus of development.

**Keywords:** China's Domestic Tourism; Related Industry; Travel Will

**Abstract:** Owing tothe implementation of visa facilitation, customs facilitation, tax exemption, tax refund, opening of traffic rights, promotion of image of Beautiful China, as well as tourism destination construction and innovation in global promotion, a restorative growth had been seen in China's inbound tourism in 2015. While it began to turn into a steady growth which was called the New Normal. In the first half of 2016, China's inbound tourism showed a steady growth trend continuously. A stabilized increase in China's inbound tourism market can be anticipated in 2016. While the annual growth rate of it in 2016 is about four percent.

**Keywords**: Inbound Tourism; Market Analysis; Visa Free Programme for Transit Tourists

G. 18　China's Outbound Tourism（2015 −2016）:

Analysis and Forecast　　　　　*Yang Jinsong, Jiang Yiyi /* 218

**Abstract**: China's outbound tourism growth slowed in 2015, but still maintained a large scale. The growth rate is not expected to exceed double-digit growth in 2016. The influence of outbound tourism will continue to improve and will be embedded in tourists' travel lives. With the support of the policy, border tourism is expected to become a new hot spot of outbound tourism. International avitation route and visa center will continue to spread to the second and third tier cities. The competition in outbound tourism has become more fierce, the regulation of government has been optimized. Currently, innovation has been an important basis for competition, it is essential to get prepared for complicated tourism context and to grasp the most critical period for consumption habits to develop. Outbound tourism is anticipated to be in an "initial stage" for a rather long period. Daily travel destinations are more likely to become realistic. Much more effective outbound tourism business model will emerge, and new tour guide regulation is expected to bring new vitality to outbound tourism.

**Keywords**: Outbound Tourism; Border Tourism; Regulation

# Ⅳ　Tourism of HK, Macau & Taiwan

G. 19　Hongkong's Tourism Development（2016 ~2017）:

Analysis and Forecast

*Ge Shuangjian, Liu Congcong, Li Kang and Zou Tao /* 230

**Abstract**: Influenced by the global and the mainland economic recovery slowdown, United Kingdom's referendum out of the EU, the surrounding market competition, the increased social contradicton of Hongkong, and other factors, Hongkong's overall economic growth keeps weak, inbound tourism growth has slowed down, the tourism industry enters an adjustment period in 2016. However, inbound market has new changes in structure and patterns of consumption.

Hongkong SAR (Special Administrative Region) government will implement short, medium and long-term measures to reduce operating costs of tourism industry, and enhance its attractiveness and competitiveness. The Mainland will remain Hongkong's biggest tourist source market. National strategies will provide opportunities for deepening tourism cooperation between the Mainland and Hongkong. Regional tourism cooperation will promote driving force of Hongkong tourism development. Hong Kong's tourism industry will be still in a period of adjustment in 2016 ~2017.

**Keywords:** Hongkong's Tourism; Adjustment Period; Regional Tourism; Forecast

## G. 20 Macao's Inbound Tourism (2016 −2017):

Analysis and Forecast                                    *Tang Jizong* / 240

**Abstract:** Macao's Real GDP fell by 10. 3% in the first half of 2016. In order to break through the bottleneck of small scale's domestic market and shortage of natural resources, Macao can only improve her competitiveness in regional and international markets, especially in tourism services export and also attract investment, as well as quality FDI, continuously.

**Keywords:** Macao's Economy; Tourism; Services Export; 5 − Year Plan; Marine Tourism

**Abstract**: 2015 ~ 2016, Taiwan Tourism Bureau and other departments mainly implement the strategies of "quality, uniqueness, intelligence, and sustainability" and encourage green and caring tourism, in order to enhance Taiwan's tourism value and competitiveness. Based on these strategies, Taiwan's tourism industry maintains sustainable development and tourism revenue is up to 25. 729 billion US dollars in 2015. With the three major tourism market and industry factors continue to develop in Taiwan, the total number of tourists into the island exceeds 10 million for the first time. And some noteworthy changes have been shown, such as tourist trips from mainland China into the island of Taiwan hit a new high of 4, 184, 000 passengers in 2015, and nevertheless, due to Taiwan authorities refused to recognize the "1992 Consensus" which undermined the political basis for cross-strait cooperation and exchanges, the number of mainland tourists visiting Taiwan drops month by month. This paper reviews the development of Taiwan's tourism industry from 2015 to the first half of 2016, and forecasts for the coming year of development.

**Keywords**: Taiwan Tourism Industry; "Action Plan of Tourism"; Individual Tourist

# V   Researches of TRC, CASS

**Abstract**: Since 2011, Tourism Research Center of Chinese Academy of Social Sciences has started to study and compile tourism price index (TPI), which is the first overall index on tourism consumption published by authority institute. TPI covers the basic service price of tourism consumption and can be helpful for tourists to travel. TPI in 2016 is generally stable with the traditional characteristics. TPI shows a significant increase in February. TPI has different range of growth in July and October, the traditional tourist seasons, and in other months with the narrow fluctuation. Specifically, the traffic is the main factor that affects the trend of TPI. Among the standard travel expanses, costs of accommodation and ticket show the characteristic of "seesaw" and the account of transportation cost remains relatively stable.

**Keywords**: China's Tourism Price Index; Standard Cost of Tourism; Prediction

G. 23   China's Self-driving Tour Development is Stepping
into a New Stage

*Tourism Research Center, Chinese Academy of Social Sciences / 282*

**Abstract**: For China's self-driving tour, 2016 is a year of special signification. Fresh policies and standards related to self-driving tour, increasingly developed self-driving market in public, comprehensive upgrade and innovation in self-driving tour industry and the start of top-level design in self-driving tour development, all these indicate that China's self-driving tour has stepped into a new stage of scientific and orderly development. In this stage, policy guidance will stimulate industry's vitality. The government leading will ensure orderly implementation. Demand – Oriented will promote new formats. The new business model will constantly emerge. And Marketing – Driving will enrich the products and services in self-driving tour.

**Keywords**: Self-driving Tour; Specific Policy; Service Standard

# S 子库介绍
# ub-Database Introduction

## 中国经济发展数据库

涵盖宏观经济、农业经济、工业经济、产业经济、财政金融、交通旅游、商业贸易、劳动经济、企业经济、房地产经济、城市经济、区域经济等领域，为用户实时了解经济运行态势、把握经济发展规律、洞察经济形势、做出经济决策提供参考和依据。

## 中国社会发展数据库

全面整合国内外有关中国社会发展的统计数据、深度分析报告、专家解读和热点资讯构建而成的专业学术数据库。涉及宗教、社会、人口、政治、外交、法律、文化、教育、体育、文学艺术、医药卫生、资源环境等多个领域。

## 中国行业发展数据库

以中国国民经济行业分类为依据，跟踪分析国民经济各行业市场运行状况和政策导向，提供行业发展最前沿的资讯，为用户投资、从业及各种经济决策提供理论基础和实践指导。内容涵盖农业，能源与矿产业，交通运输业，制造业，金融业，房地产业，租赁和商务服务业，科学研究，环境和公共设施管理，居民服务业，教育，卫生和社会保障，文化、体育和娱乐业等100余个行业。

## 中国区域发展数据库

对特定区域内的经济、社会、文化、法治、资源环境等领域的现状与发展情况进行分析和预测。涵盖中部、西部、东北、西北等地区，长三角、珠三角、黄三角、京津冀、环渤海、合肥经济圈、长株潭城市群、关中—天水经济区、海峡经济区等区域经济体和城市圈，北京、上海、浙江、河南、陕西等34个省份及中国台湾地区。

## 中国文化传媒数据库

包括文化事业、文化产业、宗教、群众文化、图书馆事业、博物馆事业、档案事业、语言文字、文学、历史地理、新闻传播、广播电视、出版事业、艺术、电影、娱乐等多个子库。

## 世界经济与国际关系数据库

以皮书系列中涉及世界经济与国际关系的研究成果为基础，全面整合国内外有关世界经济与国际关系的统计数据、深度分析报告、专家解读和热点资讯构建而成的专业学术数据库。包括世界经济、国际政治、世界文化与科技、全球性问题、国际组织与国际法、区域研究等多个子库。

# 法律声明

　　"皮书系列"（含蓝皮书、绿皮书、黄皮书）之品牌由社会科学文献出版社最早使用并持续至今，现已被中国图书市场所熟知。"皮书系列"的LOGO（🔖）与"经济蓝皮书""社会蓝皮书"均已在中华人民共和国国家工商行政管理总局商标局登记注册。"皮书系列"图书的注册商标专用权及封面设计、版式设计的著作权均为社会科学文献出版社所有。未经社会科学文献出版社书面授权许可，任何使用与"皮书系列"图书注册商标、封面设计、版式设计相同或者近似的文字、图形或其组合的行为均系侵权行为。

　　经作者授权，本书的专有出版权及信息网络传播权为社会科学文献出版社享有。未经社会科学文献出版社书面授权许可，任何就本书内容的复制、发行或以数字形式进行网络传播的行为均系侵权行为。

　　社会科学文献出版社将通过法律途径追究上述侵权行为的法律责任，维护自身合法权益。

　　欢迎社会各界人士对侵犯社会科学文献出版社上述权利的侵权行为进行举报。电话：010－59367121，电子邮箱：fawubu@ ssap. cn。

社会科学文献出版社

　　伴随着今冬的第一场雪，2017年很快就要到了。世界每天都在发生着让人眼花缭乱的变化，而唯一不变的，是面向未来无数的可能性。作为个体，如何获取专业信息以备不时之需？作为行政主体或企事业主体，如何提高决策的科学性让这个世界变得更好而不是更糟？原创、实证、专业、前沿、及时、持续，这是1997年"皮书系列"品牌创立的初衷。

　　1997～2017，从最初一个出版社的学术产品名称到媒体和公众使用频率极高的热点词语，从专业术语到大众话语，从官方文件到独特的出版型态，作为重要的智库成果，"皮书"始终致力于成为海量信息时代的信息过滤器，成为经济社会发展的记录仪，成为政策制定、评估、调整的智力源，社会科学研究的资料集成库。"皮书"的概念不断延展，"皮书"的种类更加丰富，"皮书"的功能日渐完善。

　　1997～2017，皮书及皮书数据库已成为中国新型智库建设不可或缺的抓手与平台，成为政府、企业和各类社会组织决策的利器，成为人文社科研究最基本的资料库，成为世界系统完整及时认知当代中国的窗口和通道！"皮书"所具有的凝聚力正在形成一种无形的力量，吸引着社会各界关注中国的发展，参与中国的发展。

　　二十年的"皮书"正值青春，愿每一位皮书人付出的年华与智慧不辜负这个时代！

社会科学文献出版社社长
中国社会学会秘书长

2016年11月

# 社会科学文献出版社简介

社会科学文献出版社成立于1985年，是直属于中国社会科学院的人文社会科学专业学术出版机构。

成立以来，社科文献依托于中国社会科学院丰厚的学术出版和专家学者资源，坚持"创社科经典，出传世文献"的出版理念和"权威、前沿、原创"的产品定位，逐步走上了智库产品与专业学术成果系列化、规模化、数字化、国际化、市场化发展的经营道路，取得了令人瞩目的成绩。

**学术出版** 社科文献先后策划出版了"皮书"系列、"列国志"、"社科文献精品译库"、"全球化译丛"、"全面深化改革研究书系"、"近世中国"、"甲骨文"、"中国史话"等一大批既有学术影响又有市场价值的图书品牌和学术品牌，形成了较强的学术出版能力和资源整合能力。2016年社科文献发稿5.5亿字，出版图书2000余种，承印发行中国社会科学院院属期刊72种。

**数字出版** 凭借着雄厚的出版资源整合能力，社科文献长期以来一直致力于从内容资源和数字平台两个方面实现传统出版的再造，并先后推出了皮书数据库、列国志数据库、中国田野调查数据库等一系列数字产品。2016年数字化加工图书近4000种，文字处理量达10亿字。数字出版已经初步形成了产品设计、内容开发、编辑标引、产品运营、技术支持、营销推广等全流程体系。

**国际出版** 社科文献通过学术交流和国际书展等方式积极参与国际学术和国际出版的交流合作，努力将中国优秀的人文社会科学研究成果推向世界，从构建国际话语体系的角度推动学术出版国际化。目前已与英、荷、法、德、美、日、韩等国及港澳台地区近40家出版和学术文化机构建立了长期稳定的合作关系。

**融合发展** 紧紧围绕融合发展战略，社科文献全面布局融合发展和数字化转型升级，成效显著。以核心资源和重点项目为主的社科文献数据库产品群和数字出版体系日臻成熟，"一带一路"系列研究成果与专题数据库、阿拉伯问题研究国别基础库及中阿文化交流数据库平台等项目开启了社科文献向专业知识服务商转型的新篇章，成为行业领先。

此外，社科文献充分利用网络媒体平台，积极与各类媒体合作，并联合大型书店、学术书店、机场书店、网络书店、图书馆，构建起强大的学术图书内容传播平台，学术图书的媒体曝光率居全国之首，图书馆藏率居于全国出版机构前十位。

有温度，有情怀，有视野，更有梦想。未来社科文献将继续坚持专业化学术出版之路不动摇，着力搭建最具影响力的智库产品整合及传播平台、学术资源共享平台，为实现"社科文献梦"奠定坚实基础。

# 经 济 类

经济类皮书涵盖宏观经济、城市经济、大区域经济，
提供权威、前沿的分析与预测

## 经济蓝皮书

### 2017年中国经济形势分析与预测

李扬／主编　2016年12月出版　定价：89.00元

◆　本书为总理基金项目，由著名经济学家李扬领衔，联合中国社会科学院等数十家科研机构、国家部委和高等院校的专家共同撰写，系统分析了2016年的中国经济形势并预测2017年我国经济运行情况。

## 中国省域竞争力蓝皮书

### 中国省域经济综合竞争力发展报告（2015～2016）

李建平　李闽榕　高燕京／主编　2017年2月出版　估价：198.00元

◆　本书融多学科的理论为一体，深入追踪研究了省域经济发展与中国国家竞争力的内在关系，为提升中国省域经济综合竞争力提供有价值的决策依据。

## 城市蓝皮书

### 中国城市发展报告 No.10

潘家华　单菁菁／主编　2017年9月出版　估价：89.00元

◆　本书是由中国社会科学院城市发展与环境研究中心编著的，多角度、全方位地立体展示了中国城市的发展状况，并对中国城市的未来发展提出了许多建议。该书有强烈的时代感，对中国城市发展实践有重要的参考价值。

## 人口与劳动绿皮书

### 中国人口与劳动问题报告 No.18

蔡昉　张车伟／主编　2017年10月出版　估价：89.00元

◆　本书为中国社科院人口与劳动经济研究所主编的年度报告，对当前中国人口与劳动形势做了比较全面和系统的深入讨论，为研究我国人口与劳动问题提供了一个专业性的视角。

## 世界经济黄皮书

### 2017年世界经济形势分析与预测

张宇燕／主编　2016年12月出版　定价：89.00元

◆　本书由中国社会科学院世界经济与政治研究所的研究团队撰写，2016年世界经济增速进一步放缓，就业增长放慢。世界经济面临许多重大挑战同时，地缘政治风险、难民危机、大国政治周期、恐怖主义等问题也仍然在影响世界经济的稳定与发展。预计2017年按PPP计算的世界GDP增长率约为3.0%。

## 国际城市蓝皮书

### 国际城市发展报告（2017）

屠启宇／主编　2017年2月出版　估价：89.00元

◆　本书作者以上海社会科学院从事国际城市研究的学者团队为核心，汇集同济大学、华东师范大学、复旦大学、上海交通大学、南京大学、浙江大学相关城市研究专业学者。立足动态跟踪介绍国际城市发展时间中，最新出现的重大战略、重大理念、重大项目、重大报告和最佳案例。

## 金融蓝皮书

### 中国金融发展报告（2017）

李扬　王国刚／主编　2017年1月出版　估价：89.00元

◆　本书由中国社会科学院金融研究所组织编写，概括和分析了2016年中国金融发展和运行中的各方面情况，研讨和评论了2016年发生的主要金融事件，有利于读者了解掌握2016年中国的金融状况，把握2017年中国金融的走势。

## 农村绿皮书

### 中国农村经济形势分析与预测（2016～2017）

魏后凯　杜志雄　黄秉信 / 著　　2017 年 4 月出版　估价：89.00 元

◆　本书描述了 2016 年中国农业农村经济发展的一些主要指标和变化，并对 2017 年中国农业农村经济形势的一些展望和预测，提出相应的政策建议。

## 西部蓝皮书

### 中国西部发展报告（2017）

姚慧琴　徐璋勇 / 主编　　2017 年 9 月出版　估价：89.00 元

◆　本书由西北大学中国西部经济发展研究中心主编，汇集了源自西部本土以及国内研究西部问题的权威专家的第一手资料，对国家实施西部大开发战略进行年度动态跟踪，并对 2017 年西部经济、社会发展态势进行预测和展望。

## 经济蓝皮书·夏季号

### 中国经济增长报告（2016～2017）

李扬 / 主编　　2017 年 9 月出版　估价：98.00 元

◆　中国经济增长报告主要探讨 2016~2017 年中国经济增长问题，以专业视角解读中国经济增长，力求将其打造成一个研究中国经济增长、服务宏微观各级决策的周期性、权威性读物。

## 就业蓝皮书

### 2017 年中国本科生就业报告

麦可思研究院 / 编著　　2017 年 6 月出版　估价：98.00 元

◆　本书基于大量的数据和调研，内容翔实，调查独到，分析到位，用数据说话，对我国大学生教育与发展起到了很好的建言献策作用。

# 社 会 政 法 类

社会政法类皮书聚焦社会发展领域的热点、难点问题，
提供权威、原创的资讯与视点

## 社会蓝皮书

### 2017 年中国社会形势分析与预测

李培林　陈光金　张翼 / 主编　2016 年 12 月出版　定价：89.00 元

◆　本书由中国社会科学院社会学研究所组织研究机构专家、高校学者和政府研究人员撰写，聚焦当下社会热点，对 2016 年中国社会发展的各个方面内容进行了权威解读，同时对 2017 年社会形势发展趋势进行了预测。

## 法治蓝皮书

### 中国法治发展报告 No.15（2017）

李林　田禾 / 主编　2017 年 3 月出版　估价：118.00 元

◆　本年度法治蓝皮书回顾总结了 2016 年度中国法治发展取得的成就和存在的不足，并对 2017 年中国法治发展形势进行了预测和展望。

## 社会体制蓝皮书

### 中国社会体制改革报告 No.5（2017）

龚维斌 / 主编　2017 年 4 月出版　估价：89.00 元

◆　本书由国家行政学院社会治理研究中心和北京师范大学中国社会管理研究院共同组织编写，主要对 2016 年社会体制改革情况进行回顾和总结，对 2017 年的改革走向进行分析，提出相关政策建议。

## 社会心态蓝皮书

### 中国社会心态研究报告（2017）

王俊秀　杨宜音/主编　2017年12月出版　估价：89.00元

◆　本书是中国社会科学院社会学研究所社会心理研究中心"社会心态蓝皮书课题组"的年度研究成果，运用社会心理学、社会学、经济学、传播学等多种学科的方法进行了调查和研究，对于目前我国社会心态状况有较广泛和深入的揭示。

## 生态城市绿皮书

### 中国生态城市建设发展报告（2017）

刘举科　孙伟平　胡文臻/主编　2017年7月出版　估价：118.00元

◆　报告以绿色发展、循环经济、低碳生活、民生宜居为理念，以更新民众观念、提供决策咨询、指导工程实践、引领绿色发展为宗旨，试图探索一条具有中国特色的城市生态文明建设新路。

## 城市生活质量蓝皮书

### 中国城市生活质量报告（2017）

中国经济实验研究院/主编　2017年7月出版　估价：89.00元

◆　本书对全国35个城市居民的生活质量主观满意度进行了电话调查，同时对35个城市居民的客观生活质量指数进行了计算，为我国城市居民生活质量的提升，提出了针对性的政策建议。

## 公共服务蓝皮书

### 中国城市基本公共服务力评价（2017）

钟君　吴正杲/主编　2017年12月出版　估价：89.00元

◆　中国社会科学院经济与社会建设研究室与华图政信调查组成联合课题组，从2010年开始对基本公共服务力进行研究，研创了基本公共服务力评价指标体系，为政府考核公共服务与社会管理工作提供了理论工具。

# 行业报告类

行业报告类皮书立足重点行业、新兴行业领域，
提供及时、前瞻的数据与信息

## 企业社会责任蓝皮书

### 中国企业社会责任研究报告（2017）

黄群慧　钟宏武　张蒽　翟利峰 / 著　2017 年 10 月出版　估价：89.00 元

◆　本书剖析了中国企业社会责任在 2016 ~ 2017 年度的最新
发展特征，详细解读了省域国有企业在社会责任方面的阶段性
特征，生动呈现了国内外优秀企业的社会责任实践。对了解
中国企业社会责任履行现状、未来发展，以及推动社会责任建
设有重要的参考价值。

## 新能源汽车蓝皮书

### 中国新能源汽车产业发展报告（2017）

黄中国汽车技术研究中心　日产（中国）投资有限公司

东风汽车有限公司 / 编著　2017 年 7 月出版　估价：98.00 元

◆　本书对我国 2016 年新能源汽车产业发展进行了全面系统
的分析，并介绍了国外的发展经验。有助于相关机构、行业和
社会公众等了解中国新能源汽车产业发展的最新动态，为政府
部门出台新能源汽车产业相关政策法规、企业制定相关战略规
划，提供必要的借鉴和参考。

## 杜仲产业绿皮书

### 中国杜仲橡胶资源与产业发展报告（2016 ~ 2017）

杜红岩　胡文臻　俞锐 / 主编　2017 年 1 月出版　估价：85.00 元

◆　本书对 2016 年来的杜仲产业的发展情况、研究团队在杜
仲研究方面取得的重要成果、部分地区杜仲产业发展的具体情
况、杜仲新标准的制定情况等进行了较为详细的分析与介绍，
使广大关心杜仲产业发展的读者能够及时跟踪产业最新进展。

## 企业蓝皮书

### 中国企业绿色发展报告 No.2（2017）

李红玉　朱光辉 / 主编　　2017 年 8 月出版　　估价：89.00 元

◆　本书深入分析中国企业能源消费、资源利用、绿色金融、绿色产品、绿色管理、信息化、绿色发展政策及绿色文化方面的现状，并对目前存在的问题进行研究，剖析因果，谋划对策。为企业绿色发展提供借鉴，为我国生态文明建设提供支撑。

## 中国上市公司蓝皮书

### 中国上市公司发展报告（2017）

张平　王宏淼 / 主编　　2017 年 10 月出版　　估价：98.00 元

◆　本书由中国社会科学院上市公司研究中心组织编写的，着力于全面、真实、客观反映当前中国上市公司财务状况和价值评估的综合性年度报告。本书详尽分析了 2016 年中国上市公司情况，特别是现实中暴露出的制度性、基础性问题，并对资本市场改革进行了探讨。

## 资产管理蓝皮书

### 中国资产管理行业发展报告（2017）

智信资产管理研究院 / 编著　　2017 年 6 月出版　　估价：89.00 元

◆　中国资产管理行业刚刚兴起，未来将中国金融市场最有看点的行业。本书主要分析了 2016 年度资产管理行业的发展情况，同时对资产管理行业的未来发展做出科学的预测。

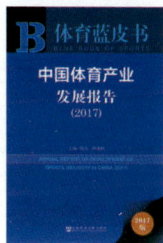

## 体育蓝皮书

### 中国体育产业发展报告（2017）

阮伟　钟秉枢 / 主编　　2017 年 12 月出版　　估价：89.00 元

◆　本书运用多种研究方法，在对于体育竞赛业、体育用品业、体育场馆业、体育传媒业等传统产业研究的基础上，紧紧围绕 2016 年体育领域内的各种热点事件进行研究和梳理，进一步拓宽了研究的广度、提升了研究的高度、挖掘了研究的深度。

# 国别与地区类

国别与地区类皮书关注全球重点国家与地区，
提供全面、独特的解读与研究

## 美国蓝皮书

### 美国研究报告（2017）

郑秉文　黄平／主编　2017年6月出版　估价：89.00元

◆　本书是由中国社会科学院美国所主持完成的研究成果，它回顾了美国2016年的经济、政治形势与外交战略，对2017年以来美国内政外交发生的重大事件及重要政策进行了较为全面的回顾和梳理。

## 日本蓝皮书

### 日本研究报告（2017）

杨伯江／主编　2017年5月出版　估价：89.00元

◆　本书对2016年拉丁美洲和加勒比地区诸国的政治、经济、社会、外交等方面的发展情况做了系统介绍，对该地区相关国家的热点及焦点问题进行了总结和分析，并在此基础上对该地区各国2017年的发展前景做出预测。

## 亚太蓝皮书

### 亚太地区发展报告（2017）

李向阳／主编　2017年3月出版　估价：89.00元

◆　本书是中国社会科学院亚太与全球战略研究院的集体研究成果。2016年的"亚太蓝皮书"继续关注中国周边环境的变化。该书盘点了2016年亚太地区的焦点和热点问题，为深入了解2016年及未来中国与周边环境的复杂形势提供了重要参考。

## 德国蓝皮书

德国发展报告（2017）

郑春荣 / 主编　2017 年 6 月出版　估价：89.00 元

◆　本报告由同济大学德国研究所组织编撰，由该领域的专家学者对德国的政治、经济、社会文化、外交等方面的形势发展情况，进行全面的阐述与分析。

## 日本经济蓝皮书

日本经济与中日经贸关系研究报告（2017）

王洛林　张季风 / 编著　2017 年 5 月出版　估价：89.00 元

◆　本书系统、详细地介绍了 2016 年日本经济以及中日经贸关系发展情况，在进行了大量数据分析的基础上，对 2017 年日本经济以及中日经贸关系的大致发展趋势进行了分析与预测。

## 俄罗斯黄皮书

俄罗斯发展报告（2017）

李永全 / 编著　2017 年 7 月出版　估价：89.00 元

◆　本书系统介绍了 2016 年俄罗斯经济政治情况，并对 2016 年该地区发生的焦点、热点问题进行了分析与回顾；在此基础上，对该地区 2017 年的发展前景进行了预测。

## 非洲黄皮书

非洲发展报告 No.19（2016 ~ 2017）

张宏明 / 主编　2017 年 8 月出版　估价：89.00 元

◆　本书是由中国社会科学院西亚非洲研究所组织编撰的非洲形势年度报告，比较全面、系统地分析了 2016 年非洲政治形势和热点问题，探讨了非洲经济形势和市场走向，剖析了大国对非洲关系的新动向；此外，还介绍了国内非洲研究的新成果。

# 地方发展类

地方发展类皮书关注中国各省份、经济区域，
提供科学、多元的预判与资政信息

## 北京蓝皮书

### 北京公共服务发展报告（2016~2017）

施昌奎 / 主编　2017 年 2 月出版　估价：89.00 元

◆　本书是由北京市政府职能部门的领导、首都著名高校的教授、知名研究机构的专家共同完成的关于北京市公共服务发展与创新的研究成果。

## 河南蓝皮书

### 河南经济发展报告（2017）

张占仓 / 编著　2017 年 3 月出版　估价：89.00 元

◆　本书以国内外经济发展环境和走向为背景，主要分析当前河南经济形势，预测未来发展趋势，全面反映河南经济发展的最新动态、热点和问题，为地方经济发展和领导决策提供参考。

## 广州蓝皮书

### 2017 年中国广州经济形势分析与预测

庾建设　陈浩钿　谢博能 / 主编　2017 年 7 月出版　估价：85.00 元

◆　本书由广州大学与广州市委政策研究室、广州市统计局联合主编，汇集了广州科研团体、高等院校和政府部门诸多经济问题研究专家、学者和实际部门工作者的最新研究成果，是关于广州经济运行情况和相关专题分析、预测的重要参考资料。

# 文 化 传 媒 类

文化传媒类皮书透视文化领域、文化产业，
探索文化大繁荣、大发展的路径

## 新媒体蓝皮书

### 中国新媒体发展报告 No.8（2017）

唐绪军/主编　2017 年 6 月出版　估价：89.00 元

◆　本书是由中国社会科学院新闻与传播研究所组织编写的关于新媒体发展的最新年度报告，旨在全面分析中国新媒体的发展现状，解读新媒体的发展趋势，探析新媒体的深刻影响。

## 移动互联网蓝皮书

### 中国移动互联网发展报告（2017）

官建文/编著　　2017 年 6 月出版　　估价：89.00 元

◆　本书着眼于对中国移动互联网 2016 年度的发展情况做深入解析，对未来发展趋势进行预测，力求从不同视角、不同层面全面剖析中国移动互联网发展的现状、年度突破及热点趋势等。

## 传媒蓝皮书

### 中国传媒产业发展报告（2017）

崔保国/主编　2017 年 5 月出版　估价：98.00 元

◆　"传媒蓝皮书"连续十多年跟踪观察和系统研究中国传媒产业发展。本报告在对传媒产业总体以及各细分行业发展状况与趋势进行深入分析基础上，对年度发展热点进行跟踪，剖析新技术引领下的商业模式，对传媒各领域发展趋势、内体经营、传媒投资进行解析，为中国传媒产业正在发生的变革提供前瞻行参考。

# 经济类

**"三农"互联网金融蓝皮书**
中国"三农"互联网金融发展报告（2017）
著(编)者：李勇坚 王弢　2017年8月出版 / 估价：98.00元
PSN B-2016-561-1/1

**G20国家创新竞争力黄皮书**
二十国集团（G20）国家创新竞争力发展报告（2016~2017）
著(编)者：李建平 李闽榕 赵新力　周天勇
2017年8月出版 / 估价：158.00元
PSN Y-2011-229-1/1

**产业蓝皮书**
中国产业竞争力报告（2017）No.7
著(编)者：张其仔　2017年12月出版 / 估价：98.00元
PSN B-2010-175-1/1

**城市创新蓝皮书**
中国城市创新报告（2017）
著(编)者：周天勇 旷建伟　2017年11月出版 / 估价：89.00元
PSN B-2013-340-1/1

**城市蓝皮书**
中国城市发展报告 No.10
著(编)者：潘家华 单菁菁　2017年9月出版 / 估价：89.00元
PSN B-2007-091-1/1

**城乡一体化蓝皮书**
中国城乡一体化发展报告（2016～2017）
著(编)者：汝信 付崇兰　2017年7月出版 / 估价：85.00元
PSN B-2011-226-1/2

**城镇化蓝皮书**
中国新型城镇化健康发展报告（2017）
著(编)者：张占斌　2017年8月出版 / 估价：89.00元
PSN B-2014-396-1/1

**创新蓝皮书**
创新型国家建设报告（2016～2017）
著(编)者：詹正茂　2017年12月出版 / 估价：89.00元
PSN B-2009-140-1/1

**创业蓝皮书**
中国创业发展报告（2016～2017）
著(编)者：黄群慧 赵卫星 钟宏武等
2017年11月出版 / 估价：89.00元
PSN B-2016-578-1/1

**低碳发展蓝皮书**
中国低碳发展报告（2016~2017）
著(编)者：齐晔 张希良　2017年3月出版 / 估价：98.00元
PSN B-2011-223-1/1

**低碳经济蓝皮书**
中国低碳经济发展报告（2017）
著(编)者：薛进军 赵忠秀　2017年6月出版 / 估价：85.00元
PSN B-2011-194-1/1

**东北蓝皮书**
中国东北地区发展报告（2017）
著(编)者：朱宇 张新颖　2017年12月出版 / 估价：89.00元
PSN B-2006-067-1/1

**发展与改革蓝皮书**
中国经济发展和体制改革报告No.8
著(编)者：邹东涛 王再文　2017年1月出版 / 估价：98.00元
PSN B-2008-122-1/1

**工业化蓝皮书**
中国工业化进程报告（2017）
著(编)者：黄群慧　2017年12月出版 / 估价：158.00元
PSN B-2007-095-1/1

**管理蓝皮书**
中国管理发展报告（2017）
著(编)者：张晓东　2017年10月出版 / 估价：98.00元
PSN B-2014-416-1/1

**国际城市蓝皮书**
国际城市发展报告（2017）
著(编)者：屠启宇　2017年2月出版 / 估价：89.00元
PSN B-2012-260-1/1

**国家创新蓝皮书**
中国创新发展报告（2017）
著(编)者：陈劲　2017年12月出版 / 估价：89.00元
PSN B-2014-370-1/1

**金融蓝皮书**
中国金融发展报告（2017）
著(编)者：李扬 王国刚　2017年12月出版 / 估价：89.00元
PSN B-2004-031-1/6

**京津冀金融蓝皮书**
京津冀金融发展报告（2017）
著(编)者：王爱俭 李向前
2017年3月出版 / 估价：89.00元
PSN B-2016-528-1/1

**京津冀蓝皮书**
京津冀发展报告（2017）
著(编)者：文魁 祝尔娟　2017年4月出版 / 估价：89.00元
PSN B-2012-262-1/1

**经济蓝皮书**
2017年中国经济形势分析与预测
著(编)者：李扬　2016年12月出版 / 定价：89.00元
PSN B-1996-001-1/1

**经济蓝皮书·春季号**
2017年中国经济前景分析
著(编)者：李扬　2017年6月出版 / 估价：89.00元
PSN B-1999-008-1/1

**经济蓝皮书·夏季号**
中国经济增长报告（2016～2017）
著(编)者：李扬　2017年9月出版 / 估价：98.00元
PSN B-2010-176-1/1

**经济信息绿皮书**
中国与世界经济发展报告（2017）
著(编)者：杜平　2017年12月出版 / 估价：89.00元
PSN G-2003-023-1/1

**就业蓝皮书**
2017年中国本科生就业报告
著(编)者：麦可思研究院　2017年6月出版 / 估价：98.00元
PSN B-2009-146-1/2

**就业蓝皮书**
2017年中国高职高专生就业报告
著(编)者：麦可思研究院　2017年6月出版 / 估价：98.00元
PSN B-2015-472-2/2

**科普能力蓝皮书**
中国科普能力评价报告（2017）
著(编)者：李富　强李群　2017年8月出版 / 估价：89.00元
PSN B-2016-556-1/1

**临空经济蓝皮书**
中国临空经济发展报告（2017）
著(编)者：连玉明　2017年9月出版 / 估价：89.00元
PSN B-2014-421-1/1

**农村绿皮书**
中国农村经济形势分析与预测（2016～2017）
著(编)者：魏后凯 杜志雄 黄秉信
2017年4月出版 / 估价：89.00元
PSN G-1998-003-1/1

**农业应对气候变化蓝皮书**
气候变化对中国农业影响评估报告 No.3
著(编)者：矫梅燕　2017年8月出版 / 估价：98.00元
PSN B-2014-413-1/1

**气候变化绿皮书**
应对气候变化报告（2017）
著(编)者：王伟光 郑国光　2017年6月出版 / 估价：89.00元
PSN G-2009-144-1/1

**区域蓝皮书**
中国区域经济发展报告（2016～2017）
著(编)者：赵弘　2017年6月出版 / 估价：89.00元
PSN B-2004-034-1/1

**全球环境竞争力绿皮书**
全球环境竞争力报告（2017）
著(编)者：李建平 李闽榕 王金南
2017年12月出版 / 估价：198.00元
PSN G-2013-363-1/1

**人口与劳动绿皮书**
中国人口与劳动问题报告 No.18
著(编)者：蔡昉 张车伟　2017年11月出版 / 估价：89.00元
PSN G-2000-012-1/1

**商务中心区蓝皮书**
中国商务中心区发展报告 No.3（2016）
著(编)者：李国红 单菁菁　2017年1月出版 / 估价：89.00元
PSN B-2015-444-1/1

**世界经济黄皮书**
2017年世界经济形势分析与预测
著(编)者：张宇燕　2016年12月出版 / 定价：89.00元
PSN Y-1999-006-1/1

**世界旅游城市绿皮书**
世界旅游城市发展报告（2017）
著(编)者：宋宇　2017年1月出版 / 估价：128.00元
PSN G-2014-400-1/1

**土地市场蓝皮书**
中国农村土地市场发展报告（2016～2017）
著(编)者：李光荣　2017年3月出版 / 估价：89.00元
PSN B-2016-527-1/1

**西北蓝皮书**
中国西北发展报告（2017）
著(编)者：高建龙　2017年3月出版 / 估价：89.00元
PSN B-2012-261-1/1

**西部蓝皮书**
中国西部发展报告（2017）
著(编)者：姚慧琴 徐璋勇　2017年9月出版 / 估价：89.00元
PSN B-2005-039-1/1

**新型城镇化蓝皮书**
新型城镇化发展报告（2017）
著(编)者：李伟 宋敏 沈体雁　2017年3月出版 / 估价：98.00元
PSN B-2014-431-1/1

**新兴经济体蓝皮书**
金砖国家发展报告（2017）
著(编)者：林跃勤 周文　2017年12月出版 / 估价：89.00元
PSN B-2011-195-1/1

**长三角蓝皮书**
2017年新常态下深化一体化的长三角
著(编)者：王庆五　2017年12月出版 / 估价：88.00元
PSN B-2005-038-1/1

**中部竞争力蓝皮书**
中国中部经济社会竞争力报告（2017）
著(编)者：教育部人文社会科学重点研究基地
南昌大学中国中部经济社会发展研究中心
2017年12月出版 / 估价：89.00元
PSN B-2012-276-1/1

**中部蓝皮书**
中国中部地区发展报告（2017）
著(编)者：宋亚平　2017年12月出版 / 估价：88.00元
PSN B-2007-089-1/1

**中国省域竞争力蓝皮书**
中国省域经济综合竞争力发展报告（2017）
著(编)者：李建平 李闽榕 高燕京
2017年2月出版 / 估价：198.00元
PSN B-2007-088-1/1

**中三角蓝皮书**
长江中游城市群发展报告（2017）
著(编)者：秦尊文　2017年9月出版 / 估价：89.00元
PSN B-2014-417-1/1

**中小城市绿皮书**
中国中小城市发展报告（2017）
著(编)者：中国城市经济学会中小城市经济发展委员会
中国城镇化促进会中小城市发展委员会
《中国中小城市发展报告》编纂委员会
中小城市发展战略研究院
2017年11月出版 / 估价：128.00元
PSN G-2010-161-1/1

**中原蓝皮书**
中原经济区发展报告（2017）
著(编)者：李英杰　2017年6月出版 / 估价：88.00元
PSN B-2011-192-1/1

**自贸区蓝皮书**
中国自贸区发展报告（2017）
著(编)者：王力　2017年7月出版 / 估价：89.00元
PSN B-2016-559-1/1

# 社会政法类

北京蓝皮书
中国社区发展报告（2017）
著（编）者：于燕燕　　2017年2月出版 / 估价：89.00元
PSN B-2007-083-5/8

殡葬绿皮书
中国殡葬事业发展报告（2017）
著（编）者：李伯森　　2017年4月出版 / 估价：158.00元
PSN G-2010-180-1/1

城市管理蓝皮书
中国城市管理报告（2016~2017）
著（编）者：刘林　刘承水　2017年5月出版 / 估价：158.00元
PSN B-2013-336-1/1

城市生活质量蓝皮书
中国城市生活质量报告（2017）
著（编）者：中国经济实验研究院
2017年7月出版 / 估价：89.00元
PSN B-2013-326-1/1

城市政府能力蓝皮书
中国城市政府公共服务能力评估报告（2017）
著（编）者：何艳玲　　2017年4月出版 / 估价：89.00元
PSN B-2013-338-1/1

慈善蓝皮书
中国慈善发展报告（2017）
著（编）者：杨团　　2017年6月出版 / 估价：89.00元
PSN B-2009-142-1/1

党建蓝皮书
党的建设研究报告 No.2（2017）
著（编）者：崔建民　陈东平　2017年2月出版 / 估价：89.00元
PSN B-2016-524-1/1

地方法治蓝皮书
中国地方法治发展报告 No.3（2017）
著（编）者：李林　田禾　2017年3出版 / 估价：108.00元
PSN B-2015-442-1/1

法治蓝皮书
中国法治发展报告 No.15（2017）
著（编）者：李林　田禾　2017年3月出版 / 估价：118.00元
PSN B-2004-027-1/1

法治政府蓝皮书
中国法治政府发展报告（2017）
著（编）者：中国政法大学法治政府研究院
2017年2月出版 / 估价：98.00元
PSN B-2015-502-1/2

法治政府蓝皮书
中国法治政府评估报告（2017）
著（编）者：中国政法大学法治政府研究院
2016年11月出版 / 估价：98.00元
PSN B-2016-577-2/2

反腐倡廉蓝皮书
中国反腐倡廉建设报告 No.7
著（编）者：张英伟　　2017年12月出版 / 估价：89.00元
PSN B-2012-259-1/1

非传统安全蓝皮书
中国非传统安全研究报告（2016~2017）
著（编）者：余潇枫　魏志江　2017年6月出版 / 估价：89.00元
PSN B-2012-273-1/1

妇女发展蓝皮书
中国妇女发展报告 No.7
著（编）者：王金玲　　2017年9月出版 / 估价：148.00元
PSN B-2006-069-1/1

妇女教育蓝皮书
中国妇女教育发展报告 No.4
著（编）者：张李玺　　2017年10月出版 / 估价：78.00元
PSN B-2008-121-1/1

妇女绿皮书
中国性别平等与妇女发展报告（2017）
著（编）者：谭琳　　2017年12月出版 / 估价：99.00元
PSN G-2006-073-1/1

公共服务蓝皮书
中国城市基本公共服务力评价（2017）
著（编）者：钟君　吴正杲　2017年12月出版 / 估价：89.00元
PSN B-2011-214-1/1

公民科学素质蓝皮书
中国公民科学素质报告（2016~2017）
著（编）者：李群　陈雄　马雪文
2017年1月出版 / 估价：89.00元
PSN B-2014-379-1/1

公共关系蓝皮书
中国公共关系发展报告（2017）
著（编）者：柳斌杰　　2017年11月出版 / 估价：89.00元
PSN B-2016-580-1/1

公益蓝皮书
中国公益慈善发展报告（2017）
著（编）者：朱健刚　　2017年4月出版 / 估价：118.00元
PSN B-2012-283-1/1

国际人才蓝皮书
海外华侨华人专业人士报告（2017）
著（编）者：王辉耀　苗绿　2017年8月出版 / 估价：89.00元
PSN B-2014-409-4/4

国际人才蓝皮书
中国国际移民报告（2017）
著（编）者：王辉耀　　2017年2月出版 / 估价：89.00元
PSN B-2012-304-3/4

国际人才蓝皮书
中国留学发展报告（2017）No.5
著（编）者：王辉耀　苗绿　2017年10月出版 / 估价：89.00元
PSN B-2012-244-2/4

海洋社会蓝皮书
中国海洋社会发展报告（2017）
著（编）者：崔凤　宋宁而　2017年7月出版 / 估价：89.00元
PSN B-2015-478-1/1

**行政改革蓝皮书**
中国行政体制改革报告（2017）No.6
著(编)者：魏礼群　2017年5月出版 / 估价：98.00元
PSN B-2011-231-1/1

**华侨华人蓝皮书**
华侨华人研究报告（2017）
著(编)者：贾益民　2017年12月出版 / 估价：128.00元
PSN B-2011-204-1/1

**环境竞争力绿皮书**
中国省域环境竞争力发展报告（2017）
著(编)者：李建平 李闽榕 王金南
2017年11月出版 / 估价：198.00元
PSN G-2010-165-1/1

**环境绿皮书**
中国环境发展报告（2017）
著(编)者：刘鉴强　2017年11月出版 / 估价：89.00元
PSN G-2006-048-1/1

**基金会蓝皮书**
中国基金会发展报告（2016~2017）
著(编)者：中国基金会发展报告课题组
2017年4月出版 / 估价：85.00元
PSN B-2013-368-1/1

**基金会绿皮书**
中国基金会发展独立研究报告（2017）
著(编)者：基金会中心网 中央民族大学基金会研究中心
2017年6月出版 / 估价：88.00元
PSN G-2011-213-1/1

**基金会透明度蓝皮书**
中国基金会透明度发展研究报告（2017）
著(编)者：基金会中心网 清华大学廉政与治理研究中心
2017年12月出版 / 估价：89.00元
PSN B-2015-509-1/1

**家庭蓝皮书**
中国"创建幸福家庭活动"评估报告（2017）
国务院发展研究中心"创建幸福家庭活动评估"课题组著
2017年8月出版 / 估价：89.00元
PSN B-2012-261-1/1

**健康城市蓝皮书**
中国健康城市建设研究报告（2017）
著(编)者：王鸿春 解树江 盛继洪
2017年9月出版 / 估价：89.00元
PSN B-2016-565-2/2

**教师蓝皮书**
中国中小学教师发展报告（2017）
著(编)者：曾晓东 鱼霞　2017年6月出版 / 估价：89.00元
PSN B-2012-289-1/1

**教育蓝皮书**
中国教育发展报告（2017）
著(编)者：杨东平　2017年4月出版 / 估价：89.00元
PSN B-2006-047-1/1

**科普蓝皮书**
中国基层科普发展报告（2016~2017）
著(编)者：赵立 新陈玲　2017年9月出版 / 估价：89.00元
PSN B-2016-569-3/3

**科普蓝皮书**
中国科普基础设施发展报告（2017）
著(编)者：任福君　2017年6月出版 / 估价：89.00元
PSN B-2010-174-1/3

**科普蓝皮书**
中国科普人才发展报告（2017）
著(编)者：郑念 任嵘嵘　2017年4月出版 / 估价：98.00元
PSN B-2015-513-2/3

**科学教育蓝皮书**
中国科学教育发展报告（2017）
著(编)者：罗晖 王康友　2017年10月出版 / 估价：89.00元
PSN B-2015-487-1/1

**劳动保障蓝皮书**
中国劳动保障发展报告（2017）
著(编)者：刘燕斌　2017年9月出版 / 估价：188.00元
PSN B-2014-415-1/1

**老龄蓝皮书**
中国老年宜居环境发展报告（2017）
著(编)者：党俊武 周燕珉　2017年1月出版 / 估价：89.00元
PSN B-2013-320-1/1

**连片特困区蓝皮书**
中国连片特困区发展报告（2017）
著(编)者：游俊 冷志明 丁建军
2017年3月出版 / 估价：98.00元
PSN B-2013-321-1/1

**民间组织蓝皮书**
中国民间组织报告（2017）
著(编)者：黄晓勇　2017年12月出版 / 估价：89.00元
PSN B-2008-118-1/1

**民调蓝皮书**
中国民生调查报告（2017）
著(编)者：谢耘耕　2017年12月出版 / 估价：98.00元
PSN B-2014-398-1/1

**民族发展蓝皮书**
中国民族发展报告（2017）
著(编)者：郝时远 王延中 王希恩
2017年4月出版 / 估价：98.00元
PSN B-2006-070-1/1

**女性生活蓝皮书**
中国女性生活状况报告No.11（2017）
著(编)者：韩湘景　2017年10月出版 / 估价：98.00元
PSN B-2006-071-1/1

**汽车社会蓝皮书**
中国汽车社会发展报告（2017）
著(编)者：王俊秀　2017年1月出版 / 估价：89.00元
PSN B-2011-224-1/1

**青年蓝皮书**
中国青年发展报告（2017）No.3
著（编）者：廉思 等　2017年4月出版 / 估价：89.00元
PSN B-2013-333-1/1

**青少年蓝皮书**
中国未成年人互联网运用报告（2017）
著（编）者：李文革 沈杰 季为民
2017年11月出版 / 估价：89.00元
PSN B-2010-156-1/1

**青少年体育蓝皮书**
中国青少年体育发展报告（2017）
著（编）者：郭建军 杨桦　2017年9月出版 / 估价：89.00元
PSN B-2015-482-1/1

**群众体育蓝皮书**
中国群众体育发展报告（2017）
著（编）者：刘国永 杨桦　2017年12月出版 / 估价：89.00元
PSN B-2016-519-2/3

**人权蓝皮书**
中国人权事业发展报告 No.7（2017）
著（编）者：李君如　2017年9月出版 / 估价：98.00元
PSN B-2011-215-1/1

**社会保障绿皮书**
中国社会保障发展报告（2017）No.9
著（编）者：王延中　2017年4月出版 / 估价：89.00元
PSN G-2001-014-1/1

**社会风险评估蓝皮书**
风险评估与危机预警评估报告（2017）
著（编）者：唐钧　2017年8月出版 / 估价：85.00元
PSN B-2016-521-1/1

**社会工作蓝皮书**
中国社会工作发展报告（2017）
著（编）者：民政部社会工作研究中心
2017年8月出版 / 估价：89.00元
PSN B-2009-141-1/1

**社会管理蓝皮书**
中国社会管理创新报告 No.5
著（编）者：连玉明　2017年11月出版 / 估价：89.00元
PSN B-2012-300-1/1

**社会蓝皮书**
2017年中国社会形势分析与预测
著（编）者：李培林 陈光金 张翼
2016年12月出版 / 定价：89.00元
PSN B-1998-002-1/1

**社会体制蓝皮书**
中国社会体制改革报告No.5（2017）
著（编）者：龚维斌　2017年4月出版 / 估价：89.00元
PSN B-2013-330-1/1

**社会心态蓝皮书**
中国社会心态研究报告（2017）
著（编）者：王俊秀 杨宜音　2017年12月出版 / 估价：89.00元
PSN B-2011-199-1/1

**社会组织蓝皮书**
中国社会组织评估发展报告（2017）
著（编）者：徐家良 廖鸿　2017年12月出版 / 估价：89.00元
PSN B-2013-366-1/1

**生态城市绿皮书**
中国生态城市建设发展报告（2017）
著（编）者：刘举科 孙伟平 胡文臻
2017年9月出版 / 估价：118.00元
PSN G-2012-269-1/1

**生态文明绿皮书**
中国省域生态文明建设评价报告（ECI 2017）
著（编）者：严耕　2017年12月出版 / 估价：98.00元
PSN G-2010-170-1/1

**体育蓝皮书**
中国公共体育服务发展报告（2017）
著（编）者：戴健　2017年12月出版 / 估价：89.00元
PSN B-2013-367-2/4

**土地整治蓝皮书**
中国土地整治发展研究报告 No.4
著（编）者：国土资源部土地整治中心
2017年7月出版 / 估价：89.00元
PSN B-2014-401-1/1

**土地政策蓝皮书**
中国土地政策研究报告（2017）
著（编）者：高延利 李宪文
2017年12月出版 / 估价：89.00元
PSN B-2015-506-1/1

**医改蓝皮书**
中国医药卫生体制改革报告（2017）
著（编）者：文学国 房志武　2017年11月出版 / 估价：98.00元
PSN B-2014-432-1/1

**医疗卫生绿皮书**
中国医疗卫生发展报告 No.7（2017）
著（编）者：申宝忠 韩玉珍　2017年4月出版 / 估价：85.00元
PSN G-2004-033-1/1

**应急管理蓝皮书**
中国应急管理报告（2017）
著（编）者：宋英华　2017年9月出版 / 估价：98.00元
PSN B-2016-563-1/1

**政治参与蓝皮书**
中国政治参与报告（2017）
著（编）者：房宁　2017年9月出版 / 估价：118.00元
PSN B-2011-200-1/1

**中国农村妇女发展蓝皮书**
农村流动女性城市生活发展报告（2017）
著（编）者：谢丽华　2017年12月出版 / 估价：89.00元
PSN B-2014-434-1/1

**宗教蓝皮书**
中国宗教报告（2017）
著（编）者：邱永辉　2017年4月出版 / 估价：89.00元
PSN B-2008-117-1/1

# 行业报告类

**SUV蓝皮书**
中国SUV市场发展报告（2016~2017）
著(编)者：靳军　2017年9月出版／估价：89.00元
PSN B-2016-572-1/1

**保健蓝皮书**
中国保健服务产业发展报告 No.2
著(编)者：中国保健协会　中共中央党校
2017年7月出版／估价：198.00元
PSN B-2012-272-3/3

**保健蓝皮书**
中国保健食品产业发展报告 No.2
著(编)者：中国保健协会
　　　　　中国社会科学院食品药品产业发展与监管研究中心
2017年7月出版／估价：198.00元
PSN B-2012-271-2/3

**保健蓝皮书**
中国保健用品产业发展报告 No.2
著(编)者：中国保健协会
　　　　　国务院国有资产监督管理委员会研究中心
2017年3月出版／估价：198.00元
PSN B-2012-270-1/3

**保险蓝皮书**
中国保险业竞争力报告（2017）
著(编)者：项俊波　2017年12月出版／估价：99.00元
PSN B-2013-311-1/1

**冰雪蓝皮书**
中国滑雪产业发展报告（2017）
著(编)者：孙承华 伍斌 魏庆华 张鸿俊
2017年8月出版／估价：89.00元
PSN B-2016-560-1/1

**彩票蓝皮书**
中国彩票发展报告（2017）
著(编)者：益彩基金　2017年4月出版／估价：98.00元
PSN B-2015-462-1/1

**餐饮产业蓝皮书**
中国餐饮产业发展报告（2017）
著(编)者：邢颖　2017年6月出版／估价：98.00元
PSN B-2009-151-1/1

**测绘地理信息蓝皮书**
新常态下的测绘地理信息研究报告（2017）
著(编)者：库热西·买合苏提
2017年12月出版／估价：118.00元
PSN B-2009-145-1/1

**茶业蓝皮书**
中国茶产业发展报告（2017）
著(编)者：杨江帆 李闽榕　2017年10月出版／估价：88.00元
PSN B-2010-164-1/1

**产权市场蓝皮书**
中国产权市场发展报告（2016~2017）
著(编)者：曹和平　2017年5月出版／估价：89.00元
PSN B-2009-147-1/1

**产业安全蓝皮书**
中国出版传媒产业安全报告（2016~2017）
著(编)者：北京印刷学院文化产业安全研究院
2017年3月出版／估价：89.00元
PSN B-2014-384-13/14

**产业安全蓝皮书**
中国文化产业安全报告（2017）
著(编)者：北京印刷学院文化产业安全研究院
2017年12月出版／估价：89.00元
PSN B-2014-378-12/14

**产业安全蓝皮书**
中国新媒体产业安全报告（2017）
著(编)者：北京印刷学院文化产业安全研究院
2017年12月出版／估价：89.00元
PSN B-2015-500-14/14

**城投蓝皮书**
中国城投行业发展报告（2017）
著(编)者：王晨艳 丁伯康　2017年11月出版／估价：300.00元
PSN B-2016-514-1/1

**电子政务蓝皮书**
中国电子政务发展报告（2016~2017）
著(编)者：李季 杜平　2017年7月出版／估价：89.00元
PSN B-2003-022-1/1

**杜仲产业绿皮书**
中国杜仲橡胶资源与产业发展报告（2016~2017）
著(编)者：杜红岩 胡文臻 俞锐
2017年1月出版／估价：85.00元
PSN G-2013-350-1/1

**房地产蓝皮书**
中国房地产发展报告 No.14（2017）
著(编)者：李春华 王业强　2017年5月出版／估价：89.00元
PSN B-2004-028-1/1

**服务外包蓝皮书**
中国服务外包产业发展报告（2017）
著(编)者：王晓红 刘德军
2017年6月出版／估价：89.00元
PSN B-2013-331-2/2

**服务外包蓝皮书**
中国服务外包竞争力报告（2017）
著(编)者：王力 刘春生 黄育华
2017年11月出版／估价：85.00元
PSN B-2011-216-1/2

**工业和信息化蓝皮书**
世界网络安全发展报告（2016~2017）
著(编)者：洪京一　2017年4月出版／估价：89.00元
PSN B-2015-452-5/5

**工业和信息化蓝皮书**
世界信息化发展报告（2016~2017）
著(编)者：洪京一　2017年4月出版／估价：89.00元
PSN B-2015-451-4/5

**工业和信息化蓝皮书**
世界信息技术产业发展报告（2016~2017）
著(编)者: 洪京一    2017年4月出版 / 估价: 89.00元
PSN B-2015-449-2/5

**工业和信息化蓝皮书**
移动互联网产业发展报告（2016~2017）
著(编)者: 洪京一    2017年4月出版 / 估价: 89.00元
PSN B-2015-448-1/5

**工业和信息化蓝皮书**
战略性新兴产业发展报告（2016~2017）
著(编)者: 洪京一    2017年4月出版 / 估价: 89.00元
PSN B-2015-450-3/5

**工业设计蓝皮书**
中国工业设计发展报告（2017）
著(编)者: 王晓红 于炜 张立群
2017年9月出版 / 估价: 138.00元
PSN B-2014-420-1/1

**黄金市场蓝皮书**
中国商业银行黄金业务发展报告（2016~2017）
著(编)者: 平安银行    2017年3月出版 / 估价: 98.00元
PSN B-2016-525-1/1

**互联网金融蓝皮书**
中国互联网金融发展报告（2017）
著(编)者: 李东荣    2017年9月出版 / 估价: 128.00元
PSN B-2014-374-1/1

**互联网医疗蓝皮书**
中国互联网医疗发展报告（2017）
著(编)者: 宫晓东    2017年9月出版 / 估价: 89.00元
PSN B-2016-568-1/1

**会展蓝皮书**
中外会展业动态评估年度报告（2017）
著(编)者: 张敏    2017年1月出版 / 估价: 88.00元
PSN B-2013-327-1/1

**金融监管蓝皮书**
中国金融监管报告（2017）
著(编)者: 胡滨    2017年6月出版 / 估价: 89.00元
PSN B-2012-281-1/1

**金融蓝皮书**
中国金融中心发展报告（2017）
著(编)者: 王力 黄育华    2017年11月出版 / 估价: 85.00元
PSN B-2011-186-6/6

**建筑装饰蓝皮书**
中国建筑装饰行业发展报告（2017）
著(编)者: 刘晓一 葛顺道    2017年7月出版 / 估价: 198.00元
PSN B-2016-554-1/1

**客车蓝皮书**
中国客车产业发展报告（2016~2017）
著(编)者: 姚蔚    2017年10月出版 / 估价: 85.00元
PSN B-2013-361-1/1

**旅游安全蓝皮书**
中国旅游安全报告（2017）
著(编)者: 郑向敏 谢朝武    2017年5月出版 / 估价: 128.00元
PSN B-2012-280-1/1

**旅游绿皮书**
2016~2017年中国旅游发展分析与预测
著(编)者: 张广瑞 刘德谦    2017年4月出版 / 估价: 89.00元
PSN G-2002-018-1/1

**煤炭蓝皮书**
中国煤炭工业发展报告（2017）
著(编)者: 岳福斌    2017年12月出版 / 估价: 85.00元
PSN B-2008-123-1/1

**民营企业社会责任蓝皮书**
中国民营企业社会责任报告（2017）
著(编)者: 中华全国工商业联合会
2017年12月出版 / 估价: 89.00元
PSN B-2015-511-1/1

**民营医院蓝皮书**
中国民营医院发展报告（2017）
著(编)者: 庄一强    2017年10月出版 / 估价: 85.00元
PSN B-2012-299-1/1

**闽商蓝皮书**
闽商发展报告（2017）
著(编)者: 李闽榕 王日根 林琛
2017年12月出版 / 估价: 89.00元
PSN B-2012-298-1/1

**能源蓝皮书**
中国能源发展报告（2017）
著(编)者: 崔民选 王军生 陈义和
2017年10月出版 / 估价: 98.00元
PSN B-2006-049-1/1

**农产品流通蓝皮书**
中国农产品流通产业发展报告（2017）
著(编)者: 贾敬敦 张东科 张玉玺 张鹏毅 周伟
2017年1月出版 / 估价: 89.00元
PSN B-2012-288-1/1

**企业公益蓝皮书**
中国企业公益研究报告（2017）
著(编)者: 钟宏武 汪杰 顾一 黄晓娟 等
2017年12月出版 / 估价: 89.00元
PSN B-2015-501-1/1

**企业国际化蓝皮书**
中国企业国际化报告（2017）
著(编)者: 王辉耀    2017年11月出版 / 估价: 98.00元
PSN B-2014-427-1/1

**企业蓝皮书**
中国企业绿色发展报告 No.2（2017）
著(编)者: 李红玉 朱光辉    2017年8月出版 / 估价: 89.00元
PSN B-2015-481-2/2

**企业社会责任蓝皮书**
中国企业社会责任研究报告（2017）
著(编)者: 黄群慧 钟宏武 张蒽 翟利峰
2017年11月出版 / 估价: 89.00元
PSN B-2009-149-1/1

**汽车安全蓝皮书**
中国汽车安全发展报告（2017）
著(编)者: 中国汽车技术研究中心
2017年7月出版 / 估价: 89.00元
PSN B-2014-385-1/1

## 汽车电子商务蓝皮书
中国汽车电子商务发展报告（2017）
著(编)者: 中华全国工商业联合会汽车经销商商会
　　　　　北京易观智库网络科技有限公司
2017年10月出版 / 估价: 128.00元
PSN B-2015-485-1/1

## 汽车工业蓝皮书
中国汽车工业发展年度报告（2017）
著(编)者: 中国汽车工业协会 中国汽车技术研究中心
　　　　　丰田汽车（中国）投资有限公司
2017年4月出版 / 估价: 128.00元
PSN B-2015-463-1/2

## 汽车工业蓝皮书
中国汽车零部件产业发展报告（2017）
著(编)者: 中国汽车工业协会 中国汽车工程研究院
2017年10月出版 / 估价: 98.00元
PSN B-2016-515-2/2

## 汽车蓝皮书
中国汽车产业发展报告（2017）
著(编)者: 国务院发展研究中心产业经济研究部
　　　　　中国汽车工程学会 大众汽车集团（中国）
2017年8月出版 / 估价: 98.00元
PSN B-2008-124-1/1

## 人力资源蓝皮书
中国人力资源发展报告（2017）
著(编)者: 余兴安　2017年11月出版 / 估价: 89.00元
PSN B-2012-287-1/1

## 融资租赁蓝皮书
中国融资租赁业发展报告（2016～2017）
著(编)者: 李光荣 王力　2017年8月出版 / 估价: 89.00元
PSN B-2015-443-1/1

## 商会蓝皮书
中国商会发展报告No.5（2017）
著(编)者: 王钦敏　2017年7月出版 / 估价: 89.00元
PSN B-2008-125-1/1

## 输血服务蓝皮书
中国输血行业发展报告（2017）
著(编)者: 朱永明 耿鸿武　2016年8月出版 / 估价: 89.00元
PSN B-2016-583-1/1

## 上市公司蓝皮书
中国上市公司社会责任信息披露报告（2017）
著(编)者: 张旺 张杨　2017年11月出版 / 估价: 89.00元
PSN B-2011-234-1/1

## 社会责任管理蓝皮书
中国上市公司社会责任能力成熟度报告（2017）No.2
著(编)者: 肖红军 王晓光 李伟阳
2017年12月出版 / 估价: 98.00元
PSN B-2015-507-2/2

## 社会责任管理蓝皮书
中国企业公众透明度报告(2017)No.3
著(编)者: 黄速建 熊梦 王晓光 肖红军
2017年1月出版 / 估价: 98.00元
PSN B-2015-440-1/2

## 食品药品蓝皮书
食品药品安全与监管政策研究报告（2016～2017）
著(编)者: 唐民皓　2017年6月出版 / 估价: 89.00元
PSN B-2009-129-1/1

## 世界能源蓝皮书
世界能源发展报告（2017）
著(编)者: 黄晓勇　2017年6月出版 / 估价: 99.00元
PSN B-2013-349-1/1

## 水利风景区蓝皮书
中国水利风景区发展报告（2017）
著(编)者: 谢婵才 兰思仁　2017年5月出版 / 估价: 89.00元
PSN B-2015-480-1/1

## 私募市场蓝皮书
中国私募股权市场发展报告（2017）
著(编)者: 曹和平　2017年12月出版 / 估价: 89.00元
PSN B-2010-162-1/1

## 碳市场蓝皮书
中国碳市场报告（2017）
著(编)者: 定金彪　2017年11月出版 / 估价: 89.00元
PSN B-2014-430-1/1

## 体育蓝皮书
中国体育产业发展报告（2017）
著(编)者: 阮伟 钟秉枢　2017年12月出版 / 估价: 89.00元
PSN B-2010-179-1/4

## 网络空间安全蓝皮书
中国网络空间安全发展报告（2017）
著(编)者: 惠志斌 唐涛　2017年4月出版 / 估价: 89.00元
PSN B-2015-466-1/1

## 西部金融蓝皮书
中国西部金融发展报告（2017）
著(编)者: 李忠民　2017年8月出版 / 估价: 85.00元
PSN B-2010-160-1/1

## 协会商会蓝皮书
中国行业协会商会发展报告（2017）
著(编)者: 景朝阳 李勇　2017年4月出版 / 估价: 99.00元
PSN B-2015-461-1/1

## 新能源汽车蓝皮书
中国新能源汽车产业发展报告（2017）
著(编)者: 中国汽车技术研究中心
　　　　　日产（中国）投资有限公司 东风汽车有限公司
2017年7月出版 / 估价: 98.00元
PSN B-2013-347-1/1

## 新三板蓝皮书
中国新三板市场发展报告（2017）
著(编)者: 王力　2017年6月出版 / 估价: 89.00元
PSN B-2016-534-1/1

## 信托市场蓝皮书
中国信托业市场报告（2016～2017）
著(编)者: 用益信托工作室
2017年1月出版 / 估价: 198.00元
PSN B-2014-371-1/1

**信息化蓝皮书**
中国信息化形势分析与预测（2016~2017）
著(编)者：周宏仁　2017年8月出版 / 估价：98.00元
PSN B-2010-168-1/1

**信用蓝皮书**
中国信用发展报告（2017）
著(编)者：章政 田侃　2017年4月出版 / 估价：99.00元
PSN B-2013-328-1/1

**休闲绿皮书**
2017年中国休闲发展报告
著(编)者：宋瑞　2017年10月出版 / 估价：89.00元
PSN G-2010-158-1/1

**休闲体育蓝皮书**
中国休闲体育发展报告（2016~2017）
著(编)者：李相如 钟炳枢　2017年10月出版 / 估价：89.00元
PSN G-2016-516-1/1

**养老金融蓝皮书**
中国养老金融发展报告（2017）
著(编)者：董克用 姚余栋
2017年6月出版 / 估价：89.00元
PSN B-2016-584-1/1

**药品流通蓝皮书**
中国药品流通行业发展报告（2017）
著(编)者：佘鲁林 温再兴　2017年8月出版 / 估价：158.00元
PSN B-2014-429-1/1

**医院蓝皮书**
中国医院竞争力报告（2017）
著(编)者：庄一强 曾益新　2017年3月出版 / 估价：128.00元
PSN B-2016-529-1/1

**医药蓝皮书**
中国中医药产业园战略发展报告（2017）
著(编)者：裴长洪 房书亭 吴滁心
2017年8月出版 / 估价：89.00元
PSN B-2012-305-1/1

**邮轮绿皮书**
中国邮轮产业发展报告（2017）
著(编)者：汪泓　2017年10月出版 / 估价：89.00元
PSN G-2014-419-1/1

**智能养老蓝皮书**
中国智能养老产业发展报告（2017）
著(编)者：朱勇　2017年10月出版 / 估价：89.00元
PSN B-2015-488-1/1

**债券市场蓝皮书**
中国债券市场发展报告（2016~2017）
著(编)者：杨农　2017年10月出版 / 估价：89.00元
PSN B-2016-573-1/1

**中国节能汽车蓝皮书**
中国节能汽车发展报告（2016~2017）
著(编)者：中国汽车工程研究院股份有限公司
2017年9月出版 / 估价：98.00元
PSN B-2016-566-1/1

**中国上市公司蓝皮书**
中国上市公司发展报告（2017）
著(编)者：张平 王宏淼
2017年10月出版 / 估价：98.00元
PSN B-2014-414-1/1

**中国陶瓷产业蓝皮书**
中国陶瓷产业发展报告（2017）
著(编)者：左和平 黄速建　2017年10月出版 / 估价：98.00元
PSN B-2016-574-1/1

**中国总部经济蓝皮书**
中国总部经济发展报告（2016~2017）
著(编)者：赵弘　2017年9月出版 / 估价：89.00元
PSN B-2005-036-1/1

**中医文化蓝皮书**
中国中医药文化传播发展报告（2017）
著(编)者：毛嘉陵　2017年7月出版 / 估价：89.00元
PSN B-2015-468-1/1

**装备制造业蓝皮书**
中国装备制造业发展报告（2017）
著(编)者：徐东华　2017年12月出版 / 估价：148.00元
PSN B-2015-505-1/1

**资本市场蓝皮书**
中国场外交易市场发展报告（2016~2017）
著(编)者：高峦　2017年3月出版 / 估价：89.00元
PSN B-2009-153-1/1

**资产管理蓝皮书**
中国资产管理行业发展报告（2017）
著(编)者：智信资产管理研究院
2017年6月出版 / 估价：89.00元
PSN B-2014-407-2/2

# 文化传媒类

**传媒竞争力蓝皮书**
中国传媒国际竞争力研究报告（2017）·
著(编)者：李本乾 刘强
2017年11月出版 / 估价：148.00元
PSN B-2013-356-1/1

**传媒蓝皮书**
中国传媒产业发展报告（2017）
著(编)者：崔保国　2017年5月出版 / 估价：98.00元
PSN B-2005-035-1/1

**传媒投资蓝皮书**
中国传媒投资发展报告（2017）
著(编)者：张向东 谭云明
2017年6月出版 / 估价：128.00元
PSN B-2015-474-1/1

**动漫蓝皮书**
中国动漫产业发展报告（2017）
著(编)者：卢斌 郑玉明 牛兴侦
2017年9月出版 / 估价：89.00元
PSN B-2011-198-1/1

**非物质文化遗产蓝皮书**
中国非物质文化遗产发展报告（2017）
著(编)者：陈平　2017年5月出版 / 估价：98.00元
PSN B-2015-469-1/1

**广电蓝皮书**
中国广播电影电视发展报告（2017）
著(编)者：国家新闻出版广电总局发展研究中心
2017年7月出版 / 估价：98.00元
PSN B-2006-072-1/1

**广告主蓝皮书**
中国广告主营销传播趋势报告 No.9
著(编)者：黄升民 杜国清 邵华冬 等
2017年10月出版 / 估价：148.00元
PSN B-2005-041-1/1

**国际传播蓝皮书**
中国国际传播发展报告（2017）
著(编)者：胡正荣 李继东 姬德强
2017年11月出版 / 估价：89.00元
PSN B-2014-408-1/1

**纪录片蓝皮书**
中国纪录片发展报告（2017）
著(编)者：何苏六　2017年9月出版 / 估价：89.00元
PSN B-2011-222-1/1

**科学传播蓝皮书**
中国科学传播报告（2017）
著(编)者：詹正茂　2017年7月出版 / 估价：89.00元
PSN B-2008-120-1/1

**两岸创意经济蓝皮书**
两岸创意经济研究报告（2017）
著(编)者：罗昌智 林咏能
2017年10月出版 / 估价：98.00元
PSN B-2014-437-1/1

**两岸文化蓝皮书**
两岸文化产业合作发展报告（2017）
著(编)者：胡惠林 李保宗　2017年7月出版 / 估价：89.00元
PSN B-2012-285-1/1

**媒介与女性蓝皮书**
中国媒介与女性发展报告(2016~2017)
著(编)者：刘利群　2017年9月出版 / 估价：118.00元
PSN B-2013-345-1/1

**媒体融合蓝皮书**
中国媒体融合发展报告（2017）
著(编)者：梅宁华 宋建武　2017年7月出版 / 估价：89.00元
PSN B-2015-479-1/1

**全球传媒蓝皮书**
全球传媒发展报告（2017）
著(编)者：胡正荣 李继东 唐晓芬
2017年11月出版 / 估价：89.00元
PSN B-2012-237-1/1

**少数民族非遗蓝皮书**
中国少数民族非物质文化遗产发展报告（2017）
著(编)者：肖远平（彝）柴立（满）
2017年8月出版 / 估价：98.00元
PSN B-2015-467-1/1

**视听新媒体蓝皮书**
中国视听新媒体发展报告（2017）
著(编)者：国家新闻出版广电总局发展研究中心
2017年7月出版 / 估价：98.00元
PSN B-2011-184-1/1

**文化创新蓝皮书**
中国文化创新报告（2017）No.7
著(编)者：于平 傅才武　2017年7月出版 / 估价：98.00元
PSN B-2009-143-1/1

**文化建设蓝皮书**
中国文化发展报告（2016~2017）
著(编)者：江畅 孙伟平 戴茂堂
2017年6月出版 / 估价：116.00元
PSN B-2014-392-1/1

**文化科技蓝皮书**
文化科技创新发展报告（2017）
著(编)者：于平 李凤亮　2017年11月出版 / 估价：89.00元
PSN B-2013-342-1/1

**文化蓝皮书**
中国公共文化服务发展报告（2017）
著(编)者：刘新成 张永新 张旭
2017年12月出版 / 估价：98.00元
PSN B-2007-093-2/10

**文化蓝皮书**
中国公共文化投入增长测评报告（2017）
著(编)者：王亚南　2017年4月出版 / 估价：89.00元
PSN B-2014-435-10/10

**文化蓝皮书**
中国少数民族文化发展报告（2016~2017）
著(编)者：武翠英 张晓明 任乌晶
2017年9月出版 / 估价：89.00元
PSN B-2013-369-9/10

**文化蓝皮书**
中国文化产业发展报告（2016~2017）
著(编)者：张晓明 王家新 章建刚
2017年2月出版 / 估价：89.00元
PSN B-2002-019-1/10

**文化蓝皮书**
中国文化产业供需协调检测报告（2017）
著(编)者：王亚南 2017年2月出版 / 估价：89.00元
PSN B-2013-323-8/10

**文化蓝皮书**
中国文化消费需求景气评价报告（2017）
著(编)者：王亚南 2017年4月出版 / 估价：89.00元
PSN B-2011-236-4/10

**文化品牌蓝皮书**
中国文化品牌发展报告（2017）
著(编)者：欧阳友权 2017年5月出版 / 估价：98.00元
PSN B-2012-277-1/1

**文化遗产蓝皮书**
中国文化遗产事业发展报告（2017）
著(编)者：苏杨 张颖岚 王宇飞
2017年8月出版 / 估价：98.00元
PSN B-2008-119-1/1

**文学蓝皮书**
中国文情报告（2016~2017）
著(编)者：白烨 2017年5月出版 / 估价：49.00元
PSN B-2011-221-1/1

**新媒体蓝皮书**
中国新媒体发展报告No.8（2017）
著(编)者：唐绪军 2017年6月出版 / 估价：89.00元
PSN B-2010-169-1/1

**新媒体社会责任蓝皮书**
中国新媒体社会责任研究报告（2017）
著(编)者：钟瑛 2017年11月出版 / 估价：89.00元
PSN B-2014-423-1/1

**移动互联网蓝皮书**
中国移动互联网发展报告（2017）
著(编)者：官建文 2017年6月出版 / 估价：89.00元
PSN B-2012-282-1/1

**舆情蓝皮书**
中国社会舆情与危机管理报告（2017）
著(编)者：谢耘耕 2017年9月出版 / 估价：128.00元
PSN B-2011-235-1/1

**影视风控蓝皮书**
中国影视舆情与风控报告（2017）
著(编)者：司若 2017年4月出版 / 估价：138.00元
PSN B-2016-530-1/1

# 地方发展类

**安徽经济蓝皮书**
合芜蚌国家自主创新综合示范区研究报告（2016~2017）
著(编)者：王开玉 2017年11月出版 / 估价：89.00元
PSN B-2014-383-1/1

**安徽蓝皮书**
安徽社会发展报告（2017）
著(编)者：程桦 2017年4月出版 / 估价：89.00元
PSN B-2013-325-1/1

**安徽社会建设蓝皮书**
安徽社会建设分析报告（2016~2017）
著(编)者：黄家海 王开玉 蔡宪
2016年4月出版 / 估价：89.00元
PSN B-2013-322-1/1

**澳门蓝皮书**
澳门经济社会发展报告（2016~2017）
著(编)者：吴志良 郝雨凡 2017年6月出版 / 估价：98.00元
PSN B-2009-138-1/1

**北京蓝皮书**
北京公共服务发展报告（2016~2017）
著(编)者：施昌奎 2017年2月出版 / 估价：89.00元
PSN B-2008-103-7/8

**北京蓝皮书**
北京经济发展报告（2016~2017）
著(编)者：杨松 2017年6月出版 / 估价：89.00元
PSN B-2006-054-2/8

**北京蓝皮书**
北京社会发展报告（2016~2017）
著(编)者：李伟东 2017年6月出版 / 估价：89.00元
PSN B-2006-055-3/8

**北京蓝皮书**
北京社会治理发展报告（2016~2017）
著(编)者：殷星辰 2017年5月出版 / 估价：89.00元
PSN B-2014-391-8/8

**北京蓝皮书**
北京文化发展报告（2016~2017）
著(编)者：李建盛 2017年4月出版 / 估价：89.00元
PSN B-2007-082-4/8

**北京律师绿皮书**
北京律师发展报告No.3（2017）
著(编)者：王隽 2017年7月出版 / 估价：88.00元
PSN G-2012-301-1/1

**北京旅游蓝皮书**
北京旅游发展报告（2017）
著(编)者：北京旅游学会　2017年1月出版 / 估价：88.00元
PSN B-2011-217-1/1

**北京人才蓝皮书**
北京人才发展报告（2017）
著(编)者：于淼　2017年12月出版 / 估价：128.00元
PSN B-2011-201-1/1

**北京社会心态蓝皮书**
北京社会心态分析报告（2016～2017）
著(编)者：北京社会心理研究所
2017年8月出版 / 估价：89.00元
PSN B-2014-422-1/1

**北京社会组织管理蓝皮书**
北京社会组织发展与管理（2016～2017）
著(编)者：黄江松　2017年4月出版 / 估价：88.00元
PSN B-2015-446-1/1

**北京体育蓝皮书**
北京体育产业发展报告（2016～2017）
著(编)者：钟秉枢 陈杰 杨铁黎
2017年9月出版 / 估价：89.00元
PSN B-2015-475-1/1

**北京养老产业蓝皮书**
北京养老产业发展报告（2017）
著(编)者：周明明 冯喜良　2017年8月出版 / 估价：89.00元
PSN B-2015-465-1/1

**滨海金融蓝皮书**
滨海新区金融发展报告（2017）
著(编)者：王爱俭 张锐钢　2017年12月出版 / 估价：89.00元
PSN B-2014-424-1/1

**城乡一体化蓝皮书**
中国城乡一体化发展报告•北京卷（2016～2017）
著(编)者：张宝秀 黄序　2017年5月出版 / 估价：89.00元
PSN B-2012-258-2/2

**创意城市蓝皮书**
北京文化创意产业发展报告（2017）
著(编)者：张京成 王国华　2017年10月出版 / 估价：89.00元
PSN B-2012-263-1/7

**创意城市蓝皮书**
青岛文化创意产业发展报告（2017）
著(编)者：马达 张丹妮　2017年8月出版 / 估价：89.00元
PSN B-2011-235-1/1

**创意城市蓝皮书**
天津文化创意产业发展报告（2016～2017）
著(编)者：谢思全　2017年6月出版 / 估价：89.00元
PSN B-2016-537-7/7

**创意城市蓝皮书**
无锡文化创意产业发展报告（2017）
著(编)者：谭军 张鸣年　2017年10月出版 / 估价：89.00元
PSN B-2013-346-3/7

**创意城市蓝皮书**
武汉文化创意产业发展报告（2017）
著(编)者：黄永林 陈汉桥　2017年9月出版 / 估价：99.00元
PSN B-2013-354-4/7

**创意上海蓝皮书**
上海文化创意产业发展报告（2016～2017）
著(编)者：王慧敏 王兴全　2017年8月出版 / 估价：89.00元
PSN B-2016-562-1/1

**福建妇女发展蓝皮书**
福建省妇女发展报告（2017）
著(编)者：刘群英　2017年11月出版 / 估价：88.00元
PSN B-2011-220-1/1

**福建自贸区蓝皮书**
中国（福建）自由贸易实验区发展报告（2016～2017）
著(编)者：黄茂兴　2017年4月出版 / 估价：108.00元
PSN B-2017-532-1/1

**甘肃蓝皮书**
甘肃经济发展分析与预测（2017）
著(编)者：朱智文 罗哲　2017年1月出版 / 估价：89.00元
PSN B-2013-312-1/6

**甘肃蓝皮书**
甘肃社会发展分析与预测（2017）
著(编)者：安文华 包晓霞 谢增虎
2017年1月出版 / 估价：89.00元
PSN B-2013-313-2/6

**甘肃蓝皮书**
甘肃文化发展分析与预测（2017）
著(编)者：安文华 周小华　2017年1月出版 / 估价：89.00元
PSN B-2013-314-3/6

**甘肃蓝皮书**
甘肃县域和农村发展报告（2017）
著(编)者：刘进军 柳民 王建兵
2017年1月出版 / 估价：89.00元
PSN B-2013-316-5/6

**甘肃蓝皮书**
甘肃舆情分析与预测（2017）
著(编)者：陈双梅 郝树声　2017年1月出版 / 估价：89.00元
PSN B-2013-315-4/6

**甘肃蓝皮书**
甘肃商贸流通发展报告（2017）
著(编)者：杨志武 王福生 王晓芳
2017年1月出版 / 估价：89.00元
PSN B-2016-523-6/6

**广东蓝皮书**
广东全面深化改革发展报告（2017）
著(编)者：周林生 涂成林　2017年12月出版 / 估价：89.00元
PSN B-2015-504-3/3

**广东蓝皮书**
广东社会工作发展报告（2017）
著(编)者：罗观翠　2017年6月出版 / 估价：89.00元
PSN B-2014-402-2/3

**广东蓝皮书**
广东省电子商务发展报告（2017）
著(编)者：程晓 邓顺国　2017年7月出版 / 估价：89.00元
PSN B-2013-360-1/3

**广东社会建设蓝皮书**
广东省社会建设发展报告（2017）
著(编)者：广东省社会工作委员会
2017年12月出版 / 估价：99.00元
PSN B-2014-436-1/1

**广东外经贸蓝皮书**
广东对外经济贸易发展研究报告（2016~2017）
著(编)者：陈万灵　2017年8月出版 / 估价：98.00元
PSN B-2012-286-1/1

**广西北部湾经济区蓝皮书**
广西北部湾经济区开放开发报告（2017）
著(编)者：广西北部湾经济区规划建设管理委员会办公室
　　　　　广西社会科学院广西北部湾发展研究院
2017年2月出版 / 估价：89.00元
PSN B-2010-181-1/1

**巩义蓝皮书**
巩义经济社会发展报告（2017）
著(编)者：丁同民 朱军　2017年4月出版 / 估价：58.00元
PSN B-2016-533-1/1

**广州蓝皮书**
2017年中国广州经济形势分析与预测
著(编)者：庾建设 陈浩钿 谢博能
2017年7月出版 / 估价：85.00元
PSN B-2011-185-9/14

**广州蓝皮书**
2017年中国广州社会形势分析与预测
著(编)者：张强 陈怡霓 杨秦　2017年6月出版 / 估价：85.00元
PSN B-2008-110-5/14

**广州蓝皮书**
广州城市国际化发展报告（2017）
著(编)者：朱名宏　2017年8月出版 / 估价：79.00元
PSN B-2012-246-11/14

**广州蓝皮书**
广州创新型城市发展报告（2017）
著(编)者：尹涛　2017年7月出版 / 估价：79.00元
PSN B-2012-247-12/14

**广州蓝皮书**
广州经济发展报告（2017）
著(编)者：朱名宏　2017年7月出版 / 估价：79.00元
PSN B-2005-040-1/14

**广州蓝皮书**
广州农村发展报告（2017）
著(编)者：朱名宏　2017年8月出版 / 估价：79.00元
PSN B-2010-167-8/14

**广州蓝皮书**
广州汽车产业发展报告（2017）
著(编)者：杨再高 冯兴亚　2017年7月出版 / 估价：79.00元
PSN B-2006-066-3/14

**广州蓝皮书**
广州青年发展报告（2016~2017）
著(编)者：徐柳 张强　2017年9月出版 / 估价：79.00元
PSN B-2013-352-13/14

**广州蓝皮书**
广州商贸业发展报告（2017）
著(编)者：李江涛 肖振宇 荀振英
2017年7月出版 / 估价：79.00元
PSN B-2012-245-10/14

**广州蓝皮书**
广州社会保障发展报告（2017）
著(编)者：蔡国萱　2017年8月出版 / 估价：79.00元
PSN B-2014-425-14/14

**广州蓝皮书**
广州文化创意产业发展报告（2017）
著(编)者：徐咏虹　2017年7月出版 / 估价：79.00元
PSN B-2008-111-6/14

**广州蓝皮书**
中国广州城市建设与管理发展报告（2017）
著(编)者：董皞 陈小钢 李江涛
2017年7月出版 / 估价：85.00元
PSN B-2007-087-4/14

**广州蓝皮书**
中国广州科技创新发展报告（2017）
著(编)者：邹采荣 马正勇 陈爽
2017年7月出版 / 估价：79.00元
PSN B-2006-065-2/14

**广州蓝皮书**
中国广州文化发展报告（2017）
著(编)者：徐俊忠 陆志强 顾涧清
2017年7月出版 / 估价：79.00元
PSN B-2009-134-7/14

**贵阳蓝皮书**
贵阳城市创新发展报告No.2（白云篇）
著(编)者：连玉明　2017年10月出版 / 估价：89.00元
PSN B-2015-491-3/10

**贵阳蓝皮书**
贵阳城市创新发展报告No.2（观山湖篇）
著(编)者：连玉明　2017年10月出版 / 估价：89.00元
PSN B-2011-235-1/1

**贵阳蓝皮书**
贵阳城市创新发展报告No.2（花溪篇）
著(编)者：连玉明　2017年10月出版 / 估价：89.00元
PSN B-2015-490-2/10

**贵阳蓝皮书**
贵阳城市创新发展报告No.2（开阳篇）
著(编)者：连玉明　2017年10月出版 / 估价：89.00元
PSN B-2015-492-4/10

**贵阳蓝皮书**
贵阳城市创新发展报告No.2（南明篇）
著(编)者：连玉明　2017年10月出版 / 估价：89.00元
PSN B-2015-496-8/10

**贵阳蓝皮书**
贵阳城市创新发展报告No.2（清镇篇）
著(编)者：连玉明　2017年10月出版 / 估价：89.00元
PSN B-2015-489-1/10

贵阳蓝皮书
贵阳城市创新发展报告No.2（乌当篇）
著(编)者：连玉明　2017年10月出版 / 估价：89.00元
PSN B-2015-495-7/10

贵阳蓝皮书
贵阳城市创新发展报告No.2（息烽篇）
著(编)者：连玉明　2017年10月出版 / 估价：89.00元
PSN B-2015-493-5/10

贵阳蓝皮书
贵阳城市创新发展报告No.2（修文篇）
著(编)者：连玉明　2017年10月出版 / 估价：89.00元
PSN B-2015-494-6/10

贵阳蓝皮书
贵阳城市创新发展报告No.2（云岩篇）
著(编)者：连玉明　2017年10月出版 / 估价：89.00元
PSN B-2015-498-10/10

贵州房地产蓝皮书
贵州房地产发展报告No.4（2017）
著(编)者：武廷方　2017年7月出版 / 估价：89.00元
PSN B-2014-426-1/1

贵州蓝皮书
贵州册亨经济社会发展报告(2017)
著(编)者：黄德林　2017年3月出版 / 估价：89.00元
PSN B-2016-526-8/9

贵安新区发展报告（2016~2017）
著(编)者：马长青　吴大华　2017年6月出版 / 估价：89.00元
PSN B-2015-459-4/9

贵州蓝皮书
贵州法治发展报告（2017）
著(编)者：吴大华　2017年5月出版 / 估价：89.00元
PSN B-2012-254-2/9

贵州蓝皮书
贵州国有企业社会责任发展报告（2016~2017）
著(编)者：郭丽　周航　万强
2017年12月出版 / 估价：89.00元
PSN B-2015-512-6/9

贵州蓝皮书
贵州民航业发展报告（2017）
著(编)者：申振东　吴大华　2017年10月出版 / 估价：89.00元
PSN B-2015-471-5/9

贵州蓝皮书
贵州民营经济发展报告（2017）
著(编)者：杨静　吴大华　2017年3月出版 / 估价：89.00元
PSN B-2016-531-9/9

贵州蓝皮书
贵州人才发展报告（2017）
著(编)者：于杰　吴大华　2017年9月出版 / 估价：89.00元
PSN B-2014-382-3/9

贵州蓝皮书
贵州社会发展报告（2017）
著(编)者：王兴骥　2017年6月出版 / 估价：89.00元
PSN B-2010-166-1/9

贵州蓝皮书
贵州国家级开放创新平台发展报告（2017）
著(编)者：申晓庆　吴大华　李泓
2017年6月出版 / 估价：89.00元
PSN B-2016-518-1/9

海淀蓝皮书
海淀区文化和科技融合发展报告（2017）
著(编)者：陈名杰　孟景伟　2017年5月出版 / 估价：85.00元
PSN B-2013-329-1/1

杭州都市圈蓝皮书
杭州都市圈发展报告（2017）
著(编)者：沈翔　戚建国　2017年5月出版 / 估价：128.00元
PSN B-2012-302-1/1

杭州蓝皮书
杭州妇女发展报告（2017）
著(编)者：魏颖　2017年6月出版 / 估价：89.00元
PSN B-2014-403-1/1

河北经济蓝皮书
河北省经济发展报告（2017）
著(编)者：马树强　金浩　张贵
2017年4月出版 / 估价：89.00元
PSN B-2014-380-1/1

河北蓝皮书
河北经济社会发展报告（2017）
著(编)者：郭金平　2017年1月出版 / 估价：89.00元
PSN B-2014-372-1/1

河北食品药品安全蓝皮书
河北食品药品安全研究报告（2017）
著(编)者：丁锦霞　2017年6月出版 / 估价：89.00元
PSN B-2015-473-1/1

河南经济蓝皮书
2017年河南经济形势分析与预测
著(编)者：胡五岳　2017年2月出版 / 估价：89.00元
PSN B-2007-086-1/1

河南蓝皮书
2017年河南社会形势分析与预测
著(编)者：刘道兴　牛苏林　2017年4月出版 / 估价89.00元
PSN B-2005-043-1/8

河南蓝皮书
河南城市发展报告（2017）
著(编)者：张占仓　王建国　2017年5月出版 / 估价：89.00元
PSN B-2009-131-3/8

河南蓝皮书
河南法治发展报告（2017）
著(编)者：丁同民　张林海　2017年5月出版 / 估价：89.00元
PSN B-2014-376-6/8

河南蓝皮书
河南工业发展报告（2017）
著(编)者：张占仓　丁同民　2017年5月出版 / 估价：89.00元
PSN B-2013-317-5/8

河南蓝皮书
河南金融发展报告（2017）
著(编)者：河南省社会科学院
2017年6月出版 / 估价：89.00元
PSN B-2014-390-7/8

**河南蓝皮书**
河南经济发展报告（2017）
著(编)者：张占仓　2017年3月出版 / 估价：89.00元
PSN B-2010-157-4/8

**河南蓝皮书**
河南农业农村发展报告（2017）
著(编)者：吴海峰　2017年4月出版 / 估价：89.00元
PSN B-2015-445-8/8

**河南蓝皮书**
河南文化发展报告（2017）
著(编)者：卫绍生　2017年3月出版 / 估价：88.00元
PSN B-2008-106-2/8

**河南商务蓝皮书**
河南商务发展报告（2017）
著(编)者：焦锦淼 穆荣国　2017年6月出版 / 估价：88.00元
PSN B-2014-399-1/1

**黑龙江蓝皮书**
黑龙江经济发展报告（2017）
著(编)者：朱宇　2017年1月出版 / 估价：89.00元
PSN B-2011-190-2/2

**黑龙江蓝皮书**
黑龙江社会发展报告（2017）
著(编)者：谢宝禄　2017年1月出版 / 估价：89.00元
PSN B-2011-189-1/2

**湖北文化蓝皮书**
湖北文化发展报告（2017）
著(编)者：吴成国　2017年10月出版 / 估价：95.00元
PSN B-2016-567-1/1

**湖南城市蓝皮书**
区域城市群整合
著(编)者：童中贤 韩未名
2017年12月出版 / 估价：89.00元
PSN B-2006-064-1/1

**湖南蓝皮书**
2017年湖南产业发展报告
著(编)者：梁志峰　2017年5月出版 / 估价：128.00元
PSN B-2011-207-2/8

**湖南蓝皮书**
2017年湖南电子政务发展报告
著(编)者：梁志峰　2017年5月出版 / 估价：128.00元
PSN B-2014-394-6/8

**湖南蓝皮书**
2017年湖南经济展望
著(编)者：梁志峰　2017年5月出版 / 估价：128.00元
PSN B-2011-206-1/8

**湖南蓝皮书**
2017年湖南两型社会与生态文明发展报告
著(编)者：梁志峰　2017年5月出版 / 估价：128.00元
PSN B-2011-208-3/8

**湖南蓝皮书**
2017年湖南社会发展报告
著(编)者：梁志峰　2017年5月出版 / 估价：128.00元
PSN B-2014-393-5/8

**湖南蓝皮书**
2017年湖南县域经济社会发展报告
著(编)者：梁志峰　2017年5月出版 / 估价：128.00元
PSN B-2014-395-7/8

**湖南蓝皮书**
湖南城乡一体化发展报告（2017）
著(编)者：陈文胜 王文强 陆福兴 邝奕轩
2017年6月出版 / 估价：89.00元
PSN B-2015-477-8/8

**湖南县域绿皮书**
湖南县域发展报告 No.3
著(编)者：袁准 周小毛　2017年9月出版 / 估价：89.00元
PSN G-2012-274-1/1

**沪港蓝皮书**
沪港发展报告（2017）
著(编)者：尤安山　2017年9月出版 / 估价：89.00元
PSN B-2013-362-1/1

**吉林蓝皮书**
2017年吉林经济社会形势分析与预测
著(编)者：马克　2015年12月出版 / 估价：89.00元
PSN B-2013-319-1/1

**吉林省城市竞争力蓝皮书**
吉林省城市竞争力报告（2017）
著(编)者：崔岳春 张磊　2017年3月出版 / 估价：89.00元
PSN B-2015-508-1/1

**济源蓝皮书**
济源经济社会发展报告（2017）
著(编)者：喻新安　2017年4月出版 / 估价：89.00元
PSN B-2014-387-1/1

**健康城市蓝皮书**
北京健康城市建设研究报告（2017）
著(编)者：王鸿春　2017年8月出版 / 估价：89.00元
PSN B-2015-460-1/2

**江苏法治蓝皮书**
江苏法治发展报告 No.6（2017）
著(编)者：蔡道通 龚廷泰　2017年8月出版 / 估价：98.00元
PSN B-2012-290-1/1

**江西蓝皮书**
江西经济社会发展报告（2017）
著(编)者：张勇 姜玮 梁勇　2017年10月出版 / 估价：89.00元
PSN B-2015-484-1/2

**江西蓝皮书**
江西设区市发展报告（2017）
著(编)者：姜玮 梁勇　2017年10月出版 / 估价：79.00元
PSN B-2016-517-2/2

**江西文化蓝皮书**
江西文化产业发展报告（2017）
著(编)者：张圣才 汪春翔
2017年10月出版 / 估价：128.00元
PSN B-2015-499-1/1

街道蓝皮书
北京街道发展报告No.2（白纸坊篇）
著(编)者: 连玉明　2017年8月出版 / 估价: 98.00元
PSN B-2016-544-7/15

街道蓝皮书
北京街道发展报告No.2（椿树篇）
著(编)者: 连玉明　2017年8月出版 / 估价: 98.00元
PSN B-2016-548-11/15

街道蓝皮书
北京街道发展报告No.2（大栅栏篇）
著(编)者: 连玉明　2017年8月出版 / 估价: 98.00元
PSN B-2016-552-15/15

街道蓝皮书
北京街道发展报告No.2（德胜篇）
著(编)者: 连玉明　2017年8月出版 / 估价: 98.00元
PSN B-2016-551-14/15

街道蓝皮书
北京街道发展报告No.2（广安门内篇）
著(编)者: 连玉明　2017年8月出版 / 估价: 98.00元
PSN B-2016-540-3/15

街道蓝皮书
北京街道发展报告No.2（广安门外篇）
著(编)者: 连玉明　2017年8月出版 / 估价: 98.00元
PSN B-2016-547-10/15

街道蓝皮书
北京街道发展报告No.2（金融街篇）
著(编)者: 连玉明　2017年8月出版 / 估价: 98.00元
PSN B-2016-538-1/15

街道蓝皮书
北京街道发展报告No.2（牛街篇）
著(编)者: 连玉明　2017年8月出版 / 估价: 98.00元
PSN B-2016-545-8/15

街道蓝皮书
北京街道发展报告No.2（什刹海篇）
著(编)者: 连玉明　2017年8月出版 / 估价: 98.00元
PSN B-2016-546-9/15

街道蓝皮书
北京街道发展报告No.2（陶然亭篇）
著(编)者: 连玉明　2017年8月出版 / 估价: 98.00元
PSN B-2016-542-5/15

街道蓝皮书
北京街道发展报告No.2（天桥篇）
著(编)者: 连玉明　2017年8月出版 / 估价: 98.00元
PSN B-2016-549-12/15

街道蓝皮书
北京街道发展报告No.2（西长安街篇）
著(编)者: 连玉明　2017年8月出版 / 估价: 98.00元
PSN B-2016-543-6/15

街道蓝皮书
北京街道发展报告No.2（新街口篇）
著(编)者: 连玉明　2017年8月出版 / 估价: 98.00元
PSN B-2016-541-4/15

街道蓝皮书
北京街道发展报告No.2（月坛篇）
著(编)者: 连玉明　2017年8月出版 / 估价: 98.00元
PSN B-2016-539-2/15

街道蓝皮书
北京街道发展报告No.2（展览路篇）
著(编)者: 连玉明　2017年8月出版 / 估价: 98.00元
PSN B-2016-550-13/15

经济特区蓝皮书
中国经济特区发展报告（2017）
著(编)者: 陶一桃　2017年12月出版 / 估价: 98.00元
PSN B-2009-139-1/1

辽宁蓝皮书
2017年辽宁经济社会形势分析与预测
著(编)者: 曹晓峰　梁启东
2017年1月出版 / 估价: 79.00元
PSN B-2006-053-1/1

洛阳蓝皮书
洛阳文化发展报告（2017）
著(编)者: 刘福兴　陈启明　2017年7月出版 / 估价: 89.00元
PSN B-2015-476-1/1

南京蓝皮书
南京文化发展报告（2017）
著(编)者: 徐宁　2017年10月出版 / 估价: 89.00元
PSN B-2014-439-1/1

南宁蓝皮书
南宁经济发展报告（2017）
著(编)者: 胡建华　2017年9月出版 / 估价: 79.00元
PSN B-2016-570-2/3

南宁蓝皮书
南宁社会发展报告（2017）
著(编)者: 胡建华　2017年9月出版 / 估价: 79.00元
PSN B-2016-571-3/3

内蒙古蓝皮书
内蒙古反腐倡廉建设报告 No.2
著(编)者: 张志华　无极　2017年12月出版 / 估价: 79.00元
PSN B-2013-365-1/1

浦东新区蓝皮书
上海浦东经济发展报告（2017）
著(编)者: 沈开艳　周奇　2017年1月出版 / 估价: 89.00元
PSN B-2011-225-1/1

青海蓝皮书
2017年青海经济社会形势分析与预测
著(编)者: 陈玮　2015年12月出版 / 估价: 79.00元
PSN B-2012-275-1/1

人口与健康蓝皮书
深圳人口与健康发展报告（2017）
著(编)者: 陆杰华　罗乐宣　苏杨
2017年11月出版 / 估价: 89.00元
PSN B-2011-228-1/1

**山东蓝皮书**
山东经济形势分析与预测（2017）
著(编)者：李广杰　　2017年7月出版 / 估价：89.00元
PSN B-2014-404-1/4

**山东蓝皮书**
山东社会形势分析与预测（2017）
著(编)者：张华 唐洲雁　　2017年6月出版 / 估价：89.00元
PSN B-2014-405-2/4

**山东蓝皮书**
山东文化发展报告（2017）
著(编)者：涂可国　　2017年11月出版 / 估价：98.00元
PSN B-2014-406-3/4

**山西蓝皮书**
山西资源型经济转型发展报告（2017）
著(编)者：李志强　　2017年7月出版 / 估价：89.00元
PSN B-2011-197-1/1

**陕西蓝皮书**
陕西经济发展报告（2017）
著(编)者：任宗哲 白宽犁 裴成荣
2015年12月出版 / 估价：89.00元
PSN B-2009-135-1/5

**陕西蓝皮书**
陕西社会发展报告（2017）
著(编)者：任宗哲 白宽犁 牛昉
2015年12月出版 / 估价：89.00元
PSN B-2009-136-2/5

**陕西蓝皮书**
陕西文化发展报告（2017）
著(编)者：任宗哲 白宽犁 王长寿
2015年12月出版 / 估价：89.00元
PSN B-2009-137-3/5

**上海蓝皮书**
上海传媒发展报告（2017）
著(编)者：强荧 焦雨虹　　2017年1月出版 / 估价：89.00元
PSN B-2012-295-5/7

**上海蓝皮书**
上海法治发展报告（2017）
著(编)者：叶青　　2017年6月出版 / 估价：89.00元
PSN B-2012-296-6/7

**上海蓝皮书**
上海经济发展报告（2017）
著(编)者：沈开艳　　2017年1月出版 / 估价：89.00元
PSN B-2006-057-1/7

**上海蓝皮书**
上海社会发展报告（2017）
著(编)者：杨雄 周海旺　　2017年1月出版 / 估价：89.00元
PSN B-2006-058-2/7

**上海蓝皮书**
上海文化发展报告（2017）
著(编)者：荣跃明　　2017年1月出版 / 估价：89.00元
PSN B-2006-059-3/7

**上海蓝皮书**
上海文学发展报告（2017）
著(编)者：陈圣来　　2017年6月出版 / 估价：89.00元
PSN B-2012-297-7/7

**上海蓝皮书**
上海资源环境发展报告（2017）
著(编)者：周冯琦 汤庆合 任文伟
2017年1月出版 / 估价：89.00元
PSN B-2006-060-4/7

**社会建设蓝皮书**
2017年北京社会建设分析报告
著(编)者：宋贵伦 冯虹　　2017年10月出版 / 估价：89.00元
PSN B-2010-173-1/1

**深圳蓝皮书**
深圳法治发展报告（2017）
著(编)者：张骁儒　　2017年6月出版 / 估价：89.00元
PSN B-2015-470-6/7

**深圳蓝皮书**
深圳经济发展报告（2017）
著(编)者：张骁儒　　2017年7月出版 / 估价：89.00元
PSN B-2008-112-3/7

**深圳蓝皮书**
深圳劳动关系发展报告（2017）
著(编)者：汤庭芬　　2017年6月出版 / 估价：89.00元
PSN B-2007-097-2/7

**深圳蓝皮书**
深圳社会建设与发展报告（2017）
著(编)者：张骁儒 陈东平　　2017年7月出版 / 估价：89.00元
PSN B-2008-113-4/7

**深圳蓝皮书**
深圳文化发展报告（2017）
著(编)者：张骁儒　　2017年7月出版 / 估价：89.00元
PSN B-2016-555-7/7

**四川法治蓝皮书**
丝绸之路经济带发展报告（2016~2017）
著(编)者：任宗哲 白宽犁 谷孟宾
2017年12月出版 / 估价：85.00元
PSN B-2014-410-1/1

**四川法治蓝皮书**
四川依法治省年度报告 No.3（2017）
著(编)者：李林 杨天宗 田禾
2017年3月出版 / 估价：108.00元
PSN B-2015-447-1/1

**四川蓝皮书**
2017年四川经济形势分析与预测
著(编)者：杨钢　　2017年1月出版 / 估价：98.00元
PSN B-2007-098-2/7

**四川蓝皮书**
四川城镇化发展报告（2017）
著(编)者：侯水平 陈炜　　2017年4月出版 / 估价：85.00元
PSN B-2015-456-7/7

**四川蓝皮书**
四川法治发展报告（2017）
著(编)者: 郑泰安　2017年1月出版 / 估价: 89.00元
PSN B-2015-441-5/7

**四川蓝皮书**
四川企业社会责任研究报告（2016～2017）
著(编)者: 侯水平 盛毅 翟刚
2017年4月出版 / 估价: 89.00元
PSN B-2014-386-4/7

**四川蓝皮书**
四川社会发展报告（2017）
著(编)者: 李羚　2017年5月出版 / 估价: 89.00元
PSN B-2008-127-3/7

**四川蓝皮书**
四川生态建设报告（2017）
著(编)者: 李晟之　2017年4月出版 / 估价: 85.00元
PSN B-2015-455-6/7

**四川蓝皮书**
四川文化产业发展报告（2017）
著(编)者: 向宝云 张立伟
2017年4月出版 / 估价: 89.00元
PSN B-2006-074-1/7

**体育蓝皮书**
上海体育产业发展报告（2016～2017）
著(编)者: 张林 黄海燕
2017年10月出版 / 估价: 89.00元
PSN B-2015-454-4/4

**体育蓝皮书**
长三角地区体育产业发展报告（2016～2017）
著(编)者: 张林　2017年4月出版 / 估价: 89.00元
PSN B-2015-453-3/4

**天津金融蓝皮书**
天津金融发展报告（2017）
著(编)者: 王爱俭 孔德昌
2017年12月出版 / 估价: 98.00元
PSN B-2014-418-1/1

**图们江区域合作蓝皮书**
图们江区域合作发展报告（2017）
著(编)者: 李铁　2017年6月出版 / 估价: 98.00元
PSN B-2015-464-1/1

**温州蓝皮书**
2017年温州经济社会形势分析与预测
著(编)者: 潘忠强 王春光 金浩
2017年4月出版 / 估价: 89.00元
PSN B-2008-105-1/1

**西咸新区蓝皮书**
西咸新区发展报告（2016~2017）
著(编)者: 李扬 王军　2017年6月出版 / 估价: 89.00元
PSN B-2016-535-1/1

**扬州蓝皮书**
扬州经济社会发展报告（2017）
著(编)者: 丁纯　2017年12月出版 / 估价: 98.00元
PSN B-2011-191-1/1

**长株潭城市群蓝皮书**
长株潭城市群发展报告（2017）
著(编)者: 张萍　2017年12月出版 / 估价: 89.00元
PSN B-2008-109-1/1

**中医文化蓝皮书**
北京中医文化传播发展报告（2017）
著(编)者: 毛嘉陵　2017年5月出版 / 估价: 79.00元
PSN B-2015-468-1/2

**珠三角流通蓝皮书**
珠三角商圈发展研究报告（2017）
著(编)者: 王先庆 林至颖
2017年7月出版 / 估价: 98.00元
PSN B-2012-292-1/1

**遵义蓝皮书**
遵义发展报告（2017）
著(编)者: 曾征 龚永育 雍思强
2017年12月出版 / 估价: 89.00元
PSN B-2014-433-1/1

# 国际问题类

**"一带一路"跨境通道蓝皮书**
"一带一路"跨境通道建设研究报告（2017）
著(编)者: 郭业洲　2017年8月出版 / 估价: 89.00元
PSN B-2016-558-1/1

**"一带一路"蓝皮书**
"一带一路"建设发展报告（2017）
著(编)者: 孔丹 李永全　2017年7月出版 / 估价: 89.00元
PSN B-2016-553-1/1

**阿拉伯黄皮书**
阿拉伯发展报告（2016～2017）
著(编)者: 罗林　2017年11月出版 / 估价: 89.00元
PSN Y-2014-381-1/1

**北部湾蓝皮书**
泛北部湾合作发展报告（2017）
著(编)者: 吕余生　2017年12月出版 / 估价: 85.00元
PSN B-2008-114-1/1

**大湄公河次区域蓝皮书**
大湄公河次区域合作发展报告（2017）
著(编)者: 刘稚　2017年8月出版 / 估价: 89.00元
PSN B-2011-196-1/1

**大洋洲蓝皮书**
大洋洲发展报告（2017）
著(编)者: 喻常森　2017年10月出版 / 估价: 89.00元
PSN B-2013-341-1/1

**德国蓝皮书**
德国发展报告（2017）
著(编)者：郑春荣　2017年6月出版 / 估价：89.00元
PSN B-2012-278-1/1

**东盟黄皮书**
东盟发展报告（2017）
著(编)者：杨晓强　庄国土
2017年3月出版 / 估价：89.00元
PSN Y-2012-303-1/1

**东南亚蓝皮书**
东南亚地区发展报告（2016～2017）
著(编)者：厦门大学东南亚研究中心　王勤
2017年12月出版 / 估价：89.00元
PSN B-2012-240-1/1

**俄罗斯黄皮书**
俄罗斯发展报告（2017）
著(编)者：李永全　2017年7月出版 / 估价：89.00元
PSN Y-2006-061-1/1

**非洲黄皮书**
非洲发展报告No.19（2016～2017）
著(编)者：张宏明　2017年8月出版 / 估价：89.00元
PSN Y-2012-239-1/1

**公共外交蓝皮书**
中国公共外交发展报告（2017）
著(编)者：赵启正　雷蔚真
2017年4月出版 / 估价：89.00元
PSN B-2015-457-1/1

**国际安全蓝皮书**
中国国际安全研究报告(2017)
著(编)者：刘慧　2017年7月出版 / 估价：98.00元
PSN B-2016-522-1/1

**国际形势黄皮书**
全球政治与安全报告（2017）
著(编)者：李慎明　张宇燕
2016年12月出版 / 估价：89.00元
PSN Y-2001-016-1/1

**韩国蓝皮书**
韩国发展报告（2017）
著(编)者：牛林杰　刘宝全
2017年11月出版 / 估价：89.00元
PSN B-2010-155-1/1

**加拿大蓝皮书**
加拿大发展报告（2017）
著(编)者：仲伟合　2017年9月出版 / 估价：89.00元
PSN B-2014-389-1/1

**拉美黄皮书**
拉丁美洲和加勒比发展报告（2016～2017）
著(编)者：吴白乙　2017年6月出版 / 估价：89.00元
PSN Y-1999-007-1/1

**美国蓝皮书**
美国研究报告（2017）
著(编)者：郑秉文　黄平　2017年6月出版 / 估价：89.00元
PSN B-2011-210-1/1

**缅甸蓝皮书**
缅甸国情报告（2017）
著(编)者：李晨阳　2017年12月出版 / 估价：86.00元
PSN B-2013-343-1/1

**欧洲蓝皮书**
欧洲发展报告（2016～2017）
著(编)者：黄平　周弘　江时学
2017年6月出版 / 估价：89.00元
PSN B-1999-009-1/1

**葡语国家蓝皮书**
葡语国家发展报告（2017）
著(编)者：王成安　张敏　2017年12月出版 / 估价：89.00元
PSN B-2015-503-1/2

**葡语国家蓝皮书**
中国与葡语国家关系发展报告·巴西（2017）
著(编)者：张曦光　2017年8月出版 / 估价：89.00元
PSN B-2016-564-2/2

**日本经济蓝皮书**
日本经济与中日经贸关系研究报告（2017）
著(编)者：张季风　2017年5月出版 / 估价：89.00元
PSN B-2008-102-1/1

**日本蓝皮书**
日本研究报告（2017）
著(编)者：杨柏江　2017年5月出版 / 估价：89.00元
PSN B-2002-020-1/1

**上海合作组织黄皮书**
上海合作组织发展报告（2017）
著(编)者：李进峰　吴宏伟　李少捷
2017年6月出版 / 估价：89.00元
PSN Y-2009-130-1/1

**世界创新竞争力黄皮书**
世界创新竞争力发展报告（2017）
著(编)者：李闽榕　李建平　赵新力
2017年1月出版 / 估价：148.00元
PSN Y-2013-318-1/1

**泰国蓝皮书**
泰国研究报告（2017）
著(编)者：庄国土　张禹东
2017年8月出版 / 估价：118.00元
PSN B-2016-557-1/1

**土耳其蓝皮书**
土耳其发展报告（2017）
著(编)者：郭长刚　刘义　2017年9月出版 / 估价：89.00元
PSN B-2014-412-1/1

**亚太蓝皮书**
亚太地区发展报告（2017）
著(编)者：李向阳　2017年3月出版 / 估价：89.00元
PSN B-2001-015-1/1

**印度蓝皮书**
印度国情报告（2017）
著(编)者：吕昭义　2017年12月出版 / 估价：89.00元
PSN B-2012-241-1/1

**印度洋地区蓝皮书**
印度洋地区发展报告（2017）
著(编)者：汪戎　　2017年6月出版 / 估价：89.00元
PSN B-2013-334-1/1

**英国蓝皮书**
英国发展报告（2016~2017）
著(编)者：王展鹏　　2017年11月出版 / 估价：89.00元
PSN B-2015-486-1/1

**越南蓝皮书**
越南国情报告（2017）
著(编)者：广西社会科学院　罗梅　李碧华
2017年12月出版 / 估价：89.00元
PSN B-2006-056-1/1

**以色列蓝皮书**
以色列发展报告（2017）
著(编)者：张倩红　　2017年8月出版 / 估价：89.00元
PSN B-2015-483-1/1

**伊朗蓝皮书**
伊朗发展报告（2017）
著(编)者：冀开远　　2017年10月出版 / 估价：89.00元
PSN B-2016-575-1/1

**中东黄皮书**
中东发展报告 No.19（2016~2017）
著(编)者：杨光　　2017年10月出版 / 估价：89.00元
PSN Y-1998-004-1/1

**中亚黄皮书**
中亚国家发展报告（2017）
著(编)者：孙力　吴宏伟　　2017年7月出版 / 估价：98.00元
PSN Y-2012-238-1/1

皮书序列号是社会科学文献出版社专门为识别皮书、管理皮书而设计的编号。皮书序列号是出版皮书的许可证号，是区别皮书与其他图书的重要标志。

它由一个前缀和四部分构成。这四部分之间用连字符"-"连接。前缀和这四部分之间空半个汉字（见示例）。

《国际人才蓝皮书：中国留学发展报告》序列号示例

从示例中可以看出，《国际人才蓝皮书：中国留学发展报告》的首次出版年份是2012年，是社科文献出版社出版的第244个皮书品种，是"国际人才蓝皮书"系列的第2个品种（共4个品种）。

# 皮书系列

## ❖ 皮书起源 ❖

皮书起源于十七、十八世纪的英国，主要指官方或社会组织正式发表的文件或报告，多以"白皮书"命名。在中国，"皮书"这一概念被社会广泛接受，并被成功运作、发展成为一种全新的出版形态，则源于中国社会科学院社会科学文献出版社。

## ❖ 皮书定义 ❖

皮书是对中国与世界发展状况和热点问题进行年度监测，以专业的角度、专家的视野和实证研究方法，针对某一领域或区域现状与发展态势展开分析和预测，具备原创性、实证性、专业性、连续性、前沿性、时效性等特点的公开出版物，由一系列权威研究报告组成。

## ❖ 皮书作者 ❖

皮书系列的作者以中国社会科学院、著名高校、地方社会科学院的研究人员为主，多为国内一流研究机构的权威专家学者，他们的看法和观点代表了学界对中国与世界的现实和未来最高水平的解读与分析。

## ❖ 皮书荣誉 ❖

皮书系列已成为社会科学文献出版社的著名图书品牌和中国社会科学院的知名学术品牌。2016年，皮书系列正式列入"十三五"国家重点出版规划项目；2012~2016年，重点皮书列入中国社会科学院承担的国家哲学社会科学创新工程项目；2017年，55种院外皮书使用"中国社会科学院创新工程学术出版项目"标识。